钱理群作品精编

钱理群

情系教育
——教师与青年篇

生活·读书·新知 三联书店

图书在版编目（CIP）数据

情系教育.教师与青年篇／钱理群著.—北京：
生活·读书·新知三联书店，2015.5 （2024.8 重印）
（钱理群作品精编）
ISBN 978－7－108－05134－9

Ⅰ.①情… Ⅱ.①钱… Ⅲ.①教育－中国－文集
Ⅳ.① G52－53

中国版本图书馆 CIP 数据核字（2014）第 181392 号

责任编辑　卫　纯
装帧设计　蔡立国
责任印制　董　欢
出版发行　**生活·讀書·新知** 三联书店
　　　　　（北京市东城区美术馆东街 22 号 100010）
网　　址　www.sdxjpc.com
经　　销　新华书店
印　　刷　北京隆昌伟业印刷有限公司
版　　次　2015 年 5 月北京第 1 版
　　　　　2024 年 8 月北京第 2 次印刷
开　　本　880 毫米 ×1230 毫米　1/32　印张 16.875
字　　数　420 千字
印　　数　4,001－7,000 册
定　　价　68.00 元
（印装查询：01064002715；邮购查询：01084010542）

总序 大时代里的个体生命史

感谢北京三联书店的朋友，要为我编选"作品系列"，这就给了我一个机会，对自己的研究与著述，作一番回顾与总结。

尽管我从 1962 年第一个早晨写《鲁迅研究札记》，就开始了业余研究，但将学术研究作为专业，却是以 1978 年考入北京大学研究生班，师从王瑶和严家炎先生为起端的。记得第一篇公开发表的学术论文，是刊载于《中国现代文学研究丛刊》1980 年第 2 期的《鲁迅与进化论》；从那时算起，我已经笔耕三十三年了。粗略统计，出版了六十四本书，编了五十一本（套）书，写的字数大概有一千三四百万。写的内容也很广，我自己曾经归为十个系列，即"周氏兄弟研究"、"中国现代文学史研究"、"20 世纪中国知识分子精神史研究"、"毛泽东及毛泽东时代研究"、"中国当代民间思想史研究"、"中国教育问题研究"、"志愿者文化与地方文化研究"、"思想、文化、教育、学术随笔"、"时事、政治评论"、"学术叙录及删余文。"我曾经说过，我这个人只有一个优点，就是勤奋，整天关在书房里写东西，写作的速度超过了读者阅读的速度，以至于我都不好意思给朋友赠书，怕他们没有时间看。在这个意义上，我是为自己写作的，我整个的生命都融入其中，并因此收获丰富的痛苦与欢乐。

这一次将一大堆著作归在一起，却意外地发现了它们之间的内在联系。我的文学史研究、历史研究，关注、研究的中心，始终是人，人的心灵与精神，是大时代里的人的存在，具体的个体生命的存在，感性的存在，我所要处理的，始终是人的生存世界本身，存在的复杂性与丰富性，追问背后的存在意义与人性的困惑。而且我的写作，也始终追求历史细节的感性呈现，具有生命体温的文字表达。这些关注与追求，其实都是文学观照世界的方式。我因此把自己的研究，概括为"用文学的方法研究、书写历史"。

多年来，特别是退休以后，我更是自觉地走出书斋，关注中小学教育、农村教育，地方文化与民间运动，关注的也依然是一个个具体的，有血有肉的生命个体，我和他们的交往也是具体的、琐细的，本身就构成了我的日常生活。同时，我又以一个历史研究者的眼光、思维和方法，去观察、思考、研究他们，在我的笔下，这些普通的乡人、教师、青年……都被历史化、文学化、典型化了。因此，也可以说，我是"用历史与文学的方法研究、书写现实"的。

现在，他们——这些留存于历史长河中的生命，这些挣扎于现实生活里的生命，都通过我的系列著作，奔涌而来。他们中间，有历史大人物，也有民间底层社会的普通人，都具有同样的地位与分量，一起构成了大时代里的个体生命史，一部20世纪的中国精神史，中国"人史"。我所有的研究，所写的上千万的文字，因此构成了一个有机整体，并且都渗透了我自己的个体生命史。

为了能展现这样的属于我自己的研究图景，本系列作品的编选，分为两个部分。第一部分是我的五部代表性研究专著：《心灵的探寻》、《周作人论》、《丰富的痛苦——堂·吉诃德和哈姆雷特的东移》、《1948：天地玄黄》、《我的精神自传》，以展示我的学术研究的基本风貌。第二部分是重新编选的文集，计有：《世纪心路——现代作家篇》、《爝火不息——民间思想者篇》、《大地风雷——历史事件篇》、《精神梦乡——北大与学者篇》、《漂泊的家园——家人与乡人篇》、《情系教育——教师与青年篇》。这本身也形成了一个结构：从五四新文化运动的开创者陈独秀开始，到曾经的精神流浪汉、某当代大学博士生王翔结束，我大概写了将近一百位"大时代里的个体生命史"。为便于读者理解我的研究与书写背景，每一卷的开头都有"前言"，主要讲述我和本卷书写对象的关系，借此呈现研究者与研究对象的生命纠结，同时召唤读者的生命投入，以形成所描述的历史、现实人物与作者、读者的新的生命共同体。——这设计本身，就相当的诱人，但却有待读者的检验。

2013 年 3 月

目　录

下编　漫漫寻路

前　言

　　"教师"和"青年"大概可以算是我的生命中的两个关键词。

　　我在不同的场合都强调：作为"教师"的钱理群，比作为"学者"的钱理群更重要；作为"30后"的老青年，我一生最引以为豪的事情，就是和"40后"、"50后"、"60后"、"70后"、"80后"、"90后"的六代青年，都始终保持不同程度的精神联系。

　　当然，我也没有把教师和青年理想化，曾提出过"启蒙的专制"与"青春是可怕的"两个命题：对于自己所向往的东西，我都坚持既追求、坚守，又质疑的态度，警惕可能存在的陷阱。

　　尽管有这样的清醒，但我依然不能离开教师与青年。特别是在退休以后自觉地远离学术界，我的交往，除了家人、友人、乡人之外，就是教师和青年这两个群体，还有民间思想者。

　　在最近的一次演讲里，我又说了这样一番话：当我面对当下中国的全面危机，感到绝望的时候，我发现了"真正的教师"和"新一代的青年理想主义者"，他们在极其艰难的条件下，凭着自己的良知和理想，进行着静悄悄的存在变革。我感到自己找到了鲁迅说的中国的"筋骨和脊梁"，又有了微茫的希望。

　　这样，"教师"与"青年"，就作为决定中国教育，以至中国历史命运的基础性的存在，出现在我的历史与现实的研究视野里，我书写他们，就是为被大历史叙述所忽略的"小人物"作传，我的"20世纪中国人史"因此有了更深厚、坚实的历史内容。

上编

默默播种

教师在学生心中留下的永恒记忆

——《附中：永远的精神家园》编后有感

前年我在附中教师会上做了一次演讲，讲"我的教师梦"，讲我对教师工作意义与价值的理解。我说："作为教师，我们所追求的，而且也是我们唯一能做的，就是成为我们的学生青少年时代美好记忆的一个有机部分。"后来，有些老师要我题词，我也总是写这样一句话："教师工作的意义与价值，就在于成为学生青少年记忆中美好而神圣的瞬间。"

现在，摆在面前的这本1956年从附中毕业的同学写的书，恰好是五十年后，学生对老师的回忆。经过半个世纪的时间淘洗，许多的往事都已经忘却，但有些东西，有些瞬间，却一直留在学生心中，成为"永恒的记忆"。

那么，留下的，在学生的生命中永远抹不去的，是什么呢？这是一个饶有兴味的问题，或许我们正可以从这里切入，重新理解教师的意义，教育的真谛。

美的身影

几乎每一个同学在回忆当年的数学老师陶强时，都谈到她的美丽，在学生的心中，她永远是美的化身，而且有这样的祝词："愿您的端庄华贵永留人间。"

　　这是刚刚离世的世纪文学老人，也是我们的老学长巴金的名言：
"青春是美丽的。"中学正是人的青春年代，对美的敏感与想象，是中
学生最基本的感官与心灵的、生理与心理的特点，美是青春期生命的
内在需要。中学老师的第一职责，就是充当美的使者与播种者。

　　这首先是仪表的美。在学生的印象里，陶强老师在任何时候都是
整洁、端庄、得体的。这看似无意却是有意：一个真正懂得教育的老
师，一定会时刻注意自己在学生心目中的形象，一定要把自己最亮丽
的那一面呈现在学生面前，而绝不允许蓬头垢面、衣冠不整地出现在
课堂上：任何丑的暴露，都是反教育的。

　　但这绝不是花枝招展，追逐时髦：美也是有品位的。学生用"端
庄华贵"来概括陶强老师之美，是大有道理的。这是真正的教师之美。
"端庄"透露出为人的端正、庄严与大气，"华贵"显现的是华赡的风
采与高贵的气质。教育绝对要求"大"与"正"，教育具有先天的超
越性，它是高贵的事业。气度狭窄，蝇营狗苟，邪门歪道，短见浅
识，花哨浮躁，都是反教育的。

　　因此，美更是内在的气质之美与心灵之美。学生赞扬陶强老师是
"集真、善、美于一身的完美女性"，是对教师，特别是女教师的最高
赞誉，同时树立了一个"真正的教师"的标尺。

　　但"美"在中国教育中却常常缺失。在陶强老师的时代，"美"
成了资产阶级的专利品，甚至被宣布为罪恶。陶强老师就因为她的
不合时宜而付出了惨痛的代价，这其中就包括了自己的学生对美的
践踏。但陶强老师却依然以自己的存在，向她的学生证明美的魅
力；我们这些学生之所以能够在丑恶极度泛滥的年代，坚持对美的
信念与追求，实仰赖于陶强为代表的附中老师当年播下的美的种
子。因此，当今天的中国教育，以一种新的形式，来贬抑、歪曲、
糟蹋美，甚至到了美丑不分，以丑为美的地步，我们这批老学生来

重塑陶强老师美的形象，正是要重新呼唤美的教育，并借此证明美的不朽。

爱的感动

每一个学生都念念不忘陶强老师对我们的爱。"亦师亦母"是陶强老师在我们心目中的永恒形象。

这形象，颇耐寻味。

首先要问：教师对学生的爱成为一种母爱的延伸，其意义何在？

关于父母对子女的爱，鲁迅有一个经典的论断。他说，这是一种"天性的爱"，是"离绝了交换关系利害关系的爱"，因此，他期待"觉醒的人，此后应将这天性的爱，更加扩张，更加醇化"（《我们现在怎样做父亲》）。显然，陶强老师的"亦师亦母"就是鲁迅所期待的天性的爱的扩张与醇化。

以父母对子女的爱来对待学生，这就意味着师生关系"离绝了交换关系利害关系"，而完全出于人的天性。

只要看一看当下中国教育中，师生关系沦落为绝对的交换关系与利害关系的现状，就可以懂得陶强老师的"亦师亦母"形象的意义。

面对愈演愈烈的教育功利化趋势，我们要大声呼吁：请回复人的天性，请回复教育的本性。

当然，师生之爱，并不是父子、母女之爱的简单复制；"亦师亦母（父）"的双重身份，在教育上是能够发挥其特殊作用的。一般说来，父子、母女之爱既出于本能就偏于非理性，而师生关系却有更多的理性。青少年到了一定阶段，一般是在高中，常常会出于"告别童年，脱离父母"的本能而导致与父母的不同程度的疏远以至逆反，在这种情况下，"亦师亦母（父）"的老师往往就能够成为学生最信任的成年人，在他们的成长中起到父母所难以发挥的作用。我们在回顾自己一生成长道路时，特别怀念高中阶段的老师，就有力地说明了这一点。

按弗洛姆《爱的艺术》里的观点，爱是有一个从初级阶段向成熟阶段的发展过程的，从"儿童自我中心"的"被人无条件的爱"，发展到"关心他人以及同他人统一"的"爱别人"，"创造爱"。教师的职责，不仅是满足学生"被无条件的爱"的感性需求，而且要用理性的力量引导学生"爱别人"，"创造爱"，从而获得"成熟的爱"，这是引导学生生命从幼稚阶段走向成熟的一个重要方面。——我理解，这正是陶强老师"亦师亦母"的意义的另一个侧面，也是不可忽视的。而且在溺爱成为当今家庭教育中的一个值得忧虑的现象，导致青少年自我中心主义泛滥的情况下，这样的理性的成熟的爱的教育，就显得特别重要。

在阅读追忆陶强老师的文章时，有一个现象引起了我的深思：无论是当年学习、生活遇到困难的同学，当年的数学尖子，还是数学成绩一般的同学，都毫无例外地谈到陶老师对他们的爱。

当学生由于种种原因——或学习遇到困难，或家庭生活拮据，或政治上受到歧视——处于弱势，总能够及时地得到陶强老师的特殊关爱和帮助。这使我想起了鲁迅所说的乡下母亲，在一大家人中，总是特别照顾比较弱的孩子，其实"她是也爱中用的儿子的，只因为既然强壮而有能力，她便放了心，去注意'被侮辱的和被损害的'孩子去了"，鲁迅说这也是母爱的本能（《写于深夜里》）。鲁迅其实是借此来歌颂与提倡"为一切被侮辱和被损害者悲哀，抗议，愤怒，斗争"的"深广的慈母之爱"的，某种程度上也是他的自况（《〈凯绥·珂勒惠支版画选集〉序目》）。陶强老师当然不是这样的"战士"型的"慈母"，但其内在精神却有相通之处，即是对弱者的特别关爱，教育、社会平等的观念，以及背后博大的悲悯情怀。

因此，陶强老师对"中用的孩子"的特别关爱也是自然的。这又使我想起了鲁迅说的"生物学真理"：生命"必须继续"，因此要发展，希望"后起的生命，总比以前的更有意义，更近完全，因此也更有价值；前者的生命，应该牺牲于他"（《我们现在怎样做父亲》）。陶强老师对具有数学天分的学生的精心培育，其眼光并不限于自己的事业的继承，也不限于数学学科的发展，而是深知数学的基础作用，是自觉地为国家的科学发展培育、输送人才的。这些曾受到她特别关照的同学，以后大都成了中国尖端科学事业的骨干，杰出的科学家，这都证明了陶强老师的远见，可以说她的生命在学生的事业中得到了延伸。

让我特别感动的是在有关回忆文章中提到的两件事：一是她为了辅导这些学生自学高等数学，自己先要做题，常常忙到深夜；一是每当学生提出了与她设想不同的解题方法，她总是由衷的高兴，鼓励有加。我从中感到的是教育民主的思想与教学相长的境界。教育绝不是老师对学生的单向给予，教师的工作也不只是照亮学生，在和充满创造活力的青年学生的共处中，老师也在不断地学习，使自己的生命在教学过程中得到升华。陶强老师是深知这教育的真正乐趣的。在我看来，这正是她如此痴迷于教师工作的内在原因。

对于数学成绩平平的学生，陶强老师也许没有同对前面两类学生那样给予特别关照，但也没有忘记通过一个眼神，一回交谈，一次作业批改，一个高分，施予同样的爱。这些学习并不困难、也不见出色的学生，本是最容易被忽视的；但真懂教育的老师却知道，某个学生一时看去平平，并不等于他终生平平，只不过他现在还没有找到自己的可能性，或实现可能性的时机未到，这就需要耐心地等待。在这个时候，哪怕是给予瞬间关照与鼓励，都可能对他以后的发展产生深远的影响，一位同学就是因为得到了这样的关照而说

"陶老师鼓舞我一路前行",这是非常感人的。这背后的教育理念:"着眼于学生生命的长远发展",以及"让每一个人都得到光亮",是能够给我们许多启示的。

仰望星空

很多同学的回忆中,都津津乐道于陶强老师在张钰哲先生的支持下,带着大家到紫金山天文台参观的情景。那真是一个瞬间永恒:站在紫金山顶,"抬头望,天上满是星斗;低头看,山下万家灯火";走进观测室,坐在巨型天文望远镜前,仰望星空,"顿时觉得天空离自己近了",又恍然醒悟到"世界之大,宇宙之无限"!……(参看宗福中《眷恋名师陶强》、刘锡三《掏出心来育英才》)

由此产生的,是一个瞬间震撼:突然觉得,自己的心扩大到了无限的空间,自己的眼界提升到了无限的高度;又仿佛一个自己所不知道的神秘世界突然展现在面前,激发起无穷的想象,无以遏制的创造冲动……

于是,我们对习以为常的中学时代的学习生活有了全新的感悟与体验:"那时候,每一堂课都是一次精神的探险,都会发现新大陆,我们总是怀着极强的期待感,以至某种神秘感,走进课堂,渴望着在老师的指导下闯入一个又一个科学的迷宫,解开一个又一个的宇宙的奥妙……"(《曾有过自由做梦的年代》)

以后的人生路上,我们不断地回想、回味这瞬间永恒,认识也逐渐深化,思考着:作为"人"的我与周围的世界(人的世界,自然、宇宙世界,已经成为历史的世界,现实的世界以及未来的世界)的认知关系:"世界是无限丰富的,我作为一个生命个体,已经掌握的世界知识(它构成了我的已知世界)是有限的,还有无数的未知世界有待我去认识，而我的认识世界的能力既是有限的，又是无限的。这样，就产生了对未知世界的好奇：不可小看这一点，只有有了期待与好奇，才会产生学习、探索的热情与冲动。这正是一切创造性的学习、研究与劳动的原动力。"（《向母校汇报》）

可以说，正是附中的教育营造了我们的精神星空，使我们产生了对未知世界的好奇与期待，给我们以源源无尽的探索热情与自由创造力：我们以后在学习、研究、工作中所取得的一切成绩，全仰赖附中老师给我们垫下的这样的精神的底子。

这就是我们这些附中的老学生，在五十年后的回顾里，终于领悟到的中学老师的价值，中学教育的真谛：在青少年的心灵上，播下美的种子，给予爱的抚育，营造精神的星空。

为此，我们对中学老师永远心存感激，我们要向恩师们鞠躬致敬。

2006 年 2 月 7—8 日

曾有过自由做梦的年代

一只青翠的小鸟轻轻地落在我的书桌上。——我在读九十二岁的冰心老人的近作《我梦中的小翠鸟》。

> 我梦见：我仿佛是坐在一辆飞驰的车里……坐垫和四壁都是深红色的。我伸着左掌，掌上立着一只极其纤小的翠鸟。这只小翠鸟绿得夺目，绿得醉人！它在我掌上清脆吟唱着极其动听的调子。那高亢的歌声和它纤小的身躯，毫不相称……

历经万般劫难，还能有如此绚烂、宁静的梦，这实在令人羡慕。而我却又感到几分惆怅：我已经有多少年没有做这样的梦了！？

……那埋在记忆深处的如花似梦的岁月被悄悄地唤醒，想起校友会的来信，说明年是附中九十周年校庆，要我"写点什么"；我突然有了题目，连忙摊开稿纸，信笔写下给母校的献词——"感谢您让我自由地做梦……"

是的，附中最令人怀想的，就是自由。首先是有许多闲暇的时间，让学生自由地做自己愿做的事，读自己想读的书。那时的功课不能说不紧，附中老师要求严格是早已出了名的；但在我的印象中，需要掌握的知识在课堂上就消化了大半，作业顶多个把小时就可以完成。——只有作文，我每回都要写好几天，不过那是兴趣所在，自愿加班加点，不在此例。剩下的时间，就是玩——玩个人之想玩。我于是就读书，读闲书，各式各样的，漫无边际，抓到什么，就读什么，没有目的，完全是兴之所至，过瘾似的，翻下去，翻下去……翻累了，放下书来，就自己想，风筝断了线似的，任思想自由地驰骋，有时候就接着作者写的，继续想下去，设想书中的人物活到今天，会有什么样的遭遇，怎样说话，如何行动……想得兴奋起来，就信笔写下，也不管写的是诗，还是小说，反正是"我自己的"就是了。欣赏者也是自己一个人，从不给别人看。往往开始要陶醉好几天，一再地拿出来偷偷朗读，摇头晃脑的；渐渐地就厌倦了，不满意了，甚至害羞了。其结果可想而知：揉成一团悄悄扔掉了。也不觉得可惜，久而久之，甚至忘掉了还写过这样的"作品"……

有时候，上课时，也这样胡思乱想，即兴创作。记得高中语文课讲《春蚕》，我突然对小说中的荷花产生了同情与兴趣，很为作者写得过于简略而感到可惜与不平，干脆自己"编"起来，写了一篇《荷花的故事》。我的这种"改作"（"扩写"）似乎是得到老师鼓励的，甚至是老师启发的产物。记得高二年级的语文老师高鸿奎先生（他在肃反时曾被隔离审查，在文化大革命期间被活活打死）就出过一个作文题，要我们将鲁迅先生《药》里的侧面刻画改为正面描写，写一篇《夏瑜的故事》。光是这个题目，就让我兴奋不已，花了一个多月的课余时间，读了许多有关书籍，甚至对清朝刑罚也作了一番考证，最后写成了一篇万把字的短篇小说《夏瑜之死》。这不仅是我最初的文学创作，甚至是我的学术研究的起点。这一切都发生在不知不觉之中，即所谓不自觉的创作与研究，其可珍贵之处也恰在于此。

这就说到了附中的老师。附中之为附中，就因为它拥有众多的教育家。不同于一般的教书匠，他们不是向学生强制灌输知识，而最懂得如何让学生自己做学习的主人。在我看来，最神妙的是，附中的老师不论教哪一门学科，都善于最大限度地调动与满足学生的好奇心。鲁迅说过："孩子是可以敬服的，他常常想到星月以上的境界，想到地面下的情形，想到花卉的用处，想到昆虫的言语；他想飞上天空，他想潜入蚁穴……"这里说的是青少年探求未知世界的强烈欲望，附中老师的魔力就在于他们善于发现学生处于萌芽状态的求知欲，加以精心的培养与引导，他们的教学也就成了一种艺术。在我们这些老学生的心目中，我们所信服的老师都是这样的艺术家；我们至今还在津津乐道，化学周（兴发）——我们私下都这样称呼老师，及化学叶（少龙）在课堂做实验演示时，让我们感到他们是在做化学魔术，把我们带入了变化莫测的魔幻世界；生物余（仁）讲达尔文主义，我们都仿佛成了探险家，跟着达尔文老人漂洋过海到处采集标本；数学陶（强）凭着几块几何模型，仿佛今日孩子手里的魔方似的，让我们的想象力得到了最大限度的发挥；还有"历史"张（我们已经忘了他的名字，听说他后来被当作"伪蒙特务"抓了起来）在课堂上讲圣经故事，讲古希腊神话，我们听得如痴如迷……那时候，每一堂课都是一次精神的探险，都会发现新大陆，我们总是怀着极强的期待感，以及某种神秘感，走进课堂，渴望着在老师的指导下闯入一个又一个科学的迷宫，解开一个又一个宇宙的奥秘……记得在一次学习经验交流会上，我介绍自己的学习体会，第一条就是"学习要有兴趣，要把学习每一门功课当作精神的享受，这是学习由被动转为主动的关键"；我的这一体会曾得到了叶少龙老师的充分肯定，以为是说到了点子上，或者可以说，这是我们师生共同的理解与追求吧。我想，附中学生成绩一直保持优秀，这大概也是一个关键原因。

在课堂上培养的创造性思维能力，唤起了创造冲动，又在丰富多彩的课外活动中得到更加自如的发挥。记得我一个人就参加了化学协会与戏剧协会；后者让我的艺术想象力有了大显身手的机会。我已经记不清在中学时期自编、自导、自演了多少出话剧和曲艺节目，每一次创作与表演的成功，在我的感觉中，都是一次精神的升华，我终于做起我的教师梦、作家梦与演员梦来。当然，做梦的不是我一个人，而是我们全班同学，我们这一代人……

……登理，还记得吗？每星期六下午，我们都要避开班上同学，偷偷地溜到玄武湖，租一条小船，划到荷花塘深处停下，编造起我们自己的"童话"来。我写，你插图，题目就叫《神剑》，讲一个勇士探宝的故事，后来，我还将它改编成了电影剧本。在蓝天、白云、盈盈湖水、田田荷叶的包围中，我们的心变得纯净而柔和，仿佛要融化在这美妙的天地之中……

……敦荣，你还记得吗？中学毕业的那天晚上，我们在学校后山上，几乎走了一夜，谈了一夜。我像往常一样，高谈阔论，有声有色地描绘自己的"儿童文学家"梦；而你呢，照例沉默着，偶尔也细声细气地述说自己要当一个平凡的中学教师的梦。如今你已经成为一个地区的教育局长，而我还在继续地做梦……

我们这批同学，我们这一代人，走出中学时代，就遇到了以"反右斗争"为开端的历史大动荡，大曲折。

谁曾料想，在中国，竟然会出现不许做梦的时代！但这确是我们必须面对的严峻事实。大学期间，我的"作家梦"被当作"资产阶级白专道路的典型"受到严厉批判，从那时起，噩梦就一直纠缠着我，再也没有离开过。为了驱走这心中的噩梦，我曾写信给中学时代的老班长韩品嵘（品嵘，你现在在哪里？），诉说我的苦恼。他后来专门约我到颐和园玩了一次，暑期在南京聚会时，他、庆象和我，还特地到紫金山山脚重温旧情，我们仍然孩子般地将自己的名字写在手折的纸船上，放它顺流而下……但我们已失去了当年无忧无虑的心境，即使笑，也是苦涩的。我们分明感到，童年金色的梦再也不能拾回：它已经破碎了⋯⋯

　　最近，因为研究工作的需要，我重读了别林斯基的一段论述，对这段历史似乎又有了新的认识。别林斯基指出，青年时代是人的"精神幼年时期"，"他不过是美好的灵魂，但远不是实际的、具体的人"，"随之而来的必然是分裂"，将看到"生活的梦想和生活本身完全不是同一的东西"；这就是说，即使中国 20 世纪 50 年代以来不发生历史的曲折，梦想的破灭也是必然的，这是"幼稚的、不自觉的精神和谐"向"不和谐与斗争的过渡"；但也如别林斯基所说，这种"不和谐与斗争"最终仍将走向"雄伟的自觉的精神和谐"。周作人说得好，"梦想是永远不死的。在恋爱中的青年与在黄昏下的老人都有他的梦想，虽然他们的颜色不同，人之子有时或者要反叛她，但终究要回到她的怀中来"。

　　于是，在两鬓斑白之时，我似乎又回到了青少年时代梦的怀抱。仿佛是鲁迅所说的"朝花夕拾"，我重新"拾"起了中学时代的梦，不是怀旧，而是要在有限的年月将它一一实现。我对我的朋友和我的学生开玩笑似的说，我这些年的工作，无非是在圆梦——尽管教师梦早已实现，但只要想起为此而付出的沉重代价，我每次走上北大的讲台，仍然怀着一种神圣感，仍然充满着内在的激情；去年，在一场大病之后，我写了一部关于曹禺的书，这是中学时代戏剧梦的现实化；现在，我又把目标转向中国现代儿童文学史的研究，我还在迷恋着当年的儿童文学梦。

　　我知道，我依然活得沉重、苦恼，以至恐惧依然纠缠着我的灵魂，我远没有达到冰心老人那样的灵魂的和谐，那将是一种更高形态的人生境界。

　　但我仍然梦想着：有一天，这只青翠的鸟会飞入我的梦境。

　　你看，它已经站在那里，安详而宁静。

愿老师与母校青春常在

电话里传来遥远而亲切的声音：是吕鸣亚老师。他告诉我，明年是他的七十大寿，想出本纪念集，希望我写篇序。

我一时竟反应不过来：我不能想象，吕老师也已进入了人生的老年。继而一想，又不禁笑了起来：可不是么，连我自己，都已经年近花甲了！岁月真的不饶人啊。

但在我的记忆里，吕老师又是确乎永远年轻的。

初见吕老师，是50年代中期，我正在附中念高中，吕老师新分配来担任我们的俄文老师，并且很快获得了大家的信任：在同学们的眼里，他简直就是我们的大哥哥，不像那些著名的老教师那样令人敬而远之，他和我们一样年轻因而无距离。

再见面时，已是十年浩劫以后，吕老师代表附中校友会参加我们56级在京同学的聚会。我至今仍清楚地记得，在我的简陋的宿舍里，吕老师滔滔不绝地向我们介绍校友会的活动，讲得那样地动情，忘我。面对因此而容光焕发、神采奕奕的老师，我突然意识到，他是把校友会的工作，当作自己事业、理想的寄托，而将整个生命投入的；我深深地感动了：尽管历经磨难，仍保持着如此的生命活力，继续追求不息，这是怎样的一种精神啊，吕老师依然年轻。

此后，就不断从附中校友通讯上，从同学们的口传中，得知吕老师劲头十足地奔走于贵阳、重庆、香港等地，与各方校友联系；我的眼前时时闪现老师风尘仆仆的背影，而受到了无形的鞭策与鼓舞：有着这样朝气蓬勃、永远向前的老师，做学生的即使再愚顽、懒散，也不敢不努力啊。

但不久我就接到了吕老师的来信，以平静的语气向我通告了一个使我无法平静的事实：老师突患眼疾，双目几乎失明！尤其使我震动的是，老师在信中表示，即使如此，他仍然要为校友会的工作，继续贡献自己的力量！……

望着信末老师刚劲有力的签名，不由自主地陷入了沉思。不知怎么的，我突然想起了已经去世了的陶强老师——我们这些同学，一直视她为"亦师亦母"；还有我的初中语文老师卢冠六先生——因为曾伤害过这位把我引上文学之路的恩师，我将悔恨终生；还有许多离世的、健在的老师……此刻，他（她）们都一一浮现在我的眼前，并且与吕老师身影相重叠，进而上升为一种混沌的精神体：或许这就是校友们最爱说的"附中人"的精神（或曰"附中精神"）吧……

于是，我想起了同为校友的巴金老人为附中的题词："青春是美丽的。"

是的，每一个同学回忆起自己的青春年华时，都会想起附中；我们最美丽的人生记忆，将永远与附中联在一起。但也许更为重要的是，正是附中给予她的学生以一种精神的力量，比如对未来的美丽想象，对理想的执著追求，对彼岸世界的终极关怀，由此焕发出的内在与外在的激情，生命的活力，永不停息的精神的探索，永远不满足于现状的不断破坏与创造的欲求，等等，所有这些美丽而宝贵的精神素质，或许都可以概括为"青春"两个字。我们是不是可以这样说，所谓"附中人"的精神，正是这种青春的精神；我们在吕鸣亚老师、陶强老师、卢冠六老师，以及其他老师身上所看到的，也正是这样的青春的精神的永远的魅力。

　　当然，人总要脱离青春时期的，青春的激情本身，也许还蕴含着某种危险（我曾因此写过论述"青春是可怕的"的文章，但这不是本文所要讨论的）；但我们以"青春"概括的前述精神素质，却是一个健全的生命的基础，人在年轻时代以这样的精神素质垫了底，以后无论遇到了什么艰难曲折，经历了怎样的人生的、精神的危机，都能从容应对，坚守住基本的精神防线，始终保持积极向上的精神态势，不至于在精神上被压垮。说实在话，我们这些老学生之所以如此地怀念附中，感激母校的老师，原因即在于此。可以说，愈是两鬓斑白、步入老境，我们愈是珍惜附中给予的青春精神，愈是尊重吕鸣亚老师这样的体现着附中青春精神的师长。现在吕老师因生理年龄的老迈而欲编书纪念，而嘱我写序，师命不可不遵；而我所想说的也只有这一句话——

　　愿老师与母校青春常在！

　　这既是对老师与母校的祝福，也是对我自己，以及我的同学们的自勉。

1998 年 6 月 28 日写毕于燕北园

我还感觉得到他的手温

人们一入老境，便时时有怀旧之想。今年以来，我就一直陷入对老师的怀念中不能自拔，总想写些什么，却又不知从何写起。而且我要坦白地承认，我最急于偿还的还不是指引我走上学术研究道路的王瑶师的恩情，而是要向我的一位中学语文老师献上我的感激与忏悔。他的声名远没有王瑶师那么显赫，他至今还默默无闻地在一间小屋里作着生命的最后挣扎，除了少数亲友、学生，人们很少谈论他；但在我，他却是挺立于高山之上的伤痕累累的一株大树，并时时给我以心灵的重压……

他，便是曾在南京师范学院附属中学、幼儿师范任教的卢冠六先生。

记得是刚进入初中二年级的那学期，班上同学风传将要调来的语文老师是一位儿童文学作家，这在崇拜名人的中学生中自然引起了许多猜想。但久久期待后终于出现在我们面前的卢冠六先生，却使我们有几分失望：矮矮胖胖的身材，朴素的衣着，都与我们想象中的作家不大相符；只有那高度近视的眼镜，以及时时露出的慈祥的微笑，让人想起儿童读物中经常出现的讲故事的老人。但我仍不敢接近他，不知道是因为敬畏还是胆怯。一次作文课上，卢老师出了"慰问皖北受灾小朋友"的作文题后，按惯例在教室里来回巡视，走到我面前，突然停住了，指着我草稿上写的一行字："可恶的西北风呀，我恨你，你让我的小朋友挨饿受冻。"问我："你在写诗？"我大吃一惊，因为在我的心目中，写诗是大人的事，与我是怎么也联系不上的，于是连忙站起来说："不，不，我……"大概我当时脸涨得通红，卢老师笑了，温和地说："是呀，只要稍微改一改，押上韵，就像首儿歌了。"我很快醒悟过来，没等老师走开，就急切地坐下来，心中涌动着创造的激情，手不停地"刷刷刷"写下去，不到下课时间，一首题为《可恶的西北风》的儿歌写成了，兴冲冲地交上去以后，就陷入了难耐的等待中。一个星期以后，作文发下来了，只略略改了几个字，篇末竟是一大篇热情洋溢的鼓励之词！我兴奋得不能自持，好几个星期都晕晕乎乎的，只是不停地写着，写着……终于抱着一堆诗稿，怯怯地敲开了先生住所的门，却又立刻被先生房间里堆满的书吸引住了。先生指着桌上的书稿告诉我，他正在为上海的几家书店编写"革命导师的故事"及其他儿童故事。我自然不敢翻动，却瞥见文稿上写着"乐观"两个字，心里直纳闷：老师明明叫"卢冠六"，为什么又自称"乐观"呢？卢老师大概看出了我的疑惑，解释说，"乐观"是他的笔名。接着又补上一句："你将来写文章发表时，也可以用笔名嘛！"我的脸又刷地红了，心跳得厉害。大概就从此刻起，我开始做起作家、学者梦来，一直做到今天。这在当时却是埋在心底的秘密，不敢向任何人述说。不料有一天，卢老师突然把我和另外一位同学叫到他的办公室里，郑重其事地对我们说："你们俩合写一本书吧，我已经与上海的书店联系好了，题目就叫《一个少年儿童队员的日记》。"我简直不敢相信自己的耳朵，冲口而出："我们能行吗？"老师又笑了："怎么不行？就跟平时作文一样写，当然，也还需要一点虚构、想象。"卢老师仿佛故意不注意我们的惊喜、疑虑，只是像平时讲课那样，细细地给我们讲授起创作的基本常识来。我于是在卢老师的具体指导下，如痴如迷地写书了。从此，在我的面前展开了一个新的天地，我于是时时沉浸在难言的创造的发现与喜悦中。尽管这本书后来因为书店的变故没有能够出版，但这创作的、也是生命的全新体验却永远地刻在我的心上，从此我与笔耕生涯结下了解不开的情缘。

不知从什么时候起，在学校老师与同学心目中，我成了卢老师的得意门生。但谁能料到这种亲密关系竟会引出灾祸！记不清是1954年下半年，还是1955年上半年，学校领导突然找我谈话，正色告诉我：卢老师在肃反运动中受到审查，并且态度顽固，不肯交代问题，组织上要求我以先生最喜爱的学生的身份在大会上发言，对卢老师进行规劝。这对我无异于晴天霹雳，对所说的一切，我不敢相信，却也不能不相信。一边是卢老师，一边是组织，我的选择必然是悲剧性的：我终于出现在批判卢老师的大会上。记不清我当时说了什么，只记得在我发言之后，卢老师被迫站起来表态，表示"感谢同学对我的帮助"，但我却从他偶然扫向我的眼光里分明看出了他的失望，我慌忙溜了出来，并且再也不敢接近卢老师。他那失望的一瞥鞭打着我幼稚的心灵，从此失落了少年时代的单纯与快活，蒙上了抹不掉的阴影。后来卢老师调离了我们学校，只听说他的境遇越来越坏，我却始终没有勇气去看望老师，却又因此而不断谴责自己的软弱；这生平第一次心灵的受伤，似乎永远也无法治愈……

以后的路是漫长而痛苦的。我时时想念被我无情无义地伤害了的恩师，却再也没有和他通过一次信。直到……前几年我们在他那间破旧的小屋再见时，他已双目失明，但他一听见我的声音，就立刻认出了我，紧紧地拉住我的手，絮絮地告诉我，这些年他如何到处打听我的消息，仿佛已经忘记了不愉快的过去。我却不能忘记，一边听老师讲话，眼前浮现的却是那难堪的一幕。老师却看不见我悔恨的若有所失的神情，继续兴奋地告诉我，他已经平反；解放前夕，他听从地下党的指示，劝说上海许多中小学校长留在大陆是有功的；又突然说起他当年的创作生涯：早在20年代末，他就写过《自学成功者》等故事和三卷《小学剧本集》(与他人合作);三四十年代,先后出版了《昆虫的生活》、《晨钟之歌》、《胜利之歌》等儿童故事、诗歌;50年代,又编写了大量儿童故事、谜语,并受教育部委托,起草了师范学校儿童文学教学大纲;直到现在,还在写回忆性散文,收在《金陵野史》一书中……他说得这样急切,怕我听不懂,又用笔在纸上写着,尽管字迹互相重叠,几乎无法辨明,但他仍然塞给我,要我好好保存……看着这位从20年代起就为中国儿童文学事业和教育事业奋斗不息的老人,想着我对他的伤害,我说不出一句话。拿着他手写的创作目录,有如捏着一团火,在烧灼着我的心。我依然是逃了出来,老人还追在背后呼唤我"再来"……

去年的深秋,我们又见了一面:老人神志已经不甚清楚,但仍然记着我,用他干枯的手握住我久久不放。此刻,我仿佛还感觉到他的手温,和他永远赐给我的爱。而我将何以报答呢?我只能如实地写下我的过失与悔恨,以此告诫年轻一代的朋友——

千万不要伤害你的老师!不管用什么形式,自觉还是不自觉,那将是永远不能原谅的罪过!

1990 年 5 月 24 日

语文教师与鲁迅的结缘

——陈日亮《我即语文》序

我和陈日亮老师是同龄人。我已经记不得第一次见面的时间和情景，留在记忆里的是一见如故的那份温情暖意。我最初把它归结为我们共同的对语文教育的痴迷，以及对语文教育改革的执著，在这一方面，我对陈日亮老师，还有孙绍振先生和福建中学语文教育界的朋友，确有相濡以沫之感，并且永远心存感激。但直到这一次仔细拜读陈老师的文章，才深切地感受到，我们有着更深层次的精神联结：对鲁迅传统的自觉继承。

"我即语文"是本书的题目，也是陈老师语文教育理念的核心。

首先要关注的自然是"我"："我"走了怎样一条"语文—人生之路"，"我"和"语文"有着怎样的关系？

这正应该是我们讨论的起点：识其"语文教育"，先要识其"语文经验。"

而对我来说，识其"语文经验"，就是重读自己。

两个人的历史竟是这样地相似：我们都是当年走"白专道路"的典型。陈老师在"文革"中检查他的人生观是："酒盈杯，书满架，名利不将心挂。"（《我的人生观检查之一》）而我则在"红专辩论"中，检讨自己的理想是："一间屋，一杯茶，一本书，一支笔。"简单说来，我们无非是以读书、写作的文人生活作为自己的人生追求而已。而这样的追求，正是陈老师后来提出以读书、写作为主要内容的"语文"

是一种"人生行为，生命行为"的最初依据。尽管因为这样的追求，受到了批判和压制，但这依然成了我们最后的、唯一的坚守：在任何时候，我们都没有放弃读书和写作，都不离开语文活动，即使"文革"时期陈老师被下放农村，我在被追捕的流亡途中；直到今天，在经济诱惑和浮躁、浮华世风影响下，"老爷、少爷都不读书，不动笔"的时候，我们却人越老，越是眼不离书，手不离笔。由此形成了我们的"语文"理解：读书、写作的语文活动，对外，它是抵御一切压力和诱惑的精神支柱；对内，它是自我生命发展的需要，是修身养性、安身立命的依托。

　　这是确乎如此的：我每遇到生存和精神危机，都是回到"语文"，依靠闭门读书和写作来自救与自赎，以达到精神的升华的。而陈老师则强调读书和写作所达到的生命境界：他终身不忘的是，他的祖父"神专目注，一笔不苟"写字的情景，他从中感受到的是"心境澄明，意态执著"的生命状态，以及"身教的力量"。他在祖父的遗泽上，这样写道："神清若水，心细如发；以此修身，可以致贤；以此治学，可以成家。"（《我的语文流年》）每一个蒙受过陈老师的教泽的学生，接触过陈老师的同事、朋友，大概都会在陈老师的身上，特别是在他的教学活动中，发现这样一种"心境澄明，意态执著"、"神清若水，心细如发"的生命状态和身教的力量，他的教学魅力也实在于此。这不仅是一种家传，恐怕更是他一生的读书、写作，坚持"以语文修身养性"的结果。他所谓"我即语文"，强调的其实是语文与人一生健全发展的关系，通过语文活动达到的生命大境界。

　　而且我和陈老师又共同地通过读书与写作结识了鲁迅：这是我们"人生—语文之路"上的重大事件，它几乎决定了我们一生。如陈老师所说，"无论是读书还是教书，是观人还是察事，我这一生都默然深受鲁迅的影响。"（《我的语文流年》）不了解、不抓住这一点，恐怕就很难理解陈老师和我，以及我们这一辈许多人的语文教育观念和实践。

而最具有启示意义的是：陈老师是在初中语文课上通过老师的朗读而与鲁迅相遇的。陈老师说，这是他"心中一种神圣的忆念"：在老师放情诵读《故乡》的那一刻，他感到了"从作家文字的深厚内涵和独特形式散发出来"的"经典的魅力"，而且这是"通过声音传送"的，因而"直达心灵"（《我的语文流年》）。今天，我们不难发现，陈老师的一些重要的语文教育理念，比如强调"经典阅读"，提倡要"占据制高点"，拥有"自己的阅读欣赏的偶像"（《半月鸿（十）》），突出"诵读"在阅读教育中的作用，或许也就在这一刻萌芽了。而我则发现，就在这一点上，我们也是这样相似：我也从自己的阅读和讲授鲁迅的经验中，总结出了这样的教学法："讲鲁迅作品，最主要的是读，靠读来进入情境，靠读来捕捉感觉，产生感悟，这是接近鲁迅内心世界和他的艺术的'入门'的通道。"（《与鲁迅相遇》）

当然，更重要的，还是陈老师所强调的，他的"言语生命"和"鲁迅的文格、文体、文风"的"灵犀相通"的关系（《我的语文流年》）。我注意到，这个问题的最初提出，是在文化大革命那个特殊的年代。这一点我们也很相近：陈老师在"文革"中抄录了一本《鲁挹》，自称"私家书"，"在劫难中追随一个伟大灵魂的文字实录"（《我有一本书叫〈鲁挹〉》）；我也抄了几大本，而且珍藏至今。"文革"中我还写了几十万字的鲁迅研究笔记，以手抄本的形式，编成《向鲁迅学习》一书；陈老师也有研究"鲁迅文风"的计划，并在和学生的通信中提出了初步思路。今天我有幸读到当年的设想，依然为其思考的深入和见解的独到而惊叹不已。比如说，陈老师在信中提出："《集外集·序言》的最末一段，是研究鲁迅风格的最要紧的文字，说也奇怪，竟很少有人提及。"（《致董琨（三）》）问题是直到今天，也就是说，时隔三十多年后，依然无人提及，这就不仅是奇怪，而且令我们这些专业的鲁迅研究者汗颜了。而陈老师当年就注意到鲁迅为人为文的严酷和通脱两面，及其和魏晋文人、文风的关系，并引述了后来成为我的导师的王瑶先生的意见（《致董琨（三）》）；而我直到21世纪初写《与鲁迅相遇》和《鲁迅作品十五讲》时才来处理这一学术课题，也是相差了三十年。我不禁想到，在"文革"结束以后的历史转折时刻，如果陈老师也和我一样，走上鲁迅研究的道路，那么，我或许会有一个杰出的同道。但陈老师坚守在教育岗位上，中学语文界因此有了一位深知鲁迅的、学者型的语文教师，确也是大幸。而且当我晚年回眸中学语文，又得以和陈老师相遇，这或许正是命运之神的巧妙安排。

　　而陈老师对鲁迅的关注，始终是鲁迅之"文"：如上文所引，第一次引起他灵魂震撼的，就是鲁迅"文字的深厚内涵和独特形式"。而引发他研究鲁迅的冲动的，也是鲁迅的文风。他在"文革"通信中，这样写道："我对这个问题发生兴趣，与其说是出自鲁迅思想锋芒与艺术力量的激触，毋宁说是由于现实的学风、文风的刺戟。多年来的耳濡目染，对于时文中种种弊端之痛心疾首，有使自己不能已于言者，遂不自量力地想试它一试，纵于拯溺挽颓无些微之助，也可以破破愁闷的。"（《致董琨（二）》）我读到这里，立刻想起收入本书的《呼唤严谨求实的语文学风》一文，也是为语文学风的弊端而"痛心疾首"，"愁闷"不已。对于陈老师，为学风纠偏扶正，正是语文教育工作者的职责所在，因此，他几十年如一日，始终抓住不放。从这一角度看，陈老师对鲁迅之"文"，他的文字、文体、文风的关注，显示的是一种"语文"的眼光。在这一点上，我们之间或有不同：我是更关注鲁迅的"心灵"、"思想"的。但如下文所要强调，"文字"与"心灵"、"思想"是不能分离的；因此，我在近年的研究中，也在关注鲁迅的语言和文体（文风问题倒没有专门研究），并且十分重视文本细读。看来我们的鲁迅视野是各有侧重又在根本上一致而趋同。

实际上，陈老师的"语文鲁迅"的背后，是一个他后来所说的"大化语文"的观念。这也是在"文革"中初见端倪，并在其"文革"通信中，有一个非常重要而精彩的阐述——

> 当今之世，与其伏在牖下用功，躲进斗室偷安，实不如举步在风沙扑面的途路中，看看世人之种种面目手段，乃是现时代最紧要之学问文章。鲁迅曾指出："必须和实社会接触，使所读的书活起来。"我过去读的书也颇不少，但于理解社会何有哉！真是隔膜得很，迂阔得很。这一看法的改变，也许将成为自己一生的重要的转捩点，这些年来，自感思想渐转向敏锐，头脑已不复成为他人意识的跑马场。年齿虽未至四十，而察人辨事，多有不惑，读书评文，亦颇能自放眼光，自树脊梁，不轻于可否而翕然相从也。这个小小进步，曾是付出怎样的代价！（《致董琨（一）》）

这一段话，或有"文革"时代的烙印，但却对我们理解陈老师其人，特别是后来他所形成的语文观，都很重要，不可轻轻放过。

首先，我们由此而知道，陈老师不是"躲进斗室偷安"的庸人，而是有大关怀、大承担，有血性的知识分子，一个能"自放眼光，自树脊梁"，绝"不轻于可否而翕然相从"的具有独立、自主性的知识分子。他对中学语文教育的坚守、思考、实践，都是出于这样的大关怀、大承担，这样的独立、自主性；因此，他的语文关怀、语文理念，是以他的信仰、信念为支撑的，可以说是他的信仰、信念的表现，甚至可以说，语文即是他的信仰、信念：这正是"我即语文"的深层含义所在。如果只看到陈老师的儒雅、慎言，看不到他骨子里的血性，他的脊梁；如果只就语文谈语文，看不到他的语文背后的大关怀、大承担，都不免是隔膜的。

我们说语文即是陈老师的信仰、信念，还因为他把自己的信仰、信念，化作了自己独特的语文观念。具体地说，就是他所提出的"文心"和"大化语文"的观念。

在我看来，"文心"概念的提出，正是提醒人们注意"文"（语言文字）中之"心"（心灵，情感，思想）。我们在前文中说到陈老师关注鲁迅其文，其实他更深知，文从心出，因此，他读鲁迅，也是读其文而识其心，进而学其文心，并借以滋养自己的文心。他说自己最后"读书评文，亦颇能自放眼光，自树脊梁"；这"自放眼光，自树脊梁"八个字，实为鲁迅"文心"之神髓，陈老师已经将其内化了。因此，他后来以"文心"作为他的语文观中的核心概念之一，其实是推己及人，将自己读鲁迅而获得的读书评文的理念、标准推之于语文教学，期待年青一代读文而识心、育心，"自放眼光，自树脊梁"，作文因此而有心有胆。这正是陈老师所理解的中小学语文教育的社会承担及承担方式：以文育心，通过语言文字的培训，达到年轻一代心的培育，特别是鲁迅式的独立、自主的读书写作习惯和心性的养成：他所要坚守并愿意献身的，是这样的一种从自己的特点出发的，有承担的语文。

而陈老师的"大化语文"的概念，更是直接来源于鲁迅。如前文所说，陈老师在"文革"书信中即注意到鲁迅的这一观点："必须和实社会接触，使所读的书活起来。"后来就发展为"从课内扩展到课外，从书本延伸到生活，从读书联系到做人，把语文和各个学科打通，和人生世界打通"的思路。如陈老师所说，这包含着"世界即语言，语言即世界"的理念，"把一切化在语言之中，把语言化在一切之中"，这样就会感觉到"随时随地都身处语文之中，都拥有学习语言的良好机会"，并且所关注、学习的是活的语言，是和世界、人生、生命相融合的语言，和音乐、绘画、雕塑、建筑相通，浑成一体的语言。陈老师强调，这样理解语文，似乎"离开我们所讨论的语文教学太远了"，"但它却是我教学思路经常延伸到达的一个境界，是我语文教育思想中早就孕育着的一个精魂。也许它只是一种混沌的意识，朦胧的体验，但却很真实，很执著"（《语文教臆（上）》）。这是一个非常重要的提示：要理解、把握陈老师的语文教育思想的精魂，必须跳出单纯的语文教学的格局和眼界，他的语文教育思想和语文教学的关系，既是直面，又有超越。他胸怀中的语文世界是一个大世界、大境界，他关注的是人（学生和教师自身）一生的语文（文与心）的发展，民族语文（文与心）的发展，中小学语文教学仅是开端与入门。陈老师说，一个语文教师一旦形成这样的"大化语文"的观念，"就有可能深刻影响到他的教学行为方式，可以避免滋生匠气"（《语文教臆（上）》）。这又是一个极重要的提醒，我们也终于懂得陈老师的语文观念与实践，何以如此"大气"的原因。

除了"文心"和"大化语文"这两个基本点外，鲁迅的许多关于读书、写作的具体论述，也都被陈老师细心吸取，成为他的语文思想的重要资源，他的语文论述的重要依据。这里不妨抄录如下——

"孩子们常常给我好教训，其一是学话。他们学话的时候，没有教师，没有语法教科书，没有字典，只是不断的听取，记住，分析，比较，终于懂得每个词的意义"，"小孩子往往喜欢听人谈天"，其实是在"研究别人的言语，看有什么对于自己有关系——能懂，该问，或可取的"（鲁迅：《人生识字胡涂始》）。——陈老师说，鲁迅所揭示的这一简单事实，应该"有助于我们对学语文规律的认识"："在所有学科中，语文最可以'无师自通'。非无师也，乃一切口头的、书面的、好的与不好的语言都是老师，不一定非要由我们这些语文老师代庖不可。上面讲的'听取，记住'，可以理解为各种形式的语言积累，其中最主要的是记诵。'分析，比较'，就是对所积累的进行含咏、揣摩、玩味、领略，然后便逐渐地有所'取'，即模仿运用。这种'积累—揣摩—模仿'的不断的循环往复，就是一个人最简便的学习语言公式，因而也必须作为语文教学的基本方式和主要教学手段。"（《1997：语文教学三题》）

"青年们先可以将中国变成一个有声的中国。大胆地说话，勇敢地进行，忘掉了一切利害，推开了古人，将自己的真心的话发表出来"，"只有真的声音，才能感动中国的人和世界的人；必须有了真的声音，才能和世界的人同在世界上生活。"（鲁迅：《无声的中国》）——陈老师对此作了两个方面的阐释和发挥：一是联系孔子所说"修辞立其诚"，强调真，"真诚做人，真诚为文"，"说真话，说实在的话，说自己的话"，"不仅是运用语言工具表情达意的准则，更应该视为中国读书人修身处世的传统美德"（《半月鸿（一）》）。另一则是强调教育改革要面对中国语文教育的"真实问题"，更多地倾听"发自教育第一线"的"属于他们自己的真实的声音"，"只有真的声音，并且是不止一种声音，才能拯救语文教育的沉疴"（《退一步与走下去》）。

"（读书）有两种：一是职业的读书，一是嗜好的读书"。"所谓职业的读书者，譬如学生因为升学，教员因为要讲功课，不翻翻书，就有些危险的就是"，这是"勉勉强强的，带着苦痛的为职业的读书"；而"嗜好的读书"，"那是出于自愿，全不勉强，离开了利害关系的"，"能够手不释卷的原因"，就在于"他在每一页每一页里，都得着深厚的趣味"。

"听说英国的培那特萧，有过这样意思的话：世间最不行的是读书者。因为他只能看别人的思想艺术，不用自己。这也就是勖本华尔之所谓脑子里还给别人跑马。较好的是思索者。因为能用自己的生活力了，但还不免是空想，所以更好的是观察者，他用自己的眼睛去读世间这一部活书"，而"要观察，还是先要经过思索和读书"，"但专读书也有弊病，所以必须和实社会接触，使所读的书活起来"（鲁迅：《读书杂谈》）。——陈老师在和王立根老师讨论"如何启动中学生阅读动力系统"的问题时，就引述了鲁迅的这一分析，作了两点发挥。一是强调学生的阅读如果不能进入"嗜好的阅读"的层次，就不可能有"真发动"，并且由于缺乏内动力，而"无法将一般的阅读兴趣转化为阅读智能"，这是学生阅读能力老是提不高的症结所在。二是强调，所谓"阅读动力"不是一种"单一的读书欲望"，而是"包含着各种协调动作的综合思维和语言活动，是一种复杂的心理过程"。受鲁迅启示，陈老师还将"有效的阅读"作了一分为三的分解，即"阅读"（吸收）、"思索"（加工）、"观察"（融汇），并结合古人"人生俯仰一生"、"俯而读，仰而思"、"仰视宇宙之大，俯察品类之盛"的意思而加以深化，这都是极富启发性的（《半月鸿（三）》）。

"画家的画人物，也是静默观察，烂熟于心，然后凝神结想，一挥而就"（鲁迅：《〈出关〉的"关"》）。"有真意，去粉饰，少做作，勿卖弄"（鲁迅：《作文秘诀》）。——这都是鲁迅自己的写作经验之谈，也同样引发了陈老师关于作文教学的思考，并得出两个重要结论。一是作文教学该在哪里用力？陈老师将鲁迅的经验发挥为一句话："只有'静默'于平日，方能'挥就'于当场。"他解释说："学生平时的作文，大多数是应命写作，是为了完成或应付一次作业或考试才提起笔来，见了题目才搜肠刮肚，难免不心粗气浮。一篇好作文的酝酿，总要有一定的过程，是平时观察体验和阅读积累的一种反应生成，只不过自己并没意识到而已。"因此，一个懂得写作规律的教师，必定将主要力量放在指导学生"静默观察"即积累写作材料，并"烂熟于心"，即思索，内化，积淀思想，"一旦内储充盈，到时就会文思辐辏，笔下溜圆，呵成一篇千字文不算难事"。鲁迅对"有真意，去粉饰……"的"白描"之文的提倡，则引发了陈老师关于作文文风的思考。在他看来，鲁迅所倡导的是"美在朴素"、"美在充实"的为文之道。而"如果把报刊上一些中学生写的所谓美文进行逐段'抽析'，就会发现，多半是锦绣其外，枯槁其中"。"中学生写作是一种青春期的写作，他们的眼球往往被形式美所眩惑，会一味追求外在的华彩"，或许正因为如此，在一些成年人鼓励下形成的这股中学生作文的浮华虚夸之风，就特别令人忧虑。陈老师因此发出感慨："什么时候，'有真意，去粉饰，少做作，勿卖弄'的真的写作，也能够成为中学生的'最爱'？"（《序〈福建一中作文精选 2 辑〉》）

其实陈老师对鲁迅资源的吸取，也是自有特点的，就是他总能发现鲁迅语文读书写作观和中国古代传统之间的内在联系，这正是显示了陈老师文化根底的深厚，他早已将鲁迅资源与古代传统文化资源烂熟于心，于是运用、发挥起来，也就得心应手。这本身就是一个重要的启示，也是陈老师多次提及的，我们在进行语文教育改革时，当然可以、也有必要借鉴外国的理论资源，但如果一味眼睛向外，而忽略，以至轻视中国古代和现代的语文资源，对外来资源又食而不化，盲目搬用，那是可能导致改革的理论资源的单一与混乱的。

陈老师说："教了一辈子语文，还是只相信一句话。这句话是鲁迅说的：从喷泉里出来的都是水，从血管里出来的都是血。语文教师的知识管道中没有丰满的'语文的水'，精神体内没有充盈的'语文的血'，他的思想和语言就不免干涸，并迟早要陷入生存困境。"（《断想》）——这也是我一辈子相信的一句话。根本的问题在"人"，人的修养和人的精神。语文教育的关键，就在教师自身的"语文修养"（"语文的水"）和"语文精神"（"语文的血"）：我想，这也是陈老师对他的"我即语文"理念的最好阐释。

在文章写完以后，又收到陈老师的邮件，传来了他为《我的语文流年》一文新补写的一段文字，依然是谈鲁迅的影响，正好作本文的结束语，不妨抄录一段——

　　鲁迅的困顿而倔强的"过客"意志，他的对"绝望"抗争的努力，他的时时反观与解剖自我的勇气，隐隐地给了我启示和感召。鲁迅所引用的裴多菲"绝望之为虚妄，正与希望相同"的诗句，一直是我人生行旅和语文生涯守望的灯塔。不论是"绝望"的羽翼曾经多次掠过我心灵的那个年代，还是"希望"的微笑既激励我也不无蛊惑我的今天和明天，我相信，她的光芒都将始终照临我。

这既是对陈老师"人生行旅和语文生涯"的总结，更是一个启示：我们的语文教育和改革，正需要这样的"时时反观和解剖自我的勇气"，这样的"对'绝望'抗争的努力"，这样的"困顿而倔强"的意志，这样的"永远向前走"的"过客"精神。

　　2007 年 2 月 9—14 日，17 日，20—22 日；3 月 1 日补写一段

读书人的语文经验和语文教育、教师观

——读商友敬先生的三本书

在《坚守讲台》一书的"作者简介"里，商友敬先生说自己"爱读书，爱写作，爱旅游，爱交友"。在朋友们的印象里，他也确实是这样的"四爱"之人。其核心是"爱读书"。他是一个有着传统气息的现代读书人。这是他的人生之路、为师之道的出发点和归宿。

（一）读书人

读书是一种生命存在方式

朋友们都知道，商友敬先生有着坎坷的人生经历，用他自己的话来说，就是"用无数不自由的日子换来屈指可数的自由日子"（《〈语文教育退思录〉·后记》），这几乎是他一生的概括和写照。商友敬先生最终也没有将他的作为民族苦难史的有机组成的个人苦难史写出来，这大概是他的一个未了心愿，但他却留下了《读教生涯漫忆》的长文（收《语文教育退思录》），也算是一个历史的交代。在某种意义上，这是一部商友敬先生的读书史：幼时帮助祖父"晒书"，核对书目录，进而在祖父书房里偷读闲书；初中时代在"旧书店"当"站客"；高中"一天一本小说"；进入社会后，先是在"大跃进"中以大跃进的速度和劲头读书；大饥饿年代成了上海"黑人"，却四处结交"书友"，以至因此而遭牢狱之灾，仍在狱中抄录马克思主义原著而"自得其乐"，最后在劳改农场读书中获得人生的醒悟："不管在什么环境下，我都应该成为一个读书人，一个有陶渊明式的人格，有李清照式的深情，有张陶庵式的襟怀的人。这个世界只要有至情至性的诗文可以供我阅读，'微躯此外复何求'？"改革开放以后，突然"发现了'自由'"，就抓住机会不放，读书不止，教书不止，写书不止了。商友敬先生说，伴随他度过晚年的是三句话：一句是鲁迅先生说的，"我倘能生存，我仍需学习"；一句是张中行说的，"一觉醒来，发现自己还活着，那就读读书，写写文章"；一句是陶渊明说的，"纵浪大化中，不喜亦不惧。应尽便须尽，无复独多虑"。他大概就是怀着这样的心愿、心情远行的。

这就是商友敬先生的一生：以读书史作为自己的生命史，这是地地道道的读书人，是商友敬先生的人生特色，更是他的价值所在。在商友敬先生这里，读书，已经获得了一种超越性的生命意义。他多次谈到"把读书看作是生活的第一需要"，是一个读书人"成长的唯一秘诀"（《书是读进去的，文章是写出来的——致黄玉峰老师》）。他还引述福楼拜的名言——"阅读是为了活着"，并作了这样的发挥："活着是为了阅读。"（《教师：在读书中生存》）张中行先生的那句话——"发现自己还活着，那就读读书，写写文章"引起商友敬先生强烈共鸣，并且实践到底，绝非偶然：读书成为了一种生命的存在方式和生命的意义与价值的体现。

由此而形成了商友敬先生独特的语文教师观。他提出了一个重要的命题："教师要在读书中生存，要处在真正的'读书状态'之中。"他说："我们教书的人，多读书，时刻不停地读书，这才是我们的本分，也是常识性的真理。"（《教师：在读书中生存》）诚哉斯言！关于语文教师的本分、修养、学养，可以提出种种要求，但在我看来，商友敬先生所说的"在读书中生存"，时刻处在"读书状态中"这一条，最重要、最基本，真正说到了要害处。而正如商友敬先生所说："有相当一部分教师，除了教材和教辅材料之外，其他的书基本不读，这是反常的现象。"当下语文教学、教改中的许多问题，从语文教师的角度说，"老师自己不爱读书，不读书"应该是一个症结。因此，我们现在需要回到商友敬先生这里说的"常识性的真理"上来，使语文教师首先成为商友敬先生这样的"读书人"。

　　我们的讨论，还可以深入一步：读书所呈现的，是怎样的生命状态？这就涉及商友敬先生的读书观——

读书为己，立己

　　这是商友敬先生读书观，乃至语文教育观的核心。

　　这里，有两层意思。首先是为谁读书？是"为己"，还是为"他人"？商友敬先生的回答是明确的："不论古今中外，一切大师哲人，都把读书治学首先看作是自我修养之事，看作是为了提高自己充实自己，满足自己甚至是娱乐自己的事。"即所谓"养得胸中一种恬静书味，亦稍是自足矣"（商友敬先生引曾国藩语），也就是为"趣味"而读书（商友敬先生引梁启超语），这也是鲁迅所倡导的"出于自愿，全不勉强，离开了利害关系"的"嗜好的读书"（鲁迅《读书杂谈》）。与此相反，如果为"他人"读书，甚至"专为服侍别人、满足别人、愉悦别人，乃至哄骗、愚弄、取媚于别人而从事学习，就不是'君子之道'，而是'小人之道'，甚至是'妾妇之道'了"（《读书为己》）。这当然是有感而发。所谓"应试教育"，就是强迫学生为考试，为老师、家长、考官而读书，进而为"服侍"上级、上司而读书，做事。这正是一种培养"小人之道"，以至"妾妇之道"的教育。话虽难听，却一语中的。

　　这就涉及了第二个层面的问题：读书是为了什么？商友敬先生曾在《教师报》上开有专栏，题目就叫"立己书话"，并有这样的解说：

"教育的目的是'立人',孔子说'己立立人',所以我们教书的首先自己要立起来,'立己'就是通过读书使自己立起来的意思。"(《〈立己书话〉后记》)

之所以如此强调"立己",是因为读书最容易丧失自己。这也是鲁迅早已警告过的:他在1927年对中学生的一次演讲中,就特意引述萧伯纳和叔本华的话,指出"世间最不行的是读书者。因为他只能看别人的思想艺术,不用自己",即所谓"脑子里给别人跑马"。这就是说,读书,好读书,也有危险:弄不好会成为"书橱","即使自己觉得有趣,而那趣味其实是已在逐渐硬化,逐渐死去了"(《读书杂谈》)。

这更是我们这一代人的一个惨重的历史教训。商友敬先生长我两岁,我们都同是"1930年后"那代人。商友敬先生十分沉重地说到,我们曾因为"懒惰和怯弱"而"轻信",轻信"用了多年的教科书"和"以'科学'的名义所下的'定义'","误以为其中有永恒的真理",结果就陷入了蒙昧的迷信,"我们这一代人由于轻信而丧失的一切,下一代人应该把它找回来"(《大学人文读本·人与国家》)。商友敬先生还谈到自己和我们这一代人一生"大部分时间活得很'窝囊',也就是自己不能把握自己,自己不能支配自己,真是浑浑噩噩,随人俯仰"(《读教生涯漫忆·结语》),这都是痛切之语。

问题是,这样的"丧失自我"而陷入愚昧的危险,在今天依然存在。如果说我们那个时代的蒙昧带有更浓厚的政治色彩,而今天的年轻一代却遭遇了政治和商业的双重欺骗,而商业的欺骗更带迷惑性,于是,就有了这样的生命的呼唤:"读书人心里绝不能丧失'自我',丧失了'自我'就一无所得","在这个千人作'秀',百'戏'杂陈的时代,人人眼花缭乱、魂不守舍,我们教书的人,先要来一次'招魂',把'自我'找回来。找回自我再读书,才可以在书中发现自己和充实自己，然后以一个真的读书人的面目走向讲台，新的教育将由此起步"，"'读书为己'应该从教师开始"（《读书为己》）。

一辈子在疑难中讨答案

商友敬先生有一篇妙文，题目叫《书中自有……》，讨论在我们那个时代被"批判"得"体无完肤"，却又在如今这个年头实际上成为人们读书动力的一句名言，据说是宋真宗鼓励人读书的话："书中自有黄金屋，书中自有颜如玉，书中自有千钟粟。"商友敬先生对这个让天下所有读书人为之迷恋、困惑不已的"书中自有什么"的问题，做出了一个他自己的独到而多少有些出人意料的回答："带着自己的头脑到书里去，书里什么都有；不带自己的头脑到书里去，书里什么都没有。"因为在他看来，"'书中'有的只是一连串疑问，靠你去思考、去探索、去追寻、去发现"。真是说得好极了，这是真懂得读书者、教书者言。胡适说做学问的要诀就在"无疑处生疑"，这也是读书之要诀，更是教书之要诀。写到这里，突然想起了福建一中陈日亮老师的语文阅读教育经验中，就有"问疑揣摩"这一条，我曾作过这样的阐述："按陈老师的说法，阅读就是一个'无疑—有疑—无疑'的过程：开始'大体能懂，无疑可问'；于是就需要老师'启疑导思'，使学生学会'无疑处有疑'；然后'通过对文字的揣摩、思辨、品味而释疑消化'。而最后的'无疑'，是阶段性阅读的结果，其实是'无疑'中'有疑'的，因而也就开启了以后的'再阅读'的可能。应该说，这是阅读重心之所在：通过'问疑'而培育、训练思维；通过'揣摩'而培育、训练'对于语言文字的敏感'，及语言文字背后的'对人生世相的敏感'。"（参看《陈日亮〈我即语文〉序》）还可以补充的是，在这一阅读的"生疑，解疑"过程中学生学会了独立思考，并养成习惯，那就意味着一种真正的"读书人精神"的培育，这正是商友敬先生最为看重的，他说："读书人的特点是：小学小疑，大学大疑，此疑即解，彼疑又来……一辈子在疑难中讨答案，心劳力瘁，却总是锲而不舍，永不放弃。一旦什么都不想了，什么都不疑了，这就意味着他精神上的死亡。"（《心事》）

商友敬先生最后总结说："说到底，读书就是用眼睛去发现，用大脑去思考。有了这种习惯，人就渐渐立起来了。"（《书中自有……》）可见，商友敬先生的读书观、教育观，最后是归结到"立人"这一中心点上的。我们前面所说的作为生命存在方式的读书，其所培育的"读书人"，是一个独立自主的人，特别是精神独立的人，一个永远的思考者和探索者。因此，在商友敬先生的理解里，"语文教师应成为读书人"，不仅是强调教师应有的读书趣味、学养、习惯，更包含了自觉地追求精神的独立和思考者、探索者的品格这样一些深层次的意义。他自己也正是这样身体力行的，即所谓"认认真真读书，堂堂正正做人"，这是真正的教师风范。

读书即交友

商友敬先生是有"敬友"之风的。读书、写作为交友，这大概是商友敬先生的人生信条。

我理解，这里有三层意思：

首先，读书即交友。商友敬先生深有体会地这么说："张中行先生打过这么一个比方：读古典文学，如同童年时代交了一个朋友，当时不觉得亲密，以后越老越感到亲切。我对此颇有同感，当然也希望普天下的年轻人都能交上这样一个可以对话、可以交流、可以共悲欢同命运的'朋友'，'朋友'就在你心中，人与人，人与历史在长期的对话中，理解了，交融了，教育的目标也就实现了。"（《语言资源和视域融合——谈中小学的文言文教学》）

其次，因读书而结友。商友敬先生说："我有个习惯，读书读到高兴或激愤的时候，总想找个人谈谈"，"所以读书不断也就电话不断，电话不断就友情不断"（《〈立己书话〉后记》）。这大概就是现代读书人的读书之乐吧。

其三，因读书而交大自然之友。商友敬先生说他"爱读书，爱写作，爱旅游，爱交友"，这四爱是统一在"交友"之上的。他谈到自己爱旅游，就是因为在书本上结识了许多古友，就想去看看他们当年生活的遗迹，达到更切近的心的交流。他曾谈到自己专程到陕西韩城去参拜太史公马迁的祠墓的体验："那是在黄河边的一处高坡上，相当破败了。我去的时候，整个祠庙只有我一个人"，独自伫立沉想，"他那孤傲独立的精神"就永远留在心上了。商友敬先生更津津乐道的，还是和"名川大山"的结交："我曾经一口气登上江西三清山，一个人去安徽天柱山神秘谷中摸索……"（《读教生涯漫忆·旅游与教书》），这是面对面的倾谈，因此，最好一人独往，那样的人和大自然的神交、意会的乐趣，是体味不尽的。

商友敬先生有言："一个人，朋友多，如同鱼之在水、鸟之在林，无往而不适，活得自在，活得开心。"（《读教生涯漫忆·交友与教书》）他不仅有现实生活之友，还有书中之友，更有大自然之友，三友须臾不离，商友敬先生有幸了。

现代读书人

"读万卷书，行万里路"，这本是中国传统文人向往、追求的生活方式。凡和商友敬先生接触过的人，都可以感受到他身上的传统文人的气息，他对中国传统文化，特别是古典诗词的一往情深，是很让人感动的。

但我要强调的是，商友敬先生本质上是一个现代读书人。

　　王栋生先生对我说过，商友敬先生那样迷恋传统文化，却坚持反对"读经"，在"国学热"中始终保持清醒，是很不容易，特别值得尊敬的。

　　我以为，这是他深懂中国传统文化的必然表现：深知传统文化的博大精深，因而一往情深；深感将传统文化宗教化所形成的精神束缚，因而始终清醒。

　　他的立场是鲜明的：古代文化、文学作品不可不读，但"不要把它当'经'读"。他一语道破：所谓"读经"，就是"再度把儒家宗教化，再度把活泼泼的儿童压抑成'信徒'，再度创造'陋儒'、'腐儒'，名为'宏扬国粹'，实际上是制造精神奴隶"（《文言文教学断想》）。说是"再度"，不仅因为中国古代就有这样的读经传统，它构成了中国传统的消极方面，而且我们这一代人也有过这样的"天天读"的读经历史，商友敬先生称之为"跪着读"："屈膝，表示崇拜；低头，表示屈服；口中念念有词，表示信仰；脑子动也不动，表示毫无怀疑，全盘接受。"因为是"过来人"，有过这样的沉痛的经验教训，对今天的"故鬼重来"，就不能不倍加警惕，不能不强烈反对，大声疾呼：读经之风不可长，"启蒙的工作还需继续不断地努力"。

　　关键是"跪着读书"，还是"站着读书"。如商友敬先生所说，问题就在于有没有"独立之人格，自由之思想"，是不是现代中国人，现代读书人（《我为什么反对读经》）。

（二）语文经验

　　读了一辈子书，就有了学语文的经验，教语文的经验。这样的来自自身语文实践的经验，是十分可贵的，是商友敬先生的一笔独特的财富。我读他的《读教生涯漫忆》，在好几个方面，都受到很大启发。

在"三大语言空间"中成长

讲到如何学习语文，商友敬先生劈头就问："我从小怎么学说话的？"这好像是一个不用问、无须问的问题，因此，就常常被忽略了。但商友敬先生却问了，而且进行了认真的思考。他说，他一生下来所学到的就是扬州话，"这是我的母语，以我母亲的话最标准。确实在我的心目中，直到现在，她的话最好听、最柔美、最亲切。我庆幸自己落在这样一个语言环境里，学会了这一种华美而又纤丽的语言，它有一种磁铁一般的吸引力，吸引我在语言的海洋里徜徉，无往而不适。""当我一个人自言自语的时候，我说的就是扬州话，甚至我在写这篇文章时，我口中喃喃自语的也是扬州话。这是母亲教给我的语言，它已经成为我血肉身躯的一部分了。""如今我们兄弟姊妹历经沧桑重新聚首时，说的还是扬州话，我们好像又回到母亲的身边，尽管母亲已经不在了。——我写这些，只是说明了一个普通的道理：母语是我们生命的一部分，是我们思想和情感的存在方式，而绝对不只是一种'工具'。"(《读教生涯漫忆》)这是商友敬先生所写的文章里，最让我感动和深思的几段文字。这里对"母语"的情感和意义的价值阐释，都很重要，值得注意。我们通常把"汉语"理解为母语，而忽略了更为直接的母亲说的、母亲传授的"方言土语"，这是片面的。或许只有理解了这样的方言土语的意义和价值，我们对本民族、本土语言的"家园"意义，才会有更全面、更丰富、更深刻的理解和把握。由此提出的问题是，我们的语文教学，是否也应该适当地包括方言土语的教学？这是一个新的教育课题，应该讨论和研究。

商友敬先生深感自豪的，是他进小学以后，为了适应和同学、社会交流的需要，又学会了上海话，不仅"能说上海上层人物的礼貌语言，也能说市井之间的世俗语言，甚至能用上海话骂出一连串的话。

最妙的是我能够说带有浦东色彩的、苏州色彩的、宁波色彩的、北方色彩的以及苏北色彩的上海话"。当然，他还学会了北京话，"那时也有些老师用普通话上课，但大都不标准，所以在中小学的语文课上，我常被老师点中站起来朗读课文"。这都说得很有趣，我们中小学的口语教学，是否也可以从中得到启发，变得丰富多彩一些呢？商友敬先生说得好："一个孩子的语言适应和同化能力是很强的，可惜父母和老师对此都不怎么在意。"

商友敬先生的总结也很有意思："学到了这三种方言，可以并行不悖地运用，到了家里对父母长辈用扬州话，亲切舒适；到了学校用上海话，与同学亲密无间；普通话则是一种比较庄重严肃的语言，在正规的场合以及朗读文学作品，一定要用普通话。"结论是："这三种方言充盈了我生活的三大空间，我就是在这'三大语言空间'中成长的。""语言空间"，这是一个重要的概念。我们的语文教育应该以普通话教学为主，这是现代社会思想文化交流，更是民族文化凝聚的需要；但不要忘了，我们这个幅员广大、文化多元的国家，不仅有着多民族的文化和语言，还有丰富多样的地方文化和语言。因此，我们的语文教学应该为中小学生提供更为广阔、丰富的"语言空间"，广阔、丰富的语言空间的背后是一个广阔、丰富的文化空间，并包含了更深厚的"家园"意义。这大概就是近年来一直提倡的"乡土教材"的编写、教学的意义所在吧，这应该是语文教育的有机组成部分或重要补充。

在"实社会上流动着的语言"中学习语言

商友敬先生最津津乐道的，是他课外的语文活动。他列举出的，即有"看戏（特别是京剧、昆曲）"、"听书（特别是扬州评话）"、"对对子"、"看话剧"、"听相声，北方曲艺（京韵大鼓、单弦儿、山东快书）"、"读报"、"唱歌"、"听朗诵"、"读元明散曲和明清民歌"、"看电影"，洋洋洒洒十大项。

商友敬先生反复强调，他从中学到了"语言修养"："京剧昆曲的唱词都十分讲究声和韵，而声和韵正是我们母语——汉语的灵魂。京剧的唱词并不典雅，但是它圆润流利，念在嘴里好听，有韵味，是语言艺术的精品。能够欣赏它，进而掌握它的规律，并融化到自己的言语中去，你能成为一个富有语言能力的人，一个出口成章的语文教师。"

他从中学到了语文教育艺术："说书是一种艺术，教书何尝不也是一种艺术？""教书也必须对文本有透彻的了解，在字里行间看出作者的命意所在，并进而传达给学生听，使他们与你有同感，与他们切磋琢磨，与作者的心逐步靠近。教书的人是大可向说书艺人学到一些宝贵经验的。"他还从话剧中学到了"旁白"艺术："如果把一堂课比作一台戏的话，教师就应该为自己选定'旁白'的角色，这样他可以自由出入于戏内戏外，起一个穿针引线的组织者的作用，更能激起演员（学生）深入到文本之中去，体验剧情和人物的性格状态。"

他从中学到了文化修养，以至人生态度："在（相声表演艺术大师）侯宝林身上，我们能够染上一种善于发现生活中有趣现象的习惯，习惯久了会成为一种性格，幽默、风趣、乐观、豁达、婉而多讽、谑而不虐，这是一个男子汉应该具备的性格，也是一个语文教师应该具备的人生态度。""从小就读报的好处在于很早就与闻国际国内大事，使自己渐渐成为一个社会的人，一个有时代感和历史感的人。"

可以说，商友敬先生就是在这样的课外的"大语文"课堂里，学习语文，并逐渐成长成人的。

由商友敬先生的这一语文经验，我又想起了曾经关注过的周作人的语文经验。周作人作为一个大散文艺术家，同时又是一个学习语言的天才，他的汉语修养自不必说，他还精通日语、古希腊语和古英语。尤其是他对日语的精微之处的把握，其内在神韵的感悟，他对日本文学经典的翻译，以及他自己语言中所渗透的日本语言味，都是无人可以比肩的。那么，他是如何学习日本语言的呢？他的经验，就是学习语言的重心，不在"书本上的日本文，而是在实社会上流动着的语言"（周作人：《知堂回想录·学日本语续》）。他首先到民间世俗文学里去寻觅学习活的日本语言：到日本称作"寄席"的杂耍场去听"落语"（相当于中国的单口相声），进而欣赏日本民间戏剧"能乐"（多为悲剧）、"狂言"（多有滑稽成分），以及"注重诙谐味及文字的戏弄"的"川柳"（民间讽刺诗、风俗诗）。在感悟到了民间文学的滑稽趣味、语言趣味以后，再转向对日本文人文学中的"俳谐"的关注，也是首先注意其语言特色，即所谓"俳谐体"，然后通过语言而进入其内蕴，即所谓"俳境禅趣"，由此而进入日本文化的殿堂。以后，周作人在总结他的这段自学经历时说："学习日本语，其来源大抵是家庭的说话，看小说看报，听说书与笑话，没有讲堂的严格的训练，但是后面有社会的背景，所以还似乎比较容易学习。这样学了来的言语，有如一棵草花，即使是石竹花也罢，是有根的盆栽，与插瓶的大朵大理菊不同。""我看日本文的书，并不专是为得通过了这文字去抓住其中的知识，乃是因为对于此事物感觉有点兴趣，连文字来赏味，有时这文字亦为其佳味之一分子，不很可以分离"。（周作人：《苦口甘口·我的杂学·十八》，参看拙作《周作人传》"婚后"一节）

尽管商友敬先生谈的是学习汉语，周作人说的是学习外语（日语），但其精神却是相通的。我以为有以下几点：其一，从民间文学入手，学习"实社会上流动着的语言"，即不仅学习书本上的语言，更注重学习生活中活的语言，不仅学习文人雅的语言，更注重民间的俗的语言。其二，不只是从知识的角度去学语言，而更注重情趣：语言的情趣，以及在其背后的风土人情。其三，在"赏味"语言文字时，一定要注意特定民族的语言文字的特点，如周作人所强调的日本语的俳谐味及俳境，商友敬先生所死死抓住的汉语的"声"和"韵"。这也是周作人所说的，汉语有两大特点，一是具有"音乐性"，商友敬先生特别注重从京剧、昆曲、说书、京韵大鼓、单弦儿、相声、话剧、朗诵、唱歌中去学习汉语、普通话，都是着眼其与听觉艺术的相通；二是具有"装饰性"，有许多先生更注重从雕塑、绘画、书法方面感悟汉语言文字，着眼点就是其和视觉艺术的相通。其四，不是为学语言而学语言，更要注重语言中的"文化"。其实，汉语的最大特点，就是它不只是一个语言符号，还积淀着丰厚的文化。这就是周作人所说的，这样学来的有文化内蕴的语言，才是真正"有根"的。这四个方面，对今天语文教学和语文教师修养的启示意义，大概不必再多说了吧。

（三）语文教育、教师观

商友敬先生不是一个语文教育专家，他的语文教育、教师观是在他的读书、写作和教学过程中逐渐形成的，可以说是"读书、思考、写作、实践"四结合的产物。我在好几个场合都谈到，这"四结合"是许多有经验的语文老师的共同的成长之路，商友敬先生应是其中的一个代表吧。这样形成的语文教育、教师观可能不具有强烈的理论色彩和系统性，但它所具有的实践性与思辨性，也自有其不可替代和忽略的意义和价值。

商友敬先生的语文教育、教师观，我们在前文已多有讨论；现再作一些补充，因为文章已经写得太长，只能点到为止。

培养"真正的读书人"

商友敬先生有一篇文章的题目就叫《为了下一代"精神成人"》，这可以说是他和所有有理想有追求的教师共同的教育信念。具体到语文课程，商友敬先生提出了一个目标，就是要培养"真正的读书人"，或者说要播下一粒"读书的种子"（《书是读进去的，文章是写出来的》）。这当然不是对语文教学目标、目的的全面概括，但却是抓住了要点的。

什么是我们所要培养的"真正的读书人"呢？商友敬先生在《书中自有……》一文中，引述了《西方名著入门》一书的编选者、美国芝加哥大学的校长哈钦斯的话，强调了两点，一是教育"应该是使人们为过有学问的生活作好准备"，一是"教育的目标，应该使人养成过有头脑的生活的习惯"。我以为这两点大概就能概括商友敬先生心目中的"真正的读书人"和语文教育的目标：为"过有学问的生活"作准备，就是为学生"终生学习"打好底子；养成"过有头脑的生活"的习惯，就是为学生"终生思考"打好基础。

在另一篇文章里，商友敬先生又强调要养成"读书和藏书的习惯"，"形成自己的读书态度"（《按书目读书》）。

的确，如果通过我们的语文教育，学生从中学起，就养成了读书的习惯、思考的习惯，有了这两个底，他一生的健全发展，就有了基础和保证。只要做到这两点，我们作为语文老师，就是尽了自己的职责，甚至可以说是"功德无量"了。

书靠"读"，文章靠"写"

这是商友敬老师《读教生涯漫忆》一文的两个小标题，却浓缩了他一生读书、写作、教书的基本经验。在我看来，许多老语文教师的经验，也都在其中了。用商友敬先生的话来说，这都是"常识性的真理"，而常识、真理都是最朴实的。

关于读什么书、如何读书，商友敬先生有几个观点，很值得注意，甚至是可以当作语文教学的警句来看的。

一曰"不读教科书以外的书，就无法长成人"（《书中自有……》）。这个观点，也是由哈钦斯先生的一段话引发的："如果教育是获取知识的话，则教育就应该让学生死记硬背事实，所以教科书的内容就应该主要是让学生死记硬背的事实。除此之外，还有令教师、学生以及教科书的作者都不安的考试，考试的内容多半是检查学生是否记住了课本上的事实。由此你便可以明白，为什么教科书必然使人感到厌倦。"（《致读者》）可见，死记硬背教科书是一个世界性的教育问题。这里的问题有三：一是教科书本身如果有问题，比如存在着意识形态的遮蔽（如某些历史教科书）或科学性问题，那就会贻误后代；二是用死记硬背的方式读教科书，就会把学生培养成"书橱"，扼杀了独立思考；三是只读教科书，是会把人的眼界变窄，精神变小的。而商友敬先生此言，更是切中当下教育的时弊：应试教育的最大祸害，就是逼得中小学生（甚至他们的老师）"不读教科书（和教辅书）以外的书"。

二曰"读半懂的书"。详言之，就是"全懂的书不用读，全不懂的书不必读，要读就读只懂一半的书，这样才能逼你去探索，去思考，去追求，才能激发你的兴趣和求知的欲望，才有真正的收获"。商友敬先生说："其实，我们从小到大就这么读过来的"，"由薄薄的小册子到厚厚的经典名著，由浅入深，就是不断地读'半懂的书'，我们的进步就是不断地化'半懂'为'懂'。"（《读半懂的书》）真正的经典名著到最后也不会完全"懂"，"半懂"倒是正常状态，因此才能常读常新。这也正是读经典名著的意义和魅力所在。商友敬先生是主张青少年阅读经典名著的，他说："少年时代多读名著，能使一个人眼界高、目光清、趣味雅、心胸阔。有了读名著的根基，就不至于堕入恶趣，就不至于成为一个浅俗的人。"（《名著最宜少年读》）而现在的问题正在基本不读书，偶尔读点书，也只是图省事，读不用费力的书，即所谓"快餐阅读"，其结果就是鲁迅说的"大口吞下的""并不是滋养品，是新袋子里的酸酒，红纸包里的烂肉"（《我们要批评家》），其后果就不仅是倒胃口而已。

三曰"书读不通畅，语文课不能及格"（《语文教育退思录》）。商友敬先生是主张"诵读"的，"放声地读，动情地读，读出一股气势来，读出一种气氛来，这是学习语文的最佳情境，是一种类似磁场一般的'语文场'"（《熟读深思子自知》）。他的依据在汉语言文字的特点就是"讲究声和气"，不通过朗读，不能感悟字句中的"声情"、"气韵"和"见识"（《语文教育退思录》）。他还强调"读"和"思"的结合，因此，有"三境界"说："学生只听先生读、先生讲"，"嘴也不动，心也不动，脑子更不动——此第一境也"；"跟着先生读"，"嘴也动了，心也动了，但脑子未必动——此第二境也"；"非但能大声读，读了之后还能静思默想"，"嘴也动了，心也动了，脑子更动了——此第三境也"（《梳理课堂——窦桂梅"课堂捉虫"手记》）。

师生乃"文章知己"

商友敬先生有一篇文章，题目叫《对话还是对立》，讨论教师与学生的关系，语文老师应以什么样的姿态出现在课堂上，创造一种什么样的课堂秩序和气氛。他说："教书，不外乎就是带着学生一起学习。语文教师，不外乎就是把自己觉得好的文章介绍给学生，让他们从中也读出好处，化而为自己的精神财富和语言资源；或者发现学生写作中的优点和不足之处，加以指点和引导，让他们的思路和语言文字越来越畅达。说到底，不过是师生之间结一个'文章知己'。"他还说一生中最让他感受到语文教学的真谛和乐趣的，是他晚年在老年大学里讲语文，因为在这里无须应试，学员学习语文也无功利目的，只为"冶情养性"。因此，他把自己的教学任务定位为"陪老人读书"，"不外乎是先把书读一遍，然后到课堂上与他们一起读，有什么感想大家交流交流，有什么疑难大家讨论讨论，读不懂的放在一边以后再说"，这就真的成了"文章知己"了（《读教生涯漫忆》）。

于是，就有了"自由的对话，自在的交流，心灵的沟通"的"语文教学的理想状态"的自觉追求："每个班级每个教室每个校园每间寝室都如同一个语言的'磁场'——在这个'磁场'中，每一个分子（师、生）都处在极其活跃的呼吸吐纳状态，他们呼吸吐纳的就是如同清新的空气一般的新鲜活泼的语言。正如曾国藩《家书》中所说的：'如春雨之润花，如清渠之溉稻。……如鱼之游水，如人之濯足。程子谓鱼跃于渊，活泼泼地。'——我对这'活泼泼地'教学状态最感兴趣，也最神往。只有进入到这种'活泼泼地'对话教学状态，人才能成为活泼泼的人；只有活泼泼的人才能成为一个有自由的思想和独立的人格的人，才是一个真人。"（《陪老人读书》、《语文教学对话论》）

这就是"真人"商友敬心中永远的"语文教育诗"。

坚守讲台

这是商友敬先生最后一部著作的书名。他说："我应该怀着惭愧而又幸福的心情，坚守在这小小的讲台。"（《自序》）他懂得站在讲台上的意义——他感到幸福。他说："教书是一件极其愉快的乐事，快乐的根源是师生的心灵在知识中相遇，得到共鸣与和谐，并能在碰撞中产生智慧的火花。"他同时感到"惭愧"，因为他"教，然后知困"，他说："一个教师能在教学中越来越困惑，越来越感到自己知识修养不够用"，这是一个"更高的境界"(《语文教育退思录·代序》)。

商友敬先生在他所编的最后一本书《过去的教师》里，这样描述"过去的教师"："他们就站在那里教书，挺直地站着，上对历史文化负责，下对莘莘学子负责。"(《前言》)

商友敬先生这样谈到自己："坚守在这小小的讲台，我还要继续读下去，想下去，写下去……"(《坚守讲台·自序》)

是的，他还站在讲台上，从容而安详。

> 2008 年 4 月 25 日，送别商友敬先生之日，
> 写于北京，遥寄哀思，四日后写毕

这才是个合格的、真正的教师

——读王栋生老师的教育随笔

读了王栋生老师的《不跪着教书》、《前方是什么》，不禁掩书长叹："这才是个合格的教师！"

在我的心目中，"合格的教师"就是"真正的教师"。

长叹之后，是深思和追问：教师这个职业意味着什么？怎样才无愧为人之师？教师，他（她）必会有、应该有什么情感，心理，思维，观念，修养，气质，品格？

平常心，正常情——
教师首先是有"人"的意识，情感健全的人

王栋生老师的教育随笔，常给人以震撼。《"模范"如是说》就是其中的一篇。文章谈到了在教育表彰大会上，有"模范教师"介绍经验，说自己如何为了坚守讲台，而不顾照顾家庭，以至妻子瘫痪，老父含恨而死，无暇关心女儿学习，连自己也延误治疗而落下终身残疾……据说这就是教师的无私奉献，云云。王栋生拍案而起，怒声问道："一个人，连妻子都不爱，连子女也不爱，连父母都不爱，却说热爱自己的'岗位'，爱自己的学生，这种话，你相信吗？他的人生目的是什么？他抛弃了所有的亲人，只是为了能站在讲台上？"他一针见血地指出："为工作牺牲亲情，牺牲亲人，这其实是一种变态的

极端的个人主义，是极不人道的，至少是麻木和虚伪的。"

　　由此得出的结论是："教师当有正当的人性。一个人没有'人'的意识，没有正常人的思想感情，那就不能从事教育工作。"——这里提出的是一个重要的、基本性的教育观和教师观，也是王栋生教育思想的出发点和归宿：教育"要以人为本，要有人情，要体现人道精神"（《跑，还是别跑》），"不近人情"，就"近于野蛮"（《咋天的故事》）。

　　而以这样的失去正当人性的教师为模范的教育，就必然是"反人道的教育"："它破坏的是基本的伦常，毁灭的是人性。"王栋生老师质问道："教育的目的是什么？难道是为了让学生都成为连生命也不知道珍惜的人，成为六亲不认的人？"

　　问题是这样的六亲不认的教育，在中国是自有传统的：古有"存天理、灭人欲"的假道学，现代有"只有国没有家，只有领袖没有父母"的革命加拼命的教育；而在这个利己主义泛滥的当今社会，鼓励这样的无私奉献的模范教师，就具有更大的虚伪性，其实质不过是"对流汗流血的人强调'奉献'，对淌脓流'香汗'的人却总能'按需分配'"（《何不弹铗而歌？》），因此那些主持表彰会的教育部门的各级官员自己是绝不会这么无私奉献的。

　　这就给我们一个重要提醒：要警惕那些"伪教育家"（《遍地"教育家"》），要明确地指出：那些新时代的假道学都是不合格的教师，真正的教师必须和他们划清界限。鲁迅早就说过"伪士当去"，"去伪士"，包括去伪教育理论，也是中国教育的当务之急。

　　因此，王栋生老师断然拒绝了把教师比作"春蚕"、"蜡烛"的所谓"贡献"论。这种理论竭力渲染教师工作的悲壮性："似乎这不是一种令人尊敬的职业，这是人要为之牺牲的一场苦难，是一条殉道者的路。"然而，这是地地道道的伪理论，不仅它的提倡者自己不准备实行，是伪善的；而且它和中国历代统治者都在宣扬、至今也还有人津津乐道的安贫乐道论一样，都是一种驾驭术：那些"衣冠楚楚的各级官僚"，他们"穿着丝绸"，放纵地享乐，"希望除自己以外的所有人都像春蚕一样默默地吐着有用的丝"。

不，我们不是春蚕和蜡烛，我们是人，我们有人的意识，情感，欲望，因此，我们懂得如何维护自己的人的权利，绝不为官僚们去作无私奉献；我们也知道自己的生存价值，不需要官僚们来教我们如何认识教师工作的性质和意义："我们不仅是庄严的劳动者，而且是爱的使者，因为有我们的工作，孩子们变成有感情的人，懂得会尊重人的人"（《别再称我们是春蚕，好吗？》），"教师是一种适合我的职业"，"一个人在做他所热爱的事，也就谈不上什么'奉献'；我对自己的选择负责，也同时享受自己的选择：如此而已"（《这是一种适合我的职业》）。

人的教育，应该由感情正常，健康，丰富的人来承担。

我喜欢，心灵震颤，眼眶湿润——教育的快乐在每天接触到的细节中

王栋生教育词典中最重要，却往往被人忽略的词语是"我喜欢"："我喜欢有感恩之心的孩子"（《感恩之心》），"我喜欢富有同情心和爱心的学生"（《善良的心是一盏灯》）。他在一篇文章里，也提到我最喜欢听他讲讲学生的事，而且还是美好的故事多，这样的美好总让我们心热眼红，"像个孩子一样，任泪痕挂在脸上"（《感恩之心》、《老师，我的神》）。刚刚远行的商友敬先生看了王栋生写的《告诉你几个故事》，也潸然泪下，特地去信说"能流泪的老师是幸福的"（《致吴非》）。

我手头就有这么一篇《很小的事情》，还没有收入王栋生的文集，是我从 2008 年 2 月 22 日的《新民晚报》上小心地剪下来，珍藏在我的文件夹里的——说小心，说珍藏，是因为我从这短文里抚摸到了一颗教师的大心，并深受感动和触动。

还是先抄录开头的一段文字——

　　学生迟到了，他面带愧色，站在教室门口轻轻喊了一声"报告"。他很尴尬：喊轻了，老师听不见，声音大了，又怕惊动大家。教师发现了，也只轻轻地一点头，让他回到座位上去。他已经知道迟到妨碍了大家，你尽可能不要多问，你的目光甚至没有必要停在他的脸上。我对这样的学生印象很好。这样的学生总是很注意个人修养，他们总是想到自己的行为不能妨碍别人。这样的品格，以后是可以在一个文明社会立足的。

我感动，自然是因为从很小的事情上看到了今天中国普通中学生心灵的闪光，作为一个关心中国教育，中国年轻一代，以及中国未来，并因此常怀忧虑的知识分子，我从中得到了非常重要的信息：文明的幼芽，爱的幼芽还在，就如王栋生老师所说，"当今之世，中国有这样的学生，可以证明实施真正的素质教育是有可能的"（《学生给教师上了一课》），我真的感到说不出的欣慰。

我感动，更因为能够发现这样的很小事情，为之感动，并深思其意义的教师，也必有一颗仁爱之心。更重要的是，这是完全自觉的努力，王栋生老师说："教师要重视培养学生仁爱的禀赋。"这就需要教师有一颗仁爱的心；有了这样的仁爱的心，就会有这样的胸怀和眼光，去发现学生身上爱的萌芽，文明的萌芽，并精心呵护与培育，助其成长（《善良的心是一盏灯》）：这真是一盏灯，给中国教育以真实的希望。

而教师自身，也从中获得了教育的意义，以至生命的意义。王栋生老师说："只要能经常发现这样的孩子，就会觉得既幸福又平常"（《感恩之心》），"教育的快乐从哪里来？就在每天接触到的这些细节中"（《这是一种适合我的职业》）。

问题是，并不是所有的老师都能随时注意到这些细节，并受到感动，更不用说深思其意义了。这也正是王栋生老师最感痛心和寂寞的。他说："对教学工作的机械重复，对学生的冷漠，对生活的冷漠，是对（教师）职业的亵渎"（《教师要有精神追求》）。他还叹息说，今天的教师缺少的是审美的需求和感受力（《在实践中反思》），其中一个方面，就是不能用审美的眼光看待自己的学生，发现其内心和行为的美，更不用说去培育美了。而不能发现和欣赏学生的美的教师，也一定不能享受教师职业之美。

王栋生老师说："我喜欢孩子"，"看着他们清澈的眼睛"，"我的心灵常常会有一种震撼，我的眼眶会莫名其妙地湿润"（《第一滴污垢》）。

读到这里，我的眼眶也莫名其妙地湿润了。我对自己说：这就是一个真正的教师的情感！我曾经在很多场合都谈到，人活着要永远保持一种黎明的感觉，每天都是一个新的开始，每天都以婴儿的眼睛去发现新的世界，新的美。在我看来，教师的黎明的感觉，就是每天都能从学生身上发现新的美，并时时受到心灵的震撼。这样，教师的生命就能永远处于新生的状态，即所谓"苟日新，日日新，又日新"。

这里，还有中、小学教师所特有的生命意义和价值。这也是我多次谈到的，中、小学生正是人生的黎明时期（我经常的说法是生命的"春天"和"初夏"时节），这也是一个人生命发展中最为纯净，最具活力的一个阶段，即使说今天的中学生已经受到了令人痛心的污染，但他们依然是相对单纯的；天天和这样的生命相遇，交流，中、小学教师正可以从中吸取生命的元气和活力，而使自己的精神永远年轻。我们在中、小学校园里经常可以遇到那些老教师，他（她）们在长年从教后仍然能保持对新思想新事物的敏感，能对未知领域不停地探索，能始终对教学保持浓厚的兴趣，并永远有一颗赤子之心。王栋生把它称作"热爱的禀赋"（《教师要有精神追求》）。

这热爱的禀赋，是来自随时随地发现、欣赏并培育学生心灵的美的襟怀、眼光和能力、习惯的：这是教师的基本素质、禀赋。王栋生老师说，教师职业适合他，他自愿选择当教师，就因为他具有这样的素质、禀赋，并在学生心灵美的发现与培育中，享受到了无穷的乐趣。这是他能够成为一个合格的教师，真正的教师的秘密所在。

大忧虑，大恐惧——
当"教育为立国之本"的观念成为思维习惯时

王栋生老师不仅有大欢喜，更有大忧虑，大恐惧："我畏惧，我担心。我们能把这个孩子教育成一个人吗？这孩子纯洁的心灵究竟会在什么时候、在什么地方、会被什么样的人，以一种什么方式，洒上第一滴难以抹去的污垢呢？"（《第一滴污垢》）

就是说，王栋生老师在进一步思考与恪守教师的职责时，不能只局限于校园的细节，而要放眼观察、感受教育的环境和生活的世界。他的大忧虑、大恐惧就是这样产生的。

我们关注的是，作为一个教师，他究竟忧虑、恐惧什么？这又反映了怎样一种思维、观念、精神？

他在报纸上看到一条《把乞丐赶出特区》的新闻，愕然想到："我们的下一代会不会变成没有同情心的冷血动物呢？"他说："一想到我们的学生有可能因为错误的宣传而学会在人民的疾苦前闭上眼睛，

我就感到愤怒。"(《谁"赶走"谁？》)

他看到一个孩子在玩杀人的电子游戏，联想到电视里充斥的带有血腥暴力的影片，立即奋笔疾书：《不能让儿童接触残忍》。他说："一个孩子从小就可以那样不经思考地去剥夺别人的生命，虽然不过是在虚拟的场合中，但是从对少年儿童的教育出发，必须考虑到：任何缺乏人道精神的暗示都会让他们变得缺乏人性，走向野蛮。"

他听到父母教育孩子"出门小心，外面坏人多"，第一个反应是："孩子从小不懂得信任，是最可怕的事"，"如果没有对人世间的爱，世界在人的眼中也就没有了善良"(《如果孩子不懂得信任》)。

他听报告，听到一组吹牛的数字，联想到商家在吹牛，政府在吹牛，教育家也在吹牛，这似乎成了"一些人的生存基本需求"，人们已经见怪不怪了；但他不能，他说："我之所以特别憎恶吹牛者，是想到当今孩子们思想混乱，他们的许多错误判断正是来自吹牛家的胡说八道。牛皮家吹出来的任何东西，都有可能搞乱学生的思想。"(《有缘有故论吹牛》)

在谈到学校招生腐败时，他说："我最怕的是我们的学生过早地知道这些故事。可是现在的学生还有什么不知道的？"他因此而感慨："在这类问题上，学校伤害了多少学生？"(《老红军的难处》)。

他还为官员当着教师、学生念白字而感到难堪，觉得这是糟糕透顶的事。官场的许多潜规则更让他感到不舒服，十分的遗憾，也是因为"这些事过早地让孩子面对，会给他们的心灵蒙上难以摆脱的阴影"(《先生，你怎么说话》)。

他甚至害怕见到某些大人物的照片，因为"如果让学生每天都在某些以权谋私、贪污受贿、不学无术的嘴脸下走来走去，对孩子们纯洁的心灵将是多大的伤害啊！"(《如今怎样当校长》)

他说他经常为社会的各种问题魂牵梦绕，弄得无处藏身，就是因为"当今纠缠社会的许多问题，如环境污染、安全生产事故、犯罪、漠视生命、落后习俗，等等，最后无不归结为人的素质差"，"无不归于中国教育落后"（《沉重的话题》）。

王栋生作为一个杂文家，他的这些社会批评，得到广泛赞誉，其意义自不待说；但我想强调的，是他的社会批评，有一个基本的教师的立场和眼光。所有的社会问题，在他那里，最后都归结为教育问题，所有的社会危机，最后都归结为教育危机。因为在他看来，社会的腐败，教育的腐败，其最大危害，其罪恶滔天，不能容忍之处，并且让他忧虑、恐惧之处，就在于它会污染、伤害了孩子的心灵，这无异于对国家、民族未来的谋杀。他说——

> 教育上的任何举措都有可能影响社会风气的变化。（《欣闻取消"重点班"》）
>
> "教育腐败"比"司法腐败"更可怕。教育为立国之本，如果根本发生动摇，不但我们毕生的奋斗将变得毫无意义，几代人的努力也将付诸东流。（《如今怎样当校长》）
>
> 教育的任何不负责任的言行，都会记录为历史痕迹，一朝悔悟，如同手上沾过无辜者的血，心灵的阴影一辈子也洗不净。（《"不是爱风尘，又被风尘误"》）
>
> 中国的教育将往何处去？明天，谁来建设这个国家？这些问题，如果我们不思考，也许就没有人去思考了。（《前方是什么？》）

"教育为立国之本"的理念，对许多人，许多所谓的教育专家、教育官员，不过是一种宣传口号；但在王栋生这样的自觉的教师这里，却已经融入他的生命，成为他的思维习惯——如以上所引述的他的那些文章所表明的那样，遇到任何问题，他的第一反应，就是这将污染学生的心灵，造成教育危机，从而动摇立国的根本。

正是这样的将教育危机与民族危机视为一体的思维，构成了他的大忧虑、大恐惧的心理内容。

由此产生的，是一种自觉的承担意识。——我们在前文谈到，王栋生老师从发现和欣赏、培育学生心灵的美中，享受快乐和感悟人生意义：这是教师职业对他自我生命的一种承担。而这里，当王栋生面对学生心灵被污染、伤害的教育和民族危机，所产生的"我们不思考，就没有人去思考"的历史使命感时，就引发了他对教师工作的自觉承担，以及对民族现实和未来，扩大了说是对人类未来的自觉承担。

现在，我们可以总结说，王栋生之所以自愿选择教师这个职业，并产生终生不变的热爱，就是出于这样的对自我生命，对教师职业，对国家、民族、人类未来的三层承担意识。王栋生老师因此提出了"教育守望者"的自我命名，并且强调，这是"神圣庄严的工作"，"需要宗教般的执著精神。"这样，对王栋生这样的老师来说，教育已经成为一种信仰。

王栋生说得好：真正的教师必定是"有信仰的、站直了的人"（《前方是什么？》）。

独立，创造与尊严——
我美丽，因为我在思想

"站直了的人"，这是王栋生教师观的一个关键词；他那句名言"不跪着教书"所表达的也是这样的教师观。其出发点，着眼点依然是学生和民族的长远发展："如果教师是跪着的，他的学生就只能趴在地上了"（《我美丽，因为我在思想》），"如果教师跪着教书，中华民族也站不起来"。

　　而"不跪着教书"一语竟引起如此巨大的反响，则是因为击中了当下中国教育的要害。所谓应试教育的实质就是人的工具化与奴化，而教育的官僚化、衙门化更是"不把教师当人"，"不拿学生当人"（《官场陋俗进学堂》）。当下中、小学教育的这两大问题，都和人（教师、学生）的独立性、主体性的丧失，人的民主、自由权利的缺失有关。因此，"站直了！"的一声呐喊，才如此地振聋发聩。

　　而作为教师自身来说，能否站直了，不跪着教书，关键又在是否有独立的思想。

　　于是，就有教师应当是思想者的命题的提出，所要恢复的是缺失了的知识分子精神，教育精神。

　　其一是独立的批判、怀疑的精神。王栋生提出了一个人们很少想、却非想不可的问题："如果学生对教学内容不敢有个人观点，如果学生连校政都不敢评论，把教师、家长的话奉若金科玉律，如果学生对社会灌输给他的任何东西都'坚信不疑'，会有什么结果？"回答是"学校只能教出一群精神侏儒，只能培养驯服的思想奴隶"。问题还可以再问下去：如果一个民族的下一代，都是这样的精神侏儒，思想奴隶，这个民族的未来又如何？王栋生说他时有不寒而栗之感（《人，不能和野兽一样》）；这类问题追问下去，是无法让有良知的教师心安的。

　　结论是："培养学生的怀疑精神，是为他们打好人文'底子'的重要措施。这个任务只有思想者才能完成"（《我美丽，因为我在思想》），"培养独立思考的一代，是教育最重要的任务。中国需要大批有独立思考精神的教师来做瞒和骗的掘墓人"（《不要跪着读》）。

　　问题又产生了：如果我们的教师自己思想就不独立，不但不做"瞒和骗的掘墓人"，而且还助纣为虐，推行瞒和骗的教育，那后果又如何？王栋生老师回答说："在瞒和骗中长大的人，思维是会有缺陷的，而一旦觉悟，就有可能转向虚无，什么都不信。"（《不要跪着读》）——由盲信、盲从到虚无，这不正是当下中国校园轮番上演的教育悲剧吗？

鲁迅说：中国"早就应该有几个"走出"瞒和骗的大泽"，敢于"真诚地，深入地，大胆地看取人生"的"凶猛的闯将"！（《论睁了眼看》）当下中国教育也正呼唤着这样的"凶猛的闯将"。

其二，是独立的创造精神。王栋生老师在一篇文章里同时提出了两个教育命题："教师应当是思想者"，"教师应当是创造者"，这两个命题其实是有内在联系的：思想的意义、价值和乐趣，全在于创造。王栋生老师说："我们的教学需要创造的激情。教师应该有这样的追求，即在教学中培养学生的创造意识，让他们成为'具有想象力的人，有办法的人'，具备这样的素质，他们在任何环境中都不会丧失创造的激情。"培养学生的创造性思维，这也是王栋生老师语文教育观的一个核心，特别在作文教学方面更是作了许多成功的探索，他这方面的思想与实践当作另文讨论。这里还要说的，是他自身就是一个极有创造力的教师，他要求自己每天都得有些期待，每次上课都想到能不能"再朝前跨一步"，期待有新的发现，他说："如果没有创造的意识，教师职业有什么意思呢？"（《这是一种适合我的职业》）——这又是人们很少问，却又是非问不可的问题。

于是，就有了这样一句话"我美丽，因为我在思想"，而且是创造性的思想。在这诗意的表达背后，是一种作为有思想、有追求的教师的职业尊严感。"自尊"是王栋生教育词典中出现得最为频繁的词语之一。他说："我从不认为自己的职业无足轻重。"他有一篇告诫年轻教师的文章，第一诫就是"要时刻想到，你的工作是无可替代的"（《诫徒》）。他这样引述哲学家罗素的话："自尊，迄今为止一直是少数人所必备的一种德性。凡是在权力不平等的地方，它都不可能在服从于其他人统治的那些人的身上找到。"并且说："人只有把自己作为具有独立意志的公民而不是任人驱使的工具，社会才可能进步。"（《〈前方是什么〉自序》）前面说官僚化的应试教育不把教师当作人，一个重要方面，就是摧毁教师的自尊心。正是为了反抗这样的权力歧视，王栋生老师把有没有教师的职业尊严，视为教师是否"站直了"的一个标志，他最鄙视的就是某些教师的自轻自贱。他说："教师没有自尊是最可怕的。一位教师如果到了没有自尊的地步，作为教师，他的职业生命已经结束了。"（《你为什么释放粗鄙》）

他把教师的尊严，称作是"劳动者的尊严"，他说他和周围的人都"坚守诚实劳动的信念，在这样的劳动中，学会做人，保持人的尊严和善良"，他坚定而自豪地表示："不管社会价值判断发生怎样的变化，我都会和那位民工一样，选择流汗"，他坚信："劳动使人能够有尊严地生存，同时从劳动中，人获得知识的教养"，"被引入到一切高尚之境"（《敬重诚实劳动》）。

这里，有两点很值得注意。一是王栋生老师把教师的工作和民工的工作作同等的看待：都是普通的自食其力的"流汗"者。这使我想起了鲁迅的话，他说，作家的写作和"农夫耕田，泥匠打墙"一样，都是做"有益之事"，"得一点不亏心的餬口之资"（《徐懋庸作〈打杂集〉序》）。这里，显然有一种可贵的平等观，由此产生的是教育平等观，这也是王栋生教育思想中很重要的方面。而我想强调的是，由此而显示的王栋生这一代有知青背景的教师和中国这块土地上的普通劳动者的血肉联系。王栋生曾深情地回忆，他在农村当代课教师（这是他教师生涯的开始）时，正是"贫苦农民的善良让我看到了高贵的宽容"，懂得了同情、善良这样的"近于本能的基本情感"的价值（《善良的心是一盏灯》）。他因此而领悟了教育的真谛：教育"要从了解我们赖以生存的土地开始，从你接触的每一位凭着诚实的劳动养活全家的人开始，从平凡的生活中解读人的情感开始，从逐渐了解用血汗写就的几千年文明开始"（《祖国的歌》）。——也许我们的讨论到这里才触及王栋生老师其人其思想的根，他的尊严感，他的独立思想、意志、人格，他的仁爱之心，他对教育，语文教育所有独到、深刻的思考，都来自我们这里所说的和中国这块土地上的普通劳动者的血肉联系，和中国这块土地上的知识、文化的血肉联系。他要维护的，正是教师作为劳动者的尊严，这同时也是知识者、思想者的尊严。

于是，我们又注意到另一个要点：王栋生对"教养"与"高尚"的强调，这也是他的教育词典里的基本语汇，构成了他的教育思想的独到方面。他有一篇文章，题目就叫《理直气壮谈"教养"》。他说："现今学校教育在过于重视学科成绩的同时，忽略了'教养'；而'德育'的形式内容繁多，又偏偏忽略了'风度'。"他说他"痛心于这样的现实：一方面，家长望子成龙心切；另一方面，他们却认识不到，一个没有教养的孩子今后在文明社会寸步难行"。他说："在这个世界上，可以没有贵族阶层，但是不能没有绅士风度；在丧失了绅士风度的社会，文化教育至多也只能起到油漆的作用——粉饰涂抹而已。"——这都是痛切之言，没有直接说出的是教师的"教养"和"风度"。其实，按王栋生的一贯思路，学生的教育关键在教师，对教养和风度教育的忽视的一个根本原因，是今天的教育者，许多教师、校长、教育行政官员，自身就没有教养与风度。熟悉王栋生的朋友都知道，他对人的一个基本评价标准，就是有没有教养和风度。这是因为，在他的心目中，教育是一个高尚的职业，它在本性上就具有高贵的气质。因为劳动是高贵的，思想是高贵的，创造更是高贵的。

不可不慎——
一切为了学生，一切都关乎下一代成长

这是王栋生所讲的教育故事中，最让人感动、深思的一个细节："某次我们在对一本论文专辑作最后校对时，发现一位学生有一部分内容是抄袭的，如果在平时，我们会抽去这篇文章，同时会对学生进行适当的教育。可是这一次情况不同，因为此时距高考仅有四五十天，而该生本人也看过这份校样了。如果采取行动，有可能强烈刺激这位学生，使她的事暴露在全年级面前，影响她的高考，从而影响她的未来。但是如果按原计划编发这本专辑，我们将承担编辑责任。在这种情况下，我们决定不撤下这篇文章——尽管我们会因此而受到非议，但是一个孩子能够比较顺利地通过人生关口，进入高校学习，能在以后的学习阶段改正缺点，这还是'合算'的。为了保护一个孩子，教师就做出了牺牲。"（《一切为了学生》）——这是一个不同于一般教育原则的特殊处理，看起来有点出格，但它背后的教育理念，却是值得注意的。这就是学校教育有一个绝对的教育原则：一切为了学生，学生的成长需要是高于一切的，学校的一切教育行为，都要从是否有利于学生的成长这一点为出发点和归宿，必须着眼于学生的长远发展，教师的天职就是保护学生，为他（她）一生的精神成长、生命发展，为他（她）的前途负责，替他（她）着想，即使因此自己做出牺牲也是值得的。

这里，还可以举出一例。王栋生有一篇《通过封锁线》，说到自己"平时倡导学生'自由地写'，可是到了高三，我不能不教他们一些应试技巧，不得不教他们一些俗招，以帮助他们通过'封锁线'。我看不起高考，但是我的学生要上大学，我的任务之一是帮助他们获得进大学的门票（这个说法很俗气，但是如果要把这个问题说得郑重

其事，也未免太没有见识了）"，"因为选拔方式是考试，学生不得不受这样的训练"，"他们要的是'分'，只要过了这一关，新的天地就出现了，他何必要拿自己的前途去冒险呢？作为教师，何尝希望自己的学生平庸？不得已也！"他最后说："高中完成两个任务就很好：一是在培养语文素养的同时给他一粒人文精神的种子，一是设法帮他搞到一张进大学的门票。"——我读了有惊心动魄之感：我看到了一个有思想的真正的教师（也就是我说的合格的教师）在现行教育体制下的真实而深刻的痛苦。他们必须在坚持自己的教育理念、信念和教育体制的现实之间作艰难的选择，最后只能做出一定妥协，选择折中的二元目标。其理由只有一个：不能为了自己的理想、原则，拿学生的前途冒险。这又是一个为了学生的牺牲，在无奈中依然有坚守，坚守教师的基本信条：学生的长远发展就是教师的生命。

和"一切为了学生"相关，还有"一切都关乎下一代成长"的理念。王栋生老师说："校园里发生的一切都可能成为实际的教育行为"，"学生在校的全部活动，都可能是接受教育的过程"，"教师直接和学生接触，事无粗细，都可能是榜样，行政部门在教育管理上的做法，也会成为实际教育内容。因而不可不慎"，"教育事关人格修养，人格尊严往往就在细微处体现出来"，"一些被认为是微不足道的小事，在学校里有可能诱发难以想象的后果"。结论是："在教育问题上，没有小事，一切都关乎下一代的成长。"（《一切为了学生》、《教育无小事》）

王栋生有两篇讨论教育上的小事情的文章，都让我感动不已。一篇是《小睡有何不好》，有学校在教室后面设置"观察座"，让上课睡觉的学生坐到那里去，王栋生认为"这种做法不尊重学生人格，而且不顾学生的健康"，提出异议。他自己上课时，发现后面有位学生睡了，小声喊他他没醒，想到他也许实在是累了，怕他着凉，就请同桌帮他盖件衣服。学生醒了，神情内疚，王老师安慰说："少听几分钟语文课不要紧，万一生了病，损失就大了。"王栋生在一次教师学习班上讲了这件事，下面递上条子，质问："你凭什么认为语文课少听几分钟不重要？"——一件小事，不同的处理和看法的背后，是不同的教育观。

还有一篇《你小时候是第几名？》，反对按成绩给学生排名次，触动我的是这样提出问题："那些名次在后的学生，他们的精神压力和内心痛苦，教师揣摩过吗？倾听过吗？教师为什么不体验体验呢？"这个问题是可以、应该问一问每一个教师的：你揣摩、倾听、体验过学生的感受吗？得出的结论，更是严峻得让人猛一听很难接受："我至今仍然认为，对这一问题的态度，决定了一个人能否担当教育重任。"但仔细想想，这里确实有对教育本质的最深刻的体认，是一件小事里的大问题。

至于这一篇《这些都不是小事》，就更让我羞愧了。"我当了这么多年的教师，从来没有让学生写过'日记一则'、'假期日记'那样的题目。学生虽小，也要给他们灌输权利意识，私人的东西不要随便给别人看"。教师经常对学生说："你下课到办公室来一下"，"为什么不考虑学生的感受呢？能不能这样说：'你愿意下课后到我办公室谈谈吗？'或者'如果你有时间，放学后请到我办公室来一下，好吗？'事情也许就会是另一种结果了。这是对学生的尊重，教师也应当通过这样的语言方式使学生获得教养"。——坦白地说，这些都是我这个有四十年教龄的老教师从来没有想过的，但我为什么意识不到这背后的教育问题呢？这难道不应该引起反省吗？据说有人认为这是"小题大做"，王栋生回答说："学生年纪小，我们如何对待他，绝非小题，必须大做"，"在这样的年纪，要给他们的心灵多种几粒善良的种子。在以后的岁月中，当他们回望童年、少年时代，他们就会对人世间充满感激，并可能把善良和爱传播给更多的人"。他最后归结为一句话："这是教育"。真的，这已经说尽了一切，无须多说了。

　　我终于懂得了：一个合格的教师，一个真正的教师，他不仅眼界开阔，身有铁骨，而且心细如发，柔情似水。

凄凉，迷惘，悲悯，困惑——
面对教育危机的失职感

　　这又是一个出人意料的教育故事：学生考取了大学，一再写信表示感谢，王栋生老师却沉默不言，最后写了封回信，直言自己的内心感受："当你们为获得高分进入大学而兴奋时，我的内心竟是一片凄凉和迷惘。"为什么？因为学生为了高分失去了自己的脑袋，除了教科书已经装不下其他有价值的东西，一切听老师的话，跟老师走。"我希望你能考上大学，却不希望你以这样的状态考上大学"，"你并没有完成高中阶段的学习任务"。"我没能在有限的时日内引导你接受正确的学习理念，使你缺乏发现与创造的意识，以至很长的一段时间内无法超越我，我因此感到失职"，"我在悲悯中会有一种困惑：教育究竟是什么？"(《你为什么不苦恼？》)

　　这是一个有思想、有追求的教师在现行教育体制下的深层次的苦恼与困惑：教育，中学教育，难道就是为了让学生以高分上大学吗？这是评价中学教育成功与否的唯一尺度，中学教师的唯一追求吗？中学教师究竟是干什么的？

　　这是王栋生老师写给另外一个学生的信："做教师的，总是说喜欢学生（我们在前文已经说到，王老师最爱说"我喜欢"。——钱注），可是我得对你说真话：我不喜欢你。"一个视教育为生命、信仰的教师，要对学生说这样的话，是极困难，极痛苦的。王栋生老师为什么这么说？他不喜欢的是什么？在这不喜欢背后又隐含着怎样的理念、心理和情感？

　　王老师的这封信有一个标题：《我不喜欢你的世故》。"我厌恶的是你身上没有学生气。无知并不可怕，庸俗则无药可救。""你总是能迎合宣传需要，起草决心书，在年级、在全校发倡议，你成了社会活动家"，"你不懂得尊重别人，你缺乏平等意识"，"只有对你有用的老师，你才会表示敬畏，虽然那也是假的"，"你这么小年纪就知道要当两面派，知道要左右逢源，知道要察言观色，知道要'巧干'，一个十八岁的人，竟比他的老师世故，这才是可怕的"。在另一篇《如今少年老成精》的文章里，王栋生老师更表示，过去"怕学生高分低能"，"现在最怕看到'高能人精'"，可怕之处，就在于成年人的"权力病正像瘟疫一样侵蚀着幼小的心灵！"更让人恐惧的是，"一个人二十岁就立志滑头，三十而老于世故，四十已大奸似忠，五十而扮正人君子，可作'关心下一代'状……"那将是怎样的人生，社会？这又是怎样的教育？

《你不该太功利》，揭示的也是一个可怕的现实：学生自觉维护应试教育，反对教育改革，"教师在战斗，学生摇起了白旗"，公开宣言："坚持'学好数理化，走遍天下都不怕'，一百年不动摇。"

《致一个所谓的"另类"》，更让人读得心惊肉跳：表面上这是高中生中的"有思想的人"，"经常表现出义愤"，"敢表达自己的意见"，"对别人对社会有着过高的道德要求"；"另一方面，则抱着混世态度，认为但凡牵涉自己的事，都可以不必认真"，到处宣扬"不作弊吃亏"，"有几个污点没关系，'只要混得好就行'"。

问题是，这里所说的学生，都是学校里的尖子，在现行体制下，他们是最容易考上大学的，名牌大学也是向他们敞开的，他们中许多人实际上是被视为学校政绩的成功典范，甚至成为在校学生的榜样，王栋生文章里的那位为高分失去了自己脑袋的学生就曾向低年级的学弟学妹介绍经验。但这又是些什么人才呢？这是无思考欲望和能力的考试机器，是萌芽状态的一切从功利出发的保守主义者，毫无道德原则的世故的投机者，在道德高调掩饰下的虚无主义、混世主义的伪异端。一句话，这是高能人精，高智商的利己主义者，虽还在幼稚阶段，其表现已令人侧目而视。

我在一篇谈话里，谈到北大的一些学生，我称之为"绝对的，精致的利己主义者"，"所谓'绝对'，是指一己的利益成为他们一切言行的唯一驱动力，为他人、社会所做的一切，都是一种投资；所谓'精致'，是指他们有很高的智商、教养，所做的一切在表面上都合理、合法，无可挑剔；同时，他们又惊人的'世故老成'，经常做出'忠诚'的姿态，很懂得配合、表演，最善于利用体制的力量，最大限度地获取自己的利益，成为既得利益集团的成员，因此，他们要成为接班人也是顺理成章的"（《就北大一百一十周年答采访者问》）。读王栋生老师的这些文章，我立刻想到，我这里所说的这类北大学生，其出身都是中学里培养的尖子。这是一个教育输送流程：中学（特别是所谓"重点中学"）培养出这样的利己主义尖子，输入北大这样的重点大学，经过深加工，变得更加绝对，也更加精致，最后再输送到国家，成为接班人。而这样的绝对的、精致的利己主义者接了班，成为国家政治、经济、文化、学术事业的主导力量，那我们国家、民族的未来将会向什么方向发展呢？这或许就是王栋生和我这样的教师的杞人之忧。我说："弄不好就会成为我们今天的教育对未来的国家、民族欠下的一笔无法偿还、弥补的债。"王栋生老师则说："教育的失误，会在一个漫长的时期被掩盖住，而当其'发作'的时候，真是天命难回！"（《在欢乐中沉思——"名校"的反思》）

因此，我们必须追问：是什么样的教育培育出了这样的人才？现成的回答，这是应试教育结出的病瘤；这还是有点笼统，我们又要追问：应试教育背后的逻辑是什么？这是个大问题，王栋生老师并无意全面展开讨论，但他有三点分析却十分重要。或者说，他揭示了扫荡、摧毁中学教育的三股风。首先是"把所谓竞争机制引入中小学教育"(《你小时候是第几名?》),其结果是"非人化的教育"横行校园,中学生"从少年时代起,就看不到合作与友谊,看到的只是弱肉强食,名次落后就声名扫地,名列前茅则可以出人头地,竞争的目的就是要做'人上人'",在这样的"狼文化"的浸染和"残忍的教育"培育下,"人很快就能回变成野兽"(《从人到狼》)。其次是"'教育产业化'之风让一些中学利令智昏,以办公司开商店的法子来办学",其结果是"相当一批学生及家长的价值观发生了质的变化","把上学当作消费支出,把学科竞赛当作上名校的敲门砖,把取得的成绩当作向学校讨价还价的筹码,把教师视同家庭的仆佣(《闻学生向学校索要奖金》),这样的商业化的教育正是培育绝对利己主义者的温床。最后,是所谓竞办"重点学校"、"快慢班"之风,不仅为教育腐败大开其门,更使学校教育丧失了"民主与平等环境",极大地伤害了孩子,让他们"从小就知道'特殊'在'普通'之上","知道人分三六九等,穿皮鞋的不要和穿草鞋的走在一起"(《欣闻取消"重点班"》),所谓"尖子生",就是这样的等级观念和教育的产物。

可以说,正是这样的弱肉强食的竞争教育,学校开店式的商业化的教育,以及等级化的教育,构成了应试教育的内在逻辑,它造成了中学教育的两极分化,在许多学生被无情淘汰的同时,又培育了一批尖子学生,尽管其中并不乏无论学业素养,还是人格素养都堪称优秀的人才苗子,但我们所说的高能人精,高智商的绝对利己主义者(另一面又是权力和金钱的奴隶和奴才)的苗子也不在少数。——在我看来,这就是我们今天中国中学教育的危机的重要表现。

问题是,我们每一个教师是不可能置身于这样的教育危机之外的,或者说,这样的教育危机向每一个教师提出了两个问题。首先关乎的是我们的工作的意义和价值:如果我们辛辛苦苦地教学,最后培养出来的，竟是这样的绝对利己主义者——如前所说，这些高能人精是把我们教师视为可利用的工具或雇佣的，那么，我们的劳动究竟有什么意义和价值呢？王栋生老师说得好："学校教育给学生心灵世界种下一粒什么样的精神种子，今天的教育者如果不去想，他就不是一个合格的人才。"（《在欢乐中沉思》）如果我们只是服从应试教育（骨子里的竞争教育，商业化教育，等级化教育）的逻辑，以学生高分上大学为自己的唯一追求，而忘记了教育，是为了要让学生像人一样活着，要让他们像人一样活得美好这一根本目的，在实际上却有意无意在学生心灵中播下了利己主义和奴隶、奴才主义的种子，那么，不仅会贻害学生和社会，而且会在实际上否定我们自己，颠覆教师的自身价值。王栋生老师在学生为高分上大学而兴奋时，却感到凄凉和迷茫，他所思考的就是这个"中学教师的意义和价值究竟在哪里"的问题。

　　更让王栋生老师不安和困惑的，还有在这样的人才培养的歧路、教育的危机里，自己的责任问题。他心里很清楚："一个人如果在青年时代，他的骨头要是出了问题的话，他很可能一生都站不直。真可惜啊！"他面对这些高能人精的尖子学生时所想的就是这个问题（《我不喜欢你的世故》）。同时想到的，是自己的失职：学生站不直，难道跟自己没有完全站直，自己的教育存在问题，没有关系？——反省和自责，常存惭愧之心，也许是一个合格的教师，一个真正的教师最重要的素质和品格。

孤独中的坚守——
合格的、真正的教师要面对什么

　　王栋生老师在 2004 年发表了一篇《"不是爱风尘，又被风尘误"——反思南京教育界的一场讨论》的文章，不过是坚守我们这里

讨论的一个合格的教师，真正的教师自然会有、也应该有的基本教育观念和立场，却引起了轩然大波。于是，就有了坚守中的孤独感，于是，在收入这篇文章的教育随笔集《前方是什么》的《自序》里，就谈到"自己的选择可能'不合时宜'"，谈到"宁鸣而生，不默而死"，谈到"单枪匹马"，"独来独往"，等等。

读到这些文字，心里真不是滋味，不禁想到，在今天的中国社会，在今天的中国教育界，仅仅要做一个合格的教师，就如此地难。

他要面对什么呢？

王栋生老师在一篇文章里谈到，他曾经以为，自己所遇到的问题，来自学校的校长，后来才"终于醒悟，这不是校长们落后，而是体制落后"（《在欢乐中沉思》）。这几乎已经成了一个共识：中国教育"问题的症结是'体制病'"（《如今怎样当校长》）。王栋生老师更进一步指出，体制的背后，是既得利益集团的利益问题（《沉重的话题》）。因此，王栋生老师看得很清楚："有一点新锐思想，有独立意识的语文老师，在学校总是首先受到怀疑与压制"，原因就在于他们的言行总要触犯学校和社会既得利益集团的利益。合格的、真正的教师在现行体制下受到压制，这显然是"造成教学改革长期劳而无功的一个基本因素"（《我美丽，因为我在思想》）。

如果说体制的压制，是意料之中的，一个有思想、有理想、有追求的真正的教师，对此是有思想准备的；那么，来自社会习惯势力的阻力，却多少有些意外，人们常常因认识不足而感到沮丧和痛苦。这就是王栋生老师经常感慨的：没想到"说服教师有时比教育学生难"（《小睡有何不好》），"没想到教改的阻力竟然来自学生"，没想到"年轻一代观念比我们落后，比我们保守"（《你不该太功利》）。自然，更令人恐惧的，是舆论环境的干预。正如王栋生老师所说："教育不同于一般行业，其中的许多问题（特别是教学问题）不能通过'群众讨论'、'群众投票'来解决，如果假借所谓'民意'来反对教育教学改革，那就有可能造成不堪设想的恶果。"（《我对教改充满信心》）这正是中国特色：一切都打着人民的旗号。王栋生因此专门写了文章，讨论《什么是"人民满意的教育"？》，他质问道："'家长'是'群众'，'群众'就是'人民'，家长不满意，等于'人民不满意'。市民可以对教育发表意见，但是仅仅因为他是市民，他的话就能代表'人民'？他就可以肆意歪曲教育？"事实正是这样：社会性的功利主义已经成为中国教育、中国教育改革的最大的障碍。

这也是不争的事实："学校教育目前还不是社会风气的对手"（《桃李愁风雨》），"教师不是'流行'的对手"（《从雄辩到调侃……》）。问题是，面对这样的世俗的力量，我们怎么办？王栋生老师的回答是："因惮于世俗力量的顽固而放弃思想，放弃呐喊，那才是无价值的一生"（《在欢乐中沉思》）。坚持着，作"反抗绝望的思想者"（《〈前方是什么〉自序》）：这是一个合格的教师、真正的教师应有、必有的选择。

问题是，我们自己也生活在这样的世俗社会里，世俗的观念、习气有时当然也会渗透到我们灵魂里，因此，真要做合格的教师，真正的教师更要面对自己。在某种程度上，战胜自己是更为困难的。王栋生老师就谈到自己也曾经有过"放弃的念头"（《〈不跪着教书〉序》）。此外，不可回避的，还有自己的错误。"教育教学是很复杂的实践工作，怎么可能不犯错误呢？"（《在实践中反思》）。王栋生老师是这样评价自己的："我是个在教育教学上犯过错误的教师，因为我总试图去改变现状，所以必须付出一些代价；同时，我是个在教育教学实践中不断纠正错误的教师；因此，也就有了结论，我是个合格的教师。"（《有反思，才可能有发展》）——任何时候，都保持自我清醒，这本身就是一个合格的教师、真正的教师最可贵的修养与品质。

期待与希望——
教师当如"王栋生"

王栋生老师写过一篇《把"人的教育"写在我们的旗帜上》的文章，有读者讥之为"乌托邦"，认为人的教育是"明天的空气"，在现今中国不可能实行。王栋生老师回应说："把人的教育说成是'明天的空气'，这种极端消极的言论是对教育的亵渎，因为即使在应试教育猖獗之际，依旧有无数的教师坚守理想，努力实践着'人的教育'，否则我们将面临更糟糕的环境！也正因为教育界还有（"楚虽三户，亡秦必楚"里所说的）这样的'三户'，所以我们对教育改革应当充满希望。"（《我对教改充满希望》）

这里有两点意思很值得注意。首先，要坚信，王栋生这样的坚持独立思想，坚持教育理想，并努力实践的教师还有无数，中国毕竟有一批比例不大，绝对数却不少的合格的教师，真正的教师。在这个意义上，王栋生并不孤立，我们在这里讨论王栋生，实际上是在讨论中国校园所在多有的合格的教师、真正的教师。在本节标题里，我将王栋生打上一个引号，就是要将他符号化，成为一个群体，一个思潮的代表、象征。

同时，要强调的是，"王栋生"并不只属于明天，他更是今天的：今天的现实、今天的需要，也就是我们这里所要召唤的："教师当如'王栋生'。"

王栋生老师在最近写的一篇文章里，谈到对中国的基础教育应该有一种"战略家的思考"，"让教师的教育生命牺牲在疯狂的应试教育中，是不负责任的态度"，应该给中国的基础教育留点"种子"，"为未来的发展准备一批骨干"（《这是一种适合我的职业》）。这是语重心长、意义深远的。我们在这里召唤"教师当如'王栋生'"，其用意就在这里。我们在前文中提到，王栋生老师是经过了"文革"底层磨难，冲决而出的，他和80年代接受大学教育的那代教师，是支撑着当今中国基础教育的骨干，但都即将退休，如何培养他们的接班人，就是一个迫在眉睫的任务。事实上，主要是毕业于90年代大学的一批教师已经开始接班。王栋生老师在《高三：我们继续阅读》一文里就不无自豪地谈到他所在的学校里，有一批爱读书的中青年教师，如何一直在艰难地教学，追求着考虑长远利益的教育，在他们的教育下，一群有思想的学生，懂得了生命中有比考分更珍贵的东西，逐步走上了精神的制高点。问题是，应更自觉地进行这样的教育思想，理念，精神，修养，经验，品格的传递，从为未来的发展准备一批骨干的战略高度，在中青年教师中培养更多的"王栋生"这样的合格的教师、真正的教师的种子。

"教师当如'王栋生'。"——中国基础教育的希望，在这里，就在这里。

最后，还要说一点。王栋生老师在最近写的《在实践中反思》一文中，这样写道："我有时会想到，再过六七十年，后来者追寻我们这几代教师的踪影，面对我们在教育史上留下的不堪回首的几页，会不会感到失望和困惑，甚至为我们感到羞耻。"我能理解王老师的愤激与沉重，我也常有这样的自我审问，也常有对未来的欠债感：毕竟这些"不堪回首"的"几页"，我们自己也有责任。但我想，历史也会同时记下我们的挣扎与努力，至少说明在这样一个混乱的时代，还有不同的声音，不同的实践，在这个意义上，我们也依然是在为未来铺路的，如王栋生老师自己所说，"总会有人会想象前几代教师不同的生命姿态"。是的，如今这个功利主义、实利主义、虚无主义的时代，是没有多少人想到子孙后代的；但合格的教师、真正的教师是一定要时时想到的，就因为想到了，所以我们才要坚守，才要在"雨夜泥泞中跋涉"。

我们都是教育史上的"过客"——

前方是什么？

不知道。我只知道不能后退。

前方是什么？

管它呢，只管往前走。(《前方是什么》)

2008 年 5 月 2—7 日

一个普通的中学教师能够走多远

——读马小平老师的教育札记和对话

这里所要讨论的，是先后在东莞中学和深圳中学任教的马小平老师的教育思想。他的教育思想是在和他的学生（其主要代表人物是东莞中学 2001 届的王翔和 2003 届的黄素珍）对话中完成的：他启蒙了学生，学生的思考又深化了他的思想。而我也是通过王翔而认识马老师的；作为他们师生的朋友，读了这些对话，也产生了许多想法。于是，本文的讨论，就成了马老师和他的学生，以及我之间的一个对话。

（一）一生中总在追求达不到的境界

在一次对话中，王翔对马老师说："你身上有一种很浓的少年气质，一种不平静的东西。你有一种燃烧的东西"，"你的这种少年气质到现在还能如此，在精神上没有缓慢下来的感觉"。

马老师如获知音，立刻回应说："我一生中总在追求一种我达不到的境界。我对智慧的东西总是在追求，而对非智慧的东西是非常的反感。"

王翔接着这样谈他的理解和感受："怎么解释你这样做呢？只能说是有一种内在的压力促使你这样做，一种本质的对美的追求促使你这样做。"

马老师又接着这样谈到王翔和自己："你也有这种燃烧的气质。但是你的燃烧是在烧自己，却往往没有让别人感觉到，而我的燃烧常常能够让别人感觉到，这可能与我作为一个教师的职业有关。"（《语文教学对话录》）

师生之间能够达到这样的理解和契合，是令人感动和羡慕的。在我看来，这是理解马老师其人，以及他的教育思想的一个关键点，一个切入口。

马老师在《寻找一种向上的力量》的一篇文章里，这样具体谈到他的追求，说他年轻时候，曾经和一位中学同学，大学时代的好朋友，一起迷恋于苏联教育家苏霍姆林斯基的著作，"我们常常为苏霍姆林斯基而感动，常常为我们的感动而感动。当时环顾我们周围，有几个人能像我们那样热爱教育？从那时候起，我就一直有这么一个想法，这一辈子，只要能到一所像帕夫雷什中学那样的学校去教书就值了。后来参加工作，才知道事情没有那么简单。但是，多年来，我一直在寻找，在等待，在准备。我的一生就为了等一所这样的学校。"一生都在寻找，等待，准备：这是怎样的一种追求！而且马老师真的坚持下来了；他说到后来又见到了当年一起寻找的同学："现在回想起当年的事情，似乎有些害羞。总觉得那时太幼稚了，太好笑了。在现实中他的理想早就已经被碰得粉碎了"，他因此而感慨："坚持是多么的艰难啊！"但他自己是不知悔的："我这一生注定是一个理想主义者。我选择了这种活法"，"我可能有一种执著狂"。

其实，这样的执著的背后，是有一个人生目标的设置的，就是要追求"最高，最强，最好"。马老师在文章里，就是这么说的："干教育这一行，如果不是十分地热爱，干得不愉快，而且还痛苦，那就真正要赶紧改行。但是我们如果执意选择教育，那我们就得朝最好的方面去做"，"要好好挖掘自己的才干，千万不要把自己给埋没了"，要使自己能够"成为人物"。

于是，就有了马老师的教育命题："一个普通的中学教师能够走多远"？——这是一篇文章的题目，副题就是"又想起了苏霍姆林斯基"。在我看来，这是一个极重要的提醒：不要看轻中学教师的意义和价值，更不要低估一个普通的中学教师他的生命力量所能达到的高度和潜能。

我们不妨看看马老师的学生是怎样看待他这位普通的中学教师的——

　　一直以来，面对字字经典的课本，我都有一种浓厚的压抑和窒息感。陈旧、单调的课本无法被我本能地接受，而考试又如达摩克利斯剑般悬在我头顶，令我不得不做一名思想的奴隶。马老师一肩扛住了沉重的闸门，指引我们走向辽阔。（王翔）

　　您让我聆听到了一个真正的教师的生命之言。"安魂之所"、"为活着寻找理由"、"对生命的理解"、"对卑微生命的普遍尊重"、"在未来与现在之间拉开一个时间的距离来思考"、"理想主义者的姿态"、"苦难时代中的生存状态"、"生与死的思考"……每个问题，每个智慧的话语，都逼我思考。您让我在忙碌的日常生活中沉静下来，您让我摆脱庸俗，再次审视自己的灵魂，再次重检和重建自己过去的种种观念。或者说，您给我指出了很多道门，门还是关着的；而现在及将来，我都将努力叩响每道门，通过自己独立的思考去打开它们。但我知道，很多事情，哪怕穷尽一生，到头来，也只是一团若即若离的迷雾。（黄素珍）

　　一个漫长的期待。……您就在我身边，滔滔不绝地说着您独特的引人思索的话。我静静地听着，在不断惊喜的茅塞顿开中感觉着心中思想渐渐地丰盈起来……（黄素珍）

老师，您说您是一个理想主义者。什么叫理想主义者？是不是可以放弃一切物欲追求，追求心中的自己的理想？是不是只为个体生命的存在寻找一个理想的境地或慰藉？老师，上完您的课，我更坚定了自己的追求：一生从事教育，如您一般给学生教授人生那些美好的情感，哪怕一生清贫！这是郑重的承诺，要负上对自己的全部的责任。（黄素珍）

王翔因此说要把他的文章献给"马老师，以及与马老师一样的高贵的教师"。在他心目中，教师永远是高贵的；他说："我们的骨髓里，血液中，灵魂深处，应该有一种叫崇高的东西。那样，我们才对得起自己的生命"，他在马老师这样的普通中学教师的生命中，发现的就是这样的崇高性。

黄素珍则把她从马老师这里所受到的感动，上升为对教师的意义的理性把握——

教师其实是一特殊的知识阶层。他（她）的特殊在于他（她）承担起责任的神圣与其重大作用。他（她）不仅要具备知识分子所有的来源于内心的批判精神和对历史强烈的反思，承担人类共同命运的强烈的责任感，他（她）还具有献身于人类文明的传授的精神。他（她）面对的还有学生——这人类文明传承者的下一代。若某个知识分子蜕化，成为某一个私欲目的的追随者，还可以原谅；但若教师蜕化，就绝不能容忍。教师一旦蜕化成世俗的、权威的工具，就不再是本质意义上的教师，也不可能担当知识分子的称号。教师应该永远在心中铭记个人责任的不可推卸。他（她）要有比普通知识分子更坚定的原则与信念。任何掩饰疏忽，个人力量薄弱的借口都是不成立的。一旦成为教师，就应该是纯粹意义上的教师。

"本质意义上的教师"概念的提出，将教师与人类文明的传承紧密联系起来，将其视为"特殊的知识阶层"，提出了高于一般知识分子的要求，同时也就树立起了一个高标尺。其实这本是不可退让的底线，但放在现实的社会、文化、教育环境下，就是一个几乎难以企及的高度，变成了一种理想主义的梦话。但心中有没有这样的精神高地，却恰恰是到教育事业寻求生命意义的教师和以教书为谋生手段的教书匠的区别所在，它所唤起的是前文所说的自觉而愉快的教师工作的责任感、使命感、神圣感与崇高感。这样的精神境界，是虽不能至，也要心向往之的。这大概就是人们所说的"仰望星空"吧。

于是，就有了马老师的"一生总在追求达不到的境界"，以及"一个普通的中学教师能够走多远"的命题的提出。

（二）"与灾难赛跑的教育"

黄素珍在她的《我的教育理念》一文里，还为当今的教师提出了这样的一个历史使命："教师就是实现教育走出危机，摆脱困境，达到人类最高生存意义的人。"

马老师则在他的文章里，一再提及英国学者汤因比所提出的"与灾难赛跑的教育"的理念，并且这样谈到他的理解："要赶在灾难尚未毁灭人类之前，把能够应对这种灾难的一代新人给培养出来。这是一个很紧迫的问题。"（《人文素质教本·写在前面的话》）

无独有偶，最近我在杂志上读到龙应台在台湾大学的演讲：《我离世界有多远——谈 21 世纪大学生的"基本配备"》，也是引用了历史学家威尔士的话："人类的历史愈来愈是一种灾难和教育之间的拔河竞走。"

　　他们一再这样地引述，是出于对 21 世纪世界的基本判断，也就是说，他们是在 21 世纪的世界大格局，人类文明的大视野下，来审视和思考我们所面临的教育问题，及所必要承担的历史使命的。马老师早在 1999 年就写过这样一篇文章:《面向知识经济，培养一代新人——关于普通中学迎接 21 世纪的教改设想》，明确提出"教育究竟应如何变革"，"才能迎接 21 世纪的挑战"的问题，并且强调:"要想在 21 世纪获得成功，必须从教育改革入手"，因此，作为一个教师，包括普通中学的教师，都要以"对国家与民族"和"对人类的前途"的双重责任感，来面对我们的教育。应该说，这是一个有远见的思考，这也是一个普通的中学教师的思考"能够走多远"的一个很好的例证。我注意到，龙应台在她的演讲里，也是在强调，21 世纪是一个全球化的时代，我们是生活在一个全球村里，因此，我们今天来谈教育问题，"显然就不能局限于'国家'，而必须以'全球村'为单位来思考，因为今天的问题不再是单一国家的问题，今天的问题的解决也不再是单一国家的解决"。——这是一个极重要的提醒:我们许多人，也包括我自己，在思考教育改革时，只局限于中国一国范围的观照，而看不到我们面临的问题的世界性，更不能从世界文明发展的高度来思考这些教育问题的严重性，以全球的眼光来寻求出路。当然，全球化并不否认民族特点，我们的教育问题自然也有本国历史、文化所造成的特殊性;但走出单一的国家、民族视点，追求更为开阔的全球视野，却是非常重要的，而且具有某种迫切性。

　　那么，21 世纪人类又面临着什么问题，这将是一个怎样的世界呢? 马老师在他的文章里，作了这样一个判断:"进入 21 世纪，人类面临的机会确实不少，但是面临的各种灾难也越来越突出。生态危机，道德危机赫然呈现在我们面前。"

这又是一个有力的预警。而我却是在经历了 2008 年的灾难和冲突以后，才有所醒悟，在一次演讲中，作了这样一个判断："我们从现在起，应该有一个新的觉醒，要在思想上做好准备，中国，以至世界，将进入一个自然灾难不断，骚乱不断，冲突不断，突发事件不断的多灾多难的时代。"并且有这样的分析："因为我们将面临两大紧张。首先是人和自然关系的大紧张。20 世纪人类在推行工业化的现代化时，对大自然的过度破坏，到 21 世纪必然遭到大自然的'反抗'；其次，是人与人关系的紧张。现在是一个全球化的时代，不同信仰、价值，不同利益的国家、民族、个体，都处在同一个地球村里，来往越来越密切，所有的国内问题都成了国际问题，反过来也一样。这样的密切接触、联系，固然使人的生命越来越相互依存，产生生命共同感，但同时也必然是摩擦不断，冲突不断。"（《当今之中国青年和时代精神——四川汶川大地震中的思考》）

黄素珍在她的文章里，对人类文明的危机及其产生的教育危机，作了更为具体与犀利的分析。她指出，人类文明曾遭遇到战争和极权的威胁，形成了教育的危机："在战争时代——人类强烈地感到极权与暴力代替理性与正义，人类道德趋于崩溃的时代，教育不可避免地沦为政府和政治向青年人强烈灌输狂热的民族主义，极端地对异族仇恨和报复的毫无自主的工具"；而在当今世界，不但战争和极权灾难依然存在，"新的危机又像利剑般悬挂于教育之上，而这又是人类文明进步带来的"："危机来源于经济高速发展对竞争的顶礼膜拜"，"来源于不平等的存在，人类间种族仇恨的加深"，"来源于在科技强大力量的作用下人的孤独、恐惧的困境"，"来源于人们在一种比以往更渴望被承认、被尊重的欲望下导致的过分地以自我为中心的生存状态"，"来源于我们这个时代缺少更多的有良知、有坚定信念、不屈服于权威、有着人性力量的献身于人类的知识分子"，"来源于教育本身还很软弱，她时时向学生暗示着人性道德败坏的部分：生存的艰险，人的不可信任，真理的难以被理解，竞争的残酷，人的力量的卑微，崇高易被曲解、污蔑，以致使学生失去自信，变得怯弱"。

可以看出，黄素珍对教育危机的观察、体认，是包含了她作为一个中国的中学生的实际体验的，但她却从人类文明发展的角度提出问题，特别是提出了"人类文明进步带来的教育危机"的命题，更是自有一种深刻性的。可以说 21 世纪的灾难与危机，是双重的：一方面，世界的广大地区依然深受不发达之苦，存在贫困、疾病、战争、人权等问题；另一方面，却又深受由 20 世纪人类文明的进步——其主要标志是科技的发展与现代化发展——所带来的负面影响，其主要体现就是马老师早就提出的全球性的生态环境危机和道德、精神危机，以及新的不平等。它的危险性，如龙应台所说，就在于可能导致"文明的腐蚀和毁灭"。

问题是，这样的 21 世纪人类危机，主要是由我们的学生，中国与世界的年轻一代来承担的。正像我在汶川地震（在我们的讨论中，是可以把汶川地震看作是 21 世纪人类灾难危机的代表和象征的）以后对北京的大学生所说的那样，"汶川地震以后，你们和这个世界的关系变了，这个灾难不断、骚乱不断、突发事件不断的世界，需要你们直接去面对，直接去参与，直接去承担了"。而能不能面对、参与、承担，所起到的作用是良性的，还是恶性的，这里的关键，就取决于年轻一代的素质：21 世纪人类所面临的挑战，归根结底，是一个对人的挑战，人的素质的挑战，对培养人的教育的挑战。这关系着人类文明的命运，这就是马老师一再引述的一位教育家的话："我们留什么样世界给后代，关键取决于我们留什么样的后代给世界"，这就是"与灾难赛跑的教育"的意义所在。

（三）追寻意义：教育的危机与出路

在马老师看来，人类文明危机带来的人的危机、教育的危机，主要表现在"意义的丧失"。

马老师一再引述爱因斯坦的一句话："认为自己生命无意义的人，不只是不快活，而且根本不适合生活。"马老师在他编选的《人文素养读本》里特地选入一篇《人是寻求意义的生物》（作者：秦光涛），谈的就是这个道理：人和动植物的区别就在于"人不但存在着，而且不断寻求着存在的意义，创造着存在的意义，对存在意义的不同理解，还会导致人的不同的存在"；正因为"人比其他生物多了这样一重本性，所以人的生存条件也与其他生物不同。人不仅需要一定的物质环境，而且需要一定的意义环境。所谓意义环境，就是指人能与周围进行意义交换，能够寻求意义，创造意义的条件"，"追求生命之外的某种东西，为高于自身生命的意义而生活，可以产生某种比生命本身更强大的力量来支持人的生命，缺少这种支撑，单纯为了活着而活着，人的生命很容易枯萎"，而"人感觉到快乐的前提，必须是人感觉到他对生活有意义"。

文章同时指出："人生下来并不是一个人，他需要学习怎样做人"，"他必须在后天的文化环境中通过意义引导，表现出人的主体性行为"。这就是教育的作用：它创造意义环境，通过文化的传承，进行意义的引导，使学生在意义的追寻中实现自己，完成从自然人变成文化人，由自在的人变成自为的人的精神蜕变：这就是我们通常所说的在教育中成长的本质。

可以看出，马老师的思考，从一开始就抓住了人的本性与教育的本质，占据了一个理论的制高点。有了这样的高视点，他的观察就格外地犀利。

　　他首先发现的，是 21 世纪人的危机。他对 21 世纪时代症候作了这样一个判断："我们生活在一个许多人不知道自己是'谁'的时代，一个对自己生活的意义不明确的时代。"这症候显然来自我们前文所提到的人类文明进步的负面影响："市场经济的发展，现代生活的急剧改变和动荡不安，社会发展为人生提供的种种令人眼花缭乱的机遇和各种各样的可能性，各种生活方式之间的相互冲突，这一切也会使人对人生的意义感到迷惘。人们在生活中失去了原有的依托和追求，人们突然发现世界和自己都陌生起来，自己也不理解自己，不知自己迷失在哪里，更谈不上弄清世界和他人的意义。"这确实是一个现代文明所带来的人的存在危机。如马老师引述的弗洛姆所说，当人从传统社会关系的依附中解脱出来的时候，"由于人失去了他在一个封闭社会中的固定地位，他也就失去了他生活的意义。其结果是，他对自己和对生活的目的感到怀疑"，"一种他个人无价值和无可救药的感觉压倒了他。天堂永远地失去了，个人孤独地面对这个世界——像一个陌生人投入一个无边无际而危险的世界"。

　　问题是，本应该成为这样的失去意义的人的危机的自救力量的教育，自身也失去了意义。这正是作为一个教师，最感困惑的："这样的教学充满了思想贫乏症和情感贫乏症，师生对意义都显得那么的麻木不仁，课堂里弥漫着空虚和无意义的气氛。人文意义的真空，生活意义的丧失"已经成为中国教育的"基本状况"：教育"不能铸造人的精神世界，不能铸造学生的意义世界"；教育"甚至成了一种怪兽，吞噬了学生们的天真和童趣，导致了美好人性的丧失；应付各种考试成了教学的主要目的，掌握考试技巧竟然也成了教学的重要内容。文化的血脉断了，人文主义精神核质也没有了"，"这种意义失落的直接表现，就是教学中生命的缺席，就是在课堂教学中，教师和学生的精神世界均处于缺席的状态"。

这样的意义真空，是每一个身处中国教育环境的教师都能够深切感受到的，也有过许多追问根源的讨论。马老师的思考有两个独到之处，很值得我们注意。

首先，他指出，教育意义危机的一个重要原因是："人们在虚假意义中活得太久，一旦挣脱出来，反而无所适从"："以往那种自欺欺人的政治标签，掩耳盗铃式的政治说教"，使我们的教育"长期浸润在虚假的意义中，充满了空话和欺骗。而当这一切失去后，人们便怀疑所有的意义了。既然从前的意义是虚假的，那还有什么意义是真实的？"——这一分析，抓住了中国国情的要害，有三点意思很具启发性：一是必须划清我们所追求的"真实意义"和"虚假意义"的界限；二是"虚假意义"的强制灌输，是可能导致虚无主义的，而虚无主义和我们下面将要讨论的实用主义、实利主义，正是腐蚀当下中国教育的两大思潮，应该引起警惕；三是我们对教育失意义的批判，对教育意义的追求，绝不能回到追求虚假意义的老路上去，这样的危险不是不存在的，因为虚假意义有体制的支持，我们并没有完全从虚假意义中挣脱出来。因此，更准确地说，当下中国教育实际上是面临着双重困惑的：一方面出现了意义真空，另一面又没有完全摆脱虚假意义的桎梏。

马老师同时指出：意义真空更是反映了现代教育在教育目标上的失误，这也是现代文明病的一个恶果。这也是抓住了要害的。马老师引述了艾略特对现代教育的批判："个人要求更多的教育，不是为了智慧，而是为了维持下去；国家要求更多的教育，是为了胜过其他国家；一个阶层要求更多的教育，是为了胜过其他阶层，或者至少不被其他阶层所胜过，因此教育一方面同技术效力相联系，另一方面和国家的地位的提高相联系"，"要不是教育意味着更多的金钱，或更大的支配人的权力或更高的社会地位，或至少一份稳当而体面的工作，那么费心获得教育的人便会寥寥无几了。"如马老师所说，正是这样的功利化（国家为国家实利，个人为金钱、权力等个人实利）的教育目标，国家、社会、家庭、个人都"执著于利益的考虑，遮蔽了'生活'世界本身的意义，以及人的意义和价值"，"遗忘了'生活世界'的原初性和根本性"，教育就"处于了漂泊无根的状态中"（《一名中学语文教师的困惑》）。这其实是一个现代文明的危机，它是一个全球性的问题。——这同样是具有启发性的：它让我们看到了，我们所面临的中国教育问题，固然如前所说，是中国自己的国情，自身的观念、体制上的问题所造成，但同时它也是 21 世纪全球文明危机、教育危机的一个部分。

　　龙应台正是在全球化的背景下，来讨论教育的引导方向问题的。她提出了一个非常尖锐的问题：在全球化的挑战与危机面前，我们的教育应该引导年轻一代成为什么样的人？她向所谓"迈向卓越"的"显学"，那种教导学生"如何往上爬，变成跨国企业的高级管理员"的精英教育，提出质问："何以你只看见强者？跨国企业的发展固然促进全球经济和资讯的快速流动，但是它同时蕴含的暗面——譬如全球经济游戏规则的不公平，譬如强势经济带给弱势经济的文化倾斜，譬如儿童劳工的人权和大企业对落后地区的剥削等等——却不见踪影。为何'指南'书籍和杂志只教你如何加入全球化的'强者'队伍，却不教你如何关注全球化的弱者，为他们说话，为他们行动，或者教你如何加入先觉者的行列，检验全球化的竞争规则，批判全球化的恶质发展？"——这里，确实存在着两种教育：一种是鼓励追求个人强者权力、地位和享受为唯一目的，因而失去了人生意义的教育，一种是培养全球公民意识的，使人生获得意义的教育。两种教育会有不同的效果：前者将鼓励全球化的恶质发展，后者则将促进全球化的良性发展。

　　龙应台据此而对当下的教育提出了一个非常重要的警示。我们通常说"教育的目的在于教会一个人深刻的思考，并且善于思辨"，这似乎是无可争议的；但龙应台却提出了异议，她说："如果教育停止在这里，那么教出来的人，很可能是一个危害社会的人。"且看她的分析："如果我们的大学生得到一流的专业训练，却不知同情心、正义感、廉耻为何物，如果他善于思辨却无法判断'有所为，有所不为'的行为分标，如果'道德'在他的价值观里没有一个指导的地位，我们只不过在培养将来很有能力危害社会的人罢了。"——这里所揭示的，正是那种把教育单纯变成知识、能力的训练，而完全忽视精神（思想，情感，道德，品格）的培育，不能铸造学生的意义世界的教育（马老师指出，应试教育就是这样的教育的典型表现），它所可能造成的恶果。在我看来，这已经成为当下中国教育的最大危机与危害之一。最近我在好几篇文章里都指出：我们的教育（特别是我们的重点中学和大学的教育）正在培养一种"绝对的，精致的利己主义者"："一己的利益成为他们一切言行的唯一的驱动力"，而他们又"有很高的智商和教养"。问题的严重性更在于，我们的人才评价体制，是极容易将这些"很懂得配合，表演"的利己主义"尖子"选做接班人的。其结果就不仅是危害社会，而且要影响国家、民族的未来发展方向了（参看《这才是个合格的、真正的教师——读王栋生老师的教育随笔》）——这绝不是杞人之忧。

　　面对意义真空的教育已经造成，将要发生长远影响的后果，我们只有一个选择：追寻意义，追寻培育人的意义的教育。这是 21 世纪中国与世界教育唯一的出路，也是马老师，和一切有责任感的教师的选择。——在我看来，"追寻意义"正是马老师教育思想的核心，他以此命名他的教育札记和对话，当然不是偶然的。

（四）为学习语言寻找理由和意义

问题是，还要把这样的意义追寻，落实为具体的学科的建设。于是，就有了作为语文教师的马老师的这一命题的提出："为学习语言寻找理由和意义。"（《我的语文起始课》）

这是一个马老师经常讲述的教育故事：弗雷德里克·道格拉斯还是个小黑奴的时候，他的女主人开始教他读和写。许多年以后，道格拉斯成为美国黑人最重要的人物之一，成了几任总统的顾问，这时，他还记得当年男主人怒气冲天的情景。男主人咆哮着："……要是你教会了他读和写的话，那就留不住他了。他将永远不适合当奴隶了。"道格拉斯说，"平日里，女主人耐心的教导并没有从根本上打动我，倒是这些话深深地打入了我的心。它一下子就点亮了我的心灯，触动了我沉睡着的感情，一个深刻的认识产生了：原来'读和写'是由奴役通向自由的通道。"

"阅读和写作，这是挣脱奴役之路"，"这就是学习（语文）的意义之所在"。（《人文素养读本》第二章导言）

大概对许多的语文老师（也包括我）来说，将阅读与写作的意义提升到这样的高度，是有些意外的，因此需要认真琢磨。

我想还是从马老师给我们介绍的苏霍姆林斯基的经验说起。苏霍姆林斯基刚来到他家乡的帕夫雷什中学当校长，对每天都发生的教育现象进行观察时，首先发现的是学生语言的贫乏，然后在语言贫乏的背后，发现了思想的贫乏和文化的贫乏，追其原因，就是学生很少阅读，没有时间阅读，不习惯，不爱阅读，而且不会阅读，教师也没有试图引导学生阅读。——这几乎就是当下中国中学教育的普遍现象；问题是我们习以为常，麻木不仁，视而不见，苏霍姆林斯基却敏锐地意识到，学生精神空虚的重要原因，就是缺乏真正的阅读，这是学校教育问题的症结所在。由此产生了治理学校上的思路：从抓全体学生的阅读开始，并形成了一个重要的教育理念：让学生"生活在书籍的世界里"，应该是中学教育的根本。

马老师这样谈到他的理解："所谓'生活在书籍的世界里'，这跟认真地，用功地学好功课并不是一件事。一个人很可能以优异的成绩从中学毕业，但是却完全不懂得什么是智力生活，完全没有体验过阅读和思考这种人类的巨大喜悦。所谓'生活在书籍的世界里'，就是追求思想的美，享受文化的财富，使自己变得更加高尚"，"在绝大多数的情况下，我们的学生在学校里掌握的知识，并不是他们在今后的谋生中直接需要的；它们之所以需要，是为了使一个人在接触了文化财富之后，产生一种自己是知识的主宰者的尊严感"。

这里，包含了对阅读的几层理解：其一，所说的阅读，并不只限于教科书的阅读："对一个善于思考的学生来说，他在脑力劳动上所花费的时间，大约有三分之一用在阅读教科书上，而三分之二是用在阅读非必修的书籍上的，因为思考习惯的养成，在决定性的程度上是取决于非必修课的阅读的"。其二，所说的阅读，是出于内心的需要，并且在阅读中享受"人类的巨大喜悦"，而"研读书籍时的喜悦和精神振奋，就是一个强大的杠杆，靠它支撑，能够把大块的知识高举起来"。强制的阅读，不但会"变成不堪忍受的负担"，而且"由此而产生许许多多的灾难"。（以上引语均见《一个普通的中学教师能够走多远》）其三，所说的阅读，必须是"情感和智慧参与"的阅读。也就是说，阅读要和自己的生命发生关联，自己的生命要在场，"要读出自己心灵深处的感动"。（《诉诸情感与智慧的阅读》）

只有这样的阅读，才能产生真正的意义生成。一方面，每一个阅读的文本，都是一个意义世界，经典的文本更是积淀了人类文明的意义成果，正是通过这样的阅读，特别是经典的阅读，实现了文化意义的传承，使阅读者（青年学生）超越时空的限制，攀登、占领人类文明的精神高地，尽享"一览众山小"的精神的愉悦，因此马老师要说，这是"人类的巨大喜悦"。另一方面，阅读者（包括青年学生）也是有自己的意义世界的，而阅读的过程，如前所说，实际上阅读者也必然将自己的意义世界融入，寻求相遇，达到对文本意义的理解与吸取，以及自身意义的提升，并重新构建了自己的意义世界（《语文教学对话录》，《关于两代人的对话》），其实就是自身生命的一个升华。

这样的意义世界的构建，对青年学生是特别重要的。这是因为他们自身的意义世界尽管孕育着巨大可能性，却并未成熟，是相对狭窄的，并且他们还处于学习阶段，不可能接触广大的人生世界，也就是说，他们的生活世界也是相对狭窄的。这样，阅读，就成为他们和自身世界之外的世界相连接的主要通道，他们确实是生活在书籍的世界里，这应该是处于学习阶段的青年学生主要的生活方式，生命存在方式。这样的生命存在是有着特别的意义和价值的，因为如前所说，阅读所建立起来的，是一切尚未开始的生命和几千年人类文明积淀下来的意义世界之间的联结，这就可能为他们的生命成长奠定一个宽广、深厚的精神底子，并使他们自身潜在的生命力量获得健康的引导和高强度的激发，这就是马老师经常强调的"高峰阅读"所带来的高峰生命体验。这样的高峰体验，所激发的是一种自信，对于人、人类文明，更是对自身的自信，以及一种渴望，这就是马老师所说的，使自己成为主宰者，最广泛地吸取知识、文化、人类文明的一切成果，以最大限度地充实、发展自己，并主宰自己的命运。这最终建立起来的，是孕满生命意义的人的主体性。

在某种程度上，在阅读中的意义传递与重建，也是一种话语的传递和重建。当学生通过阅读，重构了自己的意义世界和话语世界以后，就产生了表达与交流的欲望。这就是写作的意义：通过写作，话语的表达，不仅使自己的意义世界得到沉积、深化，而且通过交流，建立一个我们在前文所说到的意义环境，达到和他人和社会的对话，包括理解、沟通和相互支撑，以实现人的社会性。

通过这样的解析，我们就可以明白，青少年学生的阅读与写作，尽管必须以一定的语文（听，说，读，写）能力、方法的训练和获得作为基础，但它更是一个生命成长过程：主要是通过阅读，和人类文明建立精神联系，通过写作，和他人与社会建立精神联系，并在这两种联系中，构建一个属于自己的意义环境，进而构建自己人生的意义世界，使自己脱离生物性的野蛮和愚昧，成为一个精神的人，一个独立而健全的人。

由于青少年是人生的起始阶段，他的阅读与写作，都具有打基础的性质，阅读与写作一旦成为习惯，成为发自内心的生命需要，他的一生都将处于阅读和写作的状态中，不断扩大自己与人类文明、他人与社会的精神联系，并且和自身的社会实践结合起来，因此而不断更新与发展自己的生命意义：这样的人生才是真正幸福与快乐的人的一生。如果相反，学生在校期间，不能进行充分的、有意义的阅读与写作，实际上就从他的生命起始阶段切断了他和人类文明的精神联系，堵塞了他和他人、社会交流的重要通道，这样，他也就从根底上没有脱离野蛮和愚昧状态，无法获得人的意义。这确实是一个文明与野蛮、愚昧的分水岭；所谓"读书与写作，是挣脱奴役之路"，也可以理解为：这是摆脱野蛮和愚昧，使人成为有意义的自觉的人之路。

当然，所谓"挣脱奴役之路"，更是有现实的针对性的。其实，我们在前文的分析中，就可以看出，所谓21世纪的人类文明的灾难与危机，其中一个重要方面，就是对人的奴役：不仅极权统治对人的精神压迫与奴役的危险依然存在，而且所谓文明的进步也会带来新的奴役，今天的人正面临着成为金钱、财富的奴役，成为科学技术的奴隶的危险。其最集中的表现，就是人的精神的空虚和生活、生命意义的丧失。而在我看来，这已经影响到年轻一代的精神状态；我在和大学生、中学生的谈话中就多次谈到他们的最大问题，就是生活失去了目标，没有意义，也没有责任。如果把我们这里讨论的阅读与写作对铸造人的生命意义的作用，放在这样背景下，就可以懂得马老师所说"阅读与写作，是挣脱奴役之路"的深意。

（五）回归日常生活实践

这也是马老师喜欢引述的苏霍姆林斯基的一句名言："学生的智力生活的一般境界和性质，在很大程度上，取决于教师的精神修养和兴趣；取决于他的知识渊博和眼界开阔的程度；取决于书籍在教师本人的精神生活中占有何种地位。"因此，我们讲"有意义的教育"，它的先决条件和前提，就是教师自身的生活和生命是有意义的。

这正是马老师和一切有追求的教师最感困惑的。于是，就有了这样的自审：《教师诗意生活的消解》。不过，我更感兴趣的，却是马老师的另一篇文章：《教师诗意生活的获得》，也许我们现在更应该讨论的，是如何在迷失中追寻和构建教师自身生活、生命的意义。

这里我要特别提到黄素珍的一篇文章：《走出迷惘——关于追寻意义的断想》。如文章的题目所示，这是这位高中二年级的学生，在马老师的引导下，通过阅读和写作来追寻生命的意义，走出迷惘的心灵的记录和思考成果。也可以说是我们这里讨论的马老师的教育思想的一次成功的实践。她的思考所达到的深度让我吃惊，却也因此建立起了信心：我们其实是经常低估我们的学生在智力开发上的巨大潜力的。关于黄素珍和马老师的教育对话，是应该另找机会来讨论的；这里想提及的，是黄素珍在这篇文章里提出的一个观点："意义的创造"必须"回归日常，回归于平凡的生活，回归日常的实践"。这是一个非常重要的提示。这也是马老师所主张并身体力行的。他在和黄素珍对话时谈到"生活毕竟不是关在窗子里漫谈理想，生活是严峻的、严肃的，也是残酷的。我们不能绕过今天的教育现状，生活到明天去。我们必须从今天起步，一步一步地迈向未来"。在《教师诗意生活的获得》一文里，更进一步提出："诗意化的生活的秘密不是别的，就是行动起来，用审美的眼光打量我们的生活，打量我们的工作，打量我们的人际关系。从现有生活资源中去获取一种快乐和幸福。只要我们倾心于去创造事物，去创造一堂课，去创造一次解读过程，去创造一次美好的生活经历，去创造美好的人际关系，我们就是在创造世界了，就是在创造诗意了。所有的诗意都存在于我们生活的体验之中和过程之中。"

这是马老师和他的同道者在当下中国教育环境里所作出的教育选择，是自有深刻的内涵的。即强调"行动起来"，强调"从今天起步"，强调具体的"一步一步"的变革，"创造一堂课，创造一次解读过程，创造一次美好的生活经历，创造美好的人际关系"，就是在"创造世界"。

事实上，马老师和全国各地的"马老师"们，以及他们的学生"王翔"、"黄素珍"们，都在这样努力地改变着自己的存在，改变着教育的存在，并在这样的改变过程中把握个人的存在意义，实现对意义的承担。

这是一场静悄悄的变革，是对"一个普通的中学教师能够走多远"这永远的追问的回应。

2008 年 8 月 12—19 日，写于酷暑和奥运的节日的喧闹中

附　录

老马和他的学生黄素珍的对话

（马老师寄来了他的学生黄素珍的几篇文章，他们师生之间的对话，并附信说："黄是一农家女儿，家里毫无文化背景。她的成长完全是一个奇迹，希望能为您提供一些研究中学教育的案例。"）

马老师：

我庆幸在我的生命中遇上了您这样的老师。听您的课，对我来说是一种享受。也许多年以后，我的名字在您的记忆中不留一点痕迹，只是我还会记着您。

在这应试教育的体制中，您还能冲破藩篱，在课堂上给学生带来真正充满生命灵气的讲课，我觉得这是一个教育者的负责心与勇气的体现。虽然无法改变太多，但一个教师，至少能经营一节属于教育与学生真心交流的课。教育应是让学生心中少些心术，多些真诚、善良的人性。您是一个真正的教育者，但这样的教师实在是太少太少了。

我向往文学，但文学对我而言，是一道永远不可企及的圣殿的门。文学在现在这个多元社会承担多大的责任，文学的真意是否已经被社会的商业气息给玷污了？文学是一个历史的话题，知识分子也是一种历史的话题。我没有能力去叙说，我只能凭着自己的能力写下这些拙文。这些小文都是狭窄，不成熟的，甚至是一些词语的堆砌，无病呻吟。但它们都是我对自己及周围生活的一点审视、观察，我挚爱它们。它们无"深度"可言，只是我一时心中的话语流于笔端罢了。我是个不健全的人，我的小文也是偏颇的，我不期盼它们被承认，我只是完成思想与文字的转变。

其实，我早就想写一封信给您，有很多的问题困惑着我。那时您离我很远，我只能远远地注视您。我不知道一个普通的学生的信能否引起您的注意。我担心我的问题在您看来是幼稚，不值得回信的，您有太多的事情了，我何必作一个也许没有回音的等待呢？是否以后，我能与您通信？在我心中，您不仅是个可敬的老师，也是个目光开阔、思想深邃的长辈、学者。

静候回音。

此致

敬礼

学生黄素珍敬上 2002 年 4 月 21 日

马老师：

很感谢您的课，您让我聆听到了一个真正的教师的生命之言。

"安魂之所"、"为活着寻找理由"、"对生命的理解"、"对卑微生命的普遍尊重"、"在未来与现在之间拉开一个时间的距离来思考"、"理想主义者的姿态"、"苦难时代中的生存状态"、"生与死的思考"……每个问题，每个智慧的话语，都逼我思考。您让我在忙碌的日常生活中沉静下来，您让我摆脱庸俗，再次审视自己的灵魂，再次重检和重建自己过去的种种观念。或者说，您给我指出了很多道门，门还是关着的；而现在及将来，我都将努力叩响每道门，通过自己独立的思考去打开它们。但我知道，很多事情，哪怕穷尽一生，到头来，也只是一团若即若离的迷雾。

老师，您说我们这一代是幸福的。但每个时代都会有它特定的痛苦。我们这一代人，比如理想的低俗化，过早的功利主义，对生活及生命其实很少有深刻的思考，个人价值过低的自贬和过高的自尊自大。我们这一代都流失了很多美好的东西。但可悲的是，我们中很多人都意识不到这一点。而我们周围的长辈，很少像您一样，说出那样灵性和智慧的话来指引我们，我们只能靠自己去理解这个繁乱的世界。

听您讲课，我常有一种感动，想流泪的感觉。我想到很多以前读过的书中的人物，他们的命运，想到自己苦苦想过的问题，想到这个世界善良和纯真是怎样被撕毁，想到那一种荒凉近乎尖锐的悲剧的痛苦，人生的轮回，人在无限的时空里获得那真切人生的体验，对所有生命传达一种真诚的崇敬。老师，我找不到一种方法来宣泄心中的那种感动，我只能静静地流泪，为文字中那颗灵魂，为生命那份追求和执著。有时，书本的思想撞击着我，让我也感到那思考的痛苦，那是在混沌中感觉到的一丝明朗，而随即又跌入更深广的迷茫中。但我也知道，这不是真正的痛苦，真正的痛苦是要有岁月的积累和种种残酷的来自生命深层的打击所得到的悲剧感。看着生命价值一点点毁灭的感觉。我不轻易把自己的烦恼说是痛苦，我觉得，痛苦是另一个层面人性的提升。您又让我明白，一个人读书是让书中美好的精神来感染自己，让自己的灵魂更清澈，更能成为一个人。

老师，您说您是一个理想主义者。什么叫理想主义者？是不是可以放弃一切物欲追求，追求心中的自己的理想？是不是只为个体生命的存在寻找一个理想的境地或慰藉？老师，上完您的课，我更坚定了自己的追求：一生从事教育。如您一般给学生教授人生那些美好的情感，哪怕一生清贫！这是郑重的承诺，要负上全部的对自己的责任。我追寻作为一名理想主义者的实现。您坚定了我的信念，这是一个老师对学生最大的影响。

还记得您在课堂上给我们念过一首诗吗？您说那是您在香港考察时记录下来的。我抄录了它。每次读它，一种伟大的爱的包容就会深深感动着我，我活着，只因为世界上还有那么多善良的人和爱的情感，只要这样的诗还存在，只要写这样的诗的人还存在，我就应该要努力地活下去。也许，这可以说是我给自己活着的一个理由，尽管还不成熟。

一个漫长的期待。我在心中不断编织这个期待着的美丽的梦。那应是在夜里，空气像凉玉一般，月亮淡淡地照着，透过摇曳的树影，周围很静，只有一丝夜的虫在浅唱，还有一盏灯温柔的光。您就在我身边，滔滔不绝地说着您独特的引人思索的话，我静静地听，在不断惊喜的茅塞顿开中感觉着心中思想渐渐地丰盈起来。能够作为您的学生，已是我莫大的庆幸。我只是一个平凡的学生，您是那样地忙，您又有那么多优秀的学生，而我读的书是那么少，我的思想是浅薄的。即使那次期待没有实现，但我对您所有的情感不会变。

不用写我的名字，您会知道我是谁。即使一切都没有痕迹，您就只当这些杂乱的文字是对您的课的回馈，而我也会非常高兴。

希望这些文字不会占用您太多的时间。

此致

敬礼

您的学生 2002 年 6 月 13 日

黄素珍同学：

晚上十点钟，我离开学校，发现了你给我的信。我带着一种十分复杂的心情读完了它，它给了我一个激动不安的夜晚。

我能够表达的感情只有两个：一是感激，二是愧疚。

在短短的一个多月的时间里，我收到了你的两封信，你对我是那样地信任，是那样地充满了期待。我早该回信，我早该找你倾谈，可是我没有这样做。这是很不应该的。这其中的原因很复杂，"忙"是一个借口，心中有一种害怕是深层的原因：我怕你对我期待太高，我怕我自己担当不起你的信任，我也怕我无法面对你的逼问，我甚至怕面对你清纯的目光。总之，我要向你表达我心中深深的歉意。我曾经欠过很多信债，但这一次是最让我愧疚的。你没有责怪我，不是我可以谅解自己的理由。我谢谢你的大度，但我还是要真诚地向你表达我的歉意。

　　我告诉你一个真实的想法，作为一个教师也常常需要从他的学生那里获得一种精神的支持，但是这种支持又往往给了他一种莫名的压力。鲁迅先生说过，有一回，一位年轻人来购买他翻译的一本书，鲁迅先生从那位年轻人的手里接了一个银元，好长一段时间，他都能感到那个银元的温度。正是这温度让他感到心中的不安。鲁迅先生非常怕年轻人把他当作导师，他怕自己不配。鲁迅那样的伟人，尚且有这样的想法，何况我们这种小人物呢。

　　这些日子来，你的身影一直在我面前晃动。那天，我读到了你的"解读苏东坡"，就急着要认识你。一位老师指着你的背影告诉我，看，那就是黄素珍。我当时接触到了你的目光，那是一种近乎圣洁的目光。我和几位老师谈起过你：太纯洁了，太善良了。活在今天这样一个物质化的时代，你怎么会像精神的圣徒一般高洁？你还这样年轻，但你的思想竟然会有这样的深度和厚度。你能够这么优秀，对美德、思想和人类的苦难有着那样的敏感，有着那样深刻的领悟，实在是不可思议。我不知道你怎么可以有这样一种力量。我相信这中间有着你的阅读的支持。但是，我更相信，这是一种与生俱来的素质，是一种天性。世界上居然还有这样美丽而纯真的女孩，这太好了。这种美丽和善良是一种巨大的力量，这种力量能够感动我，也能感动别的人。

　　作为一个教师，最幸福的莫过于看到自己的学生能够出类拔萃，能够达到一种崇高的思想境界。但是我必须说，你的这些优秀不是哪一位老师能够给你的，我不配，其他老师也不配，这绝不是谦虚。

其实，我上课时，只是想坦诚地向你们倾诉我的思想，我相信只有生命才能呼唤生命，只有思想才能激活思想。只有真诚才能唤起真诚的理解。但是，我知道，能够理解我的人并不多，而你不但理解了，而且升华了我的一些想法，这是最让我感动的。我没有把自己打扮成一个精神的斗士的想法，我实实在在是一个平凡的人。因为有了像你这样优秀的学生，才使我发现自己存在的价值和生命的意义，才使我觉得我这种坚持是必要的，才使我能够更坚定地在唤醒人的道路上走下去。所以，要说感谢，首先是我要感谢你。

你想做教师，这太好了。这对我们这些正在做教师的人，是一个莫大的鼓励。但是我想，不管你想做什么，都是能够做成的。一个内心强大的人，他一定能够做成许多大事的。既然我们有了一种师、生的缘分，我非常希望能够给你一些帮助。虽然我的能力不一定能够达到，但是如果能够对你有所帮助的话，我会觉得非常幸福的。

谢谢你的来信。

老马 2002 年 6 月 20 日

作为思想者的教师

——给梁卫星老师的一封信

2000年我在和一位边远地区的语文老师通信中说过这样一段话——

中国的教育有没有希望，中国的语文教育能否真正体现人文精神，一个重要方面，就是是否拥有大批的"有思想的教师"；而中国的教育，中国的语文教育之所以需要改革，一个重要原因，也在于现行教育体制在某些方面首先束缚了教师的思想，不容或不利于"有思想的教师"的发展，当然也就很难培养出真正有独立思想、人格的学生。因此，我认为，教育改革（也包括语文教育改革）应该是一次思想解放运动，首先在教育体制上给教师、学生以较大的自主权，让他们真正成为教育的主人，把教与学的主动权掌握在自己手中；同时也要求思想的解放，创造最广阔、自由的精神空间。——这是我们的理想，是我们的奋斗目标。但它的实现却要有一个过程，甚至是漫长的过程；这就产生了所谓理想追求与现实的矛盾，每一个有思想的教师都会面临你所说的在夹缝中挣扎的困境，但也正因为如此，更需要有一批有追求、思想独立与自由的自觉的教师的坚守，更准确地说，是在困惑中坚守，即鲁迅所说的"荷戟独彷徨"。（《语文教育门外谈·相濡以沫（二）》）

正是因为有着这样的期待，所以当一位湖北县城的老师给我寄来了他的一本自印的书，我从中读到了许多独特的见解，我真的是被震撼了。于是，迫不及待地写了一封信。这封信写得很长，谈及的问题也很多。现在公开发表时，为了阅读的方便，就在信中加上了一些小标题，这样或许会使这封信显得有些不伦不类，但也顾不得这么多了。

梁卫星老师：

我终于等到了

上次在电话里，我说过要给你回信，但却一直杂事缠身，几乎失言了，这是要请你原谅的。

这次总算下定决心，把手头的工作全部放下，集中精力，读你的《勉为其难的抒写》。但没想到，这本书竟让我受到了如此大的震撼，几天来我都被其缠绕，无论做什么事，都想着它，不得安宁。

我对自己说：这就是我所期待、所呼唤的语文老师，中学教师，民间思想者，中国的知识分子，我等得太久太苦，他终于出现了。于是，我决定写一篇"读后感"：《作为思想者的教师》——考虑到要公开发表，有些话不能说，只能选这样一个相对狭窄的题目。但几次提笔，都无以成文。转而又想，还是先写回信吧，免得欠债太久，无法向你交代；而且既是私人信件，就可以说得更爽快点。

对知识分子责任的追问

我首先被震撼的是你提出的三个问题："思想是如何失踪的？""在这样邪恶的无道肆虐的十六年里，我们在做什么？""……

之后，我们何为？中国何为？"——这对汉语文化的追问，对中国知识分子的逼视，确实惊心动魄。关于前者，我完全同意你的《王权统治无人国》等文的分析，我发现与我关于 1949 年以后的文化的分析十分接近，我写有《我的精神自传》，对我的这些分析有一个概括的说明，以后再传给你看。而后者，也正是这些年我一直在痛苦地追问自己的。就像当年鲁迅笔下的狂人一样，我发现这越来越疯狂，也越来越精致的吃人肉的宴席，我也在其中，我也"未必无意之中"，吃了"几片肉"！我也由此而做出了与你类似的结论：在 1949 年以后，前三十年，中国知识分子是"整体的萎缩"，而后二十年，则是"整体的腐败与堕落"！——这也包括我自己在内。这样的"参与吃人"的罪恶感，我在"文革"结束时曾有过，这是我从事学术研究的最初动因，第一本《心灵的探寻》就是这样的因忏悔而觉醒之作；而现在，我又有了新的罪感，却陷入了无以言说的困境……

　　因此，我完全同意你对所谓"自由主义知识分子"与"新左派"知识分子的尖锐批评，可谓击中要害。在我看来，根本问题在于，他们都共同地有一个"国师"情结，自以为有一套治国良策，总希望与一定的权力集团联盟，以借助其力量来实现自己的大志。因此，他们实际上都是以一个政治家的思维与行为方式去思考与做事的。在我们这些多少有些理想主义的乌托邦情结和无政府主义倾向的人看来，他们与官方总是有些暧昧关系，并且他们的那种政治功利主义与实用主义也确实让人不放心。这里存在着一个思想者与政治实践者之间的差异：前者追求思想的彻底与纯正，因而多疑，常导致行动的犹豫，终于只陷于空谈；而后者无论言与行都显得果敢，追求时效，因而也时时讲妥协、谋略，在某种情况下能够坚守，但也不妨随形势而变。在我看来，鲁迅就是这样的思想者，他一再说自己不懂政治，也不适合搞政治，这是确实的。我自己也是这样的一个充满矛盾的思想者，对许多反抗行为，尽管内心持支持态度，但对其某些内在理念和背景却又存疑虑，因而会为保持自己思想的独立与自由，采取观望态度；但一旦参与者受到了迫害，就常常引发对自己的道德的自责，并为自己只能空谈而痛苦……

你的下述看法也引起了我的共鸣："在专制统治下，一个真正的自由主义者，他首先必须是一个真正的左派。"鲁迅正是在国民党的一党专政统治下向左转的；在我看来，当今的中国，坚持真正的独立、自由，对体制持批判态度，不抱任何幻想的知识分子，也是必然要向左转的。在我看来，我们真正应该继承的，是鲁迅的左翼立场与传统，鲁迅才是中国现代史上真正的左派，甚至可以说是唯一的真正左派。

鲁迅式的左派及其困惑

我理解的"左派"鲁迅，就是他说的"真的知识阶级"，其基本立场有二，一是永远不满足现状，因而是永远的批判者，二是永远站在平民，也就是我们今天所说的"弱势群体"这一边。这两大基本立场，决定了鲁迅式的左派的命运：他将永远处于社会的边缘，而且永远是孤独、寂寞与痛苦的。这样的左派，在其思想上，也必然带有我前面所说的理想主义的，乌托邦主义的色彩。

当我选择了这样的鲁迅式的左派立场之后，也就陷入了深刻的矛盾中。

一个是你在《游移：在沉默与言说之间》里所描述的理想主义的困惑："理想主义的话语体系只能在沉默中于某个边缘地带苦苦挣扎，也正因为如此，他很大程度上只能在某个精心护持的环境中封闭性地坚守其生命的存在。"而且理想主义也自有其陷阱："由于长期以来缺乏与现实主义话语体系的交锋而可能流于恶劣的孤芳自赏。"于是，就会产生你所说的那种"自己存在状态的荒谬"感，以至"现实和理想都成了我刻骨铭心的敌人"。但又"只能保留自己的怀疑，让内心的悲凉不可外溢，所以在沉默与言说之间游移……"这其实也是鲁迅当年的处境。

为了缓解这样的矛盾，我近年提倡并身体力行于一种"低调的理性的理想主义"，即所谓"想大问题，做小事情"，把理想的追求落实为具体的可操作的现实行为，且预先估计其有限性，不抱过大希望，最后就变成"能帮一个算一个，能做一点算一点"，反正要做，要像鲁迅的"过客"那样，听着"前面的声音"（坚持理想）而"往前走"，一步一步地走。如有可能，就联合一批人相互搀扶着走，即我经常强调的"相濡以沫"；如果没有，就一个人走。——在我看来，你大概也是这么做的，这几乎是你我所唯一能选择的道路。但实践起来，也有许多矛盾。付出的代价与收获绝对不成比例不说，我还经常遇到"播下的是龙种，收获的是跳蚤"与"象征意义大于实际意义"的尴尬和悲哀，最后就变成了一种自我证明，无非是表明自己是在坚守而已。但这不就成了阿Q的"精神胜利法"了吗？

警惕"精英扩张心态"、"文化决定论"和"民粹主义"

至于所谓"站在弱势群体这一边"，问题就更多更大。

首先，你真正了解弱势群体，真正了解他们的真实状态与真实要求吗？这个问题对我这样的深居京城的大学教授，是更为严重而现实的。我因而对你所谈及的农村社会的一些文章特别感兴趣，《难以命名的边缘80年代：无声无事的悲剧》就给了我强烈的震撼。同时又加重了我的自我怀疑，这就是你所说的，"一方面，对言说对象保持着亢奋的言说热情，一方面，则又对言说对象所知不多，甚至一无所知"，这就陷入了"良知与真诚的尴尬"。问题还在于如果对这样的尴尬缺乏自觉，误以为自己的农村想象就是农村的真实，就可能带来更为严重的问题。如你所说，有些知识分子（我自己反省，大概也是属于这样的知识分子）心目中的农村文化更接近于一种田园牧歌情调，实际上，这"只是知识分子的语言建构，其依据不过是农村生活的表象"，"如果认定这种牧歌情调的确是农村文化的一部分，甚至是主要部分，那只能是一种粗暴的精英文化意识形态强迫症"，"这是一种更深刻的对农村文化的去主体行为，是更可怕的对农村文化的遮蔽与抹杀"。（写到这里，我突然想起鲁迅早在《风波》这篇小说里，就已经嘲笑过这样的制造诗意幻想的文人："河里驶过文人的酒船，文豪见了，大发诗兴，说：'无思无虑，这真是田家乐呵！'"）

这就说到了一个更需要警惕的精英主义的"扩张性心态"。你说得很好："在长久形成的对'三农'主体的轻贱与不尊重的传统笼罩下，知识分子即使是出于真诚的心愿去表达对'三农'主体的尊重，也会变成对'三农'主体的可怕的抹杀"，"只有知识分子始终对自身所负载的文化意识保持足够的反省与警惕，扼住了知识分子精英文化的扩张性心态，才有可能实实在在地对'三农'主体的尊重从内在的良知焦虑走向外在的行为赎罪"。这个问题之所以重要，就在于对农民主体的忽视正是当下中国"三农"问题的关键所在。在"三农"问题成为时髦，一种主流意识形态的时候，划清界限就是十分重要的，如果我们不愿意成为时髦口号下的新的帮忙与帮闲，而要坚持发出自己的独立声音的话。

这里还有一个"文化决定论"的陷阱，这也是你所说的"精英文化的扩展性"的一个重要方面。诚然，知识分子，特别是我们这样的人文知识分子对文化问题的特别关注，是十分自然的；我们对"三农"问题的介入，更多地关注农村的文化、教育问题，这也是合理而自有意义与价值的，这都没有问题。问题在于，我们是否清醒地意识到，"农村文化教育问题应当还是一个政治化、体制化的问题。不从政治途径与体制化改革方面下功夫，文化教育问题永远不可能解决"。因此，我们在讨论农村教育、文化问题时，如果陷入文化决定论，就有可能形成对中国农村的最大的真问题——政治体制问题的遮蔽，就有可能走向我们的善良愿望的反面。

　　另一方面，还有一个"民粹主义"的陷阱。我完全理解你的恐惧："在一个民族素质不高的国度里，做一个民粹主义者就意味着放弃对高贵的追求与对超越的向往，对理想与希望的憧憬。在一个几千年无'人'的国度里，做一个民粹主义者就意味着永无指望的等待与毫无血性的宽容。在一个冷漠麻木的国度里，做一个民粹主义者，还意味着做永远的看客与毫无自觉的奴隶甚而奴才。"有的知识分子常以底层人民的"代表"自居，这不仅有前面所说的"是否真正了解底层人民的要求"与"精英主义的扩张性"的问题，而且还会遮蔽知识分子与底层人民的区别与矛盾，放弃知识分子的责任，甚至丧失自身的独立性。因此，今天重温鲁迅的"改造国民性"的思想，以及他的要防止成为"大众的帮忙与帮闲"的警告，是有很大意义的。鲁迅说得好："由历史所指示，凡有改革，最初，总是觉悟的智识者的任务。但这些智识者，却必须有研究，能思索，有决断，而且有毅力。他也用权，却不是骗人，他利导，却并非迎合。他不看轻自己，以为是大家的戏子，也不看轻别人，当作自己的喽啰。他只是大众中的一个人，我想，这才可以做大众的事业。"（《门外文谈》）

对自我存在的根本性追问

　　于是，就产生了关于自我存在的根本性追问："我是谁？我何以存在与言说？"如果我们真想成为一个思想者的话，就必须这样不断地追问自己。这也是《我的精神自传》的主题。因此，你的自我认定引起了我的强烈共鸣——

"我不可以做一个国家主义者。"

"我不可以做一个自由主义者。"

"我不可以做一个民粹主义者。"

"我可以是什么主义者呢？保守主义者？共和主义者？激进主义者？……不，我其实不属于任何主义者。我明白这世间的任何东西都可以加冕主义，然而，无论多么好的东西，一被冠上主义的巍峨之帽，就只能是对其本身的背叛；就只能是对我脚下的这无边无际的泥土的背叛。有时候，人道主义不都成了杀人的利器了吗？"

"我不是什么主义者。我是一个人，一双脚深踏在这苦难大地上的无足轻重的人。一个血液中喧响着泥土的无辞的言语的人。一个脉搏中跳动着泥土的忧伤血液的人。"

"我是如此地微不足道与无能为力。我只能尽自己所能地记录下自己所看到所听到所遇到的黑暗与苦难，只能写下自己在黑暗中的感受，只能在黑暗中对黑暗的始作俑者，对一切有知与无知的帮忙与帮闲们发出自己微弱的诅咒与憎恨。"——"我所有的言说只能也必须建立在这样一个基点上"。

但做出这样的选择的同时，又不能不产生新的自我质疑，因为"人若反抗，最后等待他的必然是对自己存在本身的质疑"。在中国曾经有过"从未有过的如此深刻的异端思想家"，这"堕落的历史国度里唯一的异端"鲁迅以后，已经"没有人"了。

教育产业化带来的教育大滑坡

呵，你谈到了教育，这令人痛心的可诅咒的中国教育！

我完全同意你的基本估价："中国教育已臻祸国殃族之境"！——

记得我在 1999 年的一次访谈中，曾经提出，1949 年以后的两大难以弥补的失误，"一个是人口问题"，"其次就是教育问题。而最近这二十年最大的失误之一，也是教育问题"。我还说："教育方面所造成的恶果短期内是看不出来的"，"越是看不出来，积累下来的问题就会越多，隐藏着的恶果也就必然越大"（《语文教育的弊端及其背后的教育理念》）。后来，在 2000 年对我的大批判中，这也成了我的主要罪状。但恰恰从 2000 年开始，中国的教育又发生了全面的大滑坡：从中小学到大学，从农村到城市，其恶果今天已经看得很清楚了。

　　我所说的大滑坡及其恶果，主要指两个方面。

　　首先是教育出现了严重的两极分化，成为这几年急剧发展的社会不公的集中表现——以至成为中国老百姓的主要负担，可以说是权贵资本对中国民众，特别是对农民的一次集中大掠夺。

　　其根源就在于所谓"教育产业化"理念、政策的提出与疯狂推行。据说有关部门宣称："我们从来就是反对教育产业化的。"真的如此么？早在 1992 年《中共中央、国务院关于加快发展第三产业的决定》里，就明确提出，教育事业是对国民经济发展具有全局性、先导性的行业，属于第三产业。而 1999 年召开的第三次全国教育工作会议更是规定要"切实把教育作为先导性、全局性、基础性的知识产业"，关键是"要进一步解放思想，发展教育产业"。翻翻当时的报道与鼓吹文章，就可以知道，那是曾称为"教育思想新解放，教育改革新突破，教育工作新跨越"的重大标志的（蒋国华：《十字路口上的现代教育——教育产业的过去、现在和将来》，收《革新中国教育》，教育科学出版社，2004 年出版）。

　　而教育产业化的要害，就是否认教育的公益性与公共事业性这一基本性质，当时的批评者即指出：它可能带来的最大风险就是"使政府推卸了在调节社会公平上应负的责任"，而鼓吹者也说得很明确，就是"教育产业化可以促使家庭把储蓄转化为教育投资和消费",作为"拉动内需"的重要手段(张人杰:《"教育产业化":一个存疑的命题》,收《解读中国教育》,教育科学出版社,2000 年出版)。说白了,就是要将老百姓在改革开放中依靠自己的辛勤劳动所获得的有限财富,再从老百姓的腰包里掏出来,转化为权力资本:这是明目张胆的对老百姓的掠夺,是改革开放成果的一次恶性再分配。

其后果是明显的:一方面,在所谓"大学扩招"、创办"大学城"、"示范性中学"、"公办民校"等名义下,将公共教育资源急剧向城市里的富人阶层、利益集团倾斜,另一方面则通过乱收费极大加重普通民众的负担,而且造成了空前的教育腐败,形成了校园里的利益集团,乱收费现象屡禁不止,原因即在于此。而不堪承受教育重负的农村,就出现大量的辍学现象。你的文章里对农村教育的凋敝,农村儿童失学,以及农村青少年的出路的描述,特别是女孩被迫出卖肉体,男孩沦入黑社会的底层社会现状的揭示,都是我们必须正视的现实。它与我在城市里见到的贵族学校的奢华,形成如此触目的对比,实在惊心动魄。

功利化教育带来的一代人的精神创伤和病态

教育大滑坡的另一方面,是至今被人们所忽视的,就是你在文章中所指出的,"在中国教育精心而一意孤行的培植之下,恶之花怒放在几乎所有的心空!中国教育成为了绝望、仇恨、麻木、恣睢、狭隘、无知而又狂妄自大、无耻而又顽固保守、非理性而又世故圆滑的基因培育基地"。我完全同意你所说:这绝不是危言耸听,而是我们必须正视,许多人不敢、不愿承认的教育现实。

在我看来,这正是这些年的极度功利化与两极分化的教育所带来的一代人的精神创伤与精神病态。

当然，首先还是社会的原因。因此，你的学生对你的"教训"，就让人心惊肉跳——

"老师，你别白费劲了，什么爱，有钱有权才有爱"；"老师，你不用操心了，考上大学又怎么样？没有钱没有关系还不是没有工作"；"老师，我爸妈是农民，他们没用，我瞧不起他们。将来？我是不会做农民的。上不了大学就混呗。街上许多人不上班不干活原也没什么后台，还不是混得比谁都好"；"老师，我们只是玩玩而已，当不得真的，你就别瞎操心了"；"老师，这社会什么都是假的，你看电视上层出不穷的歌舞晚会总是说盛世道繁荣讲爱心，我家里那么穷，谁管了"；"老师，电视那些青春偶像剧里的人们一天到晚出入高级宾馆、星级饭店除了谈情说爱还是谈情说爱，没钱没势行吗？读书？读书有什么用"；"老师，你看电视上全部都是皇帝戏，你看那些皇帝多拽，他们把手下人玩弄于股掌之上，做人就得这样！"……

这正是我们这些多少怀有教育理想的老师的尴尬所在：社会的力量远比教育强大，"当教育者费心尽力地给孩子们植入爱与温情、宽容与平和，求知欲与救世志的时候，整个社会、整个体制、整个传统却在以不可抗拒的力度与强度，告诉孩子们必须要做一个没有温情，没有爱心，越冷酷就越好的人——一个非人！"

但如果教育不能对抗社会的假、恶、丑，做社会的净化剂；而是向其投降、看齐，自身成了社会假、恶、丑的有机组成，一个培养假、恶、丑的温床呢？——这正是我们必须正视的现实与问题：这不仅是教育的失职，更是教育的变质。

在这样的教育下，能够出现什么样的孩子呢？

你有一个很准确，也最令人痛心的概括："仇恨与冷漠，市侩与无情，颓废与混世……正在这些年幼的心灵深处茁壮成长"，而且"没有人可以阻止，没有人"。

我和你一样，为许多孩子惊人的冷漠感到恐惧。一个孩子被车祸夺去了生命，另外两个孩子竟是毫无反应，一个说，没有什么想法，人总是要死的；一个说，我以后要遵守交通规则，走路要小心一点——类似的事情，在今天的中国校园里是经常发生的，人们已经见怪不怪，因为我们的老师、校长已经和孩子一样冷漠与麻木！你说得很对：可怕之处在于"不仅对别人冷漠无情，对自己也一样，如此没有热度的生命有什么可以使他们疼痛与伤神呢？"这其实也正是这些年不断有中学生、大学生自杀的最根本的原因。他们的生命是"没有热度的生命"，因为儿童、青少年生活中应有的一切欢乐已经被我们的教育剥夺殆尽了，从生命的起点上，就了无生气与生趣，怎能不漠视自我与他人的生命呢？培养健全、健康的生命，本是教育的天职，而现在，我们的教育却在扼杀孩子的生命的生机：这不只是变质的教育，更是罪恶的教育！

我完全理解那一时刻你的内心感受："那两个学生什么时候走的，我不知道。我瘫在椅子上，良久，一动也不动。我不仅被打败了，我更感受到了世界与生命本身的荒唐与无意义。然而，这一切又是怎样造成的呢？"我还要问的是，我们作为这样的社会与教育里的一员，对这一切又有什么责任呢？——这样的感受与追问，又岂止是在那一刻！

你说得很对：爱的缺失、心灵冷漠的另一面，是心灵的毒化。这正是两极分化的不平等的教育结出的一个恶果："绝大多数的人被挡在了教育的门槛之外，而少数通过家族供养或破家卖血得以留在校内的贫民子弟也只能在屈辱和轻贱、漠视与排斥中艰难求学，除了靠仇恨和隐忍度日，他们根本别无选择。马加爵就是确例。如果听任这一局势发展下去，也许不出十年，中国教育将成为仇恨的火药桶，引爆剧烈而不可收拾的激变！"——这绝非危言耸听，在我看来，这样的仇恨与怨愤，正是培育"文革"那样的大动荡、大破坏的温床。

心灵的毒化之外，还有心灵的奴化。这就是你在文章中反复质疑的以"培养有用的人才"和"工具"为目的的充满功利主义、实用主义色彩的国家主义的教育，这是一种"极度狭隘而短视"的教育，"封闭而全面异化"的教育，或者如你所说，"在教育的领地上，我们什么都有，唯独没有本质意义上的教育"！这样的"没有人"的教育，我们这些年一直在批判，但它却僵而不死，甚至死灰复燃，最根本的原因，是它符合体制的需要，是体制的产物。所以你才发出这样的感叹："我们的教育是多么地恐怖，我们的语文教育是多么地帮忙帮凶，我们的作文教育又是多么地帮闲帮护！"

体制打造的"淑女淑男"：这才是最危险的

而体制要精心培育的，是你在《我有一本杂志，名叫"虫豸人生"》一文里所描写的"淑女"。读这篇文章我真有惊心动魄之感，因为在我身边，正有多少这样的"淑女"、"淑男"！我们的所谓"精英教育"正是在精心地打造这样的淑女、淑男，这是中国两极分化的教育在另一端所结出的恶果。他们确实如你所说是"无所不知，无所不能，兴趣广泛，恐怕大海和天空也容纳不下的精灵"，他们十分熟练地用"伟大而严肃的文化饰品"包装自己，有时也无妨"刻意表现农家贫寒女子的大度与纯真"，但他们的生命却"与现实人生无关，与社会苦难无关，与生存问题无关，与蓬蒿之人无关"，他们生命中只有自己，所做的一切都是为了最大限度地谋求自己的利益，这是绝对的、精致的利己主义者。所谓"绝对"，是指一己的利益成为他们一切言行的唯一驱动力与理由；所谓"精致"，是指他们有很高的教养，所做一切在表面上（仅仅是表面上）都是符合游戏规则的，合理合法，因而无可挑剔，更指他们的一举一动，甚至一个微笑，都是有明确的功利目的的，这是鲁迅说过的"精神资本家"，为他人所做的一切，都是一种投资，是要收取利息的。他们的另一面，就是你所说的"世故"，令人惊异的"理性化与成人化"，即所谓"少年老成"。他们与主流意识形态有着内在的亲和力，不仅是因为共同追求稳定与秩序，而且他们正可以利用主流意识形态来谋取最大利益，因此经常做出忠诚的姿态。但他们同时又是鲁迅所说的"不忠实的走狗"，也要与有可能成为下一个主子的反对派保持某种联系，因此也有限度地做出某些民间反对者的姿态：他们是十分精通鲁迅说的"二丑艺术"的。不过，他们毕竟年轻，初出茅庐，有时表现得过于情急，因而引起反感与警惕。不过，这不要紧，总是会逐渐成熟起来的。重要的是，他们是体制的产物，是体制所需要的，正在或必将被培养为接班人，这也是他们的自觉追求。而这正是这些现代中国"淑女"、"淑男"的危险所在，须知他们是要决定与主宰中国未来的命运的。一想到他们就是我们的教育培养出来的尖子人才，你们这些中学老师辛辛苦苦地把尖子学生送到我们这样的重点大学，结果造就出这些"淑女"、"淑男"，我不禁倒抽一口冷气，也如你一样，"感受到世界与生命本身的荒唐与无意义！"——我和你，分处在中国教育的高层与底层，而我们的感受竟是如此地相同啊！

现行体制下教师的自我选择："不做自己憎恶的人"

而命运却安排我们当上了这样的教育体制下的教师。我理解你的痛苦："我讨厌教书，我从骨子里蔑视那些站在讲台上的人。从有明确自我意识的高中年代到愤世嫉俗的大学时代，我没有聆听过一节令自己衷心感佩的课，没有碰到过一个有理想有激情有才华的老师。死气沉沉的校园，戒律重重的学生生活，言语寡淡的课堂，千篇一律的教学模式，自以为是的白痴老师……让我对学校和教师们充满了恐惧和厌憎。然而我命定，只能教书！……我只能走上讲台，成为我自己憎恶的那种人！这让我内心弥漫了屈辱和悲凉。"——应该说，我和你属于不同时代，也有不同的境遇，我和你关于教师的记忆是不同的：我的教师感受与想象里充满了浪漫色彩，对教师职业充满了神圣感与自豪感。但我必须承认，你的教师感受，更接近真实。你所提供的是一个或许难以接受、却是必须正视的中国教师的现实图景。

但最让我感动的，却是你的自律："别做自己憎恶的人"！"希望自己能通过内在的努力，做一个与众不同的教师，一个真正的教师"！

然而，这又是怎样一个艰难的选择啊，这真是漫漫长途啊："在讲台上一路踉跄着走来，辛酸而沉重……"

自我七问："有思想的教师"的提问

你确实与众不同，确实"永远也做不了一个社会认同的教师"，因为你向自己提出了几乎无人思考的问题——

"你对自己生活的世界有独特认识吗？"——你如此追问，是因为在你看来，"作为一个教师，如果他对世界的真实面貌没有属于自己的明确认识，而且他也没有想过要有自己的认识，他就无权站上讲台，因为他必须给孩子们一个真实的世界"。

"你有信念吗？你有属于自己的信念吗？你感受过这属于自己的信念的生命气息吗？"——因为在你看来，"'知识始于信念'（狄尔泰），一个人对知识的选择与传播、创造更应当是始于信念"，"如果没有自己的个体信念，我们怎么可以毫无愧色地做一个教师呢？"

"你有不同于他人的教育观吗？"——因为在你看来，"教育！每一个站在讲台上的人都无法避开这一词语的诘问。每一个站在讲台上的人如果没有明确的教育观，他其实根本无权停驻于这一词语所指称的生命空间。正常的状态应该是每个人心目中应该有不同于他人的教育，尽管在终究旨归上它应该是不言自明的"。

"你反思、追问了自己的知识观了吗？"——因为在你看来，知识观是决定教育的目的与教师的立场、身份认定的：如果"我们秉承着一种旁观者的知识立场"，那么，"教师们就不可避免地以工具理性的态度对待教育，教书对于他们来说，仅仅是一种谋生的职业，顶多也是一种获取所谓成功的工具，而不是一种生命运动，更不认为他们关乎自己的生命伦理的完成"，"教师还会以布道者自居，成为讲台上的暴君和老大，进而成为学生的敌人"，同时也将导致教师自身"精神世界的日见萎缩乃至干涸"。

"你思考过，应该有怎样的课堂语言，言说姿态吗？"——因为在你看来，"作为一个教师，对语言缺乏自觉是不可思议的"，"说到底，语文教学其实就是一种叙事行为"，因此，一个有责任感的教师，不能不"对自己的课堂语言充满了警惕"，你说你"字斟句酌，绞尽脑汁，如林黛玉进贾府一般，处处留心，处处在意，害怕我的语言对学生形成误导"……

"你思考过'启蒙'与'教师'的关系吗？我们需要怎样的'启蒙'？"——因为在你看来，尽管"在一个据说是已进入后现代的时代里，启蒙立场本身就是遭人诟病和讥讽的"，但"一个教师不论以什么样的姿态营造他的课堂，不论以什么角色面对他的学生，他始终都是一个启蒙者，他的使命始终是启蒙"。但"启蒙"这个词语却使你的"教学生涯充满了尴尬与难以言说的沉重"，你不断地充满警戒地追问自己：我是"一个高高在上的导师"吗？我是"一个不可一世的审判者"吗？"我的人格与权威"真的"高于一张课桌"吗？我能支配"学生生命伦理的形成与践履"吗？你终于明白：你和你的学生是"互为启蒙者"的,"在启蒙星空下涌动的是充满了现代意识的独立自主的个体人格"。你还意识到"启蒙不是以理性为上帝,而是以理性和非理性的融合为宗旨",因此,你说你的课堂"在启蒙的指令下,不独面向社会,面向知识,更面向大地与天空,河流与树木",你期待你的课堂里走出的是"具有大人格的人,具有悲悯情怀的人","他们爱自己的邻人一如爱自己,他们爱自然一如爱自己"。你给自己竖起了一个高标尺:这是一种全新的现代启蒙,因此,你说你的"启蒙之旅充满了反启蒙的色彩"。

"一个教师,可以没有一定的艺术判断力与审美力吗?"——因为在你看来,"没有什么比艺术更有助启蒙的进行了"。但你却提醒人们警惕"伪艺术",因为在我们的学生的生存空间里正充斥着各种伪艺术。你特别提出要注意"文化工业批量生产的艺术"与"政治化的艺术"的腐蚀作用:后者让人在充满谎言的灌输中"丧失自我",前者"让人在快乐与消遣中忘却痛苦和忧伤,逃避反抗与追求,安于现实,最后使人格集体平庸化"。这是一个及时的警告:因为许多教育者对此似乎还毫无警觉。

我不厌其烦地一一列举你所提出的问题,因为这是真正的思想者的提问,是一个有独立思想的教师,自觉的教师,在走上讲台时,必须向自己提出的问题。重要的不是你对你提出的问题做出了怎样的回答,因为答案是可以而且必然是多样的,意义在于你在思考与追问。而这正是中国的教育、教师所匮缺的。至少在 1949 年以后,就没有、或者说很少有人,特别是普通的中学教师在思考这样的关于教育、关于教师的根本性的大问题了,人们已经习惯于把这类问题交给某个特定的人和组织,教师成了机械的贯彻者、执行者,成了没有独立思想与创造,没有独立意志与人格的按图制作的真正的"教书匠"。不是教师愿意如此,而是体制需要如此。

　　然而，"你"出现了——这自然不是仅指你个人，而是人数不多、千呼万唤始出来的一批人，即我所说的"有思想的教师"。在我看来，这是这些年的教育大讨论、教育思想解放运动最重要的成果。你的书给我如此大的震撼，让我迫不及待地要和你讨论，并借以表示我的喜悦与敬意，原因即在于此。

有思想的教师的处境：反抗绝望

　　你我都清楚，有思想的教师在当下中国和中国教育界会落入怎样的境地。如你所说："对当今中国第一线的教师们诉之以思想的要求，实在是太不切实际了。"你说你是教育的"叛徒"与"异端"，这是确乎如此的。我们这个国家的文化传统与体制对异端的严密控制是有如天罗地网，使你无路可逃的。读读鲁迅的《孤独者》、《狂人日记》、《长明灯》，就知道这种扼杀是多么残酷而有效。不仅是体制的压制，必要时随时可以全部或部分地剥夺你的教育权和饭碗；不仅是同行的嫉恨，不用说教育界的既得利益者，就是在一些安于现状者看来，你的存在都构成了威胁；不仅是集体无意识与舆论形成的有形无形的压力，使你陷入永远的孤独中；不仅是家长、学生的不理解、拒绝，以至出卖；不仅是"战友"的背叛：你会发现"思想者"、"批判者"也有真假，特别是思想反叛成为时髦的时候，你更会经常碰到鲁迅所说的"伪士"，也会出现你所说的"伪精神信仰"，以至你都要拒绝承认自己是"思想者"；但最致命的是你自身的困惑，自我怀疑："我的所有的经验真的可以涵纳人世的真相吗？我的真诚真的如此纯粹吗？我的良知真的无可置疑地可靠吗？我的文字难道不是充满了狂乱和迷误、偏执与成见、无知与残损吗？我其实无法相信我自己，无法相信自己的言说"，"我迷失于生活中，不能确定自己是谁，我发现自己会时常成为自己的陌生人","我有时发现自身的言语行为走向了自己期许的反面","我成了自己无法战胜也不敢正视的对手":这样的困惑与怀疑是思想者存在的条件,一个真正的思想者必然要反身自啮,因而他自身的困境也是无以摆脱的。

于是,就有了这样的自问:"为什么我的内心总是充满了恐惧和忧伤?"

或许正是要抗拒这样的恐惧和忧伤,才有了艰难但是必须的坚守:这是颇近于鲁迅的"反抗绝望"的。

如何面对学生

你的《最后一堂课》大概就是因为这一点,深深地感动了我。但我要告诉你,首先感动我的,却是你的退让与妥协。你说,我们"毕竟生活在一个一考定终身的国度",你的学生都是农村的孩子,更需要通过考试去圆自己及祖父辈"几代人的大学梦,其实,那不只是圆一个梦,那还是对一种生活的渴望",因此,你说,你不能拿学生的未来去做教学实验,"我不能"!——这"我不能"让我的心为之一震!不仅因为这其间的无奈,不得不做出牺牲的痛苦,更是表现了一种真正的爱与理解,真正的教师的良知,知识分子的良知,正是在这里和那些貌似激进,其实是沽名钓誉的"伪士"划清了界限。尽管如此,你仍然向学生"郑重道歉",请他们"原谅我这个朋友真诚的无奈",而且告诉学生,他们在以后也会"如我一般充满无奈",希望学生认真思考:自己"该如何对待"。——把真实告诉学生,不许诺虚假的光明:这才是真正的教师!

但告诉学生要正视现实的黑暗,只是教师责任的一半,更要引导学生:"不能因为世界的不公与黑暗而放弃对生命意义的追求,永远也不应！""我们不能逃避，更不能自我放弃"，"永远都不要自怨自艾，也永远都不要仇恨"，这四"不"里的理性精神、自强精神，是真正的教育精神。

但你并不满足于这样的精神激励，进一步引导学生将自己对生活的意义的追求落实到"每一分每一秒的生活细节之中"："细节"正是你的教育思想的一个重要概念。

而你最后的嘱咐与自励，把你所有的思考与困惑都化作了强大的精神力量——

"将来，无论你们面临什么困境，无论多么地无奈，无论是怎样的屈辱与绝望，也不要放弃！在不放弃中，在对爱和希望的持守与践履中，无论多么弱小的心灵，都会丰富强大起来！"

真正的教师必须是理想主义者

我也终于明白：我们之间，尽管有着种种的不同，但我们的内心深处，都是为生命的理想之光所照耀的。而教育就其本质而言，它必然是理想主义的。我多次对年轻人说过，一个真正的教师，必然也必须是一个理想主义者；如果你不想选择理想主义——这也是你的自由，你就最好不要选择教师这个职业。当然，如前所说，我们对理想主义也有，而且应该有质疑，我们追求的是质疑中的坚守，而且我们在享受理想主义者生命的充实与欢乐的同时，也承受着理想主义所必然带来的生命的沉重与痛苦。

在你们面前，我感到内疚和不安

但我在你们这些仍然坚守在第一线的老师，心怀理想主义的老师，作为思想者的老师面前，仍然感到不安。因为我太知道当下的中国教育是多么可怕了，我太明白你们实际上是在泥淖里挣扎；而我却退休了，已经逃离苦海了。是的，我在退休后，曾经回到中学，试图和你们并肩战斗，但我很快就发现，中国的中学校园已经是针插不进、水泼不进的独立王国，我这样的理想主义的、力图有自己思想的教师已无立足之地，于是，我知难而退，宣布最终结束自己的教学生涯。尽管也还是给自己描绘了一个浪漫的尾巴，说我为自己的教学生涯结束在中学感到骄傲；但心里却明白，我是在临阵脱逃。尽管没有人会指责我，因为我本该退休，也就是说，我的年龄比你们大，这给了我逃避中国许多让人烦心、绝望的事情的权利与机会。而你们，就因为年轻了几岁，十几岁，几十岁，就必须继续承受苦难，承担责任。因此，当我在这里和你谈论"坚守"之类的大话，我无法摆脱我的内疚与不安：自己做不到的事情，有什么权利和别人讨论？这其实就是你的文章让我不得安宁的更加内在的原因。一方面，我有很多话想和你交谈，另一方面，我又担心或者说害怕陷入空谈与虚伪。但不管怎样，我还是写出来了，而且写得如此之长，所谓一吐为快吧。但我真的因此而轻松了吗？我不知道，甚至这封信要不要寄给你，我还要想一想。——不过，恐怕还是要寄出的。因为我已经把你看作自己的朋友了，而在朋友面前，就不妨袒露一切。

匆匆即颂

教安

理群

2006 年 3 月 18 日、20 日、22—24 日陆续写成，11 月 21 日发出

直面中学教育的深层次问题

——读梁卫星:《凌月,樊强,郁青青》

确实,这样的一个教师和他的三个学生的故事,不为所动,并非容易的事。

我刚读了一段从网上传来的文字:"随着近年来国家教育投入的增加,中国的教育正面临一个历史性的转折点:长时期教育贫困掩盖下的教育领域深层次的问题逐渐暴露,显示教育问题正在从外部逐步转变为以内部问题为主,显现了当前教育的主要矛盾,是人民群众日益增长的教育需求与落后的教育体制的矛盾,先进的社会发展观与落后的教育体制的矛盾。解决这些矛盾,就需要深化教育制度改革。"——"当前教育的主要矛盾"是什么,这是需要更进一步讨论的;但这里提醒我们要注意"教育领域的深层次问题",提出教育问题正转变为"内部问题为主",这都是抓住了要害的。通俗点说,现在的中国教育,从全局上看,已经不是孩子"能不能读书"的问题,而是接受的是"什么样的教育"问题。就像朋友们私下所说,中国教育的硬件问题,尽管还有许多不尽如人意之处,大家还是乐观的:随着中国经济的发展,都不难解决;真正让人焦心,甚至悲观的,是教育的软件问题,即这里所说的内部的深层次的问题。

把梁老师的教育故事置于这样的背景下,我们就更难以不为所动:它正是以一种十分具体、尖锐,给人以震撼的方式,反映、折射出当下中国中小学教育的深层次问题;故事里的"凌月","樊强",

"郁青青"，连同"梁卫星"自己，在我们将要进行的讨论中，都已经不是个别的、特殊的、偶然的存在，而是具有普遍性的教育典型和象征。

一、我们的教育正在塑造什么样的人格？

我们的教育正在精心培育"郁青青"：他们是校长、班主任、老师、家长心目中的"好学生"，因为他们的成绩永远"第一"，因为他们已经把实际支配我们教育的理念化作了自己的人生信条："只有吃得苦中苦，只有考上重点大学，才能做人上人，才能拥有想要拥有的一切。"因此，他们永远都在追求"第一"，其背后的人生逻辑是："是第一，就什么都是；不是第一，哪怕是第二，也什么都不是。"我们以培养出这样的学生为显示教育成就的资本，但谁也不去听他们内心的倾诉："没有成绩，我什么都不是，我也想看看阳光如何明亮，花儿如何灿烂，但我看不出，我更体会不出活着有什么好。"因为恐惧于有可能得不到"第一"，他们永远处于精神崩溃的边缘：这就是我们的教育培养出来的"成功者的自信与失败者的自卑的畸形结合"的畸形人格。

我们的教育正在制造与依靠"樊强"：他们是学校里的"优秀班干部"。他们在我们的教育引导下，已经有了明确的人生目标："要在现有的生存条件（和体制下）活得最好"，他们信奉"权力就是一切"的人生哲学。他们忠诚地为拥有权力的校方维持学校秩序；学校领导则给他们以制服班级同学的特权，放手让他们在实行强权统治上小试身手，同时给予"优秀班干部"等荣誉，或作特殊推荐，以为他们打开通往真正的权力之路。这样的学生，未出学校已经"成人"，正是"如今少年已成精"（王栋生老师语），他们已经形成了强权人格，为了获取权力而可以越过一切道德的底线，其畸形发展到了令人恐怖的地步。

问题是，"郁青青"、"樊强"们在现行高考制度下的命运。他们中的大多数，将如愿以偿地进入重点大学，再经过大学教育的精心打造，最后"郁青青"们登上学院、商场的"第一"高位，"樊强"们进入权力之门，但他们都成了梁卫星老师在他前几年文章里说的"绅士"、"淑女"，用我的概括，则是"绝对的，精致的利己主义者"："一己的利益成为他们一切言行的唯一推动力"，却"有很高的智商、教养"，并且"惊人的世故老成，最善于利用体制的力量，最大限度地获取自己的利益，成为既得利益集团的成员"，因此，他们事实上已经，并必然成为现行体制的接班人。这样的接班人，将给我们的国家、民族的未来带来什么后果，是令人不寒而栗的。我说过，这将是我们今天的教育所欠下的还不清的债。

但"郁青青"和"樊强"也有可能过不了高考这第一道门："樊强"可能过于热衷一时的强权，或由于来自底层，文化根底不足；"郁青青"则因承受不住压力，过早崩溃。这样，他们都被淘汰出局，却有另外的命运在等着他们。"樊强"终于进入了黑社会：依然奉行强权就是一切的人生逻辑，却流入底层江湖世界，既成为体制的必要补充，又成为打压对象，最终不过是牺牲品。这正是我这些年一直在提醒的：中国的城乡底层正在形成破坏力极大的流民群体，而我们的教育的淘汰机制正在培养一批又一批的这样的流民社会（黑社会）的后备军。"郁青青"的被淘汰，则会更加剧他们的精神崩溃，成为这些年愈来愈多的自杀者群体的后备军。——这两个"后备军"，也是我们必须正视的最沉重的教育后果。

而"凌月"是我们的教育在中学阶段就要淘汰的对象，梁老师故事里的凌月最后被学校开除，是必然的结局。这里，存在着双重的教育后果。一方面，我们的教育使他们对生活、家庭、学校、社会，都失去了基本的信任，"我感觉自己是一个多余的人"，"讨厌自己，讨厌世界，讨厌我生活中的每一个人"，"我生活在这样可怕的世界上，我改变不了我自己，我只能随波逐流"：这已经是一个过早衰老的畸形人格。而当他们试图用畸形的方式进行反抗："我内心对一切正常的东西都失去了兴趣，只有不断地犯禁，不断地做让人不能接受的事，才能让我有活着的快感"，这又形成了反社会的畸形人格。这就是我们通常说的"问题学生"。但我们从来不反省自己的教育责任，反而理直气壮地将其打入不可教育者的冷宫，最后向社会一推了之。这样的被驱逐的"凌月"，要么和被淘汰的"樊强"一样，成为黑社会的后备军，其对社会的破坏性是极大的；要么在压抑和歧视中混过一生，甚至走上"郁青青"之路：这样的殊途同归是惊心动魄的。

"郁青青"、"樊强"、"凌月"都是我们教育的极端后果，处于最高与最低两极，却又可以转换；而中间的大多数，却被我们的教育培养成了冷漠机械型人格，如梁老师所观察和描述的，"这种人格信奉活着主义，人生的唯一要务在于活下去并且要活得尽可能好一些。他们不关心任何价值问题，为了避免价值风险，社会大众的价值观就是他们的价值观。我的大部分学生最终都会形成这种人格"。梁老师表示，"我理解并且尊重他们的选择"；我要补充的是，这样的社会大众的价值观也自有其意义和价值，有时候这样的要活下去并且要活得尽可能更好一些的普通民众的价值观，也能成为对要肆意干涉他们的日常生活，剥夺他们基本生存权利的权势的一种无声而绵长的反抗和抵制。但是如果发展成活着就是一切的犬儒哲学，就会形成盲目听命于权力者的顺民性格，这自然也是畸形的，而且事实上成为强权统治的社会、心理基础。

当然，不可否认，我们的教育在"梁卫星"们的努力下，也在培育出自尊独立型人格。这样的人格构成了前述畸形人格的对立面，在学生中是少数。梁老师说："他们是我一生最大的快乐，也是我一生中最大的愧疚。因为他们不屈服不俯就，因为他们的自尊敏感多思，我快乐；也因为他们的人生注定了的痛苦曲折，我愧疚"，"他们总是让我对自己的教育充满矛盾和犹豫"。——但这已经是另外的教育问题了。

现在，看得很清楚，我们的教育给了学生以知识和技术，但却放弃了对学生健全人格的培育，甚至在自觉、不自觉地培养着畸形的人格。而对这样的畸形人格来说，知识不过是一个工具，这是梁老师的沉痛之言："樊强"们"会利用我所传授的知识获取更多的权力"，以满足他们的私欲，"面对他们，我的教育，是多么苍白无力"，又有何意义！或许更为严重，更让我们不安的，是教育培养出这样的畸形人格的人才，对中国未来的发展的影响和长远后果。我们都在期待着中国长远的、健康的发展；现在，可以毫不含糊地指出，中国的教育正是制约、影响这样的长远、健康发展的瓶颈问题。

二、"郁青青"、"樊强"、"凌月"背后的教育体制问题

我们还要追问："郁青青"、"樊强"、"凌月"是怎样培养出来的？

这是故事里梁老师和"郁青青"的对话："你想做人上人，每个人都想做人上人，这个世界不就成了一个丛林世界了吗？你要么吃人，要么被人吃，你害怕有一天被人吃，你因此神经紧张，生无所乐，生无所依，你这个样子，还不让人忧虑吗？""是，可适者生存啊。不行的，就要安于做人下人。我不想做人下人。""这就是你的问题所在，在你的眼中，这个世界只有两种人：人上人与人下人，成功

者与失败者，所有的人都是敌人。"——这段对话让我读得毛骨悚然，一如当年读鲁迅的《狂人日记》：难道我们又到了一个"人吃人"的时代吗？难道我们的教育又在奉行这样的"人吃人"的逻辑吗？但这正是中国教育的问题所在：这些年教育的最大失误，就是将所谓竞争机制引入中小学教育，而且是这里所说的适者生存、弱肉强食的丛林法则。所谓应试，就是"做人上人，还是人下人"的残酷竞争和筛选，并因此在学生中划分"成功者"与"失败者"，人为制造新的等级，新的仇恨（"所有的人都是敌人"）。而且还有一系列的制度，例如按分数（也即竞争成绩）在学校、班级、学生之间进行排队排名，以及竞办"重点学校"、"快慢班"等等，作为保证。人们从中嗅到了血腥味，不能不再一次呼喊："救救孩子！"

再看看"樊强"的"管理班级"的方案：制订严格的班规班纪，并有相应的严格的惩罚条例，从经济罚款到行政处分。背后既有"现在你不震住他们，以后就不好办了"的"理念"和"一整套整人的把戏"，更有"权力的快感"。这确实令人震惊：不仅为一个十七岁的孩子竟能如此熟练地运用权力，更因为这正是当下中国教育的管理体制的翻版。我们的各级教育行政部门，不也是这样把教师视为被管理和使用的对象，并且深信"对教师必须施加强大的外部压力，才会好好干活"（这是一位教育官员的原话）这样的施暴逻辑，层层制订各种考核指标，强制执行，并且也有一系列的奖罚条例，不也同样是将资本的整人方式（罚款）与强权的整人方式（行政处分）相结合吗？这样的严格管理的背后，是行政权力的高度集中与极度扩张，而且为保证权力行使的有效，又不择手段地在教师中培养亲信，结党营私，形成事实的利益集团，控制一般教师，打击异己者：这在当下中国的校园里，已经是见怪不怪了。影响所及，作为学生的"樊强"也不断地向班主任老师要求绝对权力，在同学中拉帮结伙，并且视为理所当然了。这样的官僚化、暴力化的管理体制与行政权力的无限扩张，以及由此形成的遍布各级教育部门的利益集团，正是中国教育体制上的根本问题所在，是一切教育改革难以避免走向形式或变形的症结所在，是中国教育要走向健全发展，必须解决的瓶颈问题。

我们来听听"凌月"的倾诉："人们总是粗暴地不让我做这做那。我上课画画，老师讽刺我：这也是画？我上语文自习课看英语书，老师撕掉了我的英语书。我上公共自习课看课外书，我是多么喜欢看课外书啊！可班主任拿走我的书再也不还我。各科老师都要我们买他们指定的课外书，我知道，书不重要，重要的是回扣。我要做文娱委员，老师说我只想出风头。我考试成绩不好，老师说我是猪。可是到了中考将近的时候，所有的老师都像上课一样专门讲解抄袭偷看的技巧。其实我们考不考得上高中不重要，重要的是他们的奖金。"——听这位敏感的孩子（这本来是一个多好的苗子）的这番话，真感到难过：我们的孩子受到的是怎样的教育啊。如此地粗暴，如此赤裸裸的金钱买卖，如此肆无忌惮地公开作弊，因此所有的教育就显得如此地虚伪。这难道都能怪我们的教师吗？教师的问题的背后依然是体制的问题。比如回扣所折射出的，就是当下中国教育的又一个致命问题：教育产业化的结果不仅使商业逻辑渗透与支配了教育，更造成了遏制不住的教育腐败，这是前述教育利益集团形成的经济基础，教师吃点回扣，不过分一杯羹而已。

但教师自身就完全没有责任吗？我们所看到的，是这样一个过程：体制压抑也毒害了教师，体制的弊端体现在了教师身上；教师的毒化教育又直接影响了学生，摧毁、毒化和扭曲了他们的心灵！这样，教育体制所造成的教师的素质问题，就同样成为了制约中国教育改革和健全发展的一个关键。

三、"梁卫星"的出现，他们的命运背后的教育体制问题

　　然而，"梁卫星"们出现了。这是我们这里讨论的一个老师和三个学生的故事能够发生的一个前提条件。

　　这更是当下中国教育的一个重大事件：在某种程度上，"梁卫星"们是我们的教育改革所呼唤出来的，而且客观地说，也是教育改革为"梁卫星"们的出现和有限发展，创造了某些条件。其直接后果，就是前文所提到的部分中学生中的自尊独立人格的形成。

　　这是因为"梁卫星"们提出了全新的教育理念，进行了全新的教育试验。

　　这里，我们不准备就这些新理念、新试验作全面和深入的讨论，仅想指出，梁老师原本也是前述教育体制的受害者，因此，当他走上讲台时，就定了一个"最低目标：别做自己憎恶的人"，要"以别样的方式，对待一如我当年一般的学生"。他因此期待和学生有更平等的关系，他确信学生中"每一个都是独一无二的人"，"每一个人的生活只能自己去创造"，"我的目的"只在于"给学生以精神与智能资源"，"唤醒他们自我意识的觉醒，促进他们自觉地摸索和选择属于自己的生命伦理"，"在他们内心播下自我净化的种子"。他一再表示："我不想过多地介入学生的自我成长，让他们的人格与精神构成中有过多的他人的阴影，要知道，我的人格结构与精神构成有着太多的缺憾。"——这样的浸透着现代民主、平等、自由意识的教育观，这样的自我质疑的精神，正是今天的教育改革所迫切需要的；愿为这样的教育理想而进行试验，并且已经初见成效的教师，更是教育改革所迫切需要的。按说，"梁卫星"们应该是生逢其时，在教育改革中大显身手。

　　但这只是"按说"、"应该"，事实却恰恰相反。

别的不说，先看故事里的几个学生的反应。"郁青青"对"梁卫星"说："一个老师应该在乎的，比如分数、学生的尊敬、老师的形象，你全不在乎"；"我们在乎的，你全不在乎，我们不在乎的你全在乎，你和我们不同"。"凌月"在一度受到"梁卫星"的教育的触动，生活有所改变以后，却再也不能适应与"梁卫星"不同的教育，终于被开除了，她对梁老师说的最后一句话是："我的路在哪里呢？你告诉我，你这个疯子！""樊强"则从一开始就把"梁卫星"这样的班主任视为妨碍自己获得和行使权力的挡路石，干脆采取告密的手段，和体制合谋，将"梁卫星"驱逐了。——孩子的眼睛是锐利的："郁青青"因为完全认同于现行主流教育意识形态和教育体制，就看出了"梁卫星"是一个"异类"；"凌月"则因为部分认同"梁卫星"而深受其"害"，绝望中就称其为"疯子"；"樊强"则敏锐地感到了"梁卫星"对学校既得利益集团的不协和威胁：这或许正是要害所在。"梁卫星"最后被边缘化，不仅因为他的教育理念和教育试验是对实际支配当下中学教育的理念、体制的挑战，因而成为一个"异类"，而被从领导到老师、学生，以至家长中的习惯势力所侧目、排斥；更是因为触犯、威胁到了利益：同行怕影响自己在学生中的权威地位，学生、家长怕影响高考，学校领导更怕因此影响自己的前途。这是真正的利益合谋，"梁卫星"的失败是必然的。

但"梁卫星"的失败，边缘化，以至出局，却是揭示了中国中学教育和改革的一个具有讽刺意味的根本问题的：如前所说，本来"梁卫星"们是千呼万唤终于出现的中学教育中的新生力量，理应成为教育改革的推动力；但却为现行教育体制所不容。这也可以说是当下中国教育和改革的一个基本矛盾吧。

这里实际是隐含着一个更大的问题：中国的教育改革纯粹是一个自上而下的行政管理行为，它不仅缺乏，而且根本不重视开掘改革的内在动力，它完全不需要依靠教师中的"梁卫星"来作为改革的基础和推动力，只是一味迷信与仰赖权力的运作；而权力却永远是和利益相联结的，在现行权力结构下的所谓改革，要不要改，改什么，改成什么样，完全取决于是否有利于教育既得利益集团的利益。这就是为什么多年来，各式各样的花架子假改革畅行无阻的秘密所在：因为它既有改革之名（这也是利益所需），又不触动现有利益格局。而"梁卫星"们的真改革，要动真格的，就必然触动既得利益，当然为其所不容。因此，"梁卫星"们的命运，是关系着我们究竟要真改革还是假改革这样一个根本问题；而真、假改革的关键，又是敢不敢、能不能触动教育体制及其既得利益者：这是当下中国中学教育和改革深层次问题的核心。

四、教育问题背后的社会、政治体制问题

其实，对"梁卫星"们来说，自身的边缘化，还是可以承受的，即使边缘化，哪怕作为校园里的一道风景线，向学生展示另一种存在，也还是有影响，有意义的。最让"梁卫星"们感到痛苦，以至迷惘的，是受到他的影响的学生的反应："老师，你让我们明白了这些，可这些与我们的生活是相反的，我们若按着这些价值观去为人处世，我们的人生是会很苦的。你说我们能怎么办呢？"梁老师说：这是一个"天问"，它揭示了"梁卫星"们命运中最为严酷的一面："我的成功实质上就意味着我的失败。"

它同时提醒我们：不能就教育谈教育，教育问题的背后，有社会的大问题。

我们在前面讨论"郁青青"、"樊强"、"凌月"是怎么培养出来时，着重的是教育的原因，其实，学校教育外的影响更不能忽视。"凌月"

就谈到了家庭教育："我在学校里得不到丝毫的温暖，回到家里，爸妈从来不说话，他们不吵架，我多么希望他们吵架啊！他们像陌生人一样生活在一个家庭里。妈妈除了尽可能满足我的一切愿望，除了在家里做家务，我不知道她还会做什么。爸爸逢人便说我这不好那不好，他是不是觉得我丢了他的脸？"而"樊强"的强权就是一切的意识也首先是社会教给他的："我们村长简直就是土匪。他们家兄弟伙多，自从做了村长，村里的好田好地都是他们家的了。"梁老师说得好："没有什么人的教育可以抵抗来自社会、家庭、日常生活的'大教育'。"因此，他终于意识到自己不仅是教育的异类，同时也是社会的异类；自己的教育其实是对"无所不在的'大教育'"的"抵抗"，他有一种无力感。

　　但如果我们换一个角度思考，或许还可以得出两个重要结论。其一，这正是说明，教育的改革必须和政治、经济、社会、文化体制的改革配套进行，解决中国教育的深层次问题，中国年轻一代的教育，健全人格的培育问题，用现在颇为流行的概念，是一个"系统工程"。这其实也是从上世纪末开始的这一轮中国教育改革的一个根本问题；我大概在 2000 年就指出："没有相应的社会、政治体制的改变，教育很难进行根本性的变革，也很难实行真正的素质教育。"而我们恰恰是在社会、政治体制改革滞后的情况下进行教育改革的，这样的单项突进的教育改革，是一种"现有格局下的改革"，对它的限度，必须"有清醒的估计，不能有过高的期待"（《一个理想主义者对中国语文教育改革的期待和忧虑》，收《语文教育门外谈》）。在我看来，这也是这些年教育改革举步维艰，且多反复的一个根本原因。现在，时间又过了八年，人们已经形成了必须进行政治、经济、社会、文化、教育全面改革的共识，这应该说是一个进步。

　　由此引出的第二个结论，是我们必须从全面改革的大思路、大格局下，来重新认识、思考和推动教育改革。也就是说，必须把教育改革看作是全面改革的一个有机组成部分，有了这样的全局眼光，既可以增强我们的责任感与使命感，同时也对其艰巨性、复杂性与长期性，有更为清醒的认识，更充分的思想准备。

五、直面现代教育的基本困惑

如果把我们的讨论再深入一步，还可以发现，"梁卫星"们所遇到的困境，除现实社会与教育的弊端所造成的以外，也还有现代教育本身的悖论所带来的困惑。

我在《现代教师读本》序言里，就曾经讨论过，现代教师是国家公务人员，是在国家的教育体制下，按照国家制订的教育目标、教育计划进行工作的，这就决定了他所拥有的个人自由和独立意志是十分有限的，而且也必然面对国家意志、社会意志与个人意志的矛盾、冲突及由此带来的困惑。现代教育和现代教师也不能回避市场经济的制约与冲击和大众文化教育的挑战与冲突，这都会造成教师的困惑。

我在这里要说的，是教育本身所具有的乌托邦性质，它所担负的职责，是传递以人类文明的基本经验为基础的人的理想和人生的理想，它是超越现实的，而现实是永远有缺陷的，任何现实社会、制度，都有其黑暗与肮脏的一面，因此，学校教育任何时候都应该起社会净化剂的作用，它和现实应该保持距离，并具有本质上的批判性与对抗性，并以此来教育学生，在教育过程中，培育学生思想、人格的独立性与自主性。也就是说，学校教育和社会的冲突，理想和现实的冲突，是由其本性决定，因而是永远存在的。作为教师，他的本职是坚守和传递理想，而他自身又不能不生活在现实中，因此，他所要承担的精神困惑，是由他的职业决定的，他的人生意义也正是在这样的承担中实现的。而学生，接受了这样的教育，走向社会，面对现实社会，也必然发生理想与现实的冲突，承担由此造成的精神痛苦；但如果学生在学校真正打好了独立、自主的精神底子，他自会独立面对这样的精神困惑，并因此走向成熟，获得真正的人生意义。因此，我常常说，这是一切真正的教师，一切愿意成为一个真正的人的学生的宿命，我们不必回避，也不必因此而绝望。还是鲁迅的那句话："敢于直面惨淡的人生，敢于正视淋漓的鲜血，这是怎样的哀痛者和幸福者？"

2008 年 9 月 16—18 日

有这样一位农村教师

　　我有好几位在农村基层任教的没有见过面的朋友，马一舜老师就是其中的一位。我们是因为通信认识的，后来还通过电话；通信、通话的次数并不多，但却有一见如故的感觉，而且彼此都有自己的事要做，联系的密切程度并不那么重要，"心有灵犀一点通"就足够了。——这是真的，我的学术观点、教育观点常被质疑，被认为过于"理想"，"脱离中国教育实际"，却在马老师这样的真正生活在困境中的基层教师这里引起共鸣，得到响应。其实我们都是因为孤立无援而需要相互支持：这样的来自社会和教育底层的相濡以沫的朋友，我是格外看重和珍惜的。

　　从通信中得知，马老师喜欢写作，我从他寄来的几篇文章也看出了他的才华与勤奋，于是去信希望看到更多的文章，看看有没有可能出一本书。结果于2006年底，收到了马老师寄来的厚厚一大本文稿，题目是《因为我爱呀》，还有一封情真意切的信。但我自己却被数不清的杂事所缠绕，竟没有时间，也没有精力来为我的这位朋友写点什么，一直拖了两年之久，而且拖的时间越长，心理负担越重，反而越难以动笔。现在已是2008年的岁末，再也不能拖下去了；我终于提起笔来……

因语言而痛苦：一个真正的语文教师的深层困惑

就从这篇《苦辣酸甜谈语言》写起吧。马老师说："我这一生要说贫困给我的感受已经是够多够深够烈的了，但似不及语言。在我还不知道为贫困难受的时候，语言就已经开始让我难受了；在我通过几十年的努力，快要甩掉极端贫困的时候，语言给我的难受感反而有增无减……"可以说，这是一切有理想，有自己的思想、语言追求的语文老师、知识分子的最真实、最深沉的痛苦，被马老师敏锐地抓住了，而且表达出来了，就具有一种震撼力。

马老师在来信中告诉我，1964 年 9 月，他出生在湖北石首市一个偏僻的村子里，马老师形容说，这是"角落之角落之角落之角落"。他上小学时，正赶上文化大革命的后期。于是，"不到十岁，我就感受到了语言的可怕。不知是我小时候格外喜欢做坏事，还是同学们都觉得我（患有小儿麻痹症）软弱可欺，总之，我几乎每天都有错误被同学们检举给老师。老师总是上课时先念一条'最高指示'，然后批评我。有时念的是'千万不要忘记阶级斗争'，有时念的是'凡是毒草凡是牛鬼蛇神都要进行批判……'，以至我一听到老师念毛主席语录，心里就发怵，身子就发抖。可能是老师看到我的问题越来越多，于是在班上召开了一次批判会，他横着粉笔铆足了劲在黑板上写了'批判大会'四个字——这是我第一次看到横着粉笔写字。以后每当看到别的老师或我自己当老师后这样写字时，总要想到这一幕。"——这是马老师孩提时所亲身感受到的极"左"政治下的中国教育，其中充斥了荒唐和暴力的语言教育，他说："恐惧早就切入了我的经验世界。"（《恐惧的只是凡人》）以至当他当了语文老师，发现这样的"文革"语言暴力，还有语言的虚幻化、模式化，以及背后的"文革"思维，在应试教育中继续得到延伸，并且通过我们的教育（社会教育和学校教育）"内化进了我们下一代的血液中"，尽管"今天的中小学生都是在'文革'结束了几十年后才出生的"。他又为此感到了恐惧，因此写了《必须彻底肃清教学中的'文革'遗风》一文。在我看来，其对应试教育与"文革"教育的内在联系的发现，非常独到，而且是抓住了要害的。

马老师还告诉我，他的"父母比一般的农民显得更忠厚老实、勤劳和无能，因此我说过，我的父母'比农民还农民'"。于是，"'文革'结束后，接着便是父亲的语言使我难受"。父亲说话总是来回缠绕，常常话不成句，毫无主见和定见，十句中至少有五句是迎合与附属他人，以及"客气得啰唆，客气得低三下四，像是乞求"，其实都表现了一种底层人所受的物质与精神双重压迫所造成的精神病态。幼小的马老师却偏偏敏感于此，就感到了在"漫长的炼狱"里煎熬般的痛苦，以至"我之所以拼命地要跳出农门，除了要改变我的祖辈们所延承的那种命运外，还有一个更现实的原因：要摆脱父亲的语言"。——坦白说，这样的痛苦，是我这样的城市知识分子过去从未想到的；但却更深切地揭示了马老师这样的处在贫困和愚昧的包围与控制中的敏感的农村少年和农村知识者更内在的精神困境。

以后马老师"好不容易走出家庭，有了工作和单位"——那又是一番痛苦的挣扎与努力：马老师在信中告诉我，他因为残疾而备受歧视，感到上大学无望而在高一辍学；参加本村小学教师选拔时，又以残疾为由被排斥；以后勉强当上民办教师，又因为有新的高考落榜生而被替换；在养鸡、养兔、榨油、种果园都失败以后，又回头再来教书，一边教学，一边自学，在工作、自学与经济困顿（报名、买书、参加面试时的生活费等，尽管钱数不多，但对他来说哪一项都不是可以轻易解决的）的三重压力下获得大专文凭，又通过考试而终于成为"公办教师"。他原以为获得了基本的生存条件，能同时"挣脱语言的泥淖"，获得精神的解放；却不料遭遇到更大的精神磨难："又有新的语言给我以新的难受"，而且因为是语文教师而对语言的混乱有着"职业的敏感"，就几乎无时无刻不生活在语言的烦恼甚至恐惧中。当他听到一些为人师者念错字，写文理不通的句子，就浑身难受，听到同事这样教训不认真学习的学生："你怎么这么不在乎！你家里蛮有钱？你父亲当官的么？"这教师语言中的金钱崇拜、官位崇拜的臭味，让他极不舒服。而听有些领导讲话，就更使他有受刑之感：大话、空话、套话、废话犹如四根绳索勒得人喘不过气，而且其中不乏"智商低，水平差，表现欲却特强"者，但却因为大权在手，包括自己在内的教师不愿听也得听，而且来听还不能迟到：在语言压迫的背后，是权力的压迫。

　　而且如马老师所说，这样的语言压迫几乎是无所不在的："打开报纸和电视，我就能发现里面的空话、套话、大话。我一走进人群，就像孙悟空发现妖怪一样，不久就听出了人群中的废话和假话。每遇这样的场合，我就如白水鱼掉进了浑水中"，浑身不自在，并有窒息之感。

　　于是就有了这样的困惑与追问："为什么别人大都对语言处之泰然，而我对它却像林黛玉对贾宝玉的言行那样敏感，并生出不少的烦恼和痛苦呢？"——但正是在这里，马老师表现了他的语文教师的素质、品格与天赋。在我看来，语文教师之所以为"语文"教师，就因为他的天职不仅是要教学生运用语文，更要捍卫语文，尤其是祖国的母语，引导学生遵循与维护语言文明。因此，对语文教师而言，最重要的，也是最基本的素质，就是对语言的敏感：不仅是对优质语言的敏锐的感受力、鉴赏力，而且也包括对劣质语言，破坏语言文明的言行的极度敏感与警惕，以及捍卫语言纯洁性的高度责任感、自觉性，从而表现出捍卫语文教师职业尊严的道德勇气。因此，我在马老师这里看到他"因语言而痛苦",就有了如获知音之感;他在我心目中,也变得高大起来:这是真正的语文教师,尽管他身处边远的农村,头上也没有任何耀眼的头衔与光圈。

语言错谬背后的社会与教育错谬

马老师清醒地意识到,他所面对的实际是语言错谬背后的社会错谬与教育错谬;而作为一个社会底层的教师,他对这样的社会、教育错谬,是有着更直接的感受与更深切的观察的。马老师说:"我不是一个纯粹的理论家,而是一个有良知有思想长期苦干并细察于教育第一线的老师,因此我比那些在外在上的人多的是几分'亲历者之苦'和'亲历者之痛'。"这是确乎如此的,只是"马老师"们发不出声音,发出来也无人理会:这也恰恰是中国教育的问题所在。

马老师说,新课标和新教材诞生,曾给他带来了振奋和喜悦,但很快就消失了;因为"我们的教育面临着强大的抵牾力——教学内容与教师言行、学校与社会、书本与现实矛盾太多,可以说是处处矛盾。这种内外环境中的教育的效果就不能不是微弱甚至是负效果的"。这是我们必须正视的教育现实。马老师因此写有《正视人文教育的抵牾力》,其黑色的真实让我读得惊心动魄——

> 我们日常使用的随时可能是假冒伪劣产品;我们所听到的十之八九是言不由衷的话语;孩子们出门,听到的最多的叮嘱是"不要上当受骗"。照理说,社会上即使所有的人都说谎作假,老师应该是真言和诚信的最后的守护者。但是老师亲自作弊、指导学生作弊的现象并不少见。说"作弊是极少数"这样的话可以哄外人但哄不了教育的局内人。如果说中国的孩子生活在谎言中,

生活在假冒伪劣的物质中，生活在对假的提防和对假的恐惧中，实不为太夸张。

中国人极度地漠视时间，慷慨地浪费时间，主要表现在没完没了的闲聊和"没有速散的宴席"上，如今还加上一个网上游戏和聊天，更严重地表现在打牌赌博上。"十亿人民九亿麻"，如果说过去还显得有点夸张，如今恐怕是形容不及了。有多少家长把孩子扔到家里自己去打牌！有多少家长一边打着牌一边指责孩子没有抓紧时间做作业！有多少孕妇成天腆着肚子在麻将声中进行胎教！有多少不到十岁的孩子牌已经打得很够水平！

"穿要穿名牌，零食当饭吃，饮食不离嘴，快餐是最爱，化妆品成系列，千元拍成写真照"，这是对如今城市儿童消费的真实写照。其实，农村的孩子也落后不了多少。这是与社会上"一餐吃掉一头牛，过早（吃早饭）也得一田角"的奢靡浪费之风互为因果，浑然一体的。

大人们动不动就送礼，要请人办事更少不了送礼。求者习惯了送，被求者习惯了收。求者是不带红包不开口，被求者是"不见鬼子不挂线"。于是学生中送礼现象也蔚然成风，而且礼品的档次越送越高。送礼之风是腐败的温床，从孩子们早早精于这套上，我们可以预测到将来的腐败之风会是怎样的。

如果在大中学生中进行一次今后职业选择的问卷调查，只要他们不掩饰真实的意向如实回答，肯定大多数选择的是从政当官。中华民族的官本位意识几千年来一以贯之，如今尤烈。因为现实能让——处处能让——一个哪怕是弱智的人明白：当官出门潇洒威风，当官办事心想事成，当官治家财源滚滚，当官享受福乐无穷。

"亲情"、"孝心"，既是传统文化也是如今人文教育中的重要内容。可是中国人身上的人情味却一代比一代淡薄，孝心也似乎一代比一代减弱。我曾与几位同事谈到这一话题，我们都深有同感地说：如今的孩子长大以后能亲热地喊一声"姨妈"、"姑妈"、"伯伯"、"婶娘"的似乎都不是很多了，更不用说对他们很有感情有某种精神上的联系了。

电影电视录像中到处是暴力的镜头。孩子的祖辈父辈本来就都是从斗争哲学中走过来的，而现实生活中也是善斗争的人易见，持宽容的人难觅。在这样的环境里成长起来的孩子中存在着大量的暴力崇拜者，也是情理之中的事。

学雷锋，在小学低年级能蔚然成风，在小学高年级会时有发生，在中学生中逐渐稀少，在成年人中则寥若晨星。为什么会这样？因为社会上到处是这样的人：不仅损人利己被视为天经地义，而且做损人利己的事也堂堂皇皇大大咧咧。学雷锋被大众当傻瓜，拾金不昧的孩子回家会遭骂。

看看我们的孩子是如何走进大自然的：组织学生到野外放风筝，首先学校统一收费买风筝（当然也免不了收取其他相关费用）；用车把学生拉到某景点，停车后要他们向窗外看风景——为安全考虑，学生是不准下车的。我不知道这样的走进大自然，能让孩子更爱大自然和生活，还是更讨厌大自然和生活。

这就是中国教育的现状。这是触目惊心的。对我来说，惊心处有五。

其一，是这样的状况还在继续，且有与时俱进之势。就以"中国的孩子生活在对假的提防和对假的恐惧中"而言，2008年又有了新发展：毒奶粉事件让举世震惊，它不仅无情地毒害着孩子们的身体，更给他们的心灵以无法弥补的伤害；它让所有的中国人都失去了生活的安全感，让恐惧渗透到每一个中国人的心中。而同时发生的另一个"有组织地引导学生参与说谎"的教育事件却被蓄意遮蔽：在教育部的统一布置下，在全国大学实行所谓"教育评估"，其结果是引发了全面的，有领导、有计划的造假，绝大多数的学校领导都为了达标而强迫教师制造假教案、假作业、假试卷、假论文、假……而且强逼学生一起作假，而且都是理直气壮、明目张胆的。参与评估的教育专家、官员都知道，相信教育部也心知肚明，却还偏要坚持其"大方向是正确的"，并且扬言这样的评估还要继续做下去，也就是继续放任作假。大概在中国教育的主管者看来，造假是难免而无关紧要的：这才是真正令人恐惧的。

其二，因为它越过了教育的底线。正如马老师所说，教育本"应该是真言和诚信的最后守护者"，现在教育各级行政领导与教师一起来直接间接地引导学生作假，就不只是放弃自己基本的教育职责，而是反其道而行之了。而马老师文章中所揭示的教育现状的问题，又几乎无一不是越过了底线的：当我们培养出来的孩子淡漠以至失去了亲情、孝心，实际上就越过了道德的底线；当孩子陷入暴力崇拜，那就更孕育着越过做人的底线的危险了。——这样的越过教育、道德、做人底线的教育，确实令人惊心动魄。

其三，我们所面临的教育问题的严重性，在于几乎每一方面都和社会问题紧密联系在一起，可以说，这里讨论的说谎，漠视时间，消费主义下的奢靡之风，送礼之风，官本位，权力崇拜，亲情的淡漠，暴力倾向，损人利己……无一不是社会问题，是社会风气败坏了教育风气，也就是说，我们每一个成年人，校长，老师，家长，整个社会，都在有意无意地伤害着、错误地引导着我们的孩子，扭曲着他们的心灵，用我在一篇文章里所说，这是"大人犯浑，在孩子这里遭到报应"。因此，绝不能就教育而谈教育，必须把它看成是一个全局性的问题，必须在政治、经济、社会、思想文化、教育的全面改革中来解决教育问题。而我们每一个成年人都负有不可推卸的责任：我们对孩子是欠了债的。

　　其四，认真追究马老师所揭示的教育问题，就必须追索到教育基本理念和教育体制上的问题。用马老师的说法，就是"'生命线'破坏生命线"。这里打上引号的"生命线"，是指实际支配着当下中国中小学教育的应试教育指导思想和相应的应试教育体制下的评价机制和质量观，即所谓"升学率是学校的生命线"。如马老师所说，在这样的"生命线"的强大压力下，"学校为了保声誉（保声誉其实就是保生源），校长为了保政绩，教师为了保饭碗，不得不去严重地摧残学生的身心健康，无法不忽略学生创造能力和实践能力的培养，难免不以老师的身份去败坏学生的品德"——前面提到的引导学生造假，就是为了让中考或高考出好成绩；马老师写有《师盗真严》一文，如实记下了某副校长、教导主任对学生的讲话："现在其他乡镇中学都在挖空心思想办法，如果只有我们老老实实地考，这就是不公平竞争，我们就要吃大亏。现在是八仙过海、各显神通的时候，只要你有本事都可显出来。要善于想点子，想出了点子要敢于用。"这段话让我毛骨悚然：我们的教育就是这样逼良为娼，诱人为盗的！这绝不是这些校长、主任的个人素质问题，而是体制所然：应试体制的一个最大特点，就是将教育行政官员、教师的个人利益和应试教育捆绑在一起，并在这一过程中形成了教育既得利益集团，应试教育无论怎样受到质疑、批判，始终如铁山一般不可动摇，原因就在于此，既得利益不破，教育改革永远走过场，甚至越改越坏。马老师曾亲耳听到一位老农对这样的教育的评价，可谓一针见血："这都是吃伢儿（湖北方言孩子）肉的！"（《衣锦还乡》）；马老师因此做出痛切的批判：教育"睁大眼睛盯着学生的腰包，这大概是一个社会最大的弊端，最深的腐败；这大概是一个民族病入膏肓的最确切的症候：亡国灭种恐怕并不比这更能灭绝一个民族的希望"（《教育感言》）。这绝非耸人听闻，这样的教育确实是从根基上动摇民族生命线的！（《"生命线"破坏生命线》）。

其五，可怕的是，我们这些生活在教育圈子里的人，对这样的教育已经司空见惯，见怪不怪了！难怪马老师要痛心疾首地说："如果这样的教育现状，不能至少引起少数有识之士的正视和忧虑，这个民族就真的麻木到家了！"（《正视人文教育的抵牾力》）问题是，我们为什么会麻木？应该说，对这样的以谋取利益为核心的应试教育的不满，并不只是少数有识之士，实际上广大的教师，学生，家长，教育行政人员对其弊端和危害都是看在眼里，心中有数的，而且都在不同程度上进行过抵制的；问题是它是一个体制性的病害，当它以体制的力量显示出其不可撼动性时，相当多的人就转而去承认它，适应它，进而从中谋取利益，到最后，就逐步离不开它，成为其利益共同体的一个有机组成部分了。在这样的情势下，还要坚持对其质疑、批判的，就真的成了少数了。马老师说他们是"有识之士"，在大多数已经皈依的人看来，他们却是不识时务的"呆子"、"疯子"。这样的群体性的由质疑到适应、依附的过程，不易觉察，细想起来，自有其触目惊心之处。

不知是幸还是不幸，马老师正是这样的少数的"呆子"、"疯子"中的一员。如他在一篇文章里所说，底层是"离真理最近"的，"上面热烈讨论的、激烈争论的、苦苦探索的好些问题，在底层的老百姓看来，简单得几乎不用思索"（《活在底层的好处》）。作为一个乡镇初中的语文老师，应试教育对农村学生和农民意味着什么，是一清二楚的；坦白地说，前面所引的他对中国教育问题的揭示，如此真实而切中要害，是我这样的"上面"的大学教授做不出的。对他来说，质疑、拒绝这样的应试教育是很自然的，是出于他对底层的鲜活而沉重的生活的实际经验和体验。但如马老师在给我的信中所说，作为一个自学成才的农村知识分子，他同时又具有"卑微者的高蹈的思想"；马老师的文章让我最感动的，也正是这样的"位卑不忘救国"的情怀与境界。他在一篇文章里，针对当下中国教育的问题，一口气问了十个"如何"："如何避免部分学生产生自卑心理和性格扭曲？如何不让学生从小就习惯于高高在上、趾高气扬，或妄自菲薄、低眉顺眼？如何使学生都尊敬师长团结同学？如何让每个学生尊严坚挺、个性鲜明？如何培养学生公正、平等的观念？如何让学生具有正义感和对真理的热爱之情？如何培养学生的博爱情怀？如何不让'差生'日后成为社会渣滓？如何让'优生'日后成为真正的社会精英？如何提高整个中华民族的素质并具有强大的国际竞争力？如何带来民族的振兴而傲立世界民族之林？"（《教育＝教优？》）可以看出，这都是他在自己的教学活动中，念念不忘的问题，是他最感苦恼，并努力探讨的，构成了他的教育观念与理想；而这同样是自然的，发自内心的。具有这样完全自觉的教育责任感、使命感，并且把它化为日常教学实践的农村教师，是不多见的，正是我们所期待、所呼唤的，理应成为我们的教育，特别是基层教育的骨干力量，农村教育改革的依靠对象。

但无情的现实却是，恰恰是马老师这样的真正的教师被我们的教育体制边缘化，以至排斥了。我们的讨论，也因此进入了一个最沉重的话题——

"劣币驱逐良币"的中国教育体制

这几乎是必然的结局:"我所在的学校有这样一个规定:如果某老师带的班连续三次在期末统考中的成绩排同类班级倒数第一,则该教师会被给以停岗的处分。由于我是一个早在新课标出台前就注重教学改革的教师,由于我在教学上一举一动都是从培养学生的创新能力和人文素质出发,而不是像我的竞争对手那样处处从分数出发,由于我不屑于像某些其他同事那样挖空心思、绞尽脑汁地在监考、阅卷、登分等环节弄虚作假,我所带的班级连续三次在统考中排名倒数第一,其中一次与上一个名次的积分仅 0.1 分之差,与第一名也只有 2.3 分之差。"学校先要他公开检讨,马老师表示"在事关饭碗的分数面前我坚持我的教学理念"而拒绝检讨,于是,就被勒令停岗。尽管后来马老师向报社反映得到舆论支持而复岗,但 2006 年他还是离开了曾给了他太多痛苦记忆的学校,去了广东汕头的一所私立学校。

这自然不只是马老师个人的命运,它是一个具有典型性和象征性的教育事件。这是马老师反复追问的:为什么那些"只爱自己的饭碗和奖金,从不爱学生"的教师,那些以"死记硬背"教材和教参,"生硬灌输"知识为"看家本领","混饭吃"的教师,那些不惜"弄虚作假",成为"学生坏品德的教唆者"的教师,却都能成为教育竞争中的胜利者(《教师,叫我怎么尊敬你》),而"功底最深,人文素质最好,最有思想,最有教育良心,最受学生喜爱的教师",却成了"所谓'教学绩效'最差的老师",要被淘汰出局?(《真正的无私奉献——敢于教成倒数第一》)这里,最根本的原因,是我们的教育体制,我们的教育评价标准与机制出了问题:尽管各级教育官员在口头上天天喊素质教育,但实际奉行的却是应试教育,分数才是教育评价的唯一的硬指标,分,分,分,不仅是学生的命根,更是教育官员、教师的命根；由此而制订的各种竞争规则，诸如定期考核制、末位淘汰制等等，绝不是优胜劣汰，而是劣胜优汰，即所谓"劣币驱逐良币"。这样的评价标准与机制不变，中国的教育是永远走不出应试教育的魔障的。——写到这里，突然想到，前几天在报上看到的一条消息：国务院决定要将中小学教师的工资提高到公务员的同等水平，要根据教师的"绩效"实行"多劳多得"。这自然是好事，而且早就应该这样做；但谈到绩效，我又不免有些担心，想要追问：考量绩效的标准是什么？所谓"多劳"，是什么样的"劳"？教育的"劳"，不像工业生产，单凭生产的数量和符合标准化要求的质量，就可以确定其"劳"的价值的，它的教学质量是体现在活的人（作为教育对象的学生）身上的，衡量其价值，就有许多复杂的情况，是不能简单地以"多劳"为唯一标准的，还要追问是什么样的"劳"，比如现在盛行的所谓"死揪硬压"的教育，以剥夺学生和老师的生存空间和时间，摧残他们的身心为代价的"苦干"和弄虚作假的"巧干"（《"生命线"破坏生命线》），难道是应该在"多劳多得"的名义下，加以鼓励的吗？这也许是我的杞人之忧：如果教育评价的标准（实际的而不是口头的）和机制不变，这样的以所谓按绩效计酬的分配方案，很可能会走到自己意愿的反面，成为新一轮的"劣币驱逐良币"。

我还要指出的是，正是这样的"劣币驱逐良币"的竞争机制，使得马老师这样的"良师"处于极端孤立的境地。马老师在前面已有引述的《教师，叫我怎么尊敬你》一文里，有一段愤激的追问："如果教师的家里没有一个书柜，或者有书柜但里面除了装了几本教材和教参外不再有什么；如果在麻将的'方阵战'中，有一只庞大的队伍是教师；如果教师与人共事，共过后人们说：最狡猾的是教师；如果去买菜，菜农说：最斤斤计较、贪图便宜的是教师；如果一群人为私利辩护，其中最振振有词的是教师；如果一群人败露了丑行，其中把遮羞布找得最快最好的是教师；如果讨好领导、剽窃论文，手段最高明的是教师；如果真理被歪曲或强奸得使人们都忍无可忍，最后共同表示愤慨的是教师。教师，让我怎么尊敬你！"我想，任何多少了解中国教育现状的人，都会承认，马老师揭示的是苦涩的真实：这样的"劣师"比比皆是，且在实际上（自然不是口头上）得到默认，甚至鼓励，纵容。这就是"马老师"们的现实生存环境，他们要洁身自好，坚守自己的教育理想和做人准则，就必然被视为"另类老师"（《真正的无私奉献——敢于教成倒数第一》），群起而攻之。我们在前面说，将这些教师中的"堂吉诃德"们叫作"傻子"和"疯子"（马老师就曾被一些好心的老师认为"神经不大正常"），这还是客气的，有时径直就把他们当作"公敌"。这是一个更加严峻的现实：你要做一个"良师"（在我看来，不过是"合格的教师"）吗？你就要准备成为永远被教育同行侧目而视的"公敌"！

在极度孤立之下，马老师只好向他的学生倾诉，宣示自己的教育理念和理想。出乎意料地获得了掌声和支持，却又出乎意料地产生了严重的后果：学生因为接受了他的教育思想，自然和现行教育规则发生冲突，尽管语文素质确有提高，考试分数却有所下降（不过比其他班少了几分），导致自己被停岗不说，他还收到了学生这样的来信："请您不要为期中考试的倒数第一而生气，我们大多数同学也很后悔。……我们不是说您的课讲得不好，倒是觉得您太放任学生了。……学语文还是要死记硬背，注释、翻译也要背。不能让读课外书占有过多的时间，对不做作业偷看课外书的学生给予相应的惩罚。也许我们的建议不符合您，不符合您那天在课堂上讲的那些振奋人心的话。但从小学到现在，我们受到家庭、学校、老师、亲人的影响，形成了以分数为目的的旧思想。……希望您能采纳我们的意见。如果不可取，请不要生气。……"——马老师说："本文到这里，我似乎写不下去了，我真的不知道该说些什么。"(《掌声和掌声后的……》)面对学生的拒绝，我们除了感到无奈和无助，也真不知道该说什么了。

马老师只好、只有把希望寄托在对自己的孩子的教育。他说："我常常为那些正在受教育的孩子们感到着急、忧虑和同情；但我人微言轻，改变不了什么。就算落到了我的班上，但受大环境的裹挟，我对这几十个学生的解救也是极有限的。解救不了别人的孩子，总得解救自己的孩子吧。"于是，他写了《给我的孩子找到一条自救之路》，其实是给自己的教育找一条自救之路。于是，他按自己的教育理念，在想象中给自己的孩子（实际是所有的学生）提出了四个"不要在乎"："不要在乎分数，不要在乎老师是否喜欢你，不要在乎能否评上优等生，不要在乎别的学生的在乎。"于是，就可以"过得自由、充实、丰富，在大乐趣中有大意义"。他还写了篇《中等出优异》的文章，宣称"我希望我孩子的成绩只是中等，至多算个中等偏上"，因为"中等生比优等生要少受一些应试教育的摧残，因而身心可能更健康些；要多一些属于自己的时间，因而兴趣和个性更有可能得到自由发展，而兴趣和个性是创造力之源"。——在我看来，这绝非愤激之言，是有教育学的依据的；我也经常对一些家长说，在小学和初中阶段，一些兴趣广泛、发展全面、成绩中等（最好中上）的孩子，到了高中，或大学阶段反而会有一个大的爆发。但在现行教育体制下，却有风险：很可能在爆发之前就被淘汰了。因此，马老师又不能不有所犹豫。他在另一篇《我该怎样教孩子》的文章里，这样写道："根据我所信奉和秉持的教育理念及我所制订的教育计划，我会把我的孩子教得一点点地与她周围的孩子不同起来——她会好动，好想，好问；她会喜欢争论，喜欢审视，喜欢说'不'；她会真诚爽直，个性鲜明，自主自重……而她周围的人呢？因为受着和她完全不同的教育，他们只能是……那么，我的孩子在将来的同代人中一定显得特别怪异。我不怕我的孩子吃苦，但我害怕她孤独，我深知孤独比吃苦可怕得多！"马老师谈到了鲁迅的《我们现在怎样做父亲》，他说，作为一个"先觉醒了的父亲"，我愿意如鲁迅期待的那样，自己背着"因袭的重担"，肩住应试教育的"黑暗的闸门"，解放了自己的孩子，"放他们到宽阔光明的地方去：此后幸福的度日，合理的做人"；却不免担心，在中国的现实社会里，孩子"合理的做人"了，但他能"幸福的度日"吗？马老师这一问，让我倒抽一口冷气：我研究了、讲了一辈子的鲁迅，却从未想过这个问题；但却是每一个中国人，中国的家长，中国的老师必须面对与思考的！

可以说，马老师和"马老师"们就是在这样的近乎绝望的状态与心态下，坚守在他的教育岗位上的。也许有人会认为这是不可思议的。但我确切地知道而且相信，"马老师"们又是自愿做出这样的选择的，并且无怨无悔。

这是为什么？

马老师回答说："因为我爱呀！"

马老师说"我的灵魂穿着一双草鞋"，他是大地抚育的，来自民间，因此，他永远爱他脚下的土地，爱他的父老乡亲，爱农民的孩子——这是他须臾不能离开的学生。他自知自己属于教育系统中的弱势群体，但如他所说"弱者守弱而不自轻自贱"，他始终维护着一个农村教师的尊严，他说："我赞美那些穿着草鞋的灵魂，并且以自己拥有了这样一颗灵魂而骄傲！"（《穿着草鞋的灵魂》）。在我的心目中，马老师和"马老师"们才是中国教育的脊梁和希望。

我要向他们脱帽致敬，并献上这篇小文。

2008 年 12 月 29 日完稿于岁末的忙乱中

他在进行一场决定中国
教育命运的"静悄悄的变革"

——读李国斌《我的学生我的班》

翻开李国斌老师的《我的学生我的班》,就看到这样一段自白——

> 我知道,作为学校一个小小的班主任,虽然没有呼风唤雨的本事,不能左右学校的教育规定和要求,不能决定教育的"大气候",但是我可以营造教育"小环境"。在遵循教育自身的规律和学生身心发展的规律的前提下,按照自己对教育的理解和思考,在我管理的班级进行教育改革试验。

我的心为之一动。

想起了刚刚为一位远行的老师写的文章里,谈到的对中国教育的一个观察:我发现,在全国各地,都有一些第一线的老师,他们是教育理想主义者,更是具有行动力与创造力的教育实践者。我对他们的存在选择,作了这样的概括和描述——

> 从改变自己的存在开始,以建设自己作为建设社会的开端。在意义真空的教育大环境里,进行有意义的教育的实验。在现有的框架之中加进一个异数,创造"第二教育"。牢牢地把握当下,不寄希望于一劳永逸地解决教育弊端的所谓彻底、根本的变革,而宁愿采取现实主义和经验主义的态度,不是为了美好的明天,

而是要创造美好的今天的每一堂课。从权力之外的下面、民间开始，立足于自身，立足于和自己一样的独立的人们，面对具体的一个个的学生，能帮一个就算一个，做一个普通的教师应该做的事情，相信只要有一个人这样去做，就会带动周围其他的人们。

全国各地的这些老师和他们的学生们，都在努力地改变自己的存在，改变着教育的存在，并在这样的改革过程中，把握个人的存在意义，实现对意义的承担。这是一场将决定中国教育命运的静悄悄的变革。[1]

很显然，因这本书而刚刚结识的，这位四川边远山区的李国斌老师，也是这场"静悄悄的变革"的自觉参与者，而且有了具体的变革成果：他和他的学生一起创建的"永远的2001级1班"。

这是班级上的一位学生在校期间的一个感受——

当我一走进学校，就像走进了另一个世界。这里很静，把外边的无聊、空虚、喧嚣，死死地隔在了一边。这里很静，但却充满了活力和竞争，充满了朝气和希望。每当走进学校，我就知道自己的存在，知道自己该做什么了。也许，这里同校门外的赵镇格格不入，我们好像脱离了尘世。但是，这里却通向北京、上海……通向一个在赵镇永远也无法感受到的世界。

多么希望高三的气氛和感觉扩展到我的家，扩展到全社会啊。

这些学生后来离开学校，走进大学或社会，但在他们心灵深处却留下了这样的永恒记忆——

进大学这么久，最深的感触是：我们那个纯洁、温暖的集体再也不会有了，大家在联系中感叹最多的便是这点，都很怀念那个集体。李老师，您的确创造了一个世界上最好的集体。也许您会认为我们不如您现在的学生聪明、活跃，但我们纯洁、真诚再也没有谁能比得上。那时候班集体强大的凝聚力，我们再也体会不到了。我们怀念以前的同学，更怀念带领我们凝聚在一起的班主任——您！感谢您给予我们的一切，感谢您为我做的一切！

您用您的心血在那样一个重要的阶段，让明亮的颜色盖住了暗淡，留下了重重的一抹温暖的色调。在人生最宝贵的六年，您为我们画上了明亮的基调，以后无论走到哪里，它都将伴我们一起成长。

诚如学生们所说，"在西部那么一个小地方，还有这样生动的素质教育"，实在是一个教育的奇迹。

学生说："每当走进学校，我就知道自己的存在，知道自己该做些什么。"这就意味着，李老师和他的同事与学生一起创造了一种"教育的存在"，它是和外部社会不一样的存在：当社会陷入了喧嚣、空虚、无聊、绝望时，学校里的班集体却是安静、充实，充满活力和希望的。这确实是在"现有的框架之中加进一个异数"：社会永远是现实的，而学校却应该永远是理想的，我们说教育是一个理想主义的事业，就是这个意思。这就是说，当李老师和他的学生创造了"2001级1班"这个"不一样"的"存在"时，他们就已经接近了教育的本质和本性。像学生们所感受到的那样，正是在这样的存在环境里，他们的生命"画上了明亮的基调"，"留下了重重的一抹温暖的色调"，他们变得"纯洁"而"真诚"。这其实正是作为基础教育的中小学教育的基本使命：为孩子的生命打下真、善、美的光明的底子。如学生们所说："以后无论走到哪里，它都将伴我们一起成长。"是的，孩子们终将走出学校，走向社会，他们将面对社会的黑暗，而陷入理想与现实的矛盾，从而引发许多的痛苦：这都是成长必须付出的代价。但他们从小就已经在学校里打下了真、善、美的底子，面对假、恶、丑的现实，他们就有足够的精神力量与之抗衡，光明底子愈深厚，抗衡黑暗的力量愈强大。尽管他们会有困惑、有妥协、有调整，但终究不会被黑暗所吞没，更不会和黑暗同流合污，而能够最终守住从青少年时代就深深扎根在心灵中的做人行事的基本原则和底线。这正是中小学教育的作用、影响和力量之所在。

　　人们都在感叹今天世风日下，许多人，包括年轻人，都陷入精神的堕落，突破了道德的底线。如果作进一步的追问，就可以发现，许多人的堕落，就是因为他们在学校读书，特别是接受中小学教育的时候，没有打下一个真、善、美的光明的精神的底子。我们的教育的存在，过早地和社会存在趋同，甚至有过之而无不及：社会不安静，学校更喧嚣；社会腐败，学校也不干净；社会绝望，学校同样虚无，等等。这样的教育存在，使得我们的孩子从小就有了和他们的年龄不相称的世故，冷漠，阴暗，空虚，这样的未老先衰的生命是脆弱的，到了社会，是无力抵抗黑暗的侵蚀、诱惑的。我多次说过，我们的中小学教育给孩子们留下什么样的童年的、青少年的记忆：是宁静的，还是浮躁的；是温暖的，还是阴冷的；是蓬勃向上的，还是消极退缩的；是阳光的，还是灰暗的；是多彩的，还是无色无味的……都将决定一个人的一生。我还说过，中小学教师的生命的全部意义和价值，就在于能够成为学生童年记忆中最温暖、最光明的那个瞬间，我称之为"神圣的瞬间"。

　　李老师的书，最大的魅力，就在于它展现了一个又一个的这样的神圣的瞬间。我在欣赏、赞叹的同时，也有几分感伤：因为在现实的中国教育中，这样的神圣的瞬间越来越少见，而且它们已经被教育的喧嚣和表演所淹没了。但这也是一个启示：只有把李老师的努力放在中国中小学教育的现状下，才能显出它的意义和价值。如前所说，李老师所做的，无非是按照教育的本性、本质去教学，是回归教育常识、常理；但现在我们的教育的问题恰恰在于对教育本性、本质的背离，不按常识、常理办学。这样，李老师和他的学生所创造的"2001级1班"的教育存在，不仅和社会存在相异，而且也和现实的教育存在不同，成了教育的"现有框架"中的"异数"。从另一个角度说，李老师在他的教育实验里，改变着学生和他自己的存在的同时，也在改变着现行教育的存在。我称之为"静悄悄的变革"，就是这个意思。

我们的讨论，还可以深入一步：这是怎样的变革？它有什么特点，能够给我们怎样的启示？在我看来，主要有三点。

首先，我注意到，推动这场"静悄悄的变革"的，是李老师这样的边远地区的普通教师，如我们前引的他的自述所说，他不过是一个"小小的班主任"，"没有呼风唤雨的本事，不能左右学校的教育规定和要求，不能决定教育的大气候"。从本书的《我的故事》里，我们还知道李老师来自社会的最底层，是历经艰辛，甚至是带着屈辱的记忆走上教育岗位的。因此，他所推动、参与的变革是在权力之外的下面开始的，这是民间的教育实验。它的动力，不是来自教育行政部门的指令，而是出于内在生命的需要，教育的良知，李老师说，他是"带着过去，带着心里的'光明'和'黑暗'走进同学们的世界，构成了我的教育"。这是"我的教育"，不是领导要我做，而是我自己要做。因此，他所要进行的教育变革，不仅要改变学生的存在，也要改变自己的存在；教学的过程不仅是塑造学生灵魂，也是塑造自己的灵魂的过程；不仅要求走进学生的心灵，也要求学生走进自己的心灵。作为教师的李老师有着极强的"对每一个学生生命负责"的责任感，也有着极强的自省意识，时刻反省自己的教学失误（他称之为"教学败笔"）会伤害学生的心灵，影响他们的生命成长。这正是李老师的书最让我感动与震撼之处。我由此而意识到，李老师和他的学生，已经成了一个生命的共同体：他们努力走进对方的心灵，相互负责，一起成长。这是真正深刻的教育变革，不仅改变了老师和学生的生命存在，改变了师生的关系，而且对我们已有的教育观念、方式，以至教育体制，形成了挑战，李老师和他的学生创造的正是我们在前文提到的"第二教育"。

其次，我注意到，尽管李老师所进行的变革构成了对现行教育存在的事实上挑战，但他却并没有进行正面的攻击，有意识地避免直接的冲突，而选择了在现行体制下的局部变革的道路。这看似消极，却具有两个方面的深意。其一，立足于建设，"立"字当头，"破"在其中。其二，这更表明了一种难得的自我清醒：如前文所引李老师的话所说，我"不能决定教育'大气候'"，却"可以营造教育'小气候'"。清醒地意识到自己能做什么，不能做什么，也就意味着对自己的力量和限度，都有一个科学的分析。这样就不但能够在可能的范围内最大限度地发挥自己的生命能量，而且也减少了许多不必要的阻力和损耗，显示了教育的智慧和成熟。当然，另一方面，这也决定了李老师的变革实验本身的局限，李老师对此也是清醒的，并因此时时有无力感与孤独感。学生们都感到李老师所受儒家思想的影响；在我看来，最重要的，就是他是以儒家"知其不可为而为之"的精神，来从事教育变革实验的。他献身于这样的事业的生命，也就多少给人以悲壮感。但如学生们注意到的那样，道家也在他的心里"有深深的烙印"，因此，他也总能以洒脱的态度，面对一切，越是重病缠身，他越是坦然，淡然，从容：他的教育事业和生命是合而为一的，都已经进入了一个很高的境界。

最后要说的，是李老师不仅有高远的理想，他的行事却是现实主义和经验主义的。他并不期待彻底的变革，也不把希望寄托在所谓"美好的未来"。——我说过，这是我这样的老一代理想主义者曾经有过的追求，这里是有着深刻的教训的；在这个意义上，李老师是一位新时代的理想主义者，他和他的学生是有着更多的一致之处的，他们要创造的是"美好的今天"，要在现有的生活中获取生命的意义和价值。因此，他们所推动的教育变革，不仅是从"自己"做起，而且是从"现在"开始，从每一堂课、每一次教育行为、每一个教育细节开始。一位学生长大了回忆自己的成长过程，这样对李老师说："是您的一个握手和一句话改变了我的一生。"这绝非夸大之辞，而是一语道破了李老师所推动的教育变革的特点和魅力所在。它是把理想融化到日常细微的教学工作之中，认真地上好每一堂课，精心组织好每一次班级活动，不期待奇迹发生，只要求有微小的变化，移步而换形，潜移而默化，不苛求立竿见影，一切着眼于长远的发展。唯其如此平凡，它就是每一个有心的教师都能做到的，它也就有可能产生辐射作用，带动周围的人。我在本文一开始就说过，在全国各地都有像李老师这样的有理想、有行动力和创造力的老师，在共同推动"静悄悄的教育变革"。这样的发生在教育底层的变革，尽管在今天的教育喧嚣中极容易被忽略、遗忘和抹杀，但却是真正决定着中国教育的命运的。

李老师用他的教育生命告诉我们，一个普通的中学教师究竟能够走多远。正是李老师和"李老师"们用自己平凡的教学活动，悄然无息地改变着学生，改变着自己，也改变着中国的教育，创造着一个新的教育存在，这是真正深刻的教育存在变革。中国教育的脊梁，中国教育的希望，在这里，在这里。

2012 年 2 月 18—19 日

[注释]

[1]《教育本质上是理想主义者的事业》，钱理群，2012 年 2 月 9 日《南方周末》。

共同营造扬善抑恶、
宽容、宽松的教育环境

——读杨林珂老师的"万言书"

　　读了杨林珂老师的"万言书",我一则以喜,一则以忧,最后仍怀希望。

　　先说"喜",就是我的感动和欣慰。这些年,我一直在寻找"真正的教师",而且总有收获;每有发现,必欣然为文。在《做教师真难,真好》和《钱理群语文教育新论》两本书里,我总结了十位真正的教师的教育思想与经验,他们分布在北京、上海这样的中心城市,南京、福州这样的省城和湖北县城与农村。最近,我又连写了两篇文章,写南海之滨的深圳的马小平老师和四川边地小城的李国斌老师所做的教育实验;现在,我又在西安古城发现了杨林珂老师。所有这些发现恐怕都不是偶然的,它是反映了当下中国教育的一个重要现象的:在全国各地,从城市到农村,从中心地带到边远地区,都出现了一批真正的教师,他们在教师队伍中所占比例不大,但绝对量却不小,作用和影响更不可忽视。在我看来,真正的教师的出现,这应该是中国教育改革的重要成果;同时,这些真正的教师所遭遇的困境,也在一个相当重要的方面,反映了中国教育和改革的某些深层次的问题。这就启示我们:杨老师并不是孤立的存在,在讨论"杨老师教育现象"时,应该有一个全国教育的大视野,而不能只局限于西安一个地区。

　　我之所以把"杨老师"们称为"真正的教师",是因为他们的教育理念与实践，不仅体现了教育的本性、本质，教育的良知，而且体现了我们正在推进的教育改革的基本精神。在杨老师的理解里，"教育是一个生命对另一个生命的影响"，他的教育信念与追求是"震撼心灵，开启智慧，健全人格。目的是要学生学会独立思考、独立判断，进而达到独立行动，成为一个心灵博大、精神坚强的人"。他的教育有一个基本贯穿线，就是"一切为学生的生命成长负责"，在我看来，这是真正的教师的最重要的标准与标志。而且这样的教育理念和自觉追求，是完全符合教育改革所倡导的"以人为本"的教育观念的——我更愿意把它叫做"立人的教育"。杨老师所要倾心培育的"独立思考，独立判断，独立行动"的人才，也是国家最需要的创新型人才。而且最为难能可贵的，是"杨老师"们把这样的教育信念和理想融化到日常细微的教学工作之中，"认真上好每一堂课，精心组织好每一次班级活动。不期待奇迹发生，只要求有微小的变化，移步而换形，潜移而默化，不苛求立竿见影，一切着眼于长远的发展"。因此，我说他们是在"用自己的平凡的教学活动，悄然无声地改变着学生，改变着自己，也改变着中国的教育"，我称之为"静悄悄的教育变革"。（见拙作：《他在进行一场决定中国教育命运的"静悄悄的变革"——读李国斌〈我的学生我的班〉》）

杨老师还是一位优秀的语文教师。这些年大家把语文教育越说越复杂，弄得一线教师无所适从。现在，就需要回到常识：所谓语文教学就是"爱读书、爱写作、爱思考的老师，带领着学生读书，写作，思考，打下基础，养成习惯，并在这一过程中享受快乐，体验生命的意义与价值"。现在我在杨老师的教学中所看到的，就是这样的回到常识的自觉努力。杨老师是一个真正的读书人，这是语文老师最基本、最重要的素质。杨老师说，他把所有的课余时间都用在读书学习上，甚至上厕所、晚上泡脚都在阅读。他每年阅读量绝不少于千万字，写读书笔记约在八万至十万字。这是杨老师的万言书让我最为感动之处。我想，如果多有这样的嗜书如命的杨老师，我们的语文教学将呈现出怎样一个可观的局面啊！

杨老师是一位中年教师，这也是我的一个关注重点。我对中年这一代有过这样的观察："他们上大学期间，或直接受到 80 年代的启蒙主义教育，或在 90 年代还感受到启蒙主义的余光"，因此，他们多少还保留着教育的理想主义；但"他们在加入中学语文教师队伍后，又直接承受着日趋严重的应试教育的巨大压力与诱惑"，因此，"这一代教师的分化是最严重的，在压力和诱惑下，有的迎合而高升，被应试体制培养为接班人；有的消沉了；然而，也还有人在艰难中坚守"，杨老师大概就是这样的坚守者，他们在当下中国教育体制内，既事实上支撑着整个的教育，又承受着巨大的压力，"内心的焦虑、煎熬，恐怕是我们这些局外人所难体味的"，因此，他们也是最需要理解与支持的。（参看拙作：《坚守，需要韧性与智慧——王雷〈战战兢兢的讲台〉序》）

而我最为看重的，是杨老师所做的一切，完全是出于内在生命的需要。杨老师说："教书是我的安身立命之本，我别无选择，只希望在学生的精神世界里延续一下我的生命"，"我不想满足于无意义的生存，总想给这社会留下点什么"，也"为自己的生命做些什么"。因此，对杨老师来说，认真教书和进行教育实验，不是完成领导布置的任务，而是"我需要"；不是为了"让他人满意"，而是要"自己满意"。我曾说过，中国教育改革基本上完全是自上而下，由政府行政部门主导的，这既有其合理性，因为教育从来就是国家行为；但如果缺乏自下而上的民间改革的支撑和制约，就会带来一切依靠行政指令，改革的内在动力不足的问题。因此，像杨老师这样的发自内心的改革意愿和行为，就显得特别有意义。

通过以上的讨论，我们不难得出这样的结论：杨老师这样的真正的教师，自愿自觉的改革者，理所当然地应该是中国教育和改革的动力、依靠对象和骨干力量。

但现实却不是这样。我们所说的"杨老师现象"，就是真正的教师却被视为教育的"异端"、"不识时务者"，家长上告，领导谈话，处于被排斥与孤立的尴尬境地。而且这并不是个别现象。在发表我为深圳马小平老师写的文章《教育本质上是理想主义者的事业》的《南方周末》的一篇报道，就谈到了马老师的遭遇：他被许多家长围住，责问他为什么不按应试教育的一套教学，马老师显得很疲惫，甚至有些手足无措，最后泣不成声（曾鸣：《一个中学老师的"教育家梦"》，载 2012 年 2 月 9 日《南方周末》）。我读到这一幕时，心都凉了，感到阵阵刺痛。我想起了鲁迅的一段话。他说，观察中国的事情"要自己去看地底下"，"看看他的筋骨和脊梁"；"这一类的人们，就是现在也何尝少呢？他们有确信，不自欺；他们在前仆后继的战斗，不过一面总在被摧残，被抹杀，消灭于黑暗中，不能为大家所知道罢了"（《中国人失掉自信力了吗？》）。看来，这样的历史在今天依然在继续："地底下"即教育第一线的"杨老师"们，在"前仆后继"地奋斗，却"总在被摧残，被抹杀，消灭于黑暗中"。教育改革的动力被当作阻力，教育的依靠对象成了被忽视、指责乃至打压的对象，这无异于教育和教育改革的自噬与自杀。我们是在用自己的手来摧毁好不容易形成的民族教育的筋骨和脊梁啊：这难道还不触目惊心吗？——这就是我的忧之所在。

我们要追问，怎么会发生这样的教育悲剧、荒诞剧？这当然涉及教育的理念与体制的问题，比如自噬的实质就是一个劣币驱逐良币的评价机制问题，将家长与老师的关系变成老板与雇员的关系，就是教育产业化的恶果，等等。这都需要更深入的讨论。我想说的，是一个要营造什么样的教育环境的问题。

我从杨老师的遭遇里，得到了一个重要启示：今天我们来讨论中国的教育问题，不能只局限于教育内部，教育问题同时是一个社会问题，它不仅涉及教育内部的老师与学校领导及主管学校的各级行政部门的关系，教师与学生的关系，而且涉及家长与学校、老师的关系，社会舆论与教育的关系，而学校内外关系又是相互影响与渗透的，比如家长与老师的关系，就会直接影响学生和老师的关系，等等。这一次事件是由家长告状引发的，就更加显现了教育中的家长问题，让我们看清楚：家长可以成为素质教育的动力，搞不好就会成为应试教育的社会基础。对杨老师这样的教育改革者和有志于教育改革的学校领导来说，他们的最大困境，就在于他们的教育改革实验常常遭到家长，以至学生的反对，这有点类似于鲁迅所说的"无物之阵"，这是多数人的，多年形成的习惯势力，而且是出于善良动机（即所谓"为了孩子好"）的反对。这就是前面讲到的马老师面对家长的围攻，特别感到无奈和无力，甚至手足无措的原因。这里也就提出了一个如何处理好教师、学校领导、家长、学生、教育各级行政部门，以及社会舆论这诸多方面的关系问题，这也就是我们所说的教育环境的问题。这是应该提到教育议事日程上的关系教育改革健全发展的大问题。

我想提出讨论的，有两个问题。首先是，我们能不能在教育领导部门、老师、家长与学生之间，寻找一个最大公约数，达成某种共识？我很赞同杨老师的意见："我希望用人生教育统摄和抑制应试教育下的功利冲动，把生命教育、理想教育放在重要的位置上。当然从现实的生存的角度，高考的成绩也是很重要的。但必须在中间找到一个平衡，要用人生大目标统摄高考小目标"。这里，既坚持了自己的基本教育理念与理想，强调了生命教育、理想教育，也即着眼于学生一生的长远发展；又面对现实学生生存的需要，即要考上大学，就必须重视高考的成绩。于是，就提出了要在人生大目标与高考小目标之间，长远的生命发展与眼前的生存需要之间寻求平衡。这或许也就是鲁迅所说的，"一要生存，二要温饱，三要发展"吧。我设想，追求这样的生存与发展目标的相对平衡，是可以作为一种共识的。因为大家都有着共同的责任，就是要为我们的学生、孩子的生命负责，他们生存与发展两个方面的需求，都是不可忽略的。当然，这只是相对的平衡，而且出于不同的观念，不同的立场，对两个方面的要求，会有不同的侧重：一般说来，像杨老师以及我这样的教育理想主义者，比较注意学生一生的长远发展，因此，杨老师强调，必须"人生教育统摄和抑制应试教育下的功利冲动"，这也是我赞同的。而一些家长或学校领导则可能更重视眼前的生存、高考的需要。在我看来，有不同的侧重是难免的，可以理解和求同存异；但将任何一方面唯一化，却是有问题的。一般说来，即使是杨老师这样的坚守理想主义的教师，也不会完全忽视学生的高考。我所尊敬的，也被我称为真正的教师的，我的母校南京师大附中的王栋生老师，就这样说过："高中完成两个任务就很好：一是在培养语文素质的同时给他一粒人文精神的种子，一是设法帮他搞到一张进大学的门票。"我相信杨老师也是这么做的，而且也是可以做到的。

现在的问题，或者主要危险在于，在一些家长、学校领导、老师、学生以及部分社会舆论那里，高考的要求被绝对化，以至唯一化，成了学校教育的全部，这就把狭窄化的功利教育推到了极致，也造成了严重的后果。这正是杨老师所要质问的："如果我们让学生的词典里只有'拼搏'、'奋斗'、'成功'这几个可怜的词，那么，请问：学生的生活在哪里？生命在哪里？那种把生活和幸福不断滞后的教育注定不是成功的教育。因为生命是不能保存的，一切也都是有保质期的，六十岁你能回到十六岁吗？用什么呵护生命的快乐与生存的质量？"

我也曾说过，"我们的中小学教育给孩子留下什么样的童年的、青少年的记忆：是温暖的，还是阴冷的；是蓬勃向上的，还是消极退缩的；是阳光的，还是灰暗的；是多彩的，还是无色无味的……都将决定一个人的一生"。请所有的家长，所有的教育工作者，都正视这个问题：如果我们真的爱孩子，就要为他的一生发展负责，万万不能以任何借口，剥夺孩子健康、快乐、幸福的童年；否则，我们将后悔一生！而教育又是不允许吃后悔药的！

其实，即使从功利的目的，我们也应该有一个长远的眼光。我经常对北大的学生们说，知识社会和信息社会对人才是有自己的特殊要求的，一是应变能力要强，二是创新能力要强。未来社会的竞争是一个素质、学养的竞争，要在激烈的竞争中获得自己的发展，就需要有三种能力：终身学习的能力，研究的能力，以及思维的能力，包括思维的开阔性、广泛性、创造性、批判性和想象力，等等，这都是不能等到大学来培养，而要从中小学训练起的。从这个角度看，杨老师遭到一些家长质疑的他对学生独立思考和批判性思维的培养，才是真正有远见的。

不可否认，老师、学校领导、家长、学生之间，总会有这样那样的意见分歧和矛盾，杨老师说得很对，要所有的人都赞同自己，是不可能的。现在的问题是，面对分歧和矛盾，我们总是以恶意猜度别人，并往往采取告状之类的非理性的极端手段，人为地造成矛盾的激化，关系的紧张。这是当下中国社会充满戾气、怨气，相互不信任的风气，在教育领域的表现。我曾经说过，每个人、每个群体、社会，都是善恶并举的。健全的个人、群体、社会总能扬善抑恶，彼此以善相处；如果反过来扬恶抑善，彼此以恶相待，个人、群体、社会就出了问题。我们现在社会环境、教育环境都有了病，这样的生态环境的恶化，是最不利于内部健康力量的发展的。像杨老师这样的真正的教师遭遇如此困境，这是一个重要原因。我们也正可以从改变教育生态环境这里入手，即使全国的大教育环境我们改变不了，至少在我们所在的地区、城市、学校、班级的小环境，还是可以逐渐改善的。在我看来，这一次由《华商报》组织的讨论，就是改变教育生态的有意义的尝试，通过坦诚交流，教师、教育领导部门、家长、学生和社会舆论之间，有了更多的理解的同情。如果我们能因此营造出扬善抑恶、宽容、宽松的教育氛围，鼓励实验，允许失败，不横加干涉，不相互指责，不骂杀也不捧杀，在这样的环境里，就能够最大限度地减少内耗，校园内外各种力量的积极性都能得到有效的发挥和良性互动，我们的教育和改革就真的迈出了重要的一步。

2012 年 2 月 29 日

（一位朋友寄来了《华商报》上西安市某中学的杨林珂老师的"万言书"，这是他"被家长告状，被领导约谈"后的自辩词。此文发表后据说轰动陕西省教育界，报纸上展开了热烈的讨论。这位朋友希望我也能发表点意见。于是就写了这篇文章，以作声援。）

"莫斯科不相信眼泪"

——夏昆《率性教书》序

读夏昆老师的教育随笔，首先注意到的自然是字里行间无处不在的调侃与幽默，用夏昆老师自己的话来说，就是"刁民"的尖刻的眼光和尖刻的语言。

我更注目与关心的，是其背后的不可多得的清醒与独立。这其实是夏老师自己所要强调的："保持清醒和独立，是我的生命，也是我的骄傲。"（《一意孤行》）

在我看来，最能体现夏昆老师的清醒和独立，也是最引起我共鸣的，是他的两个观点："别人觉得最正常的东西往往是最值得思考的"（《一意孤行》），"每一种思潮都有其内在的合理性，另一方面，也存在其学术上的致命伤"（《将教育的媚俗进行到底》）。前者说的是一种"于不可疑处生疑"的怀疑主义的思维方式，后者则涉及如何看待与对待"时代思潮（思想、文化、学术、教育思潮）"的问题。这也是我曾经关注过的，并有过一个论述，姑且抄录于下，算是对夏昆老师的观点的一个阐释和发挥吧——

在学术发展过程中，某种学术观点与方法的追求得到相当一部分人的响应，就往往形成一种学术潮流。对此是应该作具体分析的：有的是出于政治、商业的目的的炒作，名曰"学术新潮"，不过是"学术泡沫"，能否识别并进行抵制，这对学者的学术眼光与学术良知都是一个考验。但更多的学术潮流是出于严肃的学术追求，一般说来，能够成为潮流，自然有其历史的合理性，而且往往会在某一方面对现有研究格局有所突破，但同时也就必然会有所遮蔽，或者说会形成某种陷阱。对于一个学者，能否既从这样的学术新潮中吸取新的创造力和想象力，以丰富和发展自己的研究，同时又能够对其可能产生的遮蔽、盲点与问题有所警惕，保持某种清醒，既不盲目拒斥，又不盲目跟风，这是需要学术判断力、逆向思维的能力与学术独立自主性的。这恰恰是我们许多研究者所欠缺的，因此常常为各种潮流（如前文所说，其中有许多不过是"泡沫"而已）所眩惑，陷入了盲目性。（《学术研究的清醒与坚守》，文收《那里有一方心灵的净土》，中国文联出版社，2008 年出版）

我讨论的是学术研究的新思潮，夏昆老师面对的是教育新思潮，我们的态度和立场却是这样的一致，这大概是"心有灵犀一点通"吧？

正如夏昆老师所说，这些年教育新潮可谓多矣。他随便列举，就有教育经济主义，教育科技主义，教育个性化，爱心教育，民主教育，成功教育，互动教育，学生主体论……还有层出不穷的"教育关键词"，诸如"平等"、"敬业"、"师德"、"义务"、"新课标"、"改革"等等。夏昆老师并不否认这些教育新潮流、新观念、新概念的提出，是针对着教育的许多弊端、问题的，因而其本身是具有一定的合理性的。我们从夏昆老师自己的教学实践，特别是班主任工作的实践中，都可以看出他是从这些新潮流、新观念中吸取了不少滋养，也许在别人眼里，夏昆老师就是一位教育新潮流中的人物。这都是应该没有问题的。

夏昆老师的独特处，就在于他身处潮流中而保持清醒。特别是当一些新潮流的鼓动者将这些合理性绝对化，推向极端，而又在体制的鼓励、支持下，无限放大，成为强制推行的"教育改革目标、方向"，进而弄得一线老师无所适从，夏昆老师就开始质疑，并慨然宣布："我不相信"——

> 我不相信某个名师的方法可以放之四海而皆准；
> 我不相信某个被人推崇的理论完美得无懈可击；
> 我不相信某个潮流就可以代表教育的终极目标；
> 我不信台上某个慷慨陈词的专家自己相信自己的学说；
> 我不相信来自官方的评价就是教师的立身之本。

由此想起了一部苏联电影的名字："莫斯科不相信眼泪"。夏昆老师却自我调侃说：这是"蜀犬吠日"（《一意孤行》）。

在我看来，这是一次新的思想解放：从非此即彼，非白即黑的二元对立思维和将具有相对合理性的思想终结化的绝对主义思维束缚下解放出来，更是从官本位、专家本位的体制的束缚下解放出来。

夏昆老师说：要"警惕地保持着自己的距离"（《一意孤行》）。保持距离，如前所说，并不是保守，拒绝吸取新养料，而是要保持自己的独立理性判断力和独立自主性。直白地说，就是把教育的权利掌握在自己手里。

这在当下中国的教育界，特别是对于基本上没有话语权，只能被动地接受来自行政权力的一切指令的中小学教师来说，更是十分地不易和难得。在实际生活中，盲目跟风成了普遍的选择，而且已经造成了中国教育的混乱，产生了严重的后果。而新思潮本身也因此而变质，出现了"播下的是龙种，却收获了跳蚤"的悲剧。

在这里，我要郑重向读者推荐《将教育的媚俗进行到底》、《中国教育——怎一个假字了得》、《师德建设——一场牛头不对马嘴的缺席审判》、《刁民呓语》这几篇文章，这都是当下中国教育问题的点穴之作，特别是对教育的"媚俗"问题的揭示，应该是夏昆老师的一大发现：不仅是媚体制、媚专家，更是媚家长、媚学生。夏昆老师说："当教育放弃了自己的原则和阵地，成为体制的奴隶、专家的信徒、家长的替身、学生的弄臣的时候，教育丧失的，已经不仅是斯文了。"这教育独立性的全面丧失，是让一切教育中人，一切关心中国教育的人们，不能不悚然而思的。

但这样的质疑和反思，是很容易被视为虚无主义的；据夏昆老师说，也确实有朋友向他提出这样的忠告，这也可以说是怀疑主义思维所要警惕的一个陷阱吧。

于是，我注意到，并且要强调：夏昆老师和他的朋友，既有基于独立思考的"我不相信"，更有基于教育信念的"我要坚守"。而且这样的坚守，并不完全体现在，或不主要体现在他们的理论宣言上，而是渗透于具体的教育实践中的。这是一群极具教育活力、创造力的永远都走在路上的教育行动者，他们把自己的教育信念、理念化作日常教育伦理和实践，又反过来用自己实践的成功，来证明、发展自己的教育信念和理念，在现行体制下撕开一个裂口，为实现自己的教育理想和孩子们的健康发展寻找一个空间。

在这个意义上，本书大量收入的班主任工作随笔，也许是更值得注意的。这都是一个个具体生动的教育故事，很少理论分析，却有着更为丰富的含量，不同的读者都可以从中找到自己的阐释空间，得到不同的启示。我所关注的，是这些教育行为背后的教育理念和实践逻辑。

应该说，夏昆老师和他的朋友的教育活动，和所有的任课老师和班主任老师一样，都是十分琐细的，面对的是一个个具体的学生，一个个具体的教育问题和事件，而且大多数都是突发的，无法预计和预作准备，而要做出即刻反应，这样，就要求他们必须把自己的教育理想、信念、观念，内化为近乎生命本能的东西。在我看来，体现在夏昆老师和他的朋友身上的这样的教育本能，主要是三大教育底线：一是培养能自省的觉醒了的公民，而不是顺民（《在盐外的日子》）；二是以对生命的敬畏来对待学生，同时教育学生尊重他人的生命（《一意孤行》）；三是带着自己独特的生命形式进入教育（《一意孤行》），我理解，夏昆老师把自己的教育随笔命名为《率性教育》，就包含了这样的意思。

而教育实践，它是自有不完全相同于思想的逻辑的。其前提也是一种清醒。夏昆老师说得很好："我不愿意作这样的老师，以为教育可以替代一切，以为自己可以做到所有。我会承认，有很多我没有教好的学生，更有许多我教不好的学生。个人的力量总是很微弱的，只要我无愧于心，就可以坦然面对了。"（《我不愿意作这样的老师》）这是我们必须面对的三大局限：教育本身的局限，教师个人的局限，以及在中国教育体制下的中国教师的局限。清醒于这样的局限，我们在进行教育实践时，就不仅要清楚自己"要坚持什么"，还要懂得自己"现在（在现实条件下）能做什么，不能做什么"以及"以后（经过争取，现实条件改变以后）能做什么，还不能做的是什么"。这也形成了自我约束和自我限制，既不能超越了现实可能性去做我们力所不及的事，也不能对现行体制下作为一个普通教师的作用，有过高的估计和期待。也就是说，我们既要坚持自己的教育原则和独立性，又要有清醒的自我限制意识，既要保持自我主体性，又要保持自我调节的功能。这就意味着，如果说思想者的逻辑强调的是理想，实践者就更要注意现实条件；思想者要求彻底，实践者就不能拒绝妥协。

由此产生的，是教育实践者必须具备的品质：除了懂得必要的妥协并善于掌握妥协的"度"（过与不及都不行）外，特别需要有教育的智慧，以及坚持点点滴滴的改变，"慢而不息"的韧性精神。我在夏昆老师的"我的孩子们"的班主任随笔里所感受的，就是这样的以教育思想者为底气的教育实践者的可贵品质和精神。

这样，我们也就终于明白：贯穿本书的调侃、幽默，包括所谓"刁民"的尖刻，都是一种教育智慧，是鲁迅所倡导的韧性战斗：自己择定一个目标来履行，"与其不饮不食的履行七日或痛哭流涕的履行一月，倒不如也看书也履行至五年，或者也看戏也履行至十年，或者也寻异性朋友也履行至五十年，或者也讲情话也履行至一百年"（《补白》）。

中国的立志教育改革的思想者、实践者们，作好了这样的履行五年、十年、五十年、一百年的准备，并拥有足够的教育智慧了吗？

2009 年 8 月 13 日

日常教学的琐细中隐含着深长的教育意义

——许丽芬（呱瓜）《像傻瓜一样冒险》序

作者说，她是一个普通得不能再普通的老师。这是确实的：一个城镇小学一年级的语文老师和班主任，也可以说是底层得不能再底层了。

底层的教育意味着什么呢？除了我们这些城里人、我这样的大学教授难以想象的贫穷、艰难、无助之外，就是无穷无尽的日常教学工作的琐细和平淡："这平淡的日子，就好像一个农民"，日出而作，日落而息，日复一日地面对"一颗颗湿漉漉的脑袋"，闻着"一股股浓浓的汗酸"，"日子就这样七零八落地逝去，孩子们也在一天天成长"（《日记，即自言自语》）。

生活就是这样，教育就是这样。

但有一天，虽然依旧是悄然无声，却发生了变化。许丽芬老师后来回忆说："当生活的污浊淹至胸膛时，我开始在逼迫中奋起：要读书，要吸取力量，要在日常生活之外为自己寻找一条可以信赖的小路"，于是，"在焦虑的苦痛与对光明的渴求中我啃读每一本能够抓住的书"。正是书，将她带入了精神的星空，"仍然在日常生活中爬行"，"心却向着远方"（《有点野气，有点不羁》）。许丽芬老师终于找到了自己的生命存在方式："脚踏大地，仰望星空"。——依然立足于底层教育，和土地结缘，却有了精神之光、理想之光的照耀，生活、工作依然琐细、平淡，却有了新的意义，"每天都有新的太阳升起"（《日记，即自言自语》)。

生活变了，教育变了。

依然每天和孩子说话，但是突然注意到了"被遗忘的角落"：那些"父母早出晚归的，长年单独和外婆一起生活的，少言寡语的，我又极少顾及的"，不好不坏，因而在班级中显得不那么重要的孩子。但因为被忽略，孤独感就隐蔽地每日每夜地蚕食着他们稚嫩的心灵，"为以后的心理不健康和'心智不全'埋下隐患"，"而这样的侵蚀就发生在我们身边"。意识到这样的失职，就产生了教育的顿悟："驱赶孤独，营造温馨，应当成为我们每日生活的必需，每天和孩子说说话，应当成为'关注每一个孩子'的必备。每天，我们都有必要争取时间去和不同的孩子聊点什么，谈点家常，语气轻松，内容贴心，没有训斥，看上去毫无教育意义，这些微不足道的琐碎都应该成为我们每日捕捉的灵光。我想这就是教育的人情味吧。"——"教育的人情味"，这是一个多么重要的教育命题，这是真正触及教育本质的顿悟："唯有人性的教育，才值得我们如此兢兢业业，备加谨慎。"而且还有这样的实践和效应：一个周末，许老师带着一个孤僻的孩子在绿地上玩了十五分钟，"他玩得有些羞涩，但很满足。当我问他要不要继续玩时，他说'不要了，回去吧'，声音有点异样"，"那天他一回到家，就兴奋地叫着：'我要写日记，我要写日记，我的老师带我去青草地玩了！'""听了这话，我心里有些欣慰，更多的是心酸。"(《每天，和孩子说说话》)这是真的：谁能不为之感动，并由此而深思教育的责任呢？

依然是每天没完没了地批改作业，却突然对自己千篇一律的批语模式产生怀疑，感到厌倦，以至羞愧。"我们能否绕开教条的作文评语方法，另辟蹊径？我们能否和学生一起，运用语言，挑逗语言，使之相互辉映？"由批改语言联想到课堂语言，又有了教育的顿悟：教育本质上就是语言的教育，而"我们的语言，精彩纷呈的语言，正在被取代和埋没。在我们本该用来传承、延续、实验和创造语言的课堂上，更多的是来复制、堆砌语言垃圾或者近似垃圾"。于是，就有了这样的自觉追求：要将上课，作文指导与批改，都当作是"参与一次美妙的言语实验"（《"如沐春风"的痛楚》）。

依然是例行公事的家访，又突然发现了其中的味道和意义：正是家访，使自己"能更多地和学生的家庭、学生的日常生活建立起真实、具体的联系"。于是，一直视为外加负担，疲累不堪，也不胜其烦的家访，突然进入了自己的生活："很多时候，我会忘记了我是代表'教育'而去的，我更多的只是想去走走，看看，听听，或者只能去摸一摸他们家早已斑驳掉落的墙壁。我觉得，每一次走动，都会从不同的角落里传递出一些细腻、真切的东西，揣回一些可以凝神静思的情感。孩子、家长注视的眼神，汇集在一起，几乎融成了我的土地，我就生长在这里。"（《家访笔记》）——这背后也有教育的顿悟：教育对教师而言，不仅是谋生的手段，更是生命的存在方式，生命的意义所在，因此，真正的教育是内在于真正的教师生命之中的。

依然是带领学生集体旅行，突然有了不一般的感觉：这一刻"站在山上，看一看更远一点的地方"，这一番"体验'迷路'和'开路'的趣味"，这一声"我们冒险回来了"，难道不都蕴含着一个个的教育课题？（《"你很有福气"》）于是，就懂得了这也是教育：带孩子"在村庄和野外瞎玩狂奔，在我的指引下，感知对土地对虫鸟万物的爱惜和眷恋"（《被蓝色包藏的诗意》）。人在自然中，这本身就是一个最基本的、最重要的，也是最理想的教育状态。

这样，当许丽芬老师用新的眼光去观察、体验底层教育的日常教学生活时，就发现了琐细、平淡中"隐含着深长的教育意义"（《每天，和孩子说说话》），并且"在琐细里挑出了快乐"（《看我怎么罚你·第三个故事》)。

　　一个新的教育天地,在她面前展开,并随时随地激发她的想象力和创造力。她逢人就眉飞色舞地唠叨一句话:"教书真是一件很有创造力的事情",她这样提出问题:为什么我们不能有"奇思妙想"(《突然有了感觉》)?她大肆宣扬:"我在期待有一个意外","期待一个逃越'文明规范'和'大众口味'的意外","期待一份开阔,一份自由,期待一种真正代表儿童朴素、真诚、无忌的生命状态"(《日记,即自言自语》)。

　　这是教学灵感的产物:许老师有一天给学生上一节独一无二的课,叫"静心思美":老师和学生一起静思五分钟,想想以前谁帮助过你,关心过你,然后用笔写下自己的内心的感受。许老师这样解说她的教学设计背后的教育理念:"每个人都要学会在安静中面对自己,对着自己说话,思考自己的生活。而思美是因为我们在生活中曾经得到过很多关心、帮助和鼓励,美需要用心地反复咀嚼。所以我们要经常地思考它、回味它,怀着感恩的心。这样我们才能获得信心、善良、乐观和活力,生活也因此开阔和美好。"(《珍贵,献给"我淡蓝色的晕眩"》)——无论是静心,还是思美,都隐含着教育的真谛,它引起孩子强烈的反响是可以想见的:"所有的生命都有回声",单看学生的文题——《穿过美好时光的隧道》、《温暖的心灵》、《藏在心里的太阳》——就知道许老师播下了怎样美好的生命的种子!

　　还有"爱心加油站",这也是一次突发的灵感:临近教师节,许老师布置学生开列一张"爱心清单",罗列教过自己的老师曾经给过的点滴关爱,并且鼓励说,写得越多的人代表着他越富有。从表面看,这只是前述思美活动的一个延伸,但许老师却赋予了新的意义:"作为教师,在教师价值普遍贬值的情况下,有必要真诚而适当地宣扬我们所付出的劳动,和为人们遗忘、贬低的爱意,这是对自我价值的自信与认可"；而对于"那些懵懂的学生"则"可以因此寻回被日常遗落的爱的星火，重新调整出良好的受教育的心态"，"懂得感激他人之爱，感激师恩"，这"可以避免因为相互不能理解而造成的师生之间的相互残害，理解的爱，才是解救一切生灵的灵丹妙药"（《爱心加油站》）。——在师生之间建立"理解的爱"，许老师有意无意间抓住了当下中国教育的一个症结点。

她就是这样在日常的教学工作中思考、探索教育，深化和提升自己对教育的理解，并开始对某些公认的教育观念，提出了质疑——

面对举世滔滔的"差生"论，她这样追问："何为'差生'？""差生的头衔是一种根植于我们头脑中的习惯势力强加给那些孩子的"："思考即迟钝；顽皮即野性；与众不同即学不正经"；有的学生"只不过是学习或其他某些方面比较薄弱，处于暂时的弱势，可我们来不及等待，也不需要静思，更缺乏尊重，一种坦坦荡荡的尊重，一种一视同仁，平等对待的尊重"。——这又抓住了一个要害："尊重一个人在普遍意义上的存在，便是最大的教育"（《我们的孩子，没有差生》）。

她还追问：人皆有好恶之心；但教师能够以自己的好恶之心对待学生吗？有好恶，就会对不喜欢不欣赏的学生产生无由的怨怼，有意无意伤害学生的自尊、自信，这是从根本上反教育的。教育的宗旨应该是接纳，无条件无差别地，公平、客观、谨慎地接纳一切学生，"对每一个孩子保持应有的敬畏之心"（《师道应秉持"无好恶之心"》）。

还有，依靠感性的爱，可以解决教育的问题吗？这是人们很少去想的一个常识："如果教育的爱能够包治百病，那么社会就不用培训教师了，直接请当母亲或者父亲的人来当教师就行了。"教育当然需要爱，但更需要理性的引导，唤醒学生自身潜在的理性（《第二个故事》），"没有职业理性就没有教育"（《职业理性要比爱先行》）。

我不知道许老师的这些教育理念，是出于她自身的感悟，还是受到书本的启发，但有一点是可以肯定的，所有这些理念，都已经融入了她的生命，有机转化为她的日常教学实践，这就成了她自己的教育观。这底层教师的教育学，或许是更具有本真性和本根性的。我曾经说过，在远离中心的地方，应试教育的污染相对少一些，或许还保留一点朴素的教育常态，并因此而具有了进行新的教育实验的可能性。在我看来，许老师的工作正是展现了这样的可能性，她的教育随笔所提供的信息，让我们感到振奋，我们应该向许老师和所有真正支撑着中国教育的底层教师表示最大的敬意。

2009 年 8 月 16 日

坚守，需要韧性与智慧

——王雷《战战兢兢的讲台》序

　　为王雷老师的教育随笔写序，这是王栋生老师交给我的任务，我欣然从命，不仅是因为王栋生、王雷是我的母校南京师大附中的老师，我似乎有义务为之鼓吹，更因为我对王雷这个年龄层次的老师有特殊的兴趣和关注。

　　我一向认为，中国语文教育和改革的关键在于教师，而我对语文教师队伍又有如下观察：五六十岁老教师，像王栋生这样的，有强烈的人文关怀和丰富的教学经验和智慧，自然是目前中学语文教育和改革的顶梁柱，但他们即将退休，于是，就有了"'王栋生'以后"的问题。这些年中学陆续进入了一批二十多岁的年轻教师，无疑是教育的新生力量，但他们不仅存在一个不断积累教学经验的问题，而且有一个致命的弱点，如王雷文章所说，他们自身就是在应试教育中培养出来的，走上教育岗位，就很容易"无师自通地一头扎进应试教育的怀抱里"（《应试教育的报应来了》）。这样，我们的目光，就不能不转向王雷或比他年龄稍小的三四十岁上下的中年老师的身上。他们上大学期间，或直接受到80年代的启蒙主义教育，或在90年代还感受到启蒙主义的余光，因此他们是能够和"王栋生们"对话的；另一方面，他们在加入中学语文教育队伍后，又直接承受着日趋严重的应试教育的巨大压力与诱惑，夸大点说，他们的从教，正好经历了"教育堕落"的全过程（在我的感觉里，中国教育，包括基础教育的大滑坡、大堕落是从 2000 年开始的，于今已有十年历史）。应该说，这一代教师的分化是最严重的，在压力和诱惑下，有的迎合而高升，被应试体制培养为接班人；有的消沉了；然而，也还有人在艰难中坚守，王雷大概就是其中的一位，他们有时或许会有"五四"以后鲁迅"两间余一卒，荷戟独彷徨"的感觉。因此，他们是最应该关注的，因为他们才是今天的中学语文教育和改革的真正骨干和接班人，"'王栋生'以后"的路，还要靠他们去走，去闯。同时，他们也是最需要支持的，因为他们不仅承担着教学工作和家庭生活的重负，而且在当下中国基础教育的体制内，事实上是被忽略、压抑，处于孤立无援的地位。他们内心的焦虑、煎熬，恐怕是我们这些局外人所难体味的。因此，我越来越意识到，我，以及像我这样的关心语文教育的学者、社会人士，应该关注这些教学第一线的中年教师，他们的精神状态，语文教育思想和实践，决定着中国中学语文教育的现在与未来。

我就是怀着这样的期待视野来读这本教育随笔的，并从中看到了王雷老师，或许还有"王雷"们思想、精神的两个侧面。

首先是直面现实，敢于说出真相，时时发出忧愤之声的王雷。他的《语文教学，我的八个不明白》让我读得心惊肉跳——

一、母语是人的第一素质，如此重要的学科在中学却始终处于陪衬的地位，学校不重视，学生没兴趣，教师无奈何，究竟是为哪一般？

二、学生学了十几年语文，又是自己的母语，怎么到头来，语文素养还那么寒碜，字写得东歪西倒，书不肯读，文章不会写？

三、一个人的语文素养是很容易被别人了解的，看他写个东西，听他说几句话，再了解他喜欢读什么书，怎么读的，就很清楚了。如此简单明了的事情，到了语文高考中，怎么就变得那么复杂起来了呢？

四、语文应该怎么学？多读多思考，多说多练笔，仅此而已，哪有那么多高深的理论？

五、语文应该怎么教？想方设法让学生多读多思考，多说多练笔，仅此而已，哪有那么多玄虚的东西？

六、语文应该怎么考？几篇文章阅读，一篇作文，足以考出一个人的语文素养和能力，要那么多花花哨哨的东西干什么？

七、语文教学和考试沸沸扬扬改革了二十多年，除了把教师改得越来越不会教，把学生改得越来越不想学，把青少年的人文素养改得一代不如一代，还改出了什么呢？

八、以上问题无不清清楚楚明明白白真真切切，怎么就好像大家都约好了似的，一起犯糊涂，还犯得津津有味呢？

说的都是事实，讲的都是常识，但就像那件皇帝的新衣，无人说破——因为已经见怪不怪了，已经懒得说了，还怕被人说自己"偏激""多管闲事"。但王雷不能视而不见、不能无动于衷、不怕别人说三道四，因为他觉得这一切和自己有关，他也有责任。于是，又有了这一番沉痛的话："课堂上，面对五十多个活生生的生命，我常常感到战战兢兢，无所适从，我不知道我该讲些什么和怎么讲"，当看到那一双"迷惘的眼睛"，从中"读到的是孤独和无助，痛苦又麻木"，"我突然明白了：在这里，没有一个人是干净的，没有谁脱得了干系，我同样参与了这场可怕的谋杀"，"我们每一个人都是有罪的！"（《站在教室的讲台上，我战战兢兢……》）——真正打动我，让我感到震撼的，正是王雷的这一发现。因为关于中学语文教育的批评、牢骚，我们已经听得多了，但像王雷这样把自己摆进去，追究自己的"罪责"

的，不说绝无仅有，大概是少而又少的。但这却是一个真正的教师的必然有的态度：因为他是以学生的生命的健全成长为自己的使命，并且在教师工作中寻找生命的意义与价值的，他必须为学生的生命和自己的生命负责，因而对在现行教育制度下，学生和自我生命的异化，他必然是极度敏感而痛苦的；因为他又面临着尽管对现行教育体制的弊端有清醒的认识，作为一个普通教师却又不得不、不能不遵从其规则的矛盾，他的无时无刻的有罪感就是这样产生的。

　　但正是这样的源于有罪感的责任意识，才让我看到了希望。这至少说明，在王雷这样的教师这里，心还没有死。而在我看来，中国基础教育，语文教育的最大问题，教育改革最严重的危机，就在于绝大多数教师的心已经死了。他们或者在教师工作中感受不到任何生命的意义，也就不再追求意义，而以教育为谋生手段，其中最好的也是听从指挥，做好规定自己做的事情。更多的则是在混日子。还会有越来越多的人，力图从中谋取私利。"哀莫大于心死"，当今之中国，还有多少人愿意谈论语文教育？！因此，王雷写这么厚厚一本书，我还这么正儿八经地评论，都是在说无人说的傻话。

　　不过，即使无人说，也还是要说；这就是王雷和"王雷"们的另一面："反抗绝望"。

　　我还是赞成王雷的这一选择："中国的教育现实需要我们作深切地批评和自我反思，并更应有切实的行动"，"我们要更加充分地利用周围已经存在的某些空间，这样的空间实际是存在的，我们应该一起来努力扩大这个空间"（《对谁负责？负什么责？（附讨论）》）。我注意到王雷的这篇文章，写于2004年。不知道王雷老师今天是否还坚持这一点？因为从2004年到2010年，六年间，王雷言说的空间是越来越小了。如王雷所清醒地估计到的，这些年中国基础教育的最大变化，是应试教育的逻辑已经"内化"为学生的"自觉要求"

了；今天王雷这样的教师还要进行改革的行动，首先就要遭到学生的反对，更不用说他们背后的强大后盾——那些望子成龙已经失去理性的家长们了。

但我们都是孔夫子的"知其不可为而为之"的人生哲学的信徒：只要还有一点空间，我们还要行动。谁叫我们是教师呢，只要我们还在当教师（王雷说，他除了当教师，已经不会做别的事了，这是实在话），而且心还不死，我们就总要在教师工作中寻求某种意义，于是，我们也就要在不同程度上坚守我们的某种教育理想。

王雷认为，要在日常教学工作中坚守教育理想，首先要有自己的语文教育观。这也是我深以为然的。因此，我读王雷的教育随笔另一个关注点，就是他在长期阅读和教育实践中形成的属于自己的语文教育观。他在这方面的许多精彩论述，都给我很大的启发。我试图作一个概括，他对中学语文教育大概有四个坚守。一是坚守基础语文教育的"人性"："教育的实质是人的教育，而应试教育的实质是非人的教育，这是他们的根本区别"（《应试教育的报应来了》），"语文应该是最具人文关怀的一门学科"，"作文就是做人"（《谁在写？为什么写？》），语文教育的核心是"以文化心"，不能"动心"的知识灌输与能力训练都是丢失灵魂的"残缺的教育"（《残缺的教育：动脑动手不动心》）。二是坚守语文教育的"诗性"："人是寻求意义的动物，人是寻求诗意的动物，只有在诗意的状态下，人才出场"（《也说"没意思"》），"青少年应该和诗歌结下不解之缘"，它"培养审美趣味"，陶冶性情，让学生的"头脑、精神直至灵魂变得澄明、丰富、深刻和美好起来"（《语文教学：呼唤诗性——诗歌教学随想》）。三是坚守语文教育的"生活性"："教育就是生活"（《教育理想主义者存在的理由》），"为什么不引导学生去关注和思考发生在他们身边的精彩纷呈的事件？我们天天看到、听到、感受到的活生生的现实，为什么不能进入学生的视野，进入语文、作文，乃至高考的试场？"（《柔性暴力和话语霸权》）四是坚守语文教育的"书卷气"："中学语文教育的任务就是要把学生培养成为读书人，文化人"（《语文教学：呼唤诗性——诗歌教学随想》），"语文课是干什么的？很简单：读书！教师和学生一起读！"（《语文教育：建构学生的精神世界》）"读书是一种习惯，习惯是一种生存方式，生存方式就是人的命运，也是民族的命运"（《读书是一种习惯》）。"语文教育的'北'在哪里？在阅读和写作，在思考、对话与交流。"（《〈语文考试说明〉该寿终正寝了！》）

我担心这样的摘句式的概括叙述，会遮蔽了王雷老师论述背后的生命气息：对他来说，这都不是抽象的理论、理念问题，而是连接着活生生的教学和社会实际，这里有他对中国教育和社会的审视与批判，远忧和近虑。

关于最后一点，我还想作一点发挥。正如王雷老师所说，中国语文教育问题，说简单也简单，现在是冲出迷雾，脱虚就实，脱繁入简，还原常识的时候了！语文教育其实就是三件事：读书，思考，写作，打下基础，养成习惯。说得更简明一点，就是"读，思，写"三句诀。语文教育的理念与实践确实存在各种分歧，争论至今不断；但其实大家还是可以找到"最大公约数"的，在我看来，这三字诀就可以成为共识。我们是不是可以放下分歧，抛弃一切花架子，实实在在地在"读，思，写"三件大事上下功夫；如果再进一步，得到体制的保障，无论是语文教学评估，教师培训，还是高考出题，评分，都围绕着"读，思，写"来做文章，或许中国语文教育还有希望。

当然，这又是一个理想主义的预期。我们还应面对现实。这一点，王雷是看得很清楚的：中国语文教育不仅自身的问题多多，而且在更深层面，还连接着中国的社会体制与国民性，因此，应试教育和素质教育的拉锯战还将长期持续下去，每一个有理想、有良知的语文老师还必须在人的教育与非人的教育之间长期挣扎。王雷不无沉痛地说："我设想的是通过一代人两代人的努力，改变基础教育的面貌，这个设想看来是完全不符合中国国情的。"（《后记：太阳从来不怕别人批评》）那么，王雷老师有二十年教学的经验，才懂得中国国情，从而懂得了中国的改革，基础教育改革，语文教育改革的空前艰巨性的，他也终于接近了鲁迅对中国改革的认识。鲁迅当年就说，要准备"改革，奋斗三十年。不够，就再一代，二代……这样的数目，从个体看来，仿佛是可怕的，但倘若这一点就怕，便无药可救，只好甘心灭亡。因为在民族的历史上，这不过是一个极短时期，此外实没有更快的捷径"（《忽然想到·十》）。不知王雷老师，以及一切有志于中国语文教育改革的朋友，有没有做好"奋斗几代人"的精神准备，也就是说，不要指望在自己这一代，以至下一代就看到自己教育理想的实现，这一点必须看穿，想透，如王雷所说，不要说希望，连绝望也不要有，因为绝望也是以希望为前提的，所需要的，是既不抱希望，也不表示绝望，就是实实在在地参与，就是要只顾耕耘，不顾收获，或者用王雷引述的一位同事的话说，就是"与学生一起承担苦难"，一起挣扎、努力（《"人活着究竟有没有魂灵的？——我的工作总结》）。这就用得着鲁迅的韧性精神：认准一个目标，比如前面说的"要引导学生读书，思考，写作"，就认真履行，"与其不饮不食地履行七日，倒不如也看书也履行至五年，或者也看戏也履行至十年，或者也寻异性朋友也履行至五十年，或者也讲情话也履行至一百年。记得韩非子曾经教人以竞马的要妙，其一是'不耻最后'。即使慢，驰而不息，纵令落后，纵令失败，但一定可以达到他所向的目标"（《补白》）。就是说，要把实现自己语文教育信念的努力常态化，变成日常生活化的持久战。这里有两条原则，一是要"慢而不息"，一是要懂得迂回、妥协，这就需要有教育智慧，学会在体制限制内、缝隙间，做自己愿意和能够做的事。

这样，我的这篇序言也就有了一个题目：《坚守，需要韧性与智慧》。——就以此语赠予王雷和"王雷"们。

2010 年 2 月 21—23 日

重新认识打工子弟教育

——在北京市打工子弟学校师生文学联谊赛颁奖典礼暨"六一"赈灾义演会上的讲话

我们今天的会有两个主题:"既是让全社会听到打工子弟学校师生的心声,更是让打工子弟学校师生表达对灾区同胞的拳拳之心",我觉得都很有意义。我自己这几天在继续关注汶川地震的同时,又在读打工子弟学校老师和同学的作文,总觉得二者有相通之处。我于是有了这样一个想法:通过这次救灾,我们应该有三个重新认识——重新认识打工子弟教育的意义,重新认识打工子弟学校里的老师的意义,重新认识志愿者的工作的意义。

我读打工子弟学校学生的作文,总要联想起那些灾区的孩子。他们之间有两点很相像。首先他们都同样的可爱。这次救灾提出了许多非常有意思的命题,其中之一,就是要"感恩孩子"。那些灾区的孩子,无论是"敬礼"儿童,还是"芭蕾"女孩,"可乐"少年,都感动了全中国、全世界,他们用自己美丽的心灵在危难时刻温暖了每一个人的心,赢得了所有的人的喜爱、尊敬与感谢。我们的打工子弟,也有这样美丽的心灵,我们每一个老师也都时时刻刻从他们那里得到温暖,受到教育和启示——教育从来都是双向的,这就是所谓"教学相长"。我很喜欢这次的获奖作文,王婷婷老师写的《麦田的守望者》,她讲的就是这个意思:一位残疾而坚持学习的学生,在这位老师的眼里,就是一个"守望者","在残疾悲苦的麦田里坚强地站立着、守望着,迎接命运的风风雨雨"。老师因此受到了深深的感动:"在她面前，我彻底放弃离开的打算，我也决心做一个守望者，我愿默默无闻地一直守望着我们眼前这希望的麦田，直到他们全都长大成熟。"这是非常动人的：老师和学生一起守望，共同成长，这里其实正是蕴含着打工子弟教育的全部意义和价值的。

同时，我们也深深地感到，打工子弟学校的学生，和灾区的孩子一样，需要有更多的关爱和呵护。正像苟晓明老师在他的文章里所说，打工子弟学校教育的特殊性在于，学习不能稳定，家庭搬迁，学校轮换，地域方言不同，家庭生活的矛盾，学校与社会的压力，都造成了孩子学习的异常困难，是城市里的学生很难想象的。我读这些打工子弟学生的作文，最强烈的感受，也是他们在成长过程中所遇到的问题，比城市公立学校的学生远要复杂，他们的"成长中的烦恼"特别多，心理负担格外重，需要我们给予特殊的关照。

在这次震灾中，震垮的学校特别多，牺牲的学生特别多，这"两多"让所有的成年人都感到内疚，成为我们全社会、全民族永远的痛，由此形成了一个全民共识："亏什么都不能亏教育。"这应该进一步成为一个新的治国理念。我认为也应该从这样的高度来重新认识打工子弟教育、流动儿童教育，将其置于"绝对不能亏"的地位。

这还关系到也是在这次救灾中形成的"生命相互依存"的理念："我们生活在同一片蓝天下，每个人都同时是别人生命的一部分，任何生命的不幸，都是我们的不幸。"那么，在城市里，只要有一个孩子没有受到完整的教育，只要有一个孩子心灵受到创伤，都是我们心中之痛：我们正应该从这样的生命观来重新认识打工子弟的教育的意义。

这次地震让我们知道了"琅琅读书声"的意义：有了读书声，说明我们的孩子在学习，在成长，我们的民族就不会垮，我们的国家就有希望。不能设想，在"琅琅读书声"中，没有打工子弟孩子的声音。

有老师说，只要听见孩子们的"琅琅读书声"，我吃什么苦，都值了。正是这句话，道出了打工子弟教育的真谛。

　　这就说到了我们的老师。这次救灾，是人性之美的大闪光。其中最为耀眼的，就是教师生命之美，灾区的老师也让全中国，全世界感动了。他们平时是那么不显眼地默默工作，但一旦到了危难时刻，在生与死面对面的那一瞬间，他们就挺身而出，救护了自己的学生，也拯救了中国和世界。我觉得，我们的打工子弟学校的老师也是如此。我读老师们的文章，最感动的就是他们的艰难的选择。就个人来说，打工子弟学校的环境实在太差了，他们多少次想退出，但是又都坚守下来了。原因很简单："一双双童真的目光在等待着我们去给他们上课呀，我不去教，总得有人去教"，"哪怕只是孩子真诚的一句'老师好'，我也会因此倾其所有！""这个世界太需要热心肠了！"再朴素不过的语言，却捧出了一颗热忱、高贵的心！在这样的老师面前，我们怎能不肃然起敬！整个社会对这些老师，灾区的老师，打工子弟学校的老师也要存有感恩之心，更要感到愧疚，并且扪心自问：我们国家、社会，以及我们自己，为改善这些教师的生存条件、教学条件究竟做了什么？因此，我们在感恩之后，还要发出呼吁：全社会都要来关注打工子弟学校老师的生存状态，政府更要从政策与制度上来保证打工子弟学校老师的生存权利和教育权利！

　　这次震灾中的另一个闪光点就是志愿者的突出表现。我这里想强调一点：所谓"志愿者"就是自愿做善事；因此，参加志愿活动，就是自我人性的扬善抑恶。应该承认，每一个人的人性中都是善、恶并存的，在一个健全的社会环境下，人性就会向着扬善抑恶的方向发展，如果反过来扬恶抑善，这样的人性发展就是不健全的，也说明社会环境出了问题。很多人都感到在汶川地震前后，似乎整个社会风气都变了，原因就在于，在此之前，许多人都是以恶看人，更以恶对人，地震震出了人的善良本性，有了扬善抑恶的社会氛围，志愿者运动就这样应运而生。我因此而总结了四句话，并以此赠给在座的志愿者朋友："能扬善抑恶的自我有希望，能扬善抑恶的教育有希望，能扬善抑恶的群体有希望，能扬善抑恶的国家、民族有希望！"

人总是在灾难中成熟的。这次汶川地震让我们重新认识了我们的学生、老师以及我们自己；让我们重新思考了生命的意义，教育的意义——

生命是美丽的，培育生命的教育更是美丽的。

活着，真难，真好。孩子的成长，真难，真好。

教育学生并和学生一起成长的老师，志愿者，真难，真好！

2009 年 4 月 10—11 日整理

打工子弟教育对于中国教育的意义与启示

——在"清华伟新·新公民园丁奖" 颁奖会上的致辞

我有幸读到了这次"清华伟新·新公民园丁奖"的获奖作品。文章的作者，作为十一万坚守在打工子弟学校的老师的代表，来自北京、成都、东莞、广州、贵阳、昆明、上海、深圳等地；他们的充满生命气息和温度的故事，深深地感动了我，更启发我思考关于打工子弟教育、关于中国教育的许多问题。下面要讲的，不是颁奖词，而是我的感谢与感想。

我大概是从 2004 年参加北京首届打工子弟作文竞赛活动开始，就和流动子女的教育发生密切关联了。八年的时间里，我不断从这个特殊教师群体里，吸取思想和生命的力量，并且一直在思考：这些不一样的"新公民的园丁"，对于中国的教育的意义在哪里？他们作出了怎样的独特贡献，理应得到社会和教育各界的关注和尊重？这一次全国各地打工子弟学校最优秀的老师们所写的生命故事，对这些问题，做出了最好的回答。

他们的教育对象是打工子弟，留守儿童，是一群成长中的烦恼特别多，心理负担格外重，因而特别需要关爱，而又恰恰得不到足够的爱的孩子；可以说，打工子弟学校的老师，是在爱的沙漠里，用自己的生命的泉水滋润着学生的焦渴的心灵，实行真正的爱的教育的。

打工者和他们的子女都处于社会与教育的边缘位置，他们常常受到不公平的待遇，不仅陷于物质的贫困，更陷于精神和权利的贫困。

打工子弟学校的老师，是在两极分化的社会环境下，为给予弱势群体的孩子以享受高质量教育的权利，追求教育的公平，而不懈努力的。

他们自己，尽管付出的代价最多，却长期处于工作劳累、工资偏低、没有社会保障，又得不到尊重的状态。也就是说，打工子弟学校的老师是在被社会漠视、歧视的生存条件下，坚守岗位，从孩子的成长中获取自我的生命成长，享受生命的意义与快乐，从而维护了自己生命的尊严的。

可以说，今天站在这里的老师，以及他们背后的十一万打工子弟学校的老师，都在极其艰难的条件下，坚守了爱的教育，教育的公平，以及教师的自我尊严：这就是我们要向他们颁奖，表示最大的敬意的最充分的理由。

把他们的三大坚守，置于中国教育的大背景下，就更显示出其不同寻常的意义。爱的教育的缺失，教育的不公平，教师的尊严的丧失，正是当下中国教育的带有根本性的问题。而这些生活在中国社会与教育底层、边远地区的老师们，却是在最缺少爱的地方坚守爱的教育，最不公平的地方坚守教育的公平，最没有尊严的地方坚守教师的人的尊严，这是怎样的崇高与伟大！每一个良知尚存的人，都应该向他们脱帽致敬！

在一定意义上，可以说，正是这些普通得不能再普通的老师，用他们的坚守，拯救了中国的教育，给中国的教育以希望。他们正在以自己的平凡的日常教育生活中的努力，改变着中国教育的存在。他们和公办学校里的"真正的教师"一起，正在推动一场静悄悄的教育存在的变革。

"真正的教师"或"合格的教师"，是我在考察中小学教育时所提出的一个概念。在我看来，真正的教师或者合格的教师有三个特点，一是以学生的健全成长为一切教育活动的出发点和归宿，二是善于独立思考，三是喜欢读书。我读这次获奖作品，最强烈的感受，自然是前面提到的老师们为学生的成长的呕心沥血，无私奉献；我还从获奖作品的朴实、流畅、深情的文字里，看到了老师们的文学素养和思想力量，在这背后，我看到的是，老师们为提高自我的素质，在极其简陋的条件下，努力学习，深夜苦读、写作与思考的身影。这同样使我深受感动，也应该是要给诸位授奖的重要理由。老师们的经验，再一次证明了："教学实践与阅读、写作、思考的结合"，是一个教师健康成长之路。

面对这些打工子弟学校里的真正的教师，我还想到了自己的责任。长期以来，这些最应该受到关怀与尊重的老师，却一直处在社会、舆论的视线之外，我们应该感到羞愧。我想，今天"新公民园丁奖"的颁发，应该是一个补偿，同时，也是一个召唤：一切真正关心中国教育和社会发展的公平，关心所有的孩子的健康成长的人们，都应该给予打工子弟学校和校长、老师、学生们以更多的关注，更为切实的支持。现在只是一个开始；以后还有很多很多的事要做。

最后，再一次向获奖老师表示祝贺，谢谢你们。

2012 年 12 月 9 日

"现代教师"的几个基本理念

——《现代教师读本》序

前几年广西教育出版社出版了《新语文读本》，那是提供给中学生的课外读物，希望给我们教育的对象开拓一个更加广阔、自由的精神空间；现在，广西教育出版社又推出这套《现代教师读本》，则是要给作为教育者的老师，提供一个同样开阔、自由的精神天地。

由关注学生到关注教师，这或许是反映了我们教育改革的发展。可以说随着教育改革的深入，人们越来越认识到确立教师在学校教育和教育改革中的主体地位，发挥其主导作用的重要性。

教师的主体地位与主导作用，首先是一个教师的民主权利的问题，必须通过制度的改革，来健全校园民主制度，促进教育与教育改革的民主化。这样才能根本改变教师始终是校园里的"沉默的大多数"的现状，使教师真正成为教育与教育改革的主人，使教育改革由单纯的自上而下的行政指令，教师被动地执行，变成教师的内在要求，从而获得教育改革和教育自身的内在动力与尺度。这或许是中国教育改革发展到现阶段必须正视与解决的关键性环节。

教师的主体地位与作用问题的另一个重要方面，是教师自我生命的自由与健全发展，以及自身素质的提高。它与前述民主权利的问题是相辅相成的。

越来越多的事实表明，教育对象的素质问题的背后，往往折射出教育者自身的素质问题。教师的素质与教育改革的客观要求不相适应，已经成为教育改革能否健康、持续发展的另一个关键环节。同时，我们还要指出，提高教师的素质，不仅是学校素质教育的需要，更是教师自身精神发展的需要。

于是，就有了"教师的全面和专业化发展"问题的提出。我们这套《现代教师读本》就是为适应这样的要求而编写的。

《现代教师读本》分为五卷，即《教育卷》、《人文卷》、《科学卷》、《艺术卷》和《生活卷》，这大体上表明了我们对通常所说的教师素养的内涵的一种理解。在我们看来，它应该包括教育专业素养、人文精神、科学态度、艺术情怀，以及教师自身的精神生活等诸多方面。

我们的教育必须是立人的教育，于是，就有了把我们的学生培养成具有高素质的现代中国人的目标与要求。那么，我们也可以说，教师的全面和专业化发展的核心，也应该是立人，目的是要使教师成为具有高素质的现代教师。这或许是我们将这套丛书命名为《现代教师读本》的内在理念。

我们讲"现代教师"，并非要割断历史的联系，相反，我们要强调，现代教师首先应当是教师，要有教师的本职观念。说起来，这几乎是常识；但这些年许多时髦的观念恰恰模糊以至遮蔽了教师的本职，我们教学工作中的许多问题其实都可以归结为失职。因此，谈教师的素质，首先就是要回到常识，要像个教师的样子，做一个尽职敬业的教师。教师的本职是什么？就是教书育人，而教书就是教学生学，这就意味着教师这个职业，其出发点与归宿，都应该是学生的健康、健全成长。因此，教师的职业道德，最基本的就是把学生放在自己心中，教师职业的价值与乐趣，也就体现在教师也生活在学生心中，于是就有了教师与学生的生命在相互的关爱中的共同成长，所谓"教学相长"就是一个最理想的教育状态与境界。有了这样的自觉追求，达到或接近这样的境界，就会把教师这个职业当作天职，即成为内在生命的需要，不管外在条件多么恶劣，不管遇到什么挫折，都认定自己天生是当教师的料，坚守在教师的岗位上，做教育的守望人。这就是我们说的教育的理想主义，教师本质上是一个带有浓重的理想主义色彩的职业。

传统艺人有"老老实实演戏，清清白白做人"的说法，我们也可以说，教师应当老老实实教书，堂堂正正做人。我们讲尽职敬业，就是老老实实教书；我们还要做一个有良知有尊严的教师，因为我们是堂堂正正的人，而且是堂堂正正的现代人：现代教师的概念就是建立在这现代人的概念基础上的。

现代人首先是站起来的人，现代教师首先是有自由思想、独立人格，具有批判与创造精神的人，"不跪着教书"就成为他们最基本的信条。

另一方面，现代社会又要求社会人格，认定人的个性只有在一定的社会条件下，在社会交往中，才能得到健全的发展。因此，现代教育的基本任务，不仅要引导学生建构独立的个体人格，而且要培育学生社会性的现代公民人格，也就是要促进学生在个体个性化与个体社会化之间求得平衡发展。现代教师担负着这样的现代教育的使命，他自身也必须是具有历史责任感、社会承担意识的现代公民，同时也必须具有现代团队精神，学会共存。

现代人追求个人与社会的统一的同时，也追求感性与理性的统一。这也就决定了现代教师的精神世界必须体现人文精神与科学精神的统一。科学精神以追求真理，发现真知为唯一指归，强调尊重事实，尊重科学逻辑。现代教师的独立人格，必须建立在科学基础上，因此，对于一个现代教师，最重要的，就是要有独立的理性的判断力：人文精神与科学精神在这里统一。

现代精神的另一个重要方面，就是民主与平等的精神。这对现代教育是尤其重要的。特别是在知识经济的社会里，教育平等关系到人的发展起点的平等，是社会平等的基础与前提。关注与促进每一个学生的健全发展，这可以说是现代教师的职责所在。这背后有一个对生命的大关爱，即关注所有生命的价值，肯定所有生命的意义，成全所有生命的发展。教育的民主与平等的另一面，就是要建立全新的师生关系，不仅要摆脱传统的封建制度下的半人身依附关系，也要抵制现代商业社会带来的商品交换关系的侵蚀。

我们所说的成全所有生命的发展，也包括教师的生命的自由与健全发展。把教师比喻为"蜡烛"，看作是一个照亮别人、牺牲自己的职业，显然不符合现代教师的理念。教师自身的生命发展，既是作为现代人的教师的权利，也是现代教育发展的自身所需要。教师的物质生活与生理健康、心理健康，理应得到更多的关注，教师的精神生活更应该是丰富多彩与高质量的。教师的精神空间决定了教育的空间，教育的魅力取决于教师的人格与精神魅力。一个视野开阔，兴趣广泛，知识渊博，多才多艺，热爱并善于享受生活，生机勃勃，充满情趣，富有教养，仪表不俗，气质高贵的全面发展的教师，一个虽有缺陷但个性鲜明，有真性情的教师，对青少年的吸引与影响，是课堂教学所难以达到的，甚至是更为根本与深远的。现代教师在处在人生起点的青年学生的心目中，应该是真、善、美的化身，应该是一个可爱的人：这可以说是对教师的最高评价，是教师价值的最高体现。

以上所说，除第一条尽职敬业是一个教师的底线，是必须达到的，其余都多少属于理想状态，是教师努力的目标，即所谓虽不能至（不能完全达到），也要心向往之。现实教育中的教师，实际上是深处在各种困境中的。除了现实社会与教育的弊端所造成以外，也还有现代教育本身的悖论所带来的困惑。

我们前面说到教师的本职，这其实是一种公职，现代教师是国家的公务员，他是在国家的教育体制下，按照国家制定的教育目标，教育计划进行教学工作的，这就决定了教师所拥有的个人自由与独立性是有限的。更重要的是，教师所执行的既是社会意志，又是国家意志，这二者既有一致更有矛盾，甚至会发生激烈冲突。而教师的个人意志与追求和社会意志与国家意志更可能有矛盾与冲突。教师的教学工作其实是在这三种意志的张力中所进行的。这是现代教师所面临的一个根本性的矛盾与困惑。

现代教育不能回避的另一个问题，是市场经济的制约与冲击。市场经济对教育的发展，有正面的作用，也有负面的影响。与此相联系的，还有与市场经济紧密相连的作为文化工业的影视、网络等大众文化教育对学校教育的挑战与冲击。既不能完全否定、排斥，又不能随意迎合，这都是现代教师所遇到的难题。

当然，这都属于宏观的考察，它构成了这套《现代教师读本》编写的大背景，也是我们在编写过程中反复考虑与讨论的。但所涉及的问题又全都不是区区一套读物所能解决的。我们给自己定的原则是"想大问题，做小事情"，因此，具体落实到这套书，我们的目标是有限的、低调的：不过是要在中小学教师中提倡一种读书风气，围绕教师素质的提高，拓开一个相对广阔的读书视野，提供既有经典性，又有现实情怀的，具有可读性的，经过精选的阅读文本，以帮助有志读书，时间却有限的老师尽快进入读书状态，将读书与做人结合起来，达到精神的滋润与升华。这自然都是我们的主观追求，尽管做了努力，能否实现，实现到什么程度，还有待阅读读本的老师们的检验。

2006 年 3 月 24—25 日

做教师真难

——读《发展路上——龙城高级中学教师随笔集》

我的这个题目是从深圳龙城中学高二英语老师郭礼喜先生那里抄来的。他在一份问卷调查表上，在回答你作为教师"感受最深的是什么？你最感到困惑的是什么？"时，这样写道："做教师真难。现在我觉得越来越不会教书了。"短短的两句话使我如遭雷击，说不出话。稍稍平静下来，又觉得有许多话要说，却不知如何说好。那么，就从这本《教师随笔集》说起吧。

（一）是什么导致教师主体地位与作用的丧失：
体制的束缚与理念的偏颇

本书编者来信告诉我："出版此书的意图是促进教师的全面的和专业化的发展。"应该说，这是一个很高的立意，实际上是提出了一个十分重要、却被普遍忽视的教育命题。而现在，龙城中学将其作为"文化立校"的基本理念提出来，并付诸实践，是很值得注意的。顺便说一句：像龙城中学这样重视理论建设确不多见；他们明确提出："校本行动，首先是理论的行动。没有理论，就没有高度，没有方向，也就无所谓建构，无所谓发展。"这是高瞻远瞩，极有见地的：理论准备不足，本来就是我们的教育改革的先天不足；中国的中学教育改革要获得持续、健康发展，必须在理论建设上下大功夫。一个普通中学，对这样一个关系全局的问题，有着如此的自觉，确实难能可贵。他们在《建构我校教师专业发展模式》一文中这样写道："在教师专业化发展进程里，教师在教育实践中的主体地位和主体作用得到确认，教师的工作作为重要的专业和职业得到确认，教师的发展的意义和可能得到确认。"——在我看来，这三大确认是具有极大的理论与实践意义的。

这乃是因为在中国中学教育的现实里，教师的主体地位和主体作用实际上是不被承认的；很多人（包括教师自己）都不承认教学工作的专业性，不以中学教师为教育专业工作者，这也是这些年否认与取消师范教育成为一种潮流的内在原因；在这种情况下，中国传统赋予教师工作的神圣性被消解殆尽，教师工作无法作为可供终身发展的事业，吸引年轻一代为之献身，就是必然的了。在我看来，这本身就构成了中学教育危机的一个重要方面。

我们要追问的是，这背后的体制与教育理念上的原因。很显然，当我们的教育还不能根本摆脱应试教育体制时，教师就永远是一个应试机器上的零件；在前述问卷调查里，一位教师谈到他最感困惑的是"学校里管理者的评价观。在高一阶段还过分在意那么一点点分数差异，还搞什么末位淘汰制"，这其实正是应试教育体制的产物。其后果是使学生的考分成为教师价值的唯一体现与唯一评价标准，在这个意义上，考分不仅是学生，更是教师的命根。更为严重的是，考分在某些缺乏民主意识的管理者手里，还会成为控制教师的法宝。长期以来，普通教师在学校教育中并不拥有发言权，逐渐被弱势化，成为校园里沉默的大多数，这是很值得注意的。在这个意义上，教师主体地位与主体作用的缺失，实际上是一个教师权利的缺失，校园民主的缺失。

体制之外，还有教育理念上的偏颇与失误。这里我要特别介绍发表在龙城中学《发展》第六期上的一篇题为《育人目标与教育价值》

的文章，据编者介绍，该文原发在学校网站上，因此不知其作者。这位隐名教师提出了一个极为重要的问题："在当代，对教育本性的认识，基本上偏向于对受教育者本身的关心，主张张扬个人的价值，但这同时，对教育价值的认识，潜藏着滑向虚无主义、功利主义极端的危险，从而使群体和公共规范处于逐渐的瓦解之中。教育形式上成了公众产品，实际上却演变为受教育者私人之事：符合受教育者需要，受教育者就接受，否则，就不予认同。"这就会造成两个后果：一是"教育的崇高性、理想性，对人类文化、文明的终极关切都变得毫无意义"，这就实际上取消了教育本身；另一方面就必然将教育变成"为受教育者服务"的商业行为，即所谓"受教育者应像顾客一样，教育的目的在于满足受教育者的要求"。这样，教师就成了学生及家长的雇员，这些年有些地方出现的某些家长（特别是某些身为大官与大款的家长）任意使唤教师，对教师缺乏起码的尊重的怪事，就是这样的极端功利主义的商业化的社会、教育思潮结出的恶果。在这种情况下，教师的独立性与主体性自然是谈不上的。

新课程标准强调学生的主体性与培养学生的自主学习、合作学习的能力，针对将学生视为被动接受知识灌输的容器，这确实是教育观念上的重大转变，在这本随笔集中就有好几篇文章谈到了这方面的实践经验与体会，看到中学生在老师的引导下，开始成为学习的主人，是颇受鼓舞的。这应该是教育改革的重要成果。特别感到高兴的是，龙城中学的领导与老师并没有因为对学生主体性的强调而走向否定教师主体地位与作用的极端，而是科学地提出了"双主体"的理论，指出"教学过程中学生是发展性主体，教师是主导性主体"，明确"教师是学校构建素质教育的课堂教学模式的主体，必须依靠教师的力量，必须尊重教师的首创精神"，这其实是抓住了教育改革的关键，并避免了可能产生的某些混乱。

（二）内在制约因素：教师自身素质

教师的专业化发展，除了确立教师的主体地位与作用之外，还有教师自身的专业化问题。龙城中学在这方面也有高度的自觉，在《建构我校教师专业发展模式》一文中这样写道："教师专业化是指教师在整个专业生活中，通过终身专业训练，习得教育技能，实施专业自主，体现专业道德，逐步提高从业素质，成为教育专业工作者，即从'普通人'变成'教育者'的专业发展过程。"这里提出的教师的从业素质问题可以说是抓住了要害。如龙城中学的老师所理解的，所谓教师素质不仅有知识、能力方面的要求，如专业知识智能，专业组织、行动能力，教育研究能力等诸多方面，更有价值、情感、道德的要求，如教育理想、使命感，教育良知，以及教师职业精神等等。

无可讳言，当下中国教育改革所遇到的一个难题，就是教师的素质与教育改革的客观要求不相适应的问题。教育对象学生的素质问题的背后，往往映射着教育者自身的素质问题，这是我们必须正视的。比如，很多老师都谈到了学生的厌学，其实教师的厌教恐怕是更应该让我们忧虑的。诸如理想的缺失，价值观的扭曲，虚无主义、享乐主义盛行，精神空虚，行为失范，以及学习动力不足，不读书，特别拒绝经典……所有这些难道仅仅是青年学生的问题？我们有没有勇气承认，这同时是，或者说这更是学校领导、我们教师自己的问题，是整个中国校园的问题？说得更透彻一点，这其实是我们整个国民素质出了问题。因此，我们在这里讨论教师的素质问题，绝不是在进行道德审判，因为事情很清楚，主要责任不在教师本身，也不是简单的个人道德问题，这是有关一个时代风气的问题，其背后的原因就更加复杂。如果说我们也有某种责任的话，那就是学校在整个社会结构中本应该（这自然是一种理想主义的说法）是一个民族（或地方）的精神圣地，它以自身的相对纯正、健康的精神范式影响社会，发挥着净化社会空气的作用；但我们现在却反过来为社会所左右，屈从以至趋从于不健康的社会时尚，毒害了自身。

认清这一点，我们或许可以对今天提出的素质教育的意义有一个更深入的理解：学校的素质教育不仅是提高国民素质的基础，而且它本身的发展也离不开整个国民素质的提高与社会空气的改变，二者应取得良性的互动；而学校的素质教育的关键又在教育者——校长与教师自身素质的提高。龙城中学提出了"做高素质的现代中国人"的教育理念，按我的理解，这不仅是一个针对学生的培养目标，而且应该是校园里的全体成员——从校长到每一个教师、职工的共同要求与目标，应该成为学校全部工作的出发点与归宿。在我看来，教师提高自己的素质，不仅是推行学校素质教育所必需，而且应该是自身精神发展的需要，这首先关系着教师的独立自主性的确立与发挥。我们在前文讨论当下中国教育中教师主体地位与作用的缺失问题时，比较多地谈到了外在的体制、教育理念等诸多方面的原因，其实，教师自身的素质问题是一个更内在的制约性因素。试想，一个没有理想，独立思考力与创造力不足，缺乏上进心，具有依附性人格的教师，用南京师范大学附中的王栋生老师的说法，一个"跪着教书"的教师，能够获得主体地位，成为学校的主人，主动地把握自己的命运吗？

经过以上的讨论，我们越来越清楚地看到，龙城中学所提出的教师专业化发展、教师的主体地位与作用的问题，关涉教育的独立性、民主性、科学性等根本问题，并最后归结为教师自身的素质问题。于是，我们也终于懂得，在受着体制的种种限制，为各种似是而非的时髦的教育理念所束缚，又为自身素质的缺陷所困扰的现状下，要做一个真正合格的专业化的教师，即独立自主的，站起来的，有理想，有思想，有追求，有学养，有创造的，在教学中真正占据主体地位，发

挥主体作用的教师，是多么地难。——这就是我对龙城中学的郭老师
所提出"做教师难"这一命题的第一个方面的理解。

（三）教育转型中的困扰："我越来越不会教书了"

不过，我猜想，郭老师所强调的"做教师难"，还有更具体的针
对性。于是，我注意到了和郭老师一样，许多老师在问卷调查表上都
提出了自己的困惑，看着老师们真诚而又无奈的倾诉，心里真是堵得
慌："我深感在应试教育向素质教育的转变过程里，存在的矛盾在教
学过程中难以解决"，"最感困惑的是现在的新课程改革与教学效果的
矛盾"，"学校教育评价和教育实践的不一致"，"这样就难免不'穿新
鞋走老路'"，"课改与考试两张皮使教师处于两难境地"，"如何应对
评价的短时效应和学生终身学习与发展的矛盾？""素质教育的'素
质'的高低，要在学生成材后需几年乃至几十年才能体现出来，如何
评价得了？而应试教育只需要几次考试成绩，就能体现出'考试素质'
来。在教育评价功利化的时代，素质教育之路到底有多长？""学生
对新课程理念、非传统教学方式很排斥，如何最大限度降低高考要
求与教育本质的冲突？""走进教室看到的不是一双双渴求知识的眼
睛，而是被动而麻木，眼神没有光泽，没有了求知的渴望，没有了
求知的热情。是孩子们本身出了问题，还是我们的教育真的出了问
题？""教育制度与社会现实脱节"，"现在这种社会环境下，如何把
学生纳入正确的轨道？""感受最深的还有自身的专业知识随着时代
的发展不断地更新和跨学科知识的学习，以及其他相关知识的了解
与充实的问题。在当今信息时代，学生通过各种渠道所获取的知识
相当广泛并且有一定深度。因此，在教育教学过程中，常有力不从
心的感觉。"

老师们竟然面对着如此繁多、如此复杂的问题：从学校到社会，从学生到自身，从教育体制到具体教学，可以说，与中国社会转型相应的教育转型所遇到的所有问题、所有矛盾，都集中到了第一线的普通教师身上，而他们直接面对的是教育的对象——处在人生发展的起点的学生，而所有的教育上的矛盾、问题，所产生的后果，都会在学生这里得到直接的反应，而且是这些第一线的老师所无法回避的。于是，他们要承受教育的一切压力，要为各级教育官员，各种教育专家的合理的、不合理的，可行的、不可行的，名目繁多，而且常常是朝令夕改的观念、举措，承担一切后果。在当今中国教育环境下，做一个有责任感的教师真的是很难、很难啊。于是，"郭老师"们只能仰天长叹："我越来越不会教书了。"这是无奈的自嘲，又何尝不可以看作是微弱的抗争？——但又有谁会听呢？

在问卷调查里，老师们还普遍谈到了工作太辛苦，太累，整天疲于奔命，没有时间读书与思考，最感到困惑的是：怎样才能静下心来，较为充分地看点书，做点事。这是确实的：这一两年我在中学上了一点课，就目睹了中学老师的忙累，那是超乎想象的。但似乎谁也没有注意这一点，因为这几乎已经成为一种生活的常态，老师们自己不会提及，学生们甚至毫无感觉，我只是在一篇文章里读到，有一个学生直到大学毕业工作多年以后，回到母校，才突然醒悟到，当年老师常常是在极度疲倦的情况下，硬撑着和自己谈话的，于是终于明白："老师在学生身上耗去的是生命。"这个真实的校园故事是能催人泪下的。但感动、感慨之后，我们是不是应该做更进一步的思考呢？

于是我又注意到了郭礼喜老师在说了"做教师真难"之后，还讲了一句话："需要宽松环境，少一点人为干扰。"这又是一个发自肺腑的呼声：第一线的老师感到的是身、心两个方面的疲惫，他们已经不堪重负了。我们诚然要为学生减负，但为什么不首先为教师减负呢？

我们的教育部门的各级领导，能不能少搞一点考试、检查、评比，少开一点会，减少一点名目繁多却并无实效的教研活动，一句话，少一点花架子、花点子，少一点人为干扰，让我们的教师喘一口气，有一点时间，安安静静地读一点书，想一些问题……让我们的校园少一些喧嚣，多一点宁静，少一些急迫，多一点从容：唯有从根本上改善教师的生存条件，提供较为宽松的精神空间，才有可能使作为学校主体的教师的身心得到健康的发展，这其实也是关乎立校的根基的。

（四）难能可贵的"中学教师精神"

这是一个让我感动并思考的细节：我先是在问卷调查中得知高一语文组的丁文静老师的忧虑，她因学生缺乏学习热情而追问："我们的教育是否真的出了问题？"——我在前文已有引述；但接着我就在这本随笔集里连续读到了丁老师的五篇文章，她是那样热情地进行着从课堂教学到班主任工作的多方面试验，用一切教育手段来激发学生学习的热情，而当学生的学习积极性开始被调动起来，她真是欣喜若狂，当孩子开始向她吐露真情时，她又情不自禁地高呼"我们班的学生都是有情有义的孩子"，为了他们，"我觉得再苦再累也值得"（《播撒爱的种子，架起师生沟通的桥梁》）。

我知道，我们的许多老师都是像丁老师这样对待自己的工作的：他们明知做教师很难，很难，但仍然要做，而且十分地投入；他们对当下教学工作的困境有着清醒的认识，明知根本无力走出困境，却不肯放弃自己的努力，要在困境中求生存，在束缚中寻发展，"戴着镣铐跳舞"，无论如何也要为孩子开拓一条健康成长之路，并在这一挣扎、奋斗过程中寻求并获得自己生命的意义与价值。这是什么精神？这是知难而进的精神，这是知其不可为而为之的精神，这是不问收获，只顾耕耘的精神：我想把它称之为"中学教师精神"，这是在中学教师中已经存在，而又应大力提倡的精神。

所谓在困境中求生存，在束缚中寻发展，在具体的教学工作中就表现为在现有条件下进行各种教学实验，这样的实验可以是有规模，有长远目标的，也可以是点点滴滴的。它的意义在于可以从因僵硬而枯燥乏味的教学模式中部分地解脱出来，使教学工作多少变得有点创造性，使教师在总体被动中多少获得某些主动性。在这一过程中，教师可以感受到作为一个有理想、有追求的人的创造性劳动的快乐，并且加深对教师工作和自己的人生选择的意义与价值的体认。

（五）善于等待，善于宽容，善于分享，善于选择：教师应有的境界

这里，我想特别推荐高一地理组的莫越秀老师《以古典的心情对待教学》一文。莫老师说，这是他沉思中的感悟："在新课程的实施过程中，教师既要激情澎湃地融入其中，持有一种执著的情结，重视创新与合作；同时，更要学会自我反思和调整，使自己永远保持有一种古典的精神：善于等待，善于宽容，善于分享，善于选择。"他并且作了这样的阐释："善于等待，意味着教师能用发展的眼光看待学生，意味着能用从容的心态对待自己的工作——不急于求成，不心浮气躁，不指望一次活动、一次谈话，就能收到立竿见影的功效"；"善于宽容：教育就是引领人们从狭隘走向广阔的过程"，"我们要努力使自己变得胸襟开阔，气度恢宏，尽可能地尊重多样性，珍视个性，在教学中创造一个宽厚、宽松、宽容的心理氛围，以促进学生的健康成长与和谐发展"；"善于分享：教育的过程其实也是教师和学生一道分享人类千百年来创造的精神财富的过程，分享师生各自的生活经验和

价值观的过程。分享，意味着教师更多的是引领，而不是灌输；是平等的给予，而不是居高临下的施舍或以自我为中心的强制"，"我欣赏我的学生，欣赏他人成为分享的一种境界"；"善于选择：作为新课程改革下的教师，当成功与失败并存、机遇与暗礁同在时，正确的选择就成为走向成功，抓住机遇的十分重要的一步"，"我们应该持有这样一个评价自我教学文明程度的尺度——每一节课中我在多大程度上，多大范围内，为学生个人自由发展提供了可能性"，也即多种选择性。作者的结论是："真正的教学正是人们深层次的需要，是'思接千载，视通万里'的精神漫游。教学过程中，我们既要使学生能得到自由全面的发展，又要通过教学活动愉悦自身的精神，真正使教学活动成为'教学相长'的契机。"文章结尾说："在都市生活的浮躁中，倘还能保持一些古典的心情，一些虽经污染却还能以沉静的心情去对待教学，那才是做教师的一种最高境界。"

我几乎是情不自禁地从莫老师的文章里抄录了这么多，实在是激赏这样的科学实验精神所达到的沉思状态，这样的真知灼见："善于等待，善于宽容，善于分享，善于选择"可以说是道破了教育的真谛，而由此达到的沉静、从容的境界，如莫老师所说，确是做教师的最高境界，是这个浮躁的时代所绝难达到的，但虽不能至，也要心向往之：有还是没有这样的向往，境界也大不一样。而且追求最高本身，就是一种理想主义精神，它可能是不合时宜的，却又因此而难能可贵。

（六）在反思中坚持实验：教育改革所呼唤的专业化教师

莫老师的文章中提到了"反思"，这是龙城中学教师专业化发展模式中的一个重要概念，因此还需要再说几句。在前引《发展模式》

一文中有这样的阐释："反思就是用批判和审视的眼光多角度地观察、分析、反省自己的思想、观念和行为，并做出理性的判断和选择。"既热情、执著地坚持实验，又保持清醒，对实验工作进行冷静的分析和反省，这样的改革精神与科学精神的结合，是显示了一种成熟的思路。于是我注意到了龙城中学老师的反思与质疑。高一语文组的邱晶晶老师用"新型的上课方式"上了一堂课，学生们嘻嘻地说喜欢，她却不安起来：这样的课，只是表面上热烈，其实根本没有触动学生灵魂深处的东西，若干年后，他们对此又能记住什么呢？她的选择是："拒绝表面的浮华，而去追求生命最深处的崇高。"（《触动学生的灵魂》）高二历史老师吴龙山也这样提出问题："如何正确对待表面热热闹闹，实质平平庸庸的课堂教学？有没有表面'沉默'、'静谧'，实质上思维含量、知识质量都极高的课堂教学？"（《问卷调查》）于是，邱晶晶老师又作了另一种教学实验，她称之为"我对学生'满堂灌'"，并且有了这样的体会："我的这种'满堂灌'，没有素质教育的课标所要求的问答、讨论、互动等形式，但是，我仍不认为它是一种填鸭式的应试教育。问答、互动有多种表达，而心灵的悸动才是至高的表现形式。"

　　"邱老师"们对形式主义的警惕与拒绝，是十分重要的。当改革成为一种潮流，甚至时尚时，最容易走向形式主义，其最大的危险也在于此。因为形式主义会使改革成为热热闹闹走过场，并使其变质，造成混乱，为反改革者的复辟提供口实。当然，我们也应该看到，在改革的过程中，形式主义的出现，几乎是不可避免的，再加上改革既然是一种试验，也就一定会出现许多难以预料的问题，因此，产生某些混乱也是在所难免的。在这样的情况下，一个成熟的改革者，既要坚持改革方向，绝不因问题以至混乱的出现而动摇，更不因此而走回头路；同时又要敢于正视矛盾与问题，善于及时做出调整与修正，并根据所暴露出来的新矛盾、新问题，进行新的试验。在我看来，这就是反思的真正意义与价值所在。龙城中学将其作为专业化教师的基本素质，也是抓住了要害的。

这样，我通过这本《教师随笔集》，看到的是一个普通中学的老师们在平凡的教学工作中，所表现出的知难而进的精神，实验的精神和反思精神，是理想主义和科学态度的结合；它和我们在前文所详尽讨论的"做教师难"，形成了强烈的反差，但或许正是这两个方面所形成的张力，才真实地反映了当下中国中学教育的实际。我们的教师处在这样的现实境遇中，既为做教师难而困扰，又坚守在教师的岗位上。而正是这样的坚守精神，使我们看到了中国教育的希望。我们应该向这些教育的守望者致敬。

写到这里，我突然觉得，还应该在郭礼喜老师的感叹里，再加上一句：做教师真难，真好，因而更值得骄傲。

2005 年 6 月 28—30 日

我的教师梦

我作为附中的一位老师上课已经一个月了。课程快要结束了，最后借此机会向老师们作一个汇报。我今天想讲的，是"我的教师梦"。

奋斗几十年，为圆一个童年的梦

我这次来附中实际上是圆一个梦。我在北大 2002 年退休的时候，有学生问我退休后干什么，我说我退休后第一件大事要回贵州去一趟，因为当年我在贵州教了十八年的书。第二件大事是到附中来。去年到今年总算干完了这两件大事情。回归附中，就是重新做一次教师梦。前几天我和中学同学聚会，一位女同学谈起一件往事：1956 年我们毕业时，全校举行过一次以"我的梦想"为题的演讲比赛。我获得了第一名，题目是"我的儿童文学家梦"，第二名就是这位女同学，讲她的梦想是要当一名乡村女教师。但梦的实现却非常曲折：1956 年做梦，一直到了"文革"之后，才勉强圆了这个梦。也就是说，为了要做一名中学老师，竟然奋斗了几十年。我听了自是感慨万端，想起自己在 60 年代，也有过一个梦：回附中当老师。当时我在贵州一所中等专业学校教书，想调回南京，这自然是无法实现的梦想。而且就是在贵州，我要求做班主任，也被拒绝了，原因是我家庭出身不好，没有资格当。"文革"中这就成了一条罪状，说早就看穿了你要想争夺青年的"狼子野心"。你看，在中国想做一位老师，竟有这么难！后来我想，不让我当老师的人也有他的道理，说明教师工作非常重要，他是影响青少年的，而青少年正决定着国家民族的未来。这是一种权力，有的人就是不愿意有自己的独立思想的人掌握教师的权力，于是，我为了实现自己的教师梦，就不能不奋斗几十年。

说起来最早做这样的梦，还是在小学五年级的时候，当时我是中央大学附小（今天的南师附小）的学生。学校出墙报，有一个醒目的标题："长大了做什么"。我还记得是教我们美术的杨宏毅老师画了好多画：飞行员，教师，科学家，工人，农民，等等。然后每个同学在相应的栏目下填自己的名字，我当时填的就是教师。我第一次做教师也是在南师附小，学校受陶行知、陈鹤琴的影响很大，号召学生当"小先生"。解放初期还有好多儿童是流浪儿，我们就把他们聚集起来，办小先生学校，由我当校长。我的印象很深：班主任吴馨先生，有一天突然对我说：钱理群，我们要办一个小先生班，现在学校任命你做小先生学校的校长。我当时都吓坏了，连忙问：老师怎么当啊？吴先生看了我一眼说：你自己想吧。说完就走了。后来我才懂得，这是真正的教育艺术：对你表示一种信任，你自会产生自信，自己想办法克服困难，而这正是做一个教师最重要的品质。后来我就果真鼓起勇气当了这个小先生学校的校长，而且干得很不错。我现在还记得，有个学生是卖冰棒的，毕业时还画了一幅画送给我，上面写着"送给敬爱的钱老师"几个字。也就是说，我还在小学六年级时就被称作"钱老师"了，一直到现在还是"钱老师"，并且颇以这样的称呼自豪。

在贵州初为人师，找到了生命的价值

我真正当老师，是在大学毕业分配到贵州省安顺地区卫生学校教书。对我来说这是人生的一个巨大转折。你想我从北京一直下到最边远的贵州，又是 1960 年的大饥饿的年代，而且在中等专业学校教语文，学生根本没有心思学。想走走不了，想考研究生，又不让考。怎么办？我当时做了一个选择，用今天的话来说，也可以叫自我设计，这个设计几乎决定了我的一生。我把自己的理想分成两个层面。首先是客观条件已经具备、只要主观努力就可以实现的理想：我一分析，不管是环境多恶劣，反正我是教师，我就做一个最受欢迎的语文老师。这是一个现实的目标。同时我定了第二个目标，就是现实条件不具备的，而且不知道什么时候具备，需要等待的，要做准备的一个更大的理想。当时我的更大理想一个是到南师附中教书，另一个目标就是到北大教书，讲"我的鲁迅观"。我先为实现现实的理想而努力，当时年轻，一下就把被褥搬到学生宿舍，和学生同吃同住同劳动。不让我当班主任，我就做一个不是班主任的班主任：新学生一来我就先看学生入学照片，把他们全都记熟了，主动上门和每一个学生聊天，了解他们的基本状况，以后又编写学生学习档案，有针对性地对学生进行个别辅导。——后来"文革"中"对学生太热情"也成了我的一条罪状。我还和学生一起爬山，踢足球，完全打成一片。这样我很快就成为这个学校最受欢迎的老师，但却害了学生："文革"开始时到处挖"三家村"，我们学校以我为首就挖了四五个"三家村"：有和我踢球、爬山的，和我一起编墙报的，等等。但是从另一个角度，也就是在和这些学生的共同生活当中，我感到了生命的意义和价值。我常常想，如果没有这样一些学生，我肯定很难在贵州坚持十八年，更难度过"文化大革命"这一关。可以说我是和这些贵州的学生结下了患难之交、生死之交的。所以后来到了北大，我还和他们保持联系。

我常常说我这个学者有两个精神基地，一个是北大，一个是贵州，其联系纽带就是青年学生。我去年去贵州讲学，以前卫校的学生，在电视上看到我，就立刻到电视台打听我的地址，然后就聚集了好几位同学，还有的从几百里外赶到贵阳来看我，他们说我们毕业以后不仅是卫生业务上的骨干，同时我们的文章也写得很好，很受领导重视，这得感谢你当年对我们语文能力的训练。这倒是真的：这批学生是调干生，入学时只有小学毕业水平，我从初一语文教起，一直教到高三，确实把他们带出来了。但他们到现在还记得我，这一点仍然让我感动。"文革"结束后，我考上了研究生，就离开了这批学生。

这就说到了我的第二个理想的梦：要到北大讲鲁迅，唯一的路就是考研究生。而直到 1978 年，也就是我三十九岁时，才被允许考研究生，而且只有一个月的准备时间。但其实我已经准备了十八年：从二十一岁到贵州教书那一天起，我就利用业余时间，研读鲁迅作品，写了上百万字的笔记。正是靠这长期的积累，我终于赶上了最后一班车。有人问我，如果你当年没有考上，现在还是贵州安顺的语文老师，你会怎么样？当然我肯定不会像现在这样在学术研究上得到发挥，但我还是会安心地在那里做一名称职而出色的语文老师，在全身心地投入教育工作中找到自己的生命的价值。

我首先是一个教师，天生的就是当教师的料

实际上我现在还是教师，只不过是在大学任教而已。更准确地说，我现在有两个身份，一是教师，二是学者；但对于我来说，教师始终是第一位的，我在很多场合，都反复强调，希望人们把钱理群首先看作是一个教师。我这个人有深入骨髓的教师情结，天生的就是当教师的料。我写过一本书，题目就叫《人之患》，就是喜欢做教师，好为人师。我见到年轻人就忍不住要和他们说话，有一种癖好，我走到任何地方，身边都有一大群年轻人。对我来说，最快乐

的事就是和年轻人聊天，有天大的烦恼，一和年轻人聊起来，就什么都忘了。如果真要惩罚我，最有效的，也是最残酷的办法就是将我与年轻人隔离开来。

我可以举一个例子来说明我喜欢和年轻人打交道到了什么程度：仅仅在北大教书，到许多学校讲学都满足不了我的教师瘾，我还通过通讯的方式和全国各地的读者"聊天"，其中大部分是青年人。因此，我有很多很多没有见过面的学生和朋友，每年大概都要回一二百封信。

有时候教师只需要做一个倾听者

这里，无妨举一个例子。有一位辽宁的女孩，她父亲是一个工人，她的母亲已经下岗。有一天我突然收到她的一封信，说：钱教授我太痛苦了。我在学校里遇到不公平的待遇。我的学习非常好，但是我的老师因为我没有关系，没把我分到重点班。我受不了了，我想自杀。当我看到最后这几句话，简直吓坏了，我想，这孩子真要自杀这怎么办？但是仔细一看，这封信是用了很美丽的信笺写的，这孩子如此的爱美，大概还不会自杀。于是赶紧给她写信，安慰她、鼓励她，给她讲道理。以后这孩子几乎每星期给我写一封信，倾诉她内心的一切。就这么联系了很长时间，这里保留了我写给她的一封回信：

> 你写给我的信都收到了。因为事情忙，前不久还外出开会，没有及时给你写信，请原谅。谢谢你对我的信任，随时把你的所见所闻所思所想，讲给我听。我也愿意这样听你讲话。只是有时不能立刻给你回应。不过请你相信，远方有一位老人，总是在倾听，并且理解你。

　　这件事引起了我长久的思考：她为什么要这么频繁地来信？我由此联想到现在的青少年，特别到了中学阶段她的内心有一种倾诉欲望。可惜的是我们的父母，我们的老师们，常常不愿意倾听他们讲话，倾听他们的心声，这个时候就只能到我这样一个住在非常遥远的地方的老人这里倾诉。为什么呢？第一我愿意听她的，第二我绝对尊重她，并且替她保密，我不会因为她和我说了什么话，而去损害她，这样她就有一种信任感、安全感。但我想这也不是一个办法，因为有很多很多这样的青少年，我不可能每天都这样给他们写信。我就想到了我们的教育，如果她的家庭，她所在的学校，有父母，有老师愿意这样倾听，她就不必千里迢迢地向我倾诉。这正是教师、家长，每一个教育工作者的职责：倾听我们的孩子的内心倾诉的职责。其实孩子把心里话向你讲，讲完了，把郁积在心、解不开的许多情绪发泄出来了，心里舒坦了，该怎么做，她自己就明白了，并不需要我们成年人去指点什么，教师有的时候就是需要简简单单地扮演这样一个倾听者的角色。这说起来简单，却也不简单：因为它需要一颗尊重学生、理解学生的爱心。

　　这个辽宁的女孩，后来高中毕业了，没有考取理想的大学，而是考上了一所专科学校。我没想到，有一天她突然出现在我的面前。她千里迢迢地跑到北京来见我一面。她那个失业的母亲也跟了来，但是高低不肯进来。我和这个孩子谈了一个上午，然后送了一大批书给她。我想这个孩子要见我，也是圆她的最后一个梦。后来那个孩子再也没和我通信。这样我反而放心了：大概上了大学后，找到了自己的路，就不需要再向我这个老人倾诉了。我只能默默地祝福她一生幸福；而她已经给了我莫大的幸福：有这样一些纯洁的孩子，他们信任你，愿意向你袒露内心，你能够倾听他们的声音，和他们进行平等的交谈，这本身就实现了一种价值，一种生命的价值，而且是教师所特有的。我与这个女孩子通信的价值绝不亚于我的学术写作的价值。至少说在我心目中是同等的。——我的学术写作追求的也就是这样的心灵的交流。

教育是师生双向激发的生命运动

这就说到了青年学生对于我的学术研究的意义。我的研究从来不能离开年轻人，我所有的著作都是面对年轻人说话。提笔写作的时候我的面前始终闪烁着年轻人渴望的眼光。同时年轻人也参与我的写作。我的学生都知道我有一种习惯，就是我很喜欢和学生聊天，我的研究课题不是我一个人苦思冥想出来的，常常是在客厅里面，和学生聊天中产生一个想法、一种思路，然后去研究。在思考过程中，只要有一个学生或年轻人到我家，我就会滔滔不绝地和他讲：我在研究什么；在讲的过程中学生或年轻人会做出反应，提出意见，也就会深化我的思考。以后，再来一个人，就再讲，再讨论，思考又深入一步。如此反复多次，谈得差不多了，研究的思路也自然成形，就可以写出来了。所以说我的学生，年轻人是参与了我的写作和研究过程的。在我的著作里，我很少引用名人名家的观点，而是大量引用学生的一些曾经启发了我的思考的观点，就是这个道理。

在我看来，教育绝不是单向的，绝不是老师单方面输送给学生，当然主导是老师，但同时学生的反馈，学生提出的问题，本身都会引发老师的思考。学术研究如此，上课也如此。我这次到附中来上课，上了一个多月，尽管我对鲁迅作品已经非常熟悉，但备课时，都要重新看，因为心里存有中学生这样的对象，重读的时候，对作品就有新的发现，产生新的解读。这种解读实际上有对象存在的潜在因素的影响。另外在和学生交谈，在批改学生作业时，学生所提出的问题，以及他对问题的思考，都会引发你对这些问题的新的思考。这是一个双向的运动。所以有人说钱先生你太忙，我们找你谈话是不是耽误你的时间？我总是说：不，因为你和我谈话，绝不是你得利，我也得利。这也是我为什么特别喜欢和年轻人在一起的原因。

我有一种理念，就是教学本质是一种自我发现。教学的过程是学生发现自我的过程，同时也是教师发现自我的过程。这是双向激发的生命运动：学生内心深处最美好的东西被教师激发出来，在这一过程中，教师自己心灵中最美好的东西也同时被激发出来，这样教与学双方都达到了一种真实的精神的提升。在上课中，老师和学生之间有一种精神的交流；上完课双方的精神都升华了。

每一堂课都是新的开始

于是，每上一课，我都有一种期待，因此，上课前也总有一种新鲜感、兴奋感、紧张感。我教了那么多年的书，但每一年在 9 月 1 号上第一节课时都非常紧张。我非常重视上第一节课，包括这次到附中来，为了上好第一节课，我在北京就先准备了两天，并且提前四天到附中来，就是为了要准备好这第一堂课。我为什么这样紧张，就是因为心里没有底。我在北大上课是非常有把握的，北大的学生能理解我，但是附中的学生，已经是我孙子辈了，他们能理解我吗？能和我交流吗？我和他们之间能有会心的微笑吗？有还是没有，关系着我的教育理念：我追求和学生之间的这种心灵的交流。如果学生木呆呆地听我讲课，我一点感觉都没有，就会觉得我的教育失败了。为了避免这样的失败，就必须作充分的准备，把可能发生的一切，都要预先想好，作精心的设计。我的第一堂课的教案都是一个字一个字地写好的，包括一些重要的闲话。开头要怎么讲，你要给学生一个什么第一印象，你通过你的一句话，把一个什么东西传递给学生：这些都要想好。第一堂课，开头几堂课上好了，在师生之间建立起一种信任感，创造了一种自由交流的气氛，以后的课就好上了，吊起的那颗心也就可以落下了。——我这次到附中上课，大概上到第三次课，当我高声朗读鲁迅《阿长与〈山海经〉》里最后一句话："仁厚黑暗的地母呵，愿在你怀里永安她的魂灵！"我看见学生的眼睛发亮了，就知道他们的心灵和我发生共鸣了，就在这一瞬间，鲁迅与学生，我与学生，也就是作者、教师与学生之间发生了心灵的相遇，不但这堂课成功了，更意味着中学生们终于认可我这个原来是陌生的多少有点敬畏的大学教授了。于是，我长长地松了一口气，这时候我才对王栋生老师说：没问题了。

我教了几十年的书，中学与大学都教过，不知道教了多少届的学生，差不多每一届都要经历这样一个由陌生、紧张的距离感到心灵沟通的过程。这样我就始终保持着一种教育的新鲜感，每教一届学生，甚至每上一堂课，对我来说，都是一个新的开始，都面临着新的挑战。我自己非常珍惜这样的新鲜感，我称之为"黎明感觉"。我知道这很不容易，因为任何一件工作，包括教师的工作在内，一旦成为职业，就会产生职业性的倦怠感，就有可能变成"教书匠"即"教书机器"和"老师油子"。坦白地说，我热爱教师工作，却恐惧于成为这样的教书匠，因为这涉及一个人的精神状态，一个人的生命存在形态、存在方式。

青春是美丽的，教师是美丽的

在黎明感觉的背后，是一颗赤子之心，是一种永远年轻的精神状态。前几天我碰到当年教我数学的唐世忠老师，她已经八十多岁了，一见到我就说，钱大头（当年全校老师同学都这样称呼我），你怎么还是那样，还像当年南师附中高三丙班的钱理群。大概是这样吧，虽然我的外貌变老了，头发白了，但还是当年那股精神头儿，我也觉得我的心比较年轻。这在很大程度上应该归结于我这一辈子都在教书，都在与青年打交道。你面对的永远是天真的赤子，是最活跃的生命，是渴求知识的年轻人，你从这些赤子身上不断吸取精神养料，吸取生命的元气，你就永远年轻。所谓"教学相长"，这确实不是一句空话。教学就是这样一个互相促进的过程，不仅教师影响学生的成长，学生也对教师的精神状态、精神发展产生影响，教师与学生确确实实是共同成长的。教学相长是一个非常高、非常美好的教育境界。我们常说青春是美丽的，而教师这个职业是和青春联系在一起的，所以我要说教师也是美丽的。

教师的生活就是"想想你忍不住要哭，想想你忍不住要笑"

当然，我们也不必回避：教师也有很多痛苦，甚至是巨大的痛苦。在我的教师生涯中就有过这样的惨烈的记忆。那是"文革"中发生的事："文革"前，我已经说过，我和学生住在一起、吃在一起、生活在一起，发现学生都非常穷困，于是就主动地给他们买衣服，买袜子、鞋，对于我来说，这是很自然的，当教师的就应该这么做；没想到"文革"一开始我被打成"反革命修正主义分子"，这就成了我的一条罪状，有一天我睡觉醒来，看见房间里面挂着我送给学生的衣服，旁边写着"钱理群，还给你的狗皮"几个大字。当时我就觉得我的心被捅了一刀，而且这是我心爱的学生捅的，我真是伤心透了。还有一个班的学生，全是贫下中农的子弟，我对他们的教育可以说是呕心沥血，他们受到不公平的待遇，在"文革"中，尽管我自己的处境已经极其糟糕，还是为他们说话。他们毕业的时候，工宣队告诉他们钱理群是一个反革命分子，全班同学就要和我划清界限，拍毕业照拒绝我参加。只有一个同学站出来说话：钱老师冒着风险来支持我们，你们这样对待他，太没有良心了；并且宣布：你们不要钱老师照相，我也拒绝照相。他的这一态度使我的流血的心灵多少感到一点欣慰，因此我永远记着这个学生。但更多的学生却使我失望，这心灵的创伤老实说至今也没有完全愈合。

因为我清醒地意识到，年轻人永远是幼稚的，在某种条件下，他们还会做这样的伤害老师的蠢事。教师这样的职业，很难避免这样的不公平的对待。我们不能期待所付出的一切都能得到好的回报，有的时候就会遇到这样一种残酷的回报。但是尽管这样，我还要教书，我对学生还是这样的热情，所以有时候我觉得这是宿命。不管怎样，反正我要当老师，我要教书。明知这是一个梦，还要做。因为这是美丽的梦，没有梦的人生是更加没有意义和价值的。有人说这是痴梦，痴迷于此，痴心不变，既无可奈何，又十分美好。教师就是只能"只管耕耘，不顾收获"。我常常想起曹禺剧本里的一句话："想想你忍不住要哭，想想你忍不住要笑"，这就是生活，教师的生活。我现在退休了，回顾自己一生的教学生涯，真是想想要哭，很多次让你要哭，想想又要笑，很多事让你笑，这就是生活的真实，教师生活的真实。我们正视它，又永远摆脱不了它，形成生命的一种缠绕，而生命的真实意义就实现在这种缠绕之中。

2004 年 5 月 11—13 日整理，2006 年 5 月 13 日补充，
2008 年 3 月 12 日再整理，有删节
（2004 年 4 月 14 日在南京师范大学附属中学"附中论坛"上讲）

我理想中的中小学教育和中小学教师

　　我今天是来说梦话的，讲"我理想中的中小学教育与中小学教师"。所谓"理想"，就是讨论"应当怎样"，它和"实际怎样"当然有距离。但正是这个距离，这个高于实际的理想目标，是自有其意义的。一方面，它不可能完全达到，却虽不能至，也要心向往之；另一方面，它又是可以在实践、努力中局部达到，或不断接近的。

　　而我说的这些"应当怎样"，其实也不是我自己关在屋子里空想出来的；事实上在这些年的教育改革实践中，已经有许多的第一线老师在思考这些问题，他们提出了许多有价值的思想、观念，但似乎没有人注意。这也是教育改革的一个奇怪的现象。我们已经习惯于只听上级、官方的指令，专家、权威的意见，这些指令、意见，有价值的当然应该听，但问题是不管有价值、无价值，我们都得听，而且照章执行，"理解的要执行，不理解的也要执行"。问题更在于，我们却不注意倾听教育第一线实践的声音：不仅不注意用实践来检验我们提出的各种教育理念、方案，正视并切实解决实践中所遇到、所提出的问题，而且不注意、不重视在教育实践中涌现出的新经验、新思想，所谓"身在宝山不知宝"，我经常感到惋惜，为之感叹不已。

　　而我自己却从许多第一线老师那里学到了很多东西，而且形成了这样一个看法：真正具有生命活力的教育思想，存在于民间，在教学实践中的真实而严肃的思考。正像我一再申明的那样，我不是教育专家，但我愿意倾听教育实践的声音，从中引发出我自己的思考。因此，我今天所要谈的教育理想所涉及的中小学教育的基本理念问题，都不是来自书本，而是对一些老师的思考成果的一个阐释，其中当然也有从我自己的教育经验中提升出来的理论思考。

我想谈四个问题，也就是从四个方面、四个角度，来展开我今天的论述。

第一个问题：中小学是干什么的？中小学的教育功能是什么，和大学的区别在哪里？中小学老师和一般的教师，比如和我这个大学教师的区别何在？

这是我们讨论中小学"应当怎样"，中小学老师"应当怎样"，首先应该追问的，但我们好像偏偏很少去想这个似乎不成问题，却实际有很大问题的问题。

其实问题也很简单：中小学教育的对象是七岁到十九岁的孩子，正处于一个人生命成长的童年、少年和青年阶段。在这一生命阶段自有它的生理和心理、精神发育的一些特点，这些特点，就决定了中小学教育，以及中小学老师的一些基本性质、特点、意义和价值。

这里，我想介绍深圳育才中学的严凌君老师的一些观点，我曾为他所编的《青春读本》写过一篇长序，作了一些发挥，主要有三个概念。

呵护成长之美，保障成长权利：中小学第一职责

第一，"成长"的概念，"成长之美"、"成长的感觉"和"成长的权利"，这都是非常重要却被我们忽略了的教育命题。

小学生、中学生正处在生命成长的初始阶段。严凌君老师说了一

句很有意思的话："一个人的成长是很奢侈的事情"，这是因为"所有的动物中人是孕育期最长的动物，人的学习生存技能是时间最长的，从出生到上大学要学习几十年"。小学、中学正是这个孕育的初期，是未成年人，还不是公民，是受到家庭与社会的保护，而无须为家庭和社会作贡献、尽义务的，他们是未来的公民，唯一任务就是学习成长，这里有一种成长之美。中小学教育的最大任务，就是创造一切条件，使孩子能够尽享成长之美。

而且还有成长的感觉。成长的感觉，在外人看来，是一种芝麻开花节节高的喜悦，但中小学生自己看来，却是蛹虫化蝶的那种痛苦，新鸟破壳那种挣扎。所以孩子在成长过程中，有成长的欢乐，同时有成长的烦恼，以至痛苦和挣扎。这是我们做中小学老师应该细心体察、充分理解的，但常常被忽略了。原因就在于鲁迅、周作人早就指出过的：我们不承认，中小学生是一个独立的生命，是"完全的个人，有他自己的内外两面的生活"，自然有自己的不同于成年人的生命成长中的问题，这正是我们应当尊重并认真对待的。

更重要的，是中小学生有他们成长的权利。这更是为我们成年人，甚至中小学教育者所严重忽略的。在我看来，至少有三大权利被忽略，甚至是被剥夺了。

把"黎明的感觉"还给学生

首先是好奇、探索、发现的权利。鲁迅曾经说过："孩子是可以敬服的，他常常想到星月以上的境界，想到地面下的情形，想到花卉的用处，想到昆虫的言语；他想飞上天空，他想潜入蚁穴……"（《〈看图识字〉》）中小学生面对的永远是一个神秘的世界，他有一种好奇心，要去探索和发现他所不知道的世界。我在回顾自己的一生时，总要怀着感激的心情，回想起我的中学老师——20世纪50年代的南京师范大学附属中学的老师，如何精心培育我们这样的好奇心、探索热情。在我的感觉中，那时候，"每一堂课都是一次精神探险，都会发现新大陆，我们总是怀着极强的期待感，以至神秘感，走进课堂，渴望在老师指导下，闯入一个又一个的科学的迷宫，解开一个又一个的宇宙的奥秘"。在高中毕业时的学习经验交流会上，我介绍自己的学习体会，第一条就是要带着好奇心去学习，这样学习才有兴趣，把学习每一门功课当作精神的享受。可以说，正是这样的从中学获得的经验，照亮了我一生的治学之路与人生之路。后来我在很多的场合都引用了我的大学老师林庚先生的一段话来说明这样的少年经验、中学经验的普遍意义："诗的本质就是发现，诗人要永远像婴儿一样，睁大好奇的眼睛，去看周围的世界，去发现世界的新的美。"我还谈到所谓"黎明的感觉"，每一天都是新的生活的开始，用初醒的好奇的眼光和心态，去观察，倾听，阅读，思考，从而不断有新发现的冲动和渴望。应该说，这样的生命的新鲜感，这样的"黎明感觉"，这样的好奇心和探索热情，本来是属于生命才刚刚开始的中小学生的，是他们的天性所在，也是他们的基本权利。中小学教育的第一天职，就是呵护这样的黎明感觉，这样的生命的新生状态，保护和培育他们的好奇心、探索心。现在的问题，正是孩子的这一天赋权利被扼杀、剥夺了！我在好多场合和当代中学生谈到我的中学经验，他们听起来都像是天方夜谭，因为好奇和探索正是应试的天敌，他们所受的教育的全部目的就是把天生的好奇心、探索热情抹杀掉，因此，这些从睁开眼起就要忙着背书、做习题的孩子，已经没有时间欣赏自然的黎明之美，又从何去体验精神上的黎明感觉！我真想高呼一声：请把黎明的感觉、好奇、探索的权利还给我们的孩子！

不要剥夺孩子"仰望星空"的权利

其次，还有自由成长的权利。我们讲成长的感觉，最重要的就是自由的感觉。儿童、少年、青年时期是人一生中最自由的时光，这是我们这些过来的成年人都能体会到的。这样的自由感，首先来自自由的时间感与空间感：本来，时间是属于一切刚刚开始的孩子的，他们有充足的时间去做他们想做的事情；而我们的教育也应该给孩子一个开阔的成长空间。

这里，我要特别提出自然空间的问题。我曾经说过，"人在自然中，这本身就是一个最基本的，最重要的，也是最理想的教育状态。脚踏大地，仰望星空，这样的生存状态，对人的精神成长，可以说是具有决定意义的。"我们不妨就谈谈"大文豪鲁迅是怎么培育出来的"这个饶有兴味的问题。老师们都读过、教过鲁迅的《社戏》，下面这段文字，大概也是大家都熟悉的：当少年鲁迅和小伙伴划着一只白篷的航船，"在左右都是碧绿的豆麦田地的河流中"，飞一般地前进，远处传来社戏的音乐，"那声音大概是横笛，宛转，悠扬，使我的心也沉静，然而又自失起来，觉得要和他弥散在含着豆麦蕴藻之香的夜气里"：字里行间，渗透而出的，正是一种生命的自由感。我们可以说，如果鲁迅从小没有生活在这农村的大自然的自由空间里，并接受同样充满生命气息的社戏这样的民间文化的熏陶，奠定了他精神的底子，是不可能成为思想、文化、文学的大师的。鲁迅这样的成长经验，应该给我们今天的教育以启示。我们应该把"生活在自然中"作为一个重要的教育命题提出来，农村教育应该充分发挥这样的优势，城市教育也要创造条件让孩子们到农村去：不是走马观花的猎奇式的旅游，而是实实在在生活一段时间，和农村孩子一起在泥土里打滚，在山野间疯跑，接受乡村野气和野趣的熏陶，呼吸新鲜的空气，这样的自由空间，对中小学生的身心健康，是至关重要的。

鲁迅还有一篇《从百草园到三味书屋》，在座的许多语文老师大概都教过无数遍了。但现在我要请诸位从教育学的角度来重读这篇名文。其实，文题所着意强调、突出的"百草园"和"三味书屋"，代表和象征的是两种空间："百草园"是一个有蟋蟀、油蛉们，覆盆子、木莲们的大自然的空间，"我"自由嬉戏于其间，感到那是"我的乐园"；而"三味书屋"，是一个不准问问题（也就是前文所说的"扼杀好奇心"），"只要读书"的教育空间，"我"在那里感到索然无趣，于是，就有了"我将不能常到百草园了。Ade，我的蟋蟀们！Ade，我的覆盆子们和木莲们！……"的一声长叹。我们今天听到这样的长叹是不能不悚然而思的。因为它所揭示的，是教育空间对自然空间的剥夺，对儿童心灵的创伤：这不仅是鲁迅那个时代，更是今天我们教育的问题。而且被剥夺的不仅是自然的空间，更是自由的空间。现在的中小学生的天空越来越小了，他们没有仰望星空的权利。尤其是城里的孩子，城市居住在拥挤的空间，使得他们头顶的空间本来就非常狭窄，现在又被数不清的书本压着，眼睛里就是书，哪里还有天空？也就是物质的天空，精神的天空都没有了。被剥夺的，还有孩子们的时间。请老师们，也请家长们，都来关心一下：你们的学生，你们的孩子，每天有多少时间让他自由支配？我看是很少很少了。但大家想过没有：剥夺了孩子自由的时间、自由的空间，这又意味着什么？这就是剥夺孩子生命的自由，这就是扼杀生命，简直是犯罪啊！这绝不是危言耸听。我们还要呼吁：请把时间和空间，请把生命的自由，还给中小学生，不要剥夺他们仰望星空的权利，不要剥夺他们自由成长的权利！

"失去童年"的危机

最后，还有欢乐的权利。中小学生的童年生活、青少年生活，都应该是欢乐的，这是他们基本的生存权利：这本来是一个不言而喻的问题，现在却要当作一个问题，一个重大而迫切的问题，在这里讨论，这是让我们这些成年人，特别是身为教育者的教师，感到难堪，以至羞愧的。但我们又不能不讲，讲一些常识。周作人曾提出一个常识性的教育命题，就是"人生季节"和"自然季节"一样，是不能颠倒的：春天只能穿春装，做春天的事，而不能着夏装、秋装、冬装，做夏天、秋天、冬天的工作。小学生、初中生处在人生的童年、少年阶段，都生活在生命的"春天"，高中生在十八岁以后，进入青年阶段，就开始了生命的"初夏"时节。在生命的"春天"，以至"初夏"，主要应该做什么呢？前面已经说过，就是学习成长，而所谓学习成长，在我看来，主要就是两件事，一是"玩"，二是"读书"，前一件事，有关身体和精神的健康；后一件事，则有关精神的成长。后一件事，我们下面再谈，这里先讲"玩"。玩，是孩子的天性，是生命的自然要求；因此，童年、青少年时期的"玩"，必须尽性、尽情，也就是最大限度地发挥人的天性、本性，最大限度地享受生命的欢乐：中小学教育的本职就是要创造一切条件，达到这两个最大限度，以促进孩子身、心两个方面的正常、健康的成长。

现在的问题，恰恰是中国的孩子，只要一进学校，就不能尽性、尽情地玩了！他们干什么去了？被老师（以及背后的家长，各级教育部门，我们的教育体制）强迫着去为应试而"读死书，死读书"了！而且这应试教育的阴影，不仅笼罩中学，还有扩展到小学，甚至幼儿园的趋势，这实在令人恐怖！这些事，在座的老师们比我还清楚，我就不多说了。我要讨论的，是削减或剥夺了孩子玩的权利，削减或剥夺了孩子童年的欢乐，会带来什么后果。迫使我思考、讨论这个问题的，是一个严峻的事实：这些年中学生、大学生和研究生自杀的恶性事件越来越多，小学生自杀的事情也屡屡发生，这已经成为一个重大的社会问题、教育问题。我在很多场合都谈到一件让我震撼的事情：一位研究生在自杀之前，曾列表写出自己"活下去"还是"不活"的理由，结果"活下去"的理由不敌"死"的理由，于是他最后选择结束自己的生命。这就十分尖锐地提出了一个这一代青少年"活着的理由"的问题。我们且不讲大的人生目标，通常让人们活下去的理由有两条："因为有人（父母，兄弟姐妹，亲戚，朋友，老师）爱我"，"因为我感到生活的快乐。"但是，如果生活中"爱"缺失了呢？如果感受不到，或者不能充分地感受到生命的欢乐，甚至从来就没有感受过生命的欢乐呢？那活着的理由就不充分了。我不止一次地听到一些老师、朋友谈到，现在有些孩子的厌生、厌世的消极情绪实在令人不解和担忧，我也经常诧异于许多年轻人活着还没有我这个老头子有劲，我想，其中一个原因，就是我有一个欢乐的金色童年，我因此永远感谢我的中小学老师，而我们现在的教育却在自觉、不自觉地剥夺中小学生应有的欢乐，而剥夺孩子的童年、青少年的欢乐，就是在剥夺他们活着的理由：这就是问题的实质和严重性所在。

我们现在的问题，是在应试教育下成长起来的几代青少年，没有尽享童年的欢乐，有的甚至失去了童年。这又意味着什么呢？我想起了"五四"那一代曾经有过的忧虑。他们发现，世界上有的民族的发展是正常、健康的：先经过一个充分发展的"儿童时代"，再依次进入"少年"、"青年"、"中年"、"老年"发展阶段；而中华民族却没有充分发展"童年"、"少年"、"青年"阶段，就匆匆进入"中年"以至"老年"，说起来是早熟，所谓少年老成，其实是早衰，因此，需要补课。后来"五四"强调儿童的蛮性，提倡童话精神，发起"少年中国"运动，创造"新青年",都是为了促进民族的健全发展。而现在,九十年后的中国,如果我们的中小学生又失去了童年,那我们将面临一个没有童年的时代和社会,"五四"先驱忧心如焚的民族危机又会重新出现:这个问题非同小可,我们必须面对,必须思考。

或许我们应该从"保卫童年"这一角度来看中小学教育的价值与功能:它的第一职责,就是呵护和培育中小学生的成长之美,维护他们成长的权利,保证他们好奇、探索、发现的权利,在自由的时间、空间里成长的权利和欢乐的权利。

培育青春精神:中小学职责之二

现在,我们来看严凌君老师提出的第二个概念和命题:"青春时代的独立价值"。这主要是指进入青春时期的高中生的生命意义和价值。所要强调的是,青春时期不仅是为进入成年做准备,不只是一个过渡阶段,它本身就有独立的价值。严凌君老师说:"青春时期的生活,有最多的梦想,最纯的情感,最强的求知欲",因而有一种特殊的价值。我想,严老师是说出了我们所有过来人的共同感受的。

问题是有一种似是而非的说法,在社会上,甚至在教育界还颇为流行:仿佛青春时期的一切都是不成熟的,我们教育的目的就是使学生成熟起来。这看起来也没有什么错;问题是我们以为的"不成熟"是什么,如果不加分析地认为抛掉青春时期的梦想、情感、求知欲,就是成熟,那就糟了。我们常说:孩子,你别做梦了,等哪天不做梦就成熟了。梦真的就那么可怕吗?严凌君老师引用了法国作家史怀德的一个说法,他说青少年时期许多人都有过狮子般的雄心,但是在成年之后都像老鼠一样活着。什么原因?据说他们成熟了。所以他给所谓的"成熟"下了一个定义,叫"贫乏,屈从和迟钝":本来年轻时候,他是丰富的，成熟了就贫乏了；本来是反抗的，成熟时就屈从了；本来是敏感的，我们把他变迟钝了。如果教育的结果，是把青春价值全部否定掉、消灭掉，把人变成成熟的庸人，那就完全失败，走到反面去：这是反教育的教育。

因此，就有必要提出"敬畏青年，敬畏青春"的概念，承认青春本身所具有的一种价值，而且是永远的价值。我觉得可以把它叫作"青春精神"。我们现在常常讲要创办"一流中学"，在我看，所谓一流中学，第一个标准，就是学校充盈着青春精神，青春气息。我曾经在一篇文章中，提到我的母校南师附中的老学长巴金的那句名言："青春是美丽的"，并且把附中精神称作"青春精神"，还把它概括为八个方面，即对真、善、美的向往；对未来的想象，对理想的执著追求；对人类、自然、宇宙的大关怀；对未知世界的好奇心；以及由此焕发出的生命激情和活力；不屈不挠的意志力；不停息的探索，永远不满足现状的怀疑、创造精神。这里提到"对人类、自然、宇宙的大关怀"问题，我们平时很少谈，老师们或许会觉得有些不好理解；我在和一位中学老师的通信中，把它叫作"少年意气"，并作了这样的发挥："喜欢思考大问题，包括人生、哲学的根本问题，是青少年思维的一个特点。想大事，立大志，说大话，有大气度，没有不可解的难题，没有不可探索的奥秘的自信心，初生牛犊不怕虎的勇气，不知天高地厚的狂气：这就是'少年意气'，是弥足珍贵的。"简单说，青春精神就是一种自由、创造的精神。处于青春发育期的中学生，他本能地就有这样的精神萌芽，我们的教育就是要细心地培育，助其成长，使她成为终身发展的一个坚实的底子，而不是用各种方法去戕害她，在成熟的名义下扼杀她。

因此，我们可以说，培育自由、创造的青春精神，这应该是中小学教育的第二个功能与职责。

引入文化之门：中小学职责之三

现在，我们再说第三个概念。这个概念涉及前面我们谈到的中小学生成长中的第二件大事：读书。中小学教育的主要手段，就是引导学生读书。"读书"对中小学生有什么特殊意义？这是需要讨论，在理论上加以说明的。严凌君老师因此提出了"两种生活"的概念。他说人有一种"平面的生活"，一种"立体的生活"。平面生活指的是日常的生活，它是受到具体的时空限制的，是偏于物质的，这是我们每天都要过的"日子"，是不免平面而多少有些单调的；但人还有另一种生活，就是精神的生活，它是超越具体时空的，也是相对丰富多面的，因此叫"立体的生活"。

具体到中小学生这一对象来说，他们的日常生活受时空限制更大，他们还没有走向社会、人生，生活范围主要就是家庭和学校，尽管我们可以、也应该适当组织学生参与一些社会活动，扩大他们的生活空间，这是我们前面所说的扩大中小学生的自由空间的一个重要方面，但这也是有限的，而且必须是适当的，中小学生主要的任务还是学习，这样，他的平面生活总不免是狭窄的。因此，我们讲中小学教育要为学生创造广阔的自由时间、空间，主要是开拓其精神时间、空间纬度，构造丰富多面的立体生活，主要途径就是引导学生读书。而读书的最大特点和好处，就是不受时间、空间的限制，可以和千年、百年之遥，万里之外的任何一个写书人进行精神的对话与交流，而且可以招之即来，打开书就是朋友，挥之即去，放下书就彼此分手，何等的自由、爽快！这就是说，读书是这样一种精神活动：一书在手，就可以打破时空界限，自由穿梭古今中外，漫游于人类所创造、拥有的一切文化空间，在阅读中重新经历、重新感受书本中的生活。因此，中小学生不是水手，可以借助《鲁宾逊漂流记》而漂洋过海；不曾经历战争，可以通过《三国演义》和曹操、关云长一起驰骋古战场，等等，这就极大地扩展了他们的生活世界和精神世界。尽管书本提供的生活、精神资源，还需要经过今后一生的实践，不断注入自身的生活经验与生命体验，才能真正化为自我生命的有机组成，但在人生起点上，就通过读书，打开一个足够开阔的文化空间，从而达到精神空间的扩展，这对孩子终身发展中生存空间的扩展，是具有重大意义的。特别是，在中小学教育中所注重的是经典阅读，孩子们就更可以和创造人类和民族精神财富的大师、巨人对话和交流，站在巨人的肩膀上，就可以达到前所未有的精神境界，极大地提高精神生活的质量。可以说，中小学教育的全部工作和意义，就在于为孩子打开一个广阔的文化空间。教师就是这样的开门人、引路人，我曾经这样描述中小学教师的工作，也是我真正心向往之的工作："牵着中小学生的手，把他们引导到这些大师、巨人的身边，互作介绍以后，就悄悄地离开，让他们——这些代表着辉煌过去的老人和将创造未来的孩子在一起心贴心地谈话，我只躲在一旁，静静地欣赏，时时发出会心的微笑……就为这个瞬间，无论付出什么代价，都是无怨无悔的啊！"

不要低估这打开文化空间，引入文化之门的教育意义。我们的中小学生正是通过读书，进入民族和人类的文化殿堂，吸取前人所创造的文明成果、精神资源，在文化传递中完成了从自然人变成文化人，由自在的人变成自为的人的精神蜕变过程：这正是我们前面反复强调的成长的本质和意义。

中小学的"精神家园"价值

因此，我们这里所讨论的中小学教育的三大功能与职责：呵护、保障成长权利，培育青春精神，引入文化之门，集中到一点，就是营造精神家园。在我看来，这是中小学教育的基本功能。具体地说，有两个方面。

一是在校读书期间，学校的教育给学生打下三个"底子"。提出"底子"的概念，是要强调中小学教育的基础性质，即是在人的生命的起始阶段（也就是前面说的生命的"春天"与"初夏"）为其一生的发展，打下基础。而三个底子就是从前面的三大功能引申出来的：要引入文化之门，就要打好终生读书学习的底子，这包括培养读书学习的兴趣，授予学习各学科的基础知识，培训语言、思维基本能力，教给读书学习的方法，养成读书学习的习惯；有了这五大基础，以后一辈子的学习、逐步升堂入室自然就有了保证。而文化本身就有丰厚的精神含量，培育青春精神更是意味着打好精神的底子。对于正处在生长发育阶段的中小学生而言，他们的精神成长是和身体的发育紧密联系不可分的，因此，还要有第三个底子，即健康的身体的底子，这也是前面所强调的成长之美与成长的权利的题中应有之义。有了这三个底子，学习的底子、精神的底子、身体的底子，就意味着学生有了一个保证他终生身心健全发展的坚实可靠的基础，一个立人之本，我们也可以把它叫作"精神的家园"。

而中小学所营造的精神家园又是具有浓厚的理想，甚至梦幻般的色彩的。我有篇回忆中学生活的文章题目就叫《曾有过自由做梦的年代》，中学的最大特点就是自由做梦。我们所说的中小学时期打下的底子，必然是金色的底子，所以叫"金色的童年"。这是一种生命的光明的底色。一个人从小打下的生命的底色，是光明的，充满阳光的，还是阴暗无光的，这绝非小事，会决定一个人的一生的发展。我在文章里，还引用了俄国著名的文学批评家和教育家别林斯基的一段话，说青少年时代是人的"精神幼年时期"，"他不过是美好的灵魂，但远不是实际的、具体的人"；因此，在长大成人，走向社会以后，就会看到"生活的梦想和生活本身完全不是同一的东西"，于是，就会发生梦想的破灭，由"幼稚的、不自觉的精神和谐"向"不和谐与斗争的过渡"；但人到了老年，又会在更高的层面上向青少年时代的梦想回归，走向"雄伟的自觉的精神和谐"。周作人说得很好："梦想是永远不死的。在恋爱中的青年与在黄昏下的老人都有他的梦想，虽然她们的颜色不同，人之子有时或者要反叛她，但终究还回到她的怀中来。"（《镜花缘》，收入《自己的园地》）——我今天就是在回到中学时代的梦想的怀抱以后，在这里向诸位讲老年人的，也是当年的梦话。为什么要回到中学时代的梦想的怀抱里来？就是因为在中学的精神家园里所培育的，是作为"人"的最基本，最根本，最本质的生命因子、精神品质，而且是以一种极其透明、纯粹的方式存在着的。人在饱经风霜以后，拂去了岁月蒙在心上的灰尘，就更珍惜生命中更本真的东西，它们都保留在中小学的精神家园里，于是，就有了回归的要求。

　　这就说到了中小学精神家园的第二方面的意义：它不仅属于在校学生，更属于离校的老学生。也就是说，一个人一生中要两次和中小学的精神家园相遇：生命的"春天"在这里养育、成长，到了"初夏"时节，就从这里出发，走向远方；到了生命的"隆冬"季节，又回归这里，静静栖息，默默感悟生命的真谛。——中小学教育在人的精神成长中的特殊作用与地位，它所特有的意义和价值，都在这里了。

　　现在讲第二个题目：我对中小学教师的理解与期待。

　　这些年，我每次来福建，都有老师请我写几句话，谈谈对语文教师的期待。我先后写了三句话：语文教师应该是"思想者"，是"可爱的人"，是"杂家"。这次来，又加了一句：应该是"语文学家"。

后面两点，"杂家"是讲语文教师的知识结构，"语文学家"讲的是语文教师的专业修养，这里就不多说了。前面两点所涉及的精神品格、人格魅力问题，大概不限于语文老师，因此，可以在这里说一说。

"思想者"的意义

讲中小学教师应该是"思想者"，是要强调中小学教师和大学教师的共性：他们都同是知识分子，就必须有自己的自由、独立的思想。我们通常讲，教师不是教书匠，区别就在于教师是有自己的独立思想、信念，有自己的教育理念和追求，而对于教书匠，教书就是为了混饭吃，因此，他无须有自己的思想与追求，无非是按给自己饭吃的教育当局的要求去耍嘴皮子，充当教书机器。当然，所谓思想者并不是思想家，不能要求所有的中小学老师都有理论兴趣、理论修养和理论创造，但要用自己的脑子去思考，对一切事情都有自己的独立判断，这却是中小学教师必须具备的素质和品格。我的母校的王栋生老师有一句名言，在中小学教育界流传得很广："不要跪着教书"；"跪着"还是"站着"，关键就是有没有自己的独立思想，是不是一个思想者。可能有人会认为，提出思想者的要求，是一个高要求；这其实是一个起码的基本的要求，而且事实上在我们的中小学教师中就有不少这样的思想者，只不过因为他们有思想，就常常要和现行教育体制发生冲突，甚至不为所容，因此，他们更容易被忽视，以至被抹杀。可见问题不在于要求高了，而在于我们的教育体制如何保证中小学教师的独立思想的权利——我们在前面强调中小学学生的成长权利，其实中小学老师也有一个自由思想权利、独立教育权利的问题，教师的权利得不到保证，也是谈不上学生的权利保证的。

当然，这样的权利是要争取的；关键之一就是我们自己不要放弃这样的思想的权利。这些年，我在和中小学老师的接触中，就发现有不少老师在极其艰难的环境中依然坚持了自己思想的独立性。面对这样的老师，我常有肃然起敬之感。这里，我仅举一个例子。大概是去年吧，我收到了湖北仙桃中学的梁卫星老师寄来的自印的书，我读了以后，为他思想的广度和深度而震撼，立即写了一封长信，和他讨论，可以说是思想者之间进行的交流吧。坦白地说，就是在我所熟悉的思想界、大学界，也很少有这样的交流。因此，一直到现在，我还对这位农村中学的老师心怀感激。我们所讨论的问题，这里不能一一介绍，我给他的信以后或许会另找机会发表。就谈谈他在文章中对自己，也是向所有的中小学老师提出的七大问题吧——

"你对自己生活的世界有独特认识吗？"

"你有信念吗？你有属于自己的信念吗？你感受过这属于自己的信念的生命气息吗？"

"你有不同于他人的教育观吗？"

"你反思、追问了自己的知识观了吗？"

"你思考过，应该有怎样的课堂语言、言说姿态吗？"

"你思考过'启蒙'与'教师'的关系吗？我们需要怎样的'启蒙'？"

"一个教师，可以没有一定的艺术判断力和审美力吗？"

我在给他的长信中，写了这样一段话——

这是真正的思想者的提问，是一个有独立思想的教师，自觉的教师，在走上讲台时，必须向自己提出的问题。重要的不是你对提出的问题做出了怎样的回答，因为答案是可以而且必然是多样的，意义在于你在思考和追问。而这正是中国的教育、教师所匮缺的。至少说在1949年以后，就没有，或者很少有人，特别是普通的中学老师在思考这样的关于教育、关于教师的根本性的大问题了。人们已经习惯于把这类问题交给某个特定的人和组织，教师成了机械的贯彻者、执行者，成了没有独立思想与创造，没有独立意志和人格的按图制作的真正的"教书匠"。不是教师愿意如此，而是体制需要如此。

然而，"你"出现了——这自然不是仅指你个人，而是人数不多、千呼万唤始出来的一批人，即我说的"有思想的教师"。在我看来，这是这些年的教育大讨论、教育思想解放运动最重要的成果。

思想者的问题涉及很多重大方面，就说到这里，以后有机会再作讨论吧。

"可爱的人"的魅力

现在说"可爱的人"。这个命题倒是从我自己的教育经历中提出来的。1999 年，我被北大学生选为"十大最受学生欢迎的教师"之一，收到一位学生的来信，信的结尾突然写了这样一句："想告诉您，很喜欢您的笑，笑得天真，爽朗，没有机心，灿烂极了。我想，一个可以那样笑的人，绝不会不可爱（请原谅我的童言无忌）。喜欢您，为了您的真诚，为了您的赤子之心。"我读了以后，大为感动。在一篇文章里，我这样写道："读了这番肺腑之言，我真有如获知音之感。已经不止一次听见学生说我'可爱'了。坦白地说，在对我的各种评价中，这是我最喜欢、最珍惜的，我甚至希望将来在我的墓碑上就写这几个字：'这是一个可爱的人'：这正是我终生最大的追求。"

而"可爱的人"的内涵，却是大可琢磨的。

它包含了几层意思：一是真诚——但有点傻；二是没有机

心——但不懂世故；三是天真——但幼稚；四是有赤子之
心——但永远长不大，是个老小孩儿。前者是正面评价，后者则含调侃，以至批评之意。因此，"可爱的人"也是"可笑的人"。这很容易让我们想起堂吉诃德，一切真正的知识分子都有堂吉诃德气——当然，也还有哈姆雷特气。

我现在将"可爱的人"特指中小学教师，是因为我觉得中小学教师的职业特点，或者说，他在人的生命成长历程中所处的位置，决定了他必然多少具有这样的精神气质。中小学教师是一个人（学生）在生命的起始阶段所遇到的父母之外最重要的成年人。学生和中小学老师一起度过未被污染的童年、青少年时代。然后，学生长大了，离开了父母，也离开了中小学老师，进入大学、社会，逐渐脱离了生命的纯真状态，变得复杂、丰富起来；而中小学老师并没有离开他的岗位，还在继续和新一轮、好几轮的处在起始阶段的生命打交道。这时候，学生回过头来看老师，必然会觉得老师很可爱，因为老师让自己想起了已经失去了的童年、青少年时代的许多可贵的东西；但又会觉得老师的不合时宜显得可笑。这就是说，中小学老师是永远和起始阶段的纯真的生命生活在一起的成年人，这样的双重关系，就决定了他必然要或多或少保留生命幼年时期的纯真，但又不断被质疑，包括自我质疑：不管怎样，成年人而又有幼年的痕迹，总是可笑的。——当然，我的这一分析，也会被质疑，因为在当今校园早已被污染，不但老师，连中小学生，也都不那么纯真了。我对此做出的辩解是：我本来讲的就是理想，而且在我看来，人的原始本性的某些东西，总会顽强存在，和社会比起来，校园里的老师和学生身上所保留的纯真还是相对多一些的吧。

最后一个问题：教师工作的欢乐和痛苦，爱和恨，笑和哭。

最近我和北大的本科生、研究生讲过一次生命的承担问题，提出了"三承担"：对自我生命的承担，对学术的承担，以及对国家、民族、社会、人类的承担。我想，对教师来说，也存在着"三承担"的问题。

对得起自己：教师工作的第一意义

首先，是自我生命的承担，要追问"教师工作对你的生命有什么意义"。随着国家经济的发展，教育事业的发展，至少在你们（福建，东莞，上海）地区，教师的生活条件有了相当的改善，基本达到衣食无忧了吧。这就意味着教师工作就不再是一个谋生的手段；这时候，就要提出教师工作的意义，它和你的自我生命的健全发展的关系问题。马克思在谈到人的劳动时，提出了一个很有意思的问题：你所从事的劳动，是外在于你的，还是你自己的？是否定你自己，还是肯定你自己？你感到不幸，还是感到幸福？你是被迫的，还是自愿的？你的肉体力量和精神力量是不能自由发挥的，还是自由自在的？等等。马克思说，前者是"异化的劳动"，是一种强制，一种自我牺牲，自我折磨，劳动时如坐针毡，恍然若失，不劳动时就如释重负；后者才是真正意义上的自由劳动——是人自身的一种需要，不是为了满足自上而下的他人的要求，而是自我生命自由发展的需要，在这个意义上，劳动才真正成为一种享受和愉悦。应该承认，教师的工作，对我们现在相当多的老师来说，还不是自由的劳动，多少有些异化。这里有体制的问题，管理的问题；在我看来，教育改革的一个任务就是要解决这个教师劳动的异化问题，这才能从根本上解放教师，解放教育生产力。而我们今天要讨论的，或许是一个理想主义的命题：教师工作本身，是有可能成为一种自由的劳动的，它的本性就提供了这样的条件和基础。这就说到了你们福建张文质等老师早就在进行的"生命化教育"的试验。生命化教育的一个基本理念，就是强调教师工作不仅是一种职业，更是一种生命的存在方式。而中小学教育的特点，就是我们在前面一再提到的，教师的生命是和儿童——少年——青年的生命共生互动的；而后者正处在人的生命历程中最为纯真，最接近人的生命本原，最具活力，也最具有多种可能性的阶段。因此，中小学教师在和学生进行生命互动时，最容易从学生那里吸取生命的元气，获得生命的激情、活力，永远保持生命的新鲜感，面对充满好奇心，不断向你提出各种问题的孩子，你必须不断学习，不断思考，不断进步，使自我生命处在不断新生的过程中。我们在前面谈到，中小学教育的一个基本职责，就是培育学生的青春精神；其实，教师在培育学生的过程中，也反过来滋润了自己的生命而永葆青春：这是中小学教师的生存方式所特有的幸福。如果你的自我生命能在教师工作中不断得到创造、更新，那你的人生就获得了一种真意义、真价值，这时候，当教师就会成为你生命发展的内在要求，一个生命的欢乐的源泉。事情就会变得十分地单纯："为什么选择当教师？因为我快乐，我需要，我找到了意义，做教师对得起我自己。"这就是对自我生命的承担：这应该是教师工作的第一意义。

"天生我材必有用"：教育不能没有我

　　自我承担之外，对教育事业也要有承担。

　　我常常听到一些老师这样说："尽管有许多不如意，但我还留在教学岗位上，因为我班上的孩子需要我，我离不开他们。"我每每为此而感动不已。因为这表现了一个教师和他的学生的不可分割的血肉联系，这样的联系是没有当过教师的人所很难体会和理解的。它其实是非常接近父子、母女之间的血缘关系的，是近乎天生、本能，割舍不了，摆脱不掉的，而中小学教师之爱就是一种"亦师亦母（父）"
之爱。正是这种血肉联系，使教师对学生有一种天然的责任感，"孩
子需要我"，这就足以使一个教师献出一切，而不需要其他任何理由，
或者说任何理由都在这个理由面前显得苍白无力。

　　这同时就是对教育工作的一种使命感。我在前面提到的北大演讲
里，就说到从事任何工作都要有使命感，教育更是如此。所谓"天生
我材必有用"，天生下我来就是当教师的，所谓"天将降大任于斯人
也"，我就是要担当教育之"大任"，不仅我班上的学生需要我，我所
在的学校需要我，中国的教育也需要我。我们应该有这样的信念，这
样的自信，这样的气魄。我自己就经常说，我就是一个当教师的料，
我一天也不能离开学生，离开教育事业，一直到今天，我退休了，走
在街上，只要一看见背着书包，穿着校服的小学生、中学生，我都有
一种莫名的兴奋。我，以及在座的所有的老师，我们都把自己的青
春，把自己一生的心血、生命投入到教育事业上，甚至可以说，教育
已经成为我们生命的有机组成，因此，我们完全可以自豪地说：中国
的教育不能没有我！

为民族和人类生命的健全发展尽义务

　　教师的工作，还有更大的意义。

　　我们在前面的讨论中，曾引述鲁迅的观点，谈到了民族、人类生
命发展的"进化之路"，上一代为下一代牺牲，尽义务，使"后起的
生命，总比以前的更有意义，更近完全"，这样，民族和人类就能得
到健全的发展。这里需要补充与强调的是，教师在这一生命进化过程
中的作用。全人类任何一个民族，全世界任何一个国家，所有的生命
个体都是要经过"教育"这个环节达到生命的成长的；也就是说，民

族、人类的每一个生命，都是经过教师之手而抚育成人的，教师的工作，不仅关系着每一个生命个体的健全发展，而且关系着整个民族，以至人类生命的健全发展。在这个意义上，教师工作在本质上就是为民族和人类生命的健全发展，尽义务，作贡献，是自有一种崇高性的。而参与了民族、人类生命之流的创造，教师的生命也就具有了某种永恒性。

我想，这绝不是夸大其词。

"春天的播种者"需要"只顾耕耘，不问收获"的精神

但教师工作也自有其艰辛，其中的酸甜苦辣是外人所难以体味的。

我们已经说过，由于体制、管理的原因，教师的生活、工作中，还有许多让人痛心、伤心、寒心之处，每一个老师都有说不完、道不尽的苦楚。但我们今天要讨论的，是另一个性质的问题，即中小学教师工作本身所带来的困惑。这也是由我们的教育对象的特点所决定的。

我们的学生都是未成年人，也就是说，都是些等待成长的生命。这是一个生命的潜移默化的过程，教育所引起的变化，是极其缓慢、细微的。如张文质先生所强调，教育是一个"慢的艺术"，同时教育的作用又是有限度的。它不能立竿见影，在短期内很难出成效，成正果。

我要强调的，也许是更为严峻的一面：中小学教师的劳动，如前面一再说及的，它是在人的生命起始阶段进行的；中小学教师永远是，并且只能是"春天的播种者"，而不可能亲自收获"秋天的成果"。我们大学教师，特别是研究生导师，才是秋天的收获者；也就是说，你们播种，我们收获。只有到学生长大了，成才了，回到母校来见你，道一声："谢谢，老师。"你才等到了收获的季节。但是，你已经

老了。这就是你的宿命，你必须正视。

因此，中小学老师只能"只顾耕耘，不问收获"。我把它叫做"中小学教师精神"。教师，本质上是一个理想主义的工作。它背后有一个信念：播下一粒种子，总会有收获；即使这粒种子，由于后天的原因，它会夭折——这本身是显现了教育的有限性的，但也正如我们前面所说，这最终夭折的生命，在你的抚育下，也曾经有过美好的瞬间：这就够了。

不能期待付出的都得到好的回报

而且，我们的教育对象都是些不成熟的生命。它多变，同时也会有意无意地给你以伤害。如果学生的幼稚被人利用，这样的伤害就会更大。

我曾在一次演讲中，讲过我在"文化大革命"中受到的学生的伤害，这里就不说了——那是任何时候想起来心都会流血的记忆。

而且，我相信在座的每一位老师，都有过程度不同的因学生而受委屈，或受学生伤害的经历，或许，这委屈、伤害还刚刚、正在发生。

不能期待所付出的一切都能得到好的回报。

这也是我们的宿命。

这都是我们自愿的选择

这也是我在那篇演讲中说到的：我，以及我们每一位教师，特别是中小学教师，在回顾自己一生的教育生涯时，真是想想要笑，很多事让你要笑，想想又要哭，多少次你忍不住要哭啊。

这就是生活的真实，教师生活的真实。这也是我们对教师工作的一种承担。

这就是教师工作的欢乐和痛苦，爱和恨。

这都是我们自愿的选择。

2008 年 3 月 4—8 日整理、补充

（2007 年 11 月 11 日在福建"1＋1 读书俱乐部"讲，11 月 15 日在东莞全县教师报告会上讲，11 月 21 日在上海卢湾区教育学院讲）

我的农村教育的理念和理想

（一）我为什么要到这里来？

今天这个会，最没有发言权的是我，因为我对西部农村教育了解得很少，与农村教师更是几乎没有接触。但是，我又确实是非常愿意来参加这次论坛，我经常接到各种邀请、讲学或者开会，我都尽可能地推掉了，但这样的会，我却一定要参加，可以说是"招之即来"。——这是为什么呢？

我是一个不务正业、爱管闲事的人。我的正业是当北京大学教授，研究与讲授中国现代文学，但这些年我却在关心中小学教育，管了许多闲事，惹了许多麻烦，也让许多人讨厌，他们总想把我赶出中小学教育界，我却偏偏不肯走，就是"挥之不去"。也有些好心的朋友觉得不可理解：为什么一个非教育专业的大学教授要如此固执地管中小学教育的闲事？我总是对他们讲两条理由。一是我对中国问题的一个认识与判断：中国的问题可以讲出很多，但我觉得最重要、最基本的一条，是中国的人心出了问题，人心的问题是因为教育出了问题，教育的基本问题又出在中小学教育。而教育的问题又不是突击抓一下就能立竿见影的，它需要及早地抓，持续地下功夫，是需要长时段的努力才能见效的。在我看来，中小学教育的问题已经成了一个制约中国长远健康发展的根本问题：我对中小学教育的关注正是基于这样的危机感，尽管我十分清楚自己的参与，对解决危机几乎不起任何作用，但我仍然要发出一个声音，还是五四前辈早已呼唤过的："救救孩子！"——在这个意义上，我其实并没有走出自己的现代文学专业：不过是在新的历史条件下继续实践鲁迅所提出的历史命题。

我在许多场合还说了这样一条理由：一个人到了老年，特别是退休以后，把什么事都看透了，但是，对我来说，却有一个东西不能看透，更准确地说，是不敢看透，那就是我们的孩子。如果连对孩子的教育都绝望了、放弃了，那么，我们就真的什么都没有了。我不想否认，自己对中小学教育的参与，是出于这样的自我心理的危机感，这是一次自觉的"反抗绝望"的挣扎与努力。坦白地说，我是在对大学教育，包括北京大学的教育感到极度失望以后，到中小学来寻求我的教育乌托邦的——明知还会遭遇失望，但仍不放弃寻求。

我对中小学教育的关注与参与，是有一个过程的。到现在，大概经历了两个阶段。先是关注教育理念的问题：在对应试教育的理念提出质疑与批判的基础上，提出了自己"以立人为中心"的教育理念，并在这一过程中聚合了一批朋友，编写《新语文读本》等课外读物，以体现我们的教育理想，提出了语文教育的一些新的理念与模式，产生了一些社会影响。用我的话来说，这还只是"门外谈"。从去年开始，我又走进了课堂，进行了"大学教授到中学上课"的实验：先是在我的母校南京师范大学附属中学，后又在北京大学附中与北师大实验中学开了一门"鲁迅作品选读"的选修课。从 1999 年开始介入到现在，六年的时间我其实就做了这两件事，但却遇到了空前的难以想象的阻力，一次又一次地被驱赶，封杀，冷落，我都挺住了。难以排解的是内心的寂寞与自省。对中小学教育有了实际接触以后，才知道自己对中小学教育问题的严重性其实是认识不够估计不足的，应试教育的铁的逻辑（其背后是中国现实社会生活的铁的逻辑）对学校的校

长、教师，更是对家长，以及学生自身的支配性力量，几乎是无可抗
拒的，构成了"针插不进，水泼不进"的密织的网，我所追求的理想
教育根本就没有立足之地，更随时有变质、变形的危险，陷入"播下
的是龙种，收获的是跳蚤"的尴尬。

　　而更让我感到不安的是，我把《新语文读本》的读者定位为"理
想教师"与"理想学生"，以满足学生进一步提高语文水平的需求为
目标，这固然在特定历史条件下有其思想启蒙与开拓语文教育的新
思路、新境界的意义，但它的精英教育的印记仍是非常明显的，至
少说它是面对少数学生的。当然，在编写过程中，我也明确地提出
了"我的一个梦想"，即希望能够为农村的孩子编一本读本，集中编
选全世界最好的作家写得最好的作品，我觉得农村的孩子应该有接
受全人类最优秀的文化、文学遗产的权利。后来我真的编选了一本
《新语文读本》的"农村版"，很用了一番心思，但仍然传不到农村去。
其中的一个重要原因大概就是我的立意太高，多少有些脱离农村教
育的实际。

　　于是，我又进一步反省到，包括我自己在内的许多关注中小学教
育的知识分子，实际是将自己的关注点集中在城市的中小学，特别是
重点中学、重点小学，广大的最需要关注的农村教育反而在我们的视
野之外，而这恰恰正是问题所在。刚才许多老师都说新课程标准自己
很难适应，其实这是暴露了标准本身的问题：它更适用于城市的重点
中学，而没有考虑农村教育的实际。我突然发现自己的立足点不应该
放在城市的教育，关注那里的人已经不少了。我不应该做"锦上添花"
的事，而应该"雪中送炭"，把注意力转移到极需关注，而又没有引
起足够关注的农村教育上去。因此，在今年七月初，结束了在北大附
中与北师大实验中学的上课以后，我就把自己对教育的介入转向了农
村教育。——这当然也不是突发的转变：去年下半年我参加北师大学

生社团"农民之子"举办的"北京首届打工子弟学校作文竞赛",并在大学生中做"农村需要我们,我们需要农村"的报告时就已经孕育了这样的重点转移。

应该说这样的转移对我来说,是相当困难的。我人在北京,年纪也老了,到农村去都会成为别人的负担。于是我决定找几个点,主要工作由年轻人做,我来充当吹鼓手。而要当好吹鼓手,首先要当学生,从了解农村教育的实际开始。因此,在来这里之前,我去了贵州,那是我的根据地,大学毕业以后在那里当了十八年的中专语文教师,这回就是到我当年任教的安顺,参加那里的地方文化研讨会,其中一个重要方面,就是地方乡村教育,了解了一些情况,思考了一些问题。下面我要讲的,就是在贵州的一个发言的内容。我这次来参加"西部阳光行动"组织的"西部农村教育论坛",也是想以"西部阳光行动"的年轻朋友所作的乡村教育实验作为一个点。但我主要是来听的,而不是来讲的。如前面所说,我现在的角色正处在转变过程中:从大学教授转向关注中小学教育,从关注城市教育转向农村教育;在这个转变过程中,我实实在在需要重新学习,这不是谦虚,而是实情。

我到这里来,与诸位见面,就是一个新的学习,新的思考,新的追寻的开始。——我从北京走到大西北的兰州,实在不容易。这背后有一个漫长的追寻过程,一段复杂的心理历程。

(二)诸位来到这里也不容易

我们这次论坛最大的特点,也是我最感兴趣之处,就是有许多来自第一线的农村教师,这是有非常重大的意义的。我曾经说过,中国的中小学老师其实都是沉默的大多数,基本上没有发言权。很多人都在谈教育，教育官员谈教育，我们这些学者也在谈教育，真正的教育主体——第一线的老师却很少发言，特别是在座的农村教师们。本来第一线的老师对教育与教育改革是最有发言权的，但由于体制的原因，也由于观念的原因，却使得第一线老师无论在关于中小学教育的讨论，还是教育改革方案的设计，教育制度、政策的制定中，都始终是缺席的，很少听到他们的声音。我们的教育改革是自上而下的政府的指令行为，这固然是教育本身就是国家行为这一基本特点所决定的；但它缺少自下而上的民间支撑，其弊端也是明显的。其中之一就是将教师看作是被动的执行者，他们的声音被忽略就是必然的。而我们在这里举行关于西部农村教育的论坛，就是希望能够发出民间的声音，发出第一线农村教师的声音，以使我们的教育与教育改革能够获得自下而上的民间推动力，与自上而下的改革形成良性互动与相互制约。

这两天和大家有了初步的接触，发现诸位即使在农村教师中也是处于弱势的地位，来到这里，真不容易。我也因此受到了很大的教育，我和杨东平教授有共同的感受：听了老师们的发言，我们再说什么，都显得苍白。

刚才，听到陕西省蓝田县九间房乡柿园子小学李小锋老师的发言，我掉泪了。他所提供给我们的数字，实在令人震惊："13、31、103、134、4。13，就是我从1992年至今已经当了整整十三年的代课教师；31，就是我今年刚好三十一岁；103，就是我现在的工资每月为103元；134，就是我教出来的学生有134名，4名还考上了大学；4，就是我身兼数职：校长，主任，老师，后勤，整个学校就只有我一名教师。"这数字的背后，有农村教育的真实。西北师范大学王嘉毅教授在这次论坛的发言中告诉我们，到2004年年底，我国农村小学共有代课教师60万人，目前甘肃全省有公办小学教师9.7万人，而代课教师则高达 4.2 万人，这些代课教师主要分布在农村中小学。这就意味着代课教师事实上是我国农村教育的重要支撑力量，但他们的待遇却惊人的低下，而且他们作为教师的权利更是被严重地忽略甚至被剥夺。在这样的难以想象的恶劣境遇下，李小锋这样的代课老师却十数年、数十年地坚守在教育第一线，献出了自己的青春，为最边远山区培养了人才。这令我们敬佩、感动，更让我们羞愧难言：我们整个社会给他们应有的关注和帮助了吗？

我还要向陕西延川县土岗镇小程小学的贺权权老师表示敬意，他跋山涉水来到我们这个讲坛，向我们报告了从事复式教学的农村教师的境况：这又是一个重要而被我们所忽视的教育群体。"西部阳光行动"的尚立富在采访时，甘肃成县主管教育的副县长告诉他，目前该县有三分之一的小学仍依赖复式教学才能维持。因此，有专家指出，在西北、西南欠发达地区的边远山区，复式教学班所占的比例仍很高，而且在一个较长的历史时期将会继续存在下去。这是适应边远地区学生居住分散，办学条件简陋这样一些特殊情况的。问题是绝大部分从事复式教学的教师处于封闭环境中，却很少有人关注。贺老师的发言让我们听到了他们的呼声，我们将如何回应呢？

四川仪陇县大罗小学谭秀容老师所报告的农村女教师的情况，更可谓触目惊心。谭老师说，当年从仪陇师范毕业怀揣梦想走进大罗小学的七姐妹，如今只剩下她一人，这怨不得姐妹们，条件实在太苦！但这回她到了兰州，才知道甘肃农村代课女老师的境遇更令人心酸：她们每月的工资不过 140 元，最低的只有 40 元，可就是 140 元，有位女教师已是三年分文没领，真不知道这路是怎么走过来的！而由此造成的后果则更让人忧虑。王嘉毅教授提醒我们注意：在城市中女教师比例已达 70% 以上，成了城市教育的一个问题；而农村则相反，女教师的比例仅占 42%，在甘肃、西藏、贵州、四川、宁夏、青海等西部地区农村，中小学女教师的比例尚不足三分之一。据尚立富在宁夏一个乡的调查，女教师仅占25%，而且多在中心小学，16所村小就有13所没有一名女教师。女教师的稀缺不但影响教师队伍的稳定，也造成了许多新的教育问题：首先影响农村女童教育，在甘肃部分少数民族地区，因为没有女教师，女生不来上学。当然，更根本的还是宗教、传统观念等原因，使得女童的辍学率特别高，谭老师所在的大罗乡，今年升入高中的学生，女生只占九分之一。这就形成了两个怪圈："女教师少"与"女童就学少"互为影响，以及"女童就学少—母亲素质差—贫困愚昧—多胎生育—女童就学更难"的矛盾：这同时就成了制约农村长远发展的一个因素。看来，关注农村女教师的问题，已经是刻不容缓。

我见到甘肃靖远县三滩中学的胡成德老师，特别感到亲切，因为我在这个论坛上是年龄最长的，已经有四十多年的教龄；胡老师是到会的农村教师中年龄最大的，已有三十多年教龄。胡老师提供我们的一个数字，也很值得注意：在他所在的乡，40岁以上的中老年教师占教师总数的60%，50岁以上的老教师占40%。由此带来的教育改革的问题是，一方面，有的领导把这次教改理解为对传统课堂教育的全盘否定，根本不重视、甚至否定老教师所积累的农村教育的丰富经验；另一方面，对老教师来说，面对变化迅速的新的教育形势，又没有机会得到培训，很难适应新的教育任务，感到无所适从。胡老师说，他都不知道该怎么教书了。听了这话，我心里很难受：我们是不是应该给这些在农村教了一辈子的书的老教师，以更多的尊重、理解与更切实的帮助，更多地听取他们的意见，并认真反思我们当下教育改革中的问题呢？

宁夏西吉县沙沟乡顾沟小学的马树仁老师所提出的"少数民族学校教师的现状"问题，是西部农村教育中的一个大问题。让我们忧虑的，不仅是少数民族学校教师缺乏，文化素质较低，身体状况差，更是民族文化的教育与传承的问题。

　　非常感谢诸位老师让我们了解了西部农村教育的真实问题，让我们真切地感受到了西部教育的"扶贫"的迫切性，国家必须以更大的教育投入来根本解决西部农村教师，特别是他们中的代课教师，女教师，从事复式教学的老师，老教师，少数民族教师的基本生存条件，以及农村办学的基本条件问题，这是首要的，可以说是当务之急。我们必须认真倾听李小锋老师代表西部农村老师发出的呼唤："我最大的心愿就是有更多的人来关心西部的老师与孩子们，也多么希望有设备完善、宽敞明亮的现代化的教室，使山村教师不再有跋山涉水去上课的艰辛，不再为生活所煎熬，不再有危房上课时的心情，不再出现困难学生上不起学的情况。我真希望山村教师也能在电脑前享受网络信息沟通带来的欢乐，不再忍受不仅是物质的贫困，还有无助的孤独和寂寞。当然我也希望能成为一名公办教师，每月有四五百元的收入……"——听到这样的呼唤，是不能不为之动容的。它是对我们每一个人的良知的叩击与拷问。

　　这里我还要特别响应西北师范大学李瑾瑜教授的发言，他所提出的农村教师的"义务与权利失衡"问题，在我看来，是当下中国农村教育更深层的，更带根本性的问题。这是一个无法回避的事实：在很多地方，很多学校，我们的农村教师实际上是一个"被管理和被使用的对象"。李教授说，当下农村教育管理通常的思维是：对教师必须通过奖惩施加强大的外部压力，"才会好好干活"；达到上级制定的考核目标是学校管理的最高任务，教师的一切行为必须符合考核目标，"要求你做什么，你就必须做好"。于是就有了这样的教育行政官员的训话："饭碗你要想要，那就好好抱住，否则就丢开，滚蛋走人，没有别的出路！"而且还有相应的制度，如"末位淘汰制"、"后果自负制"等等。这都对农村教师形成巨大的压力，以至造成了心理恐惧。尚立富就听到这样的诉苦："现在的老师的日子越来越难过了。整天提心吊胆的，说不定哪天就被下放或辞退了"，"如果学生的成绩达不到学校和教育局的要求，不但要扣工资，有时候末位淘汰制就把你淘汰了"，"尤其是现在实行聘用制以后，校长的权力更大了，真的是为所欲为，所有的标准和真理都集中到他一个人身上。他们都喜欢听话的老师，不喜欢有想法的老师。聘用制实行过程中，谁来监管校长的权力？老师有多大的个人发展和生活空间？"在这样的教育体制与环境中，就出现了李瑾瑜教授所说的农村教师的"四无"状态：或"无助"，想做事而无助；或"无奈"，想做的事没有办法去做；或"无望"，看不到自己的希望何在；或"无为"，无所作为，陷入孤独、孤立的困境。这正是提醒我们，中国农村教师首先面临的是物质贫困，在深层次上，又存在权利的贫困与精神的贫困。因此，要改变西部农村教育的落后状态，当下首要的是要加大教育投入，从长远发展看，还需如李瑾瑜教授所强调的那样，建立农村教师"赋权"和"增能"的长效机制。最重要的是，我们关注西部农村教育，要有"站在西部农村教师立场上的思维方式"，李瑾瑜教授说得非常好："没有从教师的实在困境当中去理解教师，也不会对教师有真正意义上的实质性的帮助。农村教师的需要究竟是什么？他们的生存状态和发展中的真实困难又是什么？这些问题，有谁能站在教师的立场上去思考，去研究，去解决呢？"——这也是包括我在内的我们每一个关心西部农村教育的人，必须时刻向自己提出的问题。

（三）重新确立农村教育的定位、价值与目标

为什么会把农村教师当作是"被管理和使用的对象"？除了体制

的问题，也有观念的误区，因此李瑾瑜教授提出"必须重建'农村教师'概念"，这是抓住了要害的。我由此而想到了另外一个重要问题，就是要重新确立农村教育的定位、价值与目标的问题。这应该是当下中国农村教育的另一个关键问题。

之所以要提出这个问题，是因为我们的农村教育落入了"城市中心主义"的误区。这也是整个中国教育的问题，乡村教育在整个中国教育中处于被忽视的地位，农村教育投入的严重不足，教育资源分配的不平等，这些问题都反映了城市中心主义的倾向。这都是有目共睹的，人们的议论也很多。但如果我们的认识仅仅局限于此，也会遮蔽一些或许是更深层次的问题。

其实教育中的城市中心主义的一个更内在的表现，是整个教育设计中的"城市取向"。所谓应试教育，就是以通过逐层考试，最后成为城里人（对于农村孩子而言）或城市上层社会里的成员（对于城市孩子而言）为教育的最终目的与最终指向的。通俗地说，我们的教育成了"升学的教育"，也就是说，既脱离了生活，也脱离了青少年的成长，唯一的目标，就是升学。因此，我们的乡村教育，是与乡村生活无关的教育，是完全脱离中国农村实际，因而在某种程度上脱离了中国基本国情的教育，是根本不考虑农村改造与建设需要的教育，也就是说，农村完全退出了我们的乡村教育以及整个教育的视野。

正是这样的城市取向的教育使乡村教育陷入了困境，而且这是一个全方位的困境。极少数的农村孩子，承受着远超出城市孩子的负担，以超常的努力，通过残酷的高考竞争，上了大学，实现了逃离农村的梦，但也从此走上了永远的不归路。这些年，又有些本科或大专生毕业后，找不到工作，回到了农村，却完全不能融入农村社会，如我们在下面还要引述的韩少功先生的文章所说，他们因此"承受着巨大的社会舆论压力和自我心理压力，过着受刑一般的日子。他们苦着一张脸，不知道如何逃离这种困境，似乎没有想到跟着父辈下地干活，正是突围的出路"。因为他们所受的全部教育都是要脱离土地，他们的父母即使这样也不愿意他们回到土地上来。而农村凋敝的现实也无法吸引他们扎根于土地。

而绝大多数高考竞争的失败者，无望通过逐层竞争上爬者，或者提早退出而辍学，即使在校继续学习，也因为无望而失去学习的动力与兴趣，而学校的教育者——校长、老师们也将其视为负担而忽视对他们的教育，这样，这些农村的孩子尽管混到了小学、初中、高中毕业，实际上并没有达到相应的文化程度。

这样的低质量的教育使得他们在离开学校以后，即使有机会以打工者的身份来到城市，也会因为自身文化素质不高，在另一种形式的竞争——市场竞争中处于被动、不利的地位。再加上城市的排斥：生存的艰难、人格的歧视等等原因，这些年许多到城市寻梦的农村青年又回到了农村，这就是"打工者的回归"现象。

但这些回乡青年却又在农村中找不到自己的位置。因为他们所受到的教育如前所说，是与农村生活无关的教育，他们既无从事沉重的农业劳动的体力与习惯，也没有从事多种经营，参与农村改造、建设的知识与技能，更重要的是，长期的城市取向的教育使他们的心灵已经失去了农村的家园，即使身在农村，也无心在农村寻求发展。他们中的有些人就成了在城市与农村都找不到自己位置的游民。

记得前几年，我在报上读到居住在农村，因而对农村教育有近距离观察的韩少功先生的一篇文章，受到了很大的震动。这次来开会，我又把它翻了出来。文章有这样一段话，特别触目惊心："我发现凡精神爽朗、生活充实、实干能力强、人际关系好的乡村青年，大多是低学历的"，"如果你在这里看见面色苍白、人瘦毛长、目光呆滞、怪癖不群的青年，如果你看到他们衣冠楚楚从不出现在田边地头，你就大致可以猜出他们的身份：大多是中专、大专、本科毕业的乡村知识分子。"（见韩少功：《山里少年》，原载 2003 年 8 月 29 日《文汇报》）——这真是对我们的脱离农村生活，以逃离农村为指归的教育的最大嘲讽与报应。

要知道，我们的乡村教育从根本上是靠农民用自己的血汗钱来支撑的，而城市取向的乡村教育却培养出了这样的游民，我们实在是愧对农村的父老乡亲的。——而农民也有自己的对付办法：既然教育让孩子成为无用之人，那就干脆及早退学回家：在我看来，这就是农村辍学之风欲禁而不止的深层原因，这是农民以他们自己的方式向我们的教育发出的警告。

我们由此而得出这样的警示：乡村教育必须改变以升学为唯一取向与目标的定位，要面对全体学生，着眼于他们自身生命的健全成长，为他们以后多方面的发展，打下坚实的基础。无论是留守农村，还是走出农村到城市发展，都能打开局面，即"走得出，守得住"。同时要加强教育与农村生活的联系，注重对乡村改造与建设人才的培养。

这就意味着，我们的农村教育应该有三重使命，三个培养目标。一是向高等学校输送人才，这既是发展高等教育的需要，也是农村青少年的权利。农民的后代完全有权利和城市人的子弟一样，接受高等教育，在中国以至世界的广阔空间寻求自己的发展，这理应是我们所追求的教育与社会平等的重要方面。正是在这一点上现行的高考制度是有它的合理性的，是不能轻易全盘否定的。第二是向城市建设输送人才。在今后相当长的时期内，城市建设都需要从农村吸收劳动力，农村自身也有城镇化的发展趋势，因此，培养有文化的城市劳动者必然是农村教育的一个重要任务。第三，由于中国的地域广大，地理情况复杂，人口众多，因此，即使中国城市化程度得到极大的提高，仍然会有广大的农村，有为数不少的人口留在农村，于是有"建设社会

主义新农村"的任务的提出。农村教育理所当然地要担负起培养农村
建设和改造人才的重任,而且在相当一段时间内,农村建设人才主要
还是仰赖本地学校的培养。

为适应与落实农村教育的以上三大使命与目标,必须建立农村教
育的新的结构。我和社会学家王春光先生讨论过这一问题,我们一致
认为首先应当在农村发展与完善九年制义务教育,使每一个农村的孩
子都毫无例外地受到基本的高质量的现代教育,这是教育和社会平等
的基础。介于目前农村存在的普遍辍学现象,以及办学条件的恶劣,
因此,在西部农村真正地,而不只是在统计数字上普及义务教育,并
保证教育质量,还要下很大的功夫,做很大的努力,无疑应成为西部
农村教育的重中之重,应是国家教育投入的重点。记得我在 2000 年
和《甘肃日报》的记者的谈话中,谈到一个观点,我现在还是这样看。
我说:"发展教育的重点应该放在哪里? 有两个选择,一个是以发展
大学和作为大学生源的高中普通教育为中心,着重高、精、尖人才的
培养;另一个是以小学、初中的基础教育和职业高中教育为重点,主
要着眼于劳动者整体素质的提高。从国家的全局来说,这两种教育是
应该兼顾的。但在我看来,西部地区与东部地区的主要差距是劳动者
素质低,这是长期制约西部地区经济、文化发展的最基本的因素。在
这种情况下,如果只考虑城市孩子要求上大学的社会压力,把教育经
费主要用于发展高中和大学教育投资,忽略了更广大城乡九年制义务
教育这一块,就会把本已存在的东、西部教育以及劳动者素质的距离
越拉越大。我这样说,当然不是主张不要发展大学与高中教育,而是
强调西部地区发展教育的战略选择,应该是重点发展九年制义务教
育,适度发展高中和大学教育。"(《西部开发中的教育问题之我见》,
收《语文教育门外谈》)——这确实是一个战略选择的问题,是不可
掉以轻心的。

应该看到，目前西部经济、社会发展的实际水平决定了大多数的农村青少年在完成了九年义务教育以后，就要走向社会，因此，在初中阶段，就应该有适当的实用技术教育的内容，以适应以后走向社会的需要。当然，这是有限度的。因此，在初中教育以后，应该同时发展两种教育，一是职业教育，以培养城市建设与乡村建设需要的技术人才，或作基本的技术技能培训；一是高中教育，以为高校输送人才，但同时也应有一定的技术教育的内容。这两类义务教育以后的教育，除国家要有投入外，应向社会开放，更广泛地吸收社会教育资源，特别是职业教育要有更大的灵活性。我们设想，如果形成这样的结构与布局，农村教育就有可能有一个比较健全的发展。

（四）重新认识农村教育的特点

这里，还有个问题：如何理解"农村教育"？它有没有自己的特点与优势？

在前面提到的 2000 年和《甘肃日报》记者的谈话中，我已经提到了这个问题："西部地区农村进行素质教育，也有自己的优势。在我的教学中，有过这样的体会，许多来自农村的孩子比城市里的孩子拥有更多的想象力与艺术天分，这是由于他们比城市的孩子更多地接触大自然的缘故。如何充分利用西部地区独有的自然资源与地域文化资源，是我们面临的一个富有挑战性的教育新课题。在这方面有许多文章可做。"但我的这一意见，并没有引起任何反响。

这样的忽视大概不是偶然的。因为在以城市中心主义的教育观念里，乡村教育是绝对落后于城市教育的，这背后有一个"城市—乡村"、"先进—落后"的二元对立的模式。这样，城市化就是乡村教育的唯一出路，也就是说，乡村教育城市化了，就是教育的现代化。这其实是一个认识上的误区。这样，乡村教育的独特性及其独有优势，就完全被忽视了。

在座的大都是在农村长大的，大家不妨回想一下，你们从小是怎样接受教育的。其实在接受书本的教育以通向一个超越本土的世界之外，还有农村本土的地方文化、民间文化的熏陶，比如乡村有许多民间节日，你们西北地区有社火、演戏等等活动，小孩子活跃于其间，在享受童年的欢乐的同时，也接受了潜移默化的文化传递：在某种程度上这是融入生命的教育，影响是更为深远的。老师们不妨从教育的角度去重读鲁迅的《社戏》，还有他的《无常》、《女吊》，就可以知道，这样的童年时期农村文化，地方、民间文化的教育，对一个人的终生发展，对鲁迅这样的文学大师的培育的作用，是怎么估计都不会过分的。而这样的地方，民间文化教育、熏陶的缺失，在我看来，正是城市教育的一个不可忽视的问题。今年上半年我在北京两个重点中学上课，讲鲁迅的《无常》、《女吊》，我本以为学生会很喜欢这两篇散文，结果没想到学生感到最不能理解的就是这两篇，因为他们毫无这样的童年记忆，他们完全陌生于、甚至抵制这样的地方、民间文化，他们问我：鲁迅为什么对这些封建迷信的东西如此念念不忘？坦白地说，他们把我问呆了，我感到十分震惊。在我看来，一个人从小就对本民族的地方与民间想象持排斥态度，他的精神发展就是畸形的。这可以说是科学主义教育与所谓的唯物主义教育所结出的恶果。

还有大自然的熏陶。人在大自然中，这本身就是一个最基本的，最重要的，也是最理想的教育状态。脚踏泥土，仰望星空，这样的生存状态，对人的精神成长，可以说是具有决定意义的。现代都市发展中的最严重的问题，就是对人的这样的生存空间的剥夺。这也是现代城市教育的最大缺憾。而在这方面，农村教育的优势是十分明显的。"西部阳光行动"的有些大学生从小在城市长大，这次第一次到农村，最大的体会就是他们的童年缺少了这一课，他们在日记里这样写道："城市里的孩子有很多很多遗憾，他们或许永远没有机会在这样整齐的梯田中品尝这美味的烤洋芋，在这空旷的山野中畅快奔跑……"（参看《西部的家园》）这其实也是对我们的教育提出的一个警示。当然，如果有条件，农村的孩子也应该到城市去看他所不知道的更广大、更丰富的世界：城市教育与农村教育是应该互补的。

乡村生活还有一个我们习以为常，其实对孩子的教育有很大影响的特点，简单说就是全家人在一个庭院里，朝夕共处，邻里间鸡犬相闻，来往密切，这就形成了充满亲情、乡情的精神空间，自有一种口耳相传的、身教胜于言教的教育方式，这对农村孩子的健康成长的影响是潜移默化而又深远的。鲁迅曾写文章深情回忆："水村的夏夜，摇着大芭蕉扇，在大树下乘凉，是一件极舒服的事。男女都谈些闲天，说些故事。孩子是唱歌的唱歌，猜谜的猜谜。"（《自言自语》）我想，有过农村生活经历的人都会有这样的体验：这确实是终生难忘的生命记忆。而在都市的公寓式的居住空间，公务员、公司职员的家庭空间被挤压的生活方式里，这样的有利于儿童成长的教育空间、氛围也同样被挤压了。

对以上所说，湖南师范大学教育科学学院的刘铁芳教授有一个精辟的概括，我的分析就是受到了他的启示。他说："乡村地域文化中原本就潜藏着丰富的教育资源。传统的乡村教育体系正包含着以书本知识为核心的外来文化与以民间故事为基本内容的民俗地域文化的有机结合，外来文化的横向渗透与民俗地域文化的纵向传承相结合，学校正规教育与自然野趣之习染相结合，专门训练与口耳相授相结合，知识的启蒙与乡村情感的孕育相结合。"（《乡村教育的问题与出路》，文收《守望教育》，华东师范大学出版社，2004年出版）这既是乡村教育的特点，同时也构成了其特殊优势。而在我看来，在强调素质教育的今天，乡村教育的这些特点与优势就更显示出其重要价值，对城市教育也有极大的启示与借鉴意义。但我们自己却把它丢失了，这叫做"抱着金娃娃讨饭吃"。

当然，也有人批评刘教授"把原有的乡村教育理想化了，是不是在削弱那引导乡村少年走出乡村世界的正规书本教育的重要性"。我想这可能包含了某些误解。农村学校教育显然仍是以正规书本教育为主，我们已经说过，这是使农村青少年走向超越本土的更广大的世界，接受民族与人类文明结晶的基本途径，其重要性是自不待言的。当然，这样的批评也是一个提醒，就是不可将乡村文化、教育过于理想化，它也是自有其不足与劣势，需要向城市文化、教育吸取与借鉴。我们一定要走出二元对立的思维模式，不是将农村教育与城市教育对立起来，而是强调其互补性。而其前提，就是要承认："从人的心灵乃至智慧发展的视觉来看，显然乡村文化和城市文化都具有同等的价值。"并在此基础上，承认并尊重农村教育与城市教育的各自特点。（以上讨论参见刘铁芳：《就乡村教育问题答晓燕女士》，文收《守望教育》）而介于长期以来，对农村教育特点的忽视，我们今天在发展农村教育时，特别强调要注意吸取乡村本土地方文化与民间文化的教育资源，开发农村教育的内发性资源，是完全有必要的。

但这样的呼唤却很容易被看作是过于理想化的，因为这样的中国农村的传统教育资源正在日趋萎缩：这也是我们必须正视的现实。地方文化传统（包括民间节日）的失落与变形，农村自然环境的污染，农民工的大量外出造成的农村家庭与农村生活的空洞化，这已经成为当下中国农村三大社会、文化、生态经济问题，它对农村教育的影响与冲击是明显的。但这也反过来证明，恢复与发展农村的内在教育资源的迫切性。

这同时提醒我们，农村教育的发展必须和农村本土文化的重建与自然环境的保护结合起来，形成良性的相互补充与推动。这就是说，我们要通过对乡土文化的研究、整理、重建，对自然环境资源的保护与开发，为农村教育提供内发性资源；同时，通过教育使本土文化传统在年轻一代中传承，并唤起保护自然环境与家园的意识，并把这样的意识代代相传下去：这都关系到农村长远的健康发展。

这里我要特别谈到"乡土教材"的编写问题。这应该是我们所提出的农村教育、乡土文化建设与自然保护三者结合的一个具有可操作性的途径。如杨东平教授在这次论坛上所强调的，这也是一个教育的地方化问题。在最近的教育改革中规定了10%的"校本课程"，这就为乡土教材进入课堂，教育的地方化提供了一个空间。如何编写乡土教材，如何开设校本课程，这都是形成农村教育自己的特点的新的教育课题，以后我希望有机会再来专门讨论这个问题。

（五）重新认识农村教育在乡村建设和改造中的地位与作用

这里实际上还内含着一个农村学校在乡村改造与建设中的地位与作用的问题，这也是长期被忽略的。我在贵州参加安顺九溪村的文化建设（那一带保存了从明代江南地区传来的独特文化，叫"屯堡文化"）与乡村建设的学术讨论会，谈到了农村学校里的老师在乡村建设中实际上处在一个边缘化的位置，老师们对此有不满，却不知道如何参与：这引起了我的注意与深思。记得当年晏阳初、陶行知他们就提出过要使乡村学校成为乡村改造与建设的中心的设想，这样一个思路，对我们今天的思考与探索也是有启示意义的，农村学校不仅要把学校自身办好，而且也应该积极参与乡村改造与建设工作，农村教育不应是自我封闭的，而应是开放的，要发挥学校的外扩性的影响与辐射作用。

这里或许涉及一个更大的问题，就是乡村教育在乡村建设中的支撑作用的问题。我们所说的"乡村教育"其实是包括了两个方面的教育，一是我们这里所讨论的乡村"学校教育"，这是属于"国民教育体系"的；其实还有一个重要方面，就是"现代乡村社区教育体系"，就是我们通常所说的对农民的教育与培训，即所谓"村民教育"。我们说乡村建设与改造，必须以农民为主体，但农民要真正发挥主体作用，在我看来，有两个关键环节，一是要把农民组织起来，另一就是要使农民接受现代教育，包括公民教育，文化、卫生教育，科学教育，职业技术教育，地方文化传统教育，环境保护教育，法律教育，等等，成为具有现代意识、觉悟与知识的现代农民，这才有可能把命运真正掌握在自己手里。学校应该把国民教育与社区教育统一起来，同时担负起村民教育的任务，通过办夜校等方式，使学校成为农村文化、教育的一个中心，成为乡村社会家园的象征与载体。而乡村教师也自然成为乡村精英的重要成员，乡村建设与改造的骨干力量。当然，这样的任务仅仅依靠乡村教师是完成不了的，需要有乡村政权、乡村教育自治组织与学校的相互配合。这涉及多方面的复杂问题，更需要具体的实验。这里只是提出一个理念与设想，也算是我的农村教育的一个梦想吧。

（六）重新规划农村教师队伍的建设问题

西部地区农村教师队伍建设问题的重要性与迫切性，大家都已有了共识，就不必多说。我要讨论的是，西部地区农村教师的培养应该有一个统一规划，建立一个新的结构。

我设想，似乎要有三个方面。首先是现有农村教师的培训。在这方面，西北师范大学教师培训学院已经积累了不少经验，我们这次论坛的另一个内容就是要做农村教师培训的试验，这里就不再做讨论。

这些年关注农村教育的人逐渐增多，出现了各种形式的志愿者的支农、支教活动，这应该是城市反馈农村的一个重要方面。问题是如何建立起一个乡村支教体系，使它更有规模与制度化，以实现城乡教育资源的有效沟通。可以把大学生志愿者也纳入这个体系。这应该是乡村教师队伍结构中的一个重要环节，其作用不可低估。

我想着重讨论的是，如何就地培养能够在农村待得住、又能胜任农村教育工作的年轻教师，在我看来，他们应该是农村教师队伍中的新生力量与骨干力量。因此，有些有识之士提出"师范教育是农村教育发展的灵魂，是改变贫困与落后最有效的途径"，这是抓住了要害的。现在的问题是，不仅不重视，而且有取消师范教育的趋势，这些年师范大学纷纷向研究型的综合大学发展，这是很让人忧虑的。这里有一个认识的误区，即不承认教师是一个专业，需要经过严格的专业教育训练，以为只要具有大学本科、研究生的水平，经过短期的教师培训就可以胜任教师工作。这在实践中是非常有害的，造成了教师选用上的唯文凭倾向，出现了非师范生比师范生更容易被选拔为教师的怪事。

在师范教育中，这些年出现了取消中等师范教育的趋向，这在西部地区的农村教育界已经引起了强烈反响。尚立富他们到农村调查，许多校长、老师都反映，"中师教育在西部地区是比较适合农村教育需求的，中师生在现在很受基层校长的欢迎"，现在农村教师中的许多骨干教师都是老中师生，他们撑起了一片蓝天，有些老教师因此担心若干年后，就会出现断层，没有完全适合农村学校发展的老师：这并非杞人忧天。一位从师范被保送到北京的研究生说得很好："中师教育是中国教育的特色教育，尤其是在中国的农村。长期以来，中师教育发挥了它独特的作用，一方面，它为广大的农村培养最基层的师

资，是培养地方资源最成功的范例；另一方面是基于中等师范教育的
教育体制，它没有高中的升学压力，也不像专科院校强调'专'字，
由于是专门培养小学教师的摇篮，中师教育一直以来都重视学生各方
面能力的培养，体育、舞蹈、音乐、绘画、三笔字（毛笔、硬笔、粉
笔）、普通话、教育学、心理学，样样都有所涉及，这是最适合农村
小学教育的需要的，最后受益的是学生。"我自己在20世纪六七十年
代就是在贵州的中等专业学校，先是卫生学校，后是师范学校教语
文，就是为所在地区的广大农村培养卫生与教育人才，学生的最大
特点，一是进校时毕业后去向就很明确，都安心于在农村工作，待
得下来；二是所学与农村所需相符合，专业基本功比较全面、扎实，
因此能胜任工作；三是没有多少好高骛远、见异思迁的想法，工作
踏实、勤恳，受到基层领导、农民与家长的欢迎。一直到今天，这
个地区卫生、教育两个部门的许多基层领导、骨干都是我们当年的
学生。应该说，五六七十年代的中国中等学校教育是成功的：一是
目标明确，面向农村；二是从课程设置到教学内容都比较切合农村
实际，这确实是符合中国国情，具有中国特色的教育。因此，在我
看来，对中等教育，包括中等师范教育的削弱以至取消，是反映了在
教育改革指导思想上的某些问题的：一心只想所谓"与国际接轨，和
世界同步发展"，而忽视中国自己的教育传统，忽视中国农村，特别
是西部农村的实际，西部农村教育的实际。现在这样一味强调教师的
学历，并有统一的硬性规定，至少是不切合西部农村教育的实际的。
有的老师说得好："在农村教书，文凭是次要的，关键是能力，文凭
不能代替能力。我们不能用城市的眼光来看农村，不能用城市的标准
来要求农村，我们提高文凭的目的是为了更好地育人，而不是追求一
种形式。"如果我们为追求文凭，而否认在过去曾是，现在以及将来
相当一段时间都应是培养农村教师的主要基地的中师教育，那很有可

能如一些老师所尖锐指出的，"我们将会成为历史的罪人"。

因此，我主张农村教师的培养仍应以中等师范（主要培养农村小学教师）与专科师范（主要培养农村初中教师）为主体。而且应对这两类师范教育实行特殊的优惠政策，即全额免费，并包分配，学生则与学校、政府签订合同，保证毕业后到农村任教三年至五年。这样，既可以解决农村贫寒子弟的求学问题，更可以吸引一大批农村的优秀青年入学，并能够返回到农村去，使农村学校得到稳定而合格，甚至高质量的老师。这样的培养基地，与我们前面所讨论的在职教师的培训体系，城市的支教体系相结合，就可以形成一个培养农村教师队伍的合理格局。

以上所讲，都是这两天听了各位西部农村教育第一线的老师，以及多年从事农村教育研究的专家的发言以后的一点心得，也是看了"西部阳光行动"的年轻朋友所作的西部农村教育调查报告以后的一些体会，也可以说是我关于西部农村教育的初步思考，所形成的一些理念与建议，可能理想的成分比较多，仅供参考吧。

2005 年 11 月 28 日、29 日，2006 年 3 月 31 日整理，

2008 年 3 月 12 日再整理，有删节

（2005 年 9 月 17 日在"西部农村教育论坛"上讲）

我为什么"屡战屡挫，屡挫屡战"

今天的议题应该包括两个方面："呼唤教育家和教育家精神"。这在当今的中国，是一个理想主义的话题。我说过：教育本身就是一个理想主义的事业，没有理想主义精神，就不要搞教育；但我们又是在现实中的种种矛盾、困惑中从事教育的，我们不能没有现实感。因此，我要说，在当代中国，培育教育家和教育家精神，都是很难，很难的；但我们仍要去努力，在绝望中挣扎。

我想用自己在退休后的经历来说明这个问题。

我曾把自己退休后的五年生涯，概括为一句话："屡战屡挫，屡挫屡战"。

2002年6月27日，我在北大上最后一节课。上完课，学生就在网上发了一个帖子，说"钱先生一路走好"，而且很快就跟上了近六百条帖子，就"钱先生该不该走，走后怎样"展开了激烈的讨论。当晚，我应一个学生社团的邀请作了一次演讲，最后寄语于北大学子："目光永远向前——要听得见'前面的声音'的呼唤，不停地往前走；同时又目光向下——要立足于中国的大地，深入民间，更关注人民的真实的生活，自己也做一个真实的普通人。"讲完后，一群学生陪着我，在未名湖畔走了一圈，还依依不舍。面对这一切，我既感动又震动：没有想到，我的正常退休，会引起一部分学生这样强烈的反应，而且有着如此浓烈的悲怆气氛。最引起我共鸣的是一位学生的一个帖子，他这样说："钱先生，你该说的已经说了，愿意听你说的也已经听了，不愿意听的多说也没有用，你真的该走了。"他说的是实话，真话。我曾经说过，自己是北大校园里的一只"乌鸦"，经常说些不合时宜的话，不但校领导听了不舒服，就连许多学生，我所说的"立足大地，深入民间，做普通人"这类话和他自己与家长的期待都相差太远，听了我的话，反而会搅乱思想，妨碍前程，还是不听为好。也就是说，我这样的理想主义的，具有批判性的，在学术上也有些反叛性（即所谓"不大讲规矩"）的知识分子、教授，在北京大学，以至整个日益体制化与功利化的今天中国的大学校园里，已经难以生存了。我也真该走了。而且事实上我离开北大讲台以后，北大的讲坛也基本上对我关闭了。

但我仍然要坚守在教育岗位上。

我到哪里去呢？

我在最后一堂课上，对学生说：我要到中学，特别是我的母校——南京师范大学附中去讲鲁迅。

到中学去——这其实是我内心的渴望：回到自己少年时期的精神家园，是一次心灵的归根。

我到中学去讲鲁迅，还怀有教育实验的目的：一是进行大学教授到中学上课的试验，以恢复"五四"开创的大学与中学相互交流，大学里的人文知识分子参与基础教育建设的传统；二是做在中学开设"鲁迅作品选读"的选修课的试验，以实现我的让作为民族精神源泉的文化经典在孩子心上扎根的教育理想，在我看来，这是一项民族精神的基本建设。

于是，我在2004年和2005年连续两年在南京师范大学附中和北京大学附中、北师大实验中学分别上了四十天、一个学期的课，并和南师附中语文教研室的老师合作，编选了"鲁迅作品选读"教材和教

学参考书，并被全国中小学教材审定委员会批准，定为普通高中课程
标准实验教科书：这大概算是一个成果吧。

　　但课却上得很艰难，而且遇到了我未曾料到的问题。首先，开课
本身就受到很大限制：不敢在高三上，怕影响高考；上课时间也只能
在上完正课的四点钟以后，学生因为有各种活动经常不能来不说，实
际上是占据了学生的休息时间，我自己就有一种负罪感。最想不到的
是学生的反应。我去上课，老师们总是这样对学生说：你们都向往北
大，钱先生是北大最受学生欢迎的教授之一，但你们考上北大，也听
不到钱先生的课，他已经退休了，而他现在走到你们之间来上课了，
这是难得的机会，大家一定要珍惜。因此，开始报名、听课的学生都
很多，但后来就越来越少了，最后始终坚持下来的，大约在二十名至
三十名之间，而且都很认真，也确有收获。老师们和鲁迅研究界的朋
友都认为这就很不错了。问题是：为什么还有许多学生坚持不下来？
后来一位学生对我说了老实话：钱教授，我们不是不喜欢听你的课，
而是因为你的课与高考无关，我们宁愿在考上北大以后再来听你的
课，而不是现在听你讲课。——这位学生一语道破了当下中国中学教
育的真实：应试已成为学校教育的全部目的和内容。问题的严重性在
于，不仅教育者（校长，老师）以此作为评价标准，而且也成了学生、
家长的自觉要求，应试教育的巨大的网笼罩着中国中学校园，针插不
进，水泼不进，一切不能为应试服务的教育根本无立足之地。越是城
市里的重点中学，越是如此。我的教育理想再一次落空了。

　　但我仍然要坚守在教育岗位上。

　　到哪里去呢？

　　这是我的另一个目标：离开中心，到边缘地带，边远地区去。那
里更需要我，那里可能存在某种缝隙。

　　于是，我到了贵州：我曾在那里度过我的青春岁月，因此，这也

是一次寻根之旅。

我依然带着一个实验课题。在全球化的时代，我发现越来越多的年轻人，对养育自己的土地，土地上的文化、人民，有一种认知上的陌生感，情感与心理上的疏离感，这就隐含着个人以至民族失根的危机。我因此提出，要在青少年中进行"认识你脚下的土地"的教育。

我决定从编写地方文化教材入手：我和贵州的朋友一起编写了《贵州读本》，并带着它到贵州大专院校作巡回演讲。

在受到欢迎的同时，也遇到了意想不到的问题。我特意到少数民族大学生中去，和他们谈传承民族文化，特别是民族语言的问题。但大学生却告诉我，他们学了民族语言没有用，为了找到一份好的工作，他们最需要的，不是民族语言的传承，而是如何熟练地掌握汉语和外语的问题。因此，他们向我这位北京来的教授提的问题是：如何学好英语？我因此而遭遇了教育的尴尬：这里存在着一个认识的错位。我经常说，当代中国是一个"前现代社会"、"现代社会"、"后现代社会"并存的奇异的国家。我在北京，站在后现代的立场上，自然强烈地感觉到本土文化（传统文化，地方文化，少数民族文化）失落的危机，因此，强调本土文化的保卫和传承问题；而尚处在前现代社会的贵州少数民族地区的青年，更关注的，却是他们及其家庭的温饱问题，如何尽快脱贫致富，文化（包括语言）的传承至少是他们暂时还无法顾及的问题。面对这样的错位，当然不是要放弃我们的教育理想，而是必须正视现实生活所提出的问题，探讨"发展经济与文化传承"、"继承与创新"、"保护和开发"、"理想与现实"等一系列的问题，在此基础上调整、丰富、发展我们的教育理想。

这些年，已经有越来越多的朋友，在从事乡土教材的编写工作，我想都会在不同程度上遇到我所遭遇过的这些问题。我的这些经验教训或许对他们有参考价值，而我自己能够做的工作，却越来越有限了。

但我仍然坚守在教育岗位上。

我把目光又转向新农村建设中的教育问题,特别是西部地区的农村教育问题。

我的这种转移,是出于两个方面的考虑:一是在我看来,教育问题在新农村建设中和西部开发中的重要地位和意义,至今还没有得到充分的体认,农村教育人才的培养问题,也还没有进入大学教育改革的视野,农村教育事实上是中国教育的一个最薄弱,又是关键性的环节。我既然认识到这一点,就有责任为之大声疾呼。我对自己说,应该做雪中送炭的事,而不是锦上添花。另一方面,关心农村教育,特别是农村小学教育,也是一种期待和奢望:或许正因为不被重视,正因为落后,反而存在着某些应试教育所没有完全占领的空间,为进行理想教育实验提供某种可能性。这也可以说是"后发展(地区、领域)优势"吧。

也就是说,我对农村教育的关注,同样怀有进行教育实验的企望。但我很清楚,在这个领域,我已经不太可能参与直接的教育实践,而只能作一些思考。用我的话来说,就是充当"吹鼓手"。

在我看来,首先需要确立教育在新农村建设与西部开发中的战略地位:新农村建设的根本是人的问题,教育是决定新农村建设,西部开发健康、持续发展的根本性、制约性因素。

同时,对农村教育问题应有一个全面的观照与规划。它包括了三个方面的教育问题。

首先,是国民教育体系中的教育,即我们通常所说的"农村学校教育"。我在一篇文章里曾提出四个"重新",即"重新确立农村教育的定位、价值和目标","重新认识农村教育的特点","重新认识农村教育在乡村建设中的地位与作用","重新规划农村教师队伍的建设"。

其次,是社区教育体系中的大众教育,即"农民教育",也包括

"打工者的教育"。

最后，是乡村建设人才的培养。这也包括两个方面的问题。一是大学教育，特别是地方院校教育应把培养乡村建设人才作为自己的培养目标，二是青年志愿者的民间组织的培训，以及志愿者文化的培育问题。

我正是怀着对这些教育问题的巨大兴趣，来参加今天的会议的。刚才听到了第一线的实践者、探索者的发言，我受到了极大的鼓舞和启发。在我看来，南京浦口行知学校，安徽休宁胜德平民学校，山西柳林县前元庄实验学校的教育实验，都为农村学校教育改革提供了丰富的经验；而海南石屋农村社区大学，厦门五齐人文职业培训学校，在农民教育、打工者教育中更是具有开创的意义；北京百年打工子弟职业学校也为这些年大家颇为关注的打工子弟的教育打开了新的思路。我同时注意到，在这些实验中许多志愿者，以及我一直期待的乡村建设人才的作用：可以说，我所关注的三大教育问题，现在都有了成功的实践，这是让我感到十分振奋的。我觉得更为可贵的，也是使我感到震撼的，是这些勇敢的先行者在实践过程中所表现出来的"教育家精神"，我们因此可以说，我们所期待的教育家正在中国基层的民间教育的实践中悄悄地孕育、诞生。我也终于找到了自己的立足点：为这样一些艰难前行的民间教育实验摇旗呐喊，进行某种程度的理论思考，或许这就是我这样一个退休而仍然要坚守教育岗位的老人所能够做的事情。

我也因此更坚定了我的三个信念，可以说，正是这三个信念，支撑着我，虽屡战屡挫，仍屡挫屡战——

教育是立人立国之根本，教育问题已经成为制约中国长远发展的一个瓶颈问题。——因此，我愿意为教育献身，鞠躬尽瘁，死而后已。

教育的改革必须是自上而下、自下而上的结合，国家主导之外，应有广泛的民间参与，形成相互补充与制约。——因此，我愿意做民间教育改革的支持者与参与者。

"乡村文化、教育重建是我们自己的问题"（这是我最近写的一篇文章的题目），大学教授，学院里的学者有责任参与农村建设事业，包括乡村文化、教育实践。这本来也是五四新文化运动的一个传统：30 年代的北京的大学教授就发动了"博士下乡"运动，成立了"农村建设促进会"。——因此，我愿意追随先驱者，为农村文化、教育建设贡献人生之余力，并期待和呼吁有更多的大学教师，特别是青年教师和有影响的学者更自觉地参与到新农村建设事业中来，这里确实是一个广阔的天地，是大有作为的。

6 月 9 日、10 日整理，补充

（2007 年 5 月 27 日在《呼唤教育家精神座谈会》上讲）

相濡以沫

——和中小学老师、学生的通信

（一）

（一位县城的女教师因读了我的《我的教师梦》，在"静静地坐在教室里值班"时给我写信，谈自己的教学体会："教育效果的显现，只能来源于爱心与智慧。只有爱心，没有智慧，教育会显得困窘而无奈；只有智慧而没有爱心，教育就会懈怠或流于粗暴。"）

××：

在岁末的宁静里，读到你的来信，竟有一种生命的柔和感。

我觉得能够有你这样的追求"爱与智慧"的老师的学生，是幸福的。

我们的教育过于僵硬、粗鄙，致使我们的孩子生命中太缺少这样的柔和感了。我们的教育太需要爱与智慧了。

你说得对："错了的不是我们的孩子，是我们的教育，是我们自己。"

在我的感觉中，你在你的教育实践中，真的越来越接近教育的真谛了。比如你说"没有耐心就没有教育"，你说"不犯错误的孩子其实是可怕的"，很多人当了一辈子的老师，都不会懂得这个道理。

我也很欣赏你的自我质疑，一个真正的教师不能不时时反问自己："我到底适不适合当教师？""我懂得了教育的真谛了吗？"而我们现在的许多教师都把教育这个职业看得太简单，太容易了。

　　我倒是觉得你选择回故乡小县城当一名"真诚地生活着"的教师，是对的。这里有真正适合于教育的宁静，何况还有如此美好的爱情，有新生命的诞生，我真的能够想象，"腆着骄傲的大肚子，行走在冬阳灿烂的街道"上的快乐！我真应该向你这位年轻的未来的母亲祝福了！

　　谢谢你的来信给我带来了如此浓郁的教育的诗意。——我突然想起了在我年轻时代，曾引起了我无限遐想的马卡连柯的《教育诗》。而当下中国的教育界，教育的诗意已经荡然无存，而妄谈"教育诗"已成为人们嘲笑的对象了。真是教育的堕落与悲哀呵！

<h2 style="text-align:center">（二）</h2>

　　（又一位县中学的老师因读了《我的教师梦》给我写了一封长信，说"真想和你当面谈心，真想听你讲一节鲁迅"。说自己中专毕业以后教了十一年的书，却总被周围的老师看作"异类"，原因很简单："我总是在谈学生！"也就是说他是因为视学生为生命而不被老师们所理解的。那么，他和学生到底有着怎样的关系呢？他寄来了一封写给毕业班同学的信，于是，我听到了这样的肺腑之言："请原谅，我是不合格的老师，没能给你们广博的知识和深邃的思想，愿大家多求知，善求知；没有能培养大家应有的好习惯——勤查工具书，读书动笔，背书，提问，也只有二分之一的同学养成写日记的习惯。请大家日后多多培养吧，好习惯终身受益！""对不起，美丽的诗歌离我们太远了，读诗写诗太少了！中国是诗歌的国度，我们的中小学里应该让诗歌之花永远灿烂地绽开呀，只因为考试不考她，我们就抛弃了她！上了高中，多读几本诗集吧，多读一些唐诗宋词吧，多写几首心灵的小诗吧，她能让我们的生活变得神奇美好！""对不起，对不起我很少关心的同学们，这并非我的意愿。我做学生的时候也曾怨过老

师的不公，可是你当了老师后才会觉得做到公平绝非易事，人人都会有偏爱之心。但还是要请你们原谅，特别是如果我有意无意地伤害过你。""对不起，我曾经发过脾气，那是老师无能的表现，那是老师忍耐力太差的表现。希望大家不要学我的软弱等坏毛病。说实话，跟着大家两年，我已坚强了许多。做人应有忍耐，应有修养，应讲究方法，特别是做老师的。这两年我发脾气约五六次，以后会逐年减少的。性格决定命运，愿你们拥有良好的性格和幸福的人生！""一直想成为大家的朋友，因为我们有缘共处，因为我爱孩子，因为你们可爱。跟我交成朋友的，愿我们友情到底；还有距离的，我们可以从头再来。友谊是生命的阳光啊！""请原谅我的缺点多多，好在我一直在尽力地努力改着，所以我无怨无悔。"——能够这样和学生说话的教师，有着怎样的胸襟呵。我情不自禁地写下了以下一番话。）

×××老师：

你大概难以想象，你的来信给我带来了多大的快乐！

我非常欣赏你的信条："爱着，乐着去工作！全力以赴！""只爱教育工作，只爱我的学生朋友，只爱看看书，写写日记。忧伤了，快乐了，唱支歌。"

多好的三"只爱"！我遇到知音了。——可惜我不会唱歌。

而你的"给我十四级五、六班的同学朋友们"的信：《对不起，谢谢你，祝福你》则让我感动。能够对自己教了五百多天的毕业同学说这一番话的老师，才是真正的教师。而你对学生的六点嘱咐："永远做一个有礼貌的人，做一个常怀感激之心的人"，"永远保持一颗黄金般善良的心地，多爱惜他物，关爱他人"，"拥有梦想并实践并坚持"，"愿好书永远是你最好的朋友"，"和时间坚持比赛的人才会成功"，"语文是什么，语文是我们所有的生活。愿你终生热爱语文，热爱生活！"这都说出了教育的真谛。如果我们教育出来的孩子，都能做到这几点，中国就有救了。

真的，你这样播种，你就做了一件关系民族前途的伟大工作。尽管你的力量极其有限。

能播种一粒美好的种子，就播一粒吧。

愿你永远保持一颗年轻的心！

我理解你在现实生活中的孤独。因为我们在许多人的眼里都是"异类"。但你又并不孤独。首先是孩子需要你，我相信孩子也会喜欢你。其次，你还有书。——在书中，你可以超越时空，接触大批"远方的客人"，使你的心灵永远通向人类文明的高峰。只要抓住这两条：永远和孩子在一起，永远读书，你就能永远保持一颗赤子之心。

这是我的人生经验，现在在你你里得到心灵的呼应。这就是你的来信，让我如此快乐，如此欣慰的原因。

现在，我们已经是朋友了，以后随时可以来信。

（三）

（以后这位老师又寄来一封信。但我由于忙，一年以后才给他回信。）

×××老师：

我的面前放着你 2004 年 12 月 17 日给我的信。现在是 2005 年 12 月 30 日，我又要给你写回信了。我本想向你表示歉意，但又想这是不必要的。因为我们都很忙，不能及时回信是正常的，这并不妨碍彼此的信任。而且，我觉得一年通这么一次信，报个平安，这本身也很有意思。如你信中所说，"奔流的过程中，有着深重的孤独感，现实中缺少'同志'的切磋交流研讨"。其实，我们真的都很孤独：你在基层学校孤军奋战；我在北京，大声呼唤却少有响应。因此，我对你的关注，以及你对我的回应，对我们彼此都非常重要。老实说，这些年我在中学教育界屡战屡挫，屡挫屡战，仍能坚持下来，全赖于像你这样的底层第一线的老师的支撑。因此，每年通一次信，知道对方都还在努力，这就够了。不是么？但最后还是要

　　致
新年的祝福！

　　（在此之后，这位老师就再没有给我写信。他大概是从我这封信拖了这么长的时间，感觉到了我的忙乱，出于体贴，就不再来"打搅"了；或许是因为他自己也太忙了。这都无所谓。这样的随意的通信，本也不必长期保持着。曾经有过这样的心的交流，这就足够了。我至今也仍感怀这样的交流，就在整理通信的这一刻，我的心也还是暖暖的。）

（四）

　　（这是我已经认识多年的贵州一所师范学校的学生，她在校学习、实习期间，就不时给我写信，报告一切，比如说一封信中谈到她在实习时，学生塞给她的纸条："好多学生都喜欢你上课，后面爱睡觉的都认真听课。第一天你来的时候，说要和我们做良师益友，恭喜你，你做到了，可别骄傲喔，再努力！"——多好的新教师，多好的学生！她终于成为正式的教师了，又来了一封信，却谈到了她的困惑："学生把'流行'当作了'信仰'"，"老师对学习好的加倍爱之，对差生就放任之"，有的学习吃力的学生，就是被老师"一步步推进了'小混混'的队伍"，她为此而焦虑：一旦学生被逼上这样的路，"想挽回就很难了"！）

××：

首先应该祝贺你走上了讲台，而且有了一个好的开端。你在实习中所坚持的"把学生当作人"，"对学生要宽容"，以及"和'差生'交朋友"的教育原则与做法，都是正确的，以后也要坚持下去。

你开始面对了当下教育的现实，看到了、感受到了许多弊端，甚至黑暗。而且你还要做好思想准备，随着工作的深入，这样的黑暗体验会越来越多，你将面临理想与现实的矛盾。一方面，你必须作某种调整、适应，甚至妥协，但更重要的是，要在适应、妥协中有所坚持，即坚持你做人、做教师的基本原则、立场，坚持自己基本的教育理念。这是极难做到，又是必须做到的。无论如何，也要爱你的学生，爱你的教师工作。不要期待太高，要一点一滴地做下去。同时，要保持你原来爱读书的习惯，书会使你摆脱孤独，使你更丰富，更崇高。

相信你会成为一个好教师的！

即颂

教安（可以像祝福老师那样祝福你了，真不可想象，也真高兴！）

（就在我重录这封信之前，我还收到这位已有四年教龄的老师的来信：她自愿报名到一个更边远的农村小学教书去了。那么，她还在坚持自己的教育理想。我还没有来得及回信，但我一定会给她新的祝福的。）

（五）

（这是一位老师的来信，谈的却是作为母亲，对于自己的孩子成长的焦虑，这是由孩子抱怨他的生活"不好玩"而引发的，而且不只是他自己，孩子的老爷爷也十分担忧。）

×××老师：

高兴和你结识，以后还是叫我"钱老师"吧。我教过中学，退休后还在南京、北京的中学教过课。我们都是同行，我一直以自己是一个"教师"，而且还当过"中学老师"而感到骄傲。

你的孩子的愿望让我感动而心酸，因为现在的孩子本应该有玩的权利，"无忧无虑，自由自在"地生活的权利，已经被我们的应试教育剥夺了！

因此，我对你的教育工作，包括对你自己孩子的教育的唯一建议，就是要让他们快乐地成长，给他们以儿童应有的"无忧无虑，自由自在"！

另附一封给你儿子的信，请转交。也向老爷爷问好，也祝他"无忧无虑，自由自在"！

附信：

×××小朋友：

你好！

我是从你妈妈的来信里知道你的。

而且我知道你是四年级小学生，很聪明，大概也有点调皮。

我写这封信，是因为新的一年就要到了，我要对你表示新年的祝福，祝你如你希望的那样，永远"无忧无虑，自由自在"！

在远方关心着你的

钱爷爷

2005 年 12 月 30 日

（现在这孩子已经进入初中了，他还"无忧无虑，自由自在"吗？2008 年 11 月 27 日。）

（六）

（又是一位农村中学的教师的来信。一开头就提出了一个尖锐的问题："我们所从事的教育究竟是怎么一回事？为什么我们花了这么大的力气弄的东西会收到这样的效果？所谓的'素质教育'究竟在搞什么名堂？这么教下去有用吗？为什么会这样？我们究竟该教给学生什么？"并且对当下中国教育界有这样的观察："时至今日，与所有其他领域一样，中等教育的领域已然形成了一个等级森严的金字塔。最显眼的无疑是由一批官员和名校名师组成的权力金字塔尖，人们对教育的印象，大多出于他们光芒万丈的嘴。而压在金字塔底部的还有一个沉默的大多数。他们才是现行教育最清醒的触摸者，但却根本听不见他们的声音。有一些是不敢，更多的是没有这个渠道。"这位教师说："我就是这样一个人，一个农村中学的普通老师，没什么本事，也没有什么特别的念头。之所以给你写这封信，讲这么多，就是因为我觉着自己还算一个老师，一个人，一个暂时还能靠自己的意愿支配来说话的人。在国外，孩子们毕业时校长在会上总要加上一句'希望你们出去后，能追求真理……'在国内，说这话显得太空太远，也许说说两句真话来得实际点，可对我们普通人来说，真要说两句真话也不容易，也许把'真'字下边去掉最后两点，说两句'直话'倒差不多。我想这大概就是人们所称之为人格的最实际的东西。"信的最后说："不知道再过二三年，我还会不会说这些话。"

（同时寄来的是一篇文章：《我们该教给孩子什么？》，直言教育的"失败"："它越来越像不流血的暴力。经过教育，人类原始的童贞、善良像动手术割掉似的，让别的东西长了出来：欲望，麻木，不择手段地占有包括自身在内的一切条件，争取最大的生存自由，这成了一个人成人的主要标志。假如我们把受教育者定为一千人的话，经过教育，约有五人是真正接受并听从因此成了各行各业的劳模；有近十人则成了现行教育的受益者，他们显得很成熟，似乎很驯顺，根本不去对社会不平进行抗争，而是主动地钻进去，利用体制的漏洞寻求爬上去的机会；中间约有九百八十人则不上不下，或发着牢骚，或开始沉沦，或讲着套话，挖空心思靠近既得利益者，或装聋作哑守着自己的一亩三分薄田，我们的教育除了引得寥寥无几的人洁身自好外，对社会回报率不会超过千分之五。""具有讽刺意味的是，我们受教育的主体（中间的九百八十人）中那些真正在社会吃得开的常常是那些学校教育的'另类'。他们时不时地承受家长的责骂，同学的鄙夷，老师的冷眼，对各种歧视与羞辱已经习以为常，这倒锻炼了他们极为过硬的心理素质，真踏上社会后能从容应对社会各种风险挫折。但这些人很大部分最终走向了社会的对立面，成了社会的不稳定因素。今天，在城市边缘、城镇、农村的广大地区，游荡着这样一群幽灵，他们都是社会的弃儿，学校以一个美丽的谎言把他们哄大后就匆忙抛给了社会。而社会又缺乏一个完善的吸纳分解他们的机制，他们就顺理成章地成了社会的无业游民，得过且过，拉帮结派，偷、抢、嫖、吸毒，无恶不作，信奉不劳而获的实利主义和成王败寇的江湖义气，经常以出格的言行来引起人们的注意，成了虚假空洞的传统教育与怪异无序的社会发展所共同酿就的怪胎。"——这大概就是这位身处教育底层的教师所看到的中国教育及其后果的"最真实的东西"。他对"我们该怎么办"的问题，也有自己的思考。这都引起了我的极大震动。）

×××老师：

我认真读了你的来信与大作，非常感动。你想得很多，也想得很深，又非常地实际。如你文章所说，你"处在教育的底层"，因此有机会看到"这个庞大的教育金字塔底层的最基本最真实的东西"。而这样的最基本、最真实的东西，却被各种各样的力量有意无意地遮蔽了。

我非常赞同你的文章所提出的一些基本观点，如"我们要关注的是孩子们所成长的社会土壤"，"针对的应是社会上居支配地位的成年人"，而不能只就教育谈教育问题，"现代化最需要的是产生人才，让人才得以很好立足的土壤——一个良性的健康的符合现代规范的适合人才自由发挥的社会环境"。如教育的培养目标应是"培育与塑造一种适合技术时代的技术素养，具有内在的自觉的民主参与需要，能很好地组建和维护现代民主制度的现代人，即现代公民"。还有你所提出的"公民意识"、"生命意识"与"自省意识"三大教育，都是抓住了要害，并且是涉及我们的教育的根本方向的。

你的来信再一次让我深信这一点：中国教育的希望在第一线老师。但他们大都发不出自己的声音，是"沉默的大多数"：中国教育的问题也在这里。

（七）

（一位名叫马一舜的农村教师来信，并附了一篇文章，说自己"每次批改作文，不是让我本来轻松的心沉重起来，就是让我原本沉重的心更加沉重"："去年，我在一个叫袁洲的同学的作文中看到了这样一句话：'鲁迅先生在《从百草园到三味书屋》里讽刺了封建教育制度。如果先生活到现在，和我同学，他一定会写一篇更有讽刺力的《从百草园到小河中学》的'。""三（1）班的作文高手汪翔同学给校刊投来一篇《花之殇》的习作：'花开了。这花不是为报春而开的，她肩负着一个她不愿而又不得不接受的任务，被称之为光荣的任务。这个任务压得她喘不过气来。她的生活被恶魔控制着，她没有光明，没有快乐。'他说：这里的'花'就是指我们这些学生，'任务'就是学习、作业、考试、分数。我们到了花季，可是一点不快乐。还是这位学生，后来又写了一篇文章谈'是什么原因使青少年沉湎于网络的虚幻中，不能自拔？'他作了这样的分析：'堆积如山的作业，压得喘不过气来的期望和可怕的分数，阴沉沉地笼罩在少年的天空。云彩被抹去，世界失去了颜色，生活中没有了快乐。一切只是勉强地极不情愿地撑着，撑得身心疲惫。这时，虚幻来了：刀光剑影，英雄美人……游戏是多么刺激！在那个虚幻的世界里，自己成了主宰，任意支配着属于自己的世界，随心所欲地玩，没有作业，没有分数，没有名次，没有……为什么孩子沉迷于虚幻？因为他们在现实中太不快乐！'——此时，我的眼前出现了校园里一个个睡眼惺忪的疲惫而无奈的身影，出现了上述声声血泪的作文，可是我有什么办法？只能写点文章呼吁，可又何见作用？")

马一舜老师：

读了你寄来的大作，十分震动。这真是"黑色的真实"！教育问题其实是中国社会的一个缩影。

大作引述的孩子的作文，让我读了为之痛心。——我们的教育竟是如此残酷地剥夺了孩子童年应有的快乐！我正准备写一篇这样的文章，可能会引述这些孩子的心声。（按：此文未写成，就在这里摘引孩子的作文了。）

为此，应该向你这样的老师致敬：毕竟，你给孩子提供了一个倾诉的机会。尽管我知道你完全无力改变现状。我们都是如此：尽管无力无能，仍要挣扎。

（八）

（一位老师来信和我讨论应试教育与素质教育的关系问题，和当下语文教育的"混乱"问题，并寄来了一篇文章。)

×××老师：

大作的基本观点我是同意的。道理很简单：高考是不能取消的，如果不培养学生应试能力，让学生顺利通过高考这一关，我们是对不起学生的。这是我们必须面对的现实。应试与素质教育有统一的一面，也有矛盾的一面。我们只能在这二者之间，取得某种平衡。

来信谈到目前语文教育的混乱，我是了解的。这里的原因是一言难尽的。老实说，我对目前教育改革的前景是悲观的。

先生强调"让语文教学回到文本上去，把老老实实地读懂文本，作为语文的基本功抓住，抓紧，抓牢"，我是同意的。但先生进一步提出"努力引导学生去追求文本的唯一意义"，则不敢苟同。问题是有没有"唯一的意义"，由谁来确定这"唯一的意义"。先生说你想"将高中语文中有争议的名篇难篇结集为《裸眼读书》出版"，既有争议，就没有唯一意义，就没有一元化阅读。当然，提倡对文本的多解，并不意味着任何解都是有价值的，更不是鼓励完全脱离文本任意发挥，这确实是造成当前混乱的一个重要方面。这里也不排斥教师的引导，不能由学生愿意怎么说就怎么说。文本中自然也有些是唯一的，比如某些基本词语（不是全部）的解释。过分强调"一元化阅读"，就会"一元化"到教参的说法上，就有可能回到死记硬背教参的观点，完全排斥学生学习的主动性、创造性的老路上去。——我们在不满于现实的混乱时，也要防止回到我们大家都不满意的老路上去，那又会形成语文教育上的新一轮的"翻烙饼"，语文教育已经经不起这样的翻来翻去的折腾了。在这方面，我们有过许多的教训，是不能忘记的。

又，再次读了先生的《一元化阅读》以后，我觉得先生是否混淆了两种文本的不同阅读。先生所举高考看错题的例子，多是科技文本。这类文本确实要求准确地了解文本原意；而先生批判的"一百个读者有一百个哈姆雷特"，所指的却是文学文本，其实强调"多元化阅读"也主要是文学文本的阅读，就绝不能说只有一个哈姆雷特是正确的，其余九十九个都是"偏离的"。如果这样，延续几个世纪的莎士比亚研究就没有存在的意义与价值了。

当然，这都是我个人的意见，仅供参考。

（九）

（一位退休教师寄来了他的研究作文教学的著作。）

×××先生：

先生关注中学写作教育，提出"作文心理素质教育"这一教育命题，是十分重要的。我们的作文教学长期局限在只教学生"怎么写"，而不关注学生"怎样才愿意写，喜欢写"以及"写什么"的问题，这样就将写作教育变成了一个纯技术、知识的问题，而忽略了写作本质上是人的生命运动，忽略了学生写作积极性的调动与作文心理素质的培育。先生的大作不但纠正了这样的偏颇，而且在作文心理素质教育上作了极有意义的探索。我读了以后，受益匪浅，这是应该向先生表示感谢的。

先生退休以后仍关心中学教育，这一点也引起了我的共鸣。

（十）

（一位名叫管建刚的小学教师在读了《语文教育门外谈》以后，给我写了一封信："最让我感动的，是您在批判教育现状的时候，一

次又一次地为教师辩解。您说，学生是应试教育的受害者，教师更是
应试教育的受害者。应试教育禁锢了学生的创造热情，首先是禁锢了
教师的创造热情，那么多的教师把他们的青春热情洒在了被禁锢的教
育上了啊。您说，现在在当官的带动下全民经商，教育界也有各种经
济问题，譬如家教。您说这是一个社会问题，不能简单地责怪老师。
诸如此类的话，让我感受到，您绝不是一个关在大学围墙里的老学
究。一个不和一线老师有着血肉联系和感情的人，是不会说出这样的
话的。"信中还说道："谁不想大刀阔斧地搞改革，学生快乐，教师快
乐，校园快乐。可是，一旦小升初考不好，一旦中考、高考考不好，
谁都没有好日子过，包括教师，也包括学生，更包括学校领导。您
说'现在还是有很好的教师，他们在极其艰难的条件下，兢兢业业地
工作着，坚持着自己的理想，他们中有些人还实实在在地进行着教育
改革的探索和实验。但这样的教师在现行的教育体制下，往往站不住
脚，思想上也经常处于矛盾中，甚至陷入人格分离的极度痛苦中，可
以说越是有独立思想的教师越是感到困惑'。无论前路是怎样艰辛，
我愿意是您所讲的这群人中的一个，我知道教育已经成长为一个戴着
众多镣铐的怪物，但我愿意戴着镣铐跳舞，哪怕脚上跳出血来。"随
信寄来的是这位老师进行作文改革实验的总结性文章。）

管老师：

　　谢谢你的实验，以及你由此而提出的新的作文教学的理念。如何
使学生真正成为作文的主体，是一个重要的教育理论与实践问题。正
是在这一点上，你的打破"以教师为学生、作文唯一阅读对象"及
"教师的权威评判"的作文现状的努力，就显出了意义。而你的创办
《评价周刊》背后的理念："打造一个永不消逝的童年"，"尽可能为每
个孩子打造一个成功的童年"（"一个偶然的成功可能会改变人的一

生"），"现实生活不是儿童生活的全部"，给孩子一个"广阔的心灵世界"，"借助文字留住童年"等等，以及你的"把梦想转化为现实的过程，正是一个教学研究的过程"的自觉追求，都具有理论的价值，都给了我很大的启示。为此，我应该再一次向你表示感谢。

（后来，管老师果然把他的实践提升为理论，写了一本《我的作文革命》的专著，我为之作序，进一步阐发了其中的教育理念，可参看即将出版的《语文教育门外谈续编》。）

（十一）

（一位教师进修学院的老师来信谈提高教师素养的问题，并寄来了他在教师培训中的一份讲稿。）

×××老师：

我完全赞同你的观点：新语改的成败"关系到广大语文教师的士气和自信心"，而"不从教师基础素质的提高抓教改，新一轮的教改就会潜在着危机"。因此，你们作的教师培训实在是一个关系教改全局的关键环节。而这样的培训，又不能只限于观念的更新，同时也需要示范性的个案分析。

对先生的大作，因我对《师说》一文未作专门的研究，提不出具体意见。但我认为你强调"因文悟道，缘道释文"的原则，反对脱离文本作随意解释和发挥，是很有道理的。你的从"整体阅读"的原则出发的对《师说》的解读，以"吾师道也"作为全文论证的内核，大体上是符合文本的论证实际，是可以成立的。这对教师正确地把握《师说》是大有帮助的。不过，我觉得在"语感"方面似乎还缺少更具体的分析。

　　另外，教师对文本有了正确理解和把握以后，也还有一个如何教给学生的问题。这也有两个方面的问题。一是如何根据学生实际及教学要求，正确地确定讲读这一课文的具体的教学目的；另一是化繁为简，便于学生接受的问题。从这一角度看，我认为大作的分析，对教师是合适的，但如教师就按这样的分析直接向学生灌输，就可能过于细致，以至繁琐了。——当然，我完全明白，大作是一篇分析文章，是作教参用的。因此，我所提出的，是超乎文章本身的任务的，不当之处，还请原谅。我之所以提这个问题，是有感于许多教师不懂教参文章与具体教学的区别，不肯自己下功夫，做转化的工作，而直接把教参抄下来，作为教案，这样的偷懒，是许多课堂教学偏深偏多，师生都消化不良的一个重要原因。

（十二）

（一位中学老师寄来了他利用业余时间写的两篇学术论文。）

×××老师：

　　极有兴趣地拜读了大作。《项羽放弑义帝考异》实际上通过这一个案研究讨论了"太史公笔法"问题，这关涉如何读《史记》，文末又点出对"当下读书的，提笔作文的"的"警示"，其意义已超过了"考异"。关于"新小说"的讨论与研读，是我不熟悉的领域，因此读起来略感吃力，但却也因此大开眼界，很受启发。

　　更重要的是，我从两篇大作中看到了你的研究潜力。希望在坚守中学教育的同时，坚持业余研究，在研究做出成绩之后，是可以到大学去任教的。这也一直是我的一个理想：大学教师与中学教师之间应有一个良性的交流。大学教授可以到中学上课——今年 4 月，我即去我的母校南师大附中给中学生上选修课；中学教师也可以到大学上课——1949 年前就有了这样的传统，我的中学老师就有好几位后来都成了大学教授。拜读了大作以后，我首先想到的就是这一点：我们今天也应该继承这样的传统。当然，这也许又是我的理想主义，我姑妄言之，你就姑妄听之吧。最重要的，还是我前面说的那句话：希望坚持业余研究，是否任教大学，不是最重要的。希望以后保持联系。

（十三）

2004 年年末，我收到了一份新年礼物。四川苏祠中学的张利军老师因为和我有一次通信，引发了她的一个创意：让她所教的全班同学都给我写几句话，谈自己的梦想，进行一次"中学生和北大教授的对话"。孩子们写得很认真，很真诚，让我有了一个机会，走进他们的内心世界——

　　我，一个平凡的中学生，一个渴望自由的小女孩，我讨厌束缚。我向往着快乐的教育。但这可能只有在梦中出现。在这里，虽然口头提倡的是素质，素质，可实际上还是漫天飞舞的试卷。老师们一个劲地叫背这个，背那个，作业将我压到了山下，我挣扎着，寻觅一条通往自由的路。　　　　　　　　　（杨晨曦）

　　我有一个梦想，也许很荒唐，或者说根本不可能实现：我不想要现在的学生饱受填鸭式的应试教育的摧残。　　　（朱佳贤）

　　也许我是同学中最特殊的一个吧。我不像别的同学志向远大，我只不过是一颗小小的行星，我只希望自己幸福快乐，不白白在世上走一遭。努力过，奋斗过，这些就足够了。我是一个敏感的人，在进入初中以后，我受到过老师的呵责，整天魂不守舍。可谁又会想到，正因为这，我后来振作起来，努力学习，愿明天依旧浪漫，青春依旧五彩！　　　　（张诗璐）

我是一个爱笑的人，我每时每刻都会带着灿烂的笑容。我喜欢笑对人生。我希望您也和我一样爱笑，笑就是快乐。　　（刘尧）

我是一个不爱效仿别人的人。只要别人做过的事我再去做，便没有对事物的新鲜感了。我喜欢创新，喜欢别具一格。　　（刘鸣宇）

因为我存在，世界会精彩！　　　　　　　　　　（姚嘉葳）

我并不开朗，我很沉默，我内心的孤独没人懂得。今天有机会跟您说些心里话，真荣幸。但我会努力的。　　　　（肖瑞希）

我活在这世界上，只为那灿烂的阳光；我来到这世界上，只为追逐我的理想。我不愿被那稠密的空气束缚，想挣脱那些，走进令人感觉近乎奢侈的阳光里，也走进令我向往的北大。

（廖艺佳——一个爱幻想的人）

今天的天气很晴朗，我一向喜欢这样的天气，喜欢独自坐在草地上，仰头看看这充满希望的天空，我总爱在这大好天气中仔细酝酿我的远在天边的"北大梦"！但这总归是一个梦吗？我不甘心，我要实现自己的北大梦，不管这路有多艰险，我不怕！虽然我是女孩，但我从来充满斗志，满怀激情。我在别人眼里总很弱小，也就小看了我。其实我生性坚强，从不喜欢屈服！总有一天，我会与您在北大相见！衷心地祝福您这位好教授能够天天开心。请记住，在远方，有一个小女孩永远祝福您！　　（杨佳微）

我是一个不太爱幻想的孩子，对生活从来没有太高的奢望。但是，北大一直是我心中的梦想。虽然现在我的成绩不拔尖，但是我相信，风雨过后是彩虹。　　（万月山）

我是一个成绩很差的女孩儿，努力过总得不到回报。当我的梦带着我飞向蓝天后，我们会相遇。您能告诉我，学习有好方法吗？　　（邹悦）

您为什么那么地了不起，为什么我再努力也得不到第一名？他们说您很出名，我为什么没有听说过您呢？您是不是在默默地贡献呢？　　（李柯序）

我有一个很大的烦恼。我既想玩耍又想学习，这两种矛盾思想缠绕着我。我不想放弃任何一边，但也不想矛盾并存。教授，你说我应该怎么办？　　（辜叙）

我不敢肯定几年后会考上北大，但我敢确定我现在应更努力；我不敢肯定几年后会与您相见，但我确定我现在正埋下这颗渺小而伟大的种子。　　（邱莎）

每个人都是被上天咬过的苹果，并不十全十美。我自己便是其

中的一个。虽表面凹凸不平，但依然释放着生命的光彩！　（梁洋）

我立志：做一只海鸥，飞越大海！　　　　　　　　（朱杰）

"坚持"，这是我最喜欢的一个词。我爱抱着幻想做理想的梦。一路上有"坚持"在我左右，不管多远，只要"坚持"这一束阳光，我坚信我一定能够和理想碰面。我想您也是由坚持走向成功的。
（阚延妍）

正如居里夫人所说："弱者坐待时机，强者制造时机。"我百分百相信自己能制造时机，成为强者。　　　　　（罗非）

"人一旦确立了自己的目标，就不应该再动摇为之奋斗的决心。"这是著名物理学家牛顿说的。不错，我的目标就是——跨进北大的大门。让我怀着坚强的自信，去创造这个神奇的梦吧。
（郑伟强）

我是一名普通的学生，所以没有某些同学的"伟大理想"。我向往北大，但并不强求。我相信，一分耕耘，一分收获。人生必须踏踏实实的，一步一个脚印，才能获得成功。　　（李晨）

许多人把理想扩展得很大，而我不这么做——尽管我并非胸无大志。如果一个人为了多获利而将理想扩大，最后收获的却是自己始料未及的一丁点儿。就像那想要丰收更多而过分向田地索取的人，最后只获得埋葬自己的一小方土地。现在，最重要的是把自己力所能及的本分——读书做好，不愁没有实现理想放飞的

那一天。您说呢？　　　　　　　　　　　　　（王焦丽）

相遇是缘分，相知是理解，相见好困难。　　　（邓宏亮）

四年后，请在北大等着我！　　　　　　　　　（彭小琴）

我只希望您记住我！　　　　　　　　　　　　（温志翔）

张利军老师的儿子，还是小学生，也给我写了一封信，并寄来了他写的一篇作文。孩子们的肺腑之言，让我感动不已，立即回信——

张利军老师班级的小朋友：

谢谢你们的新年祝福——这是我收到的最贵重的新年礼物！

谢谢你们对我的信任，说出了自己的心里话。

你们的梦想让我感动。

看得出你们很有个性，各自都有自己的梦，不同于他人的梦。刘鸣宇同学说得很好，要做一个"不爱效仿别人的人"。

我同意李晨同学的观点："我向往北大，但并不强求。"张诗璐同学说得好："努力过，奋斗过，这些就足够了。"

重要的是姚嘉葳同学说的，"因为我存在，世界会精彩！"

温志翔同学说："我只希望您记住我。"——我已经记住了你们每一个人。

希望有一天，我们能在北京见面。——其实通过这次通信，我们的灵魂已经相遇了。

我想念你们！

这是一位远方的老人的祝福——

祝你们

永远快乐！

　　我还给张利军老师的儿子写了一封信——

吴贯之小朋友：

　　真高兴，收到了你的来信！

　　看得出，你是一个很有主见的孩子。

　　你的文章也写得很好。好在你能够用自己的眼睛去看周围的世界，有自己的发现和看法，然后用自己的语言把它表达出来。

　　还要谢谢指导你写作的韩建英老师。

　　希望你多看，多想，多读，多写，而且要坚持下去。

　　寄上一套《新语文读本》小学卷，算是我送给你的春节礼物。

　　向你的老师、爸爸、妈妈问好！

　　（信写在 2005 年 1 月 9 日；现在，整理这些信时，已是 2008 年 12 月。四年过去了，这些孩子大概高中就要毕业，他们又在想什么呢？）

（十四）

　　（一位高中毕业生因为遭遇不公平对待，因为医疗、上学的沉重负担，一度想弃学打工，写信向我倾诉。我连忙去信劝他"排除一切干扰，集中精力，作高考的准备"。他接受了我的意见，咬紧牙关，终于考上了大学。我又给他写了一封信。）

×××同学：

祝贺你上了大学，开始了新的生活。在我看来，大学是人一生中最自由的一个阶段。因为时间是属于你的，空间是属于你的，你尽可以集中精力自由地读书。

因此，我对你的期待，依然是我原来说过的话：排除一切干扰，集中精力，读自己想读的书，实实在在地充实自己，提高自己，为自己的未来打好底子。

说要"排除一切干扰"，是因为我知道，现在大学也不纯净，有许多干扰，也有许多诱惑，现在大学生读书空气极为薄弱，一个人要真正静下来读书，极不容易。

这同样需要"定力"。正因为如此，在你上大学以后，我又要赠给你一句话："沉潜十年。"沉下来读书，潜入到历史的最深处，生命的最深处，社会的最深处，不求一时一地之功利，着眼于自己一生的长远发展。

从来信看，你虽然在内心深处，或有软弱之处，但你是有一股劲头，有一种内在力量的。对自己要有信心。以上所言，是经验之谈，仅供参考。

（十五）

（也是一位和我有多次通信的高中学生，最后没有考上大学，走上了打工之路。）

××：

你现在是真正"走向生活"了。每个人人生中都是要遇到这样那样的"坎"的，你现在所感到的迷惘与倦怠，都是可以理解的。

我昨天还和北大的学生说，走向社会以后，在现实中必有种种妥协、调适，如何在妥协、调适中坚守自己的理想，是一个很大的人生命题。从来信得知，你正在调整自己，"没有承认自己的失败，看不到未来所有的希望，一身轻松地向前走"，这是很好的。如鲁迅在《过客》里所说，总要往前走，而不管前面是什么在等着自己——这是生命的绝对命令。

我对你的建议有两条：无论条件如何艰难，一定要坚持读书——它将把你带入另一种生活，以理想之光照亮你，使你不至于为生活的灰色、黑色所吞没。另外，有可能的话，用日记、随笔的方式，将你平时接触的各色人等，形形色色，记录下来，这既是一种宣泄，同时也是生活的印记，以后回过头来看，是会很有意思的。或者用给我写信的方式也可以。不过，我太忙，不会及时回信，但我一定会看，我永远是你的心声的忠实的倾听者。

（同时寄出的还有我的一本书，但都退回来了，大概他已经另找工作了。而且以后再没有和我联系。这是正常的，他在走自己的路。但我依然在怀念着这位人生路上曾和我相遇的年轻朋友。而我一直没有和他见过面。）

（十六）

（2005年在北大附中给学生上鲁迅选修课，结识了李梦璠同学，于是，有了几次电脑上的通信。）

李梦璠同学：

因为忙，拖到现在才给你写信，请原谅。

　　读到你传来的邮件，我还是很感动的，又想起了上课的情景。我对你写的作业一直有很深的印象，可能与你的人不大对得起来，如果以后再有机会见面，会一时认不出来，这也是要请你原谅的。

　　在我的印象里，你是一个积极向上的、发展比较健康的孩子，没有现在一些中学生常有的毛病，也很能思考问题。你的家庭教育也很好，这都是很难得的。你对自己要有信心，就沿着你选定的道路走下去，不要管别人怎么说。

　　我能理解你对周围许多事的感受，我们这个社会欺骗的事情确实太多了。要说真话是不容易的。但也要看到，还有许多人在努力地说真话。你不是也向我说出了自己的心里话吗？最近巴金老人去世，大家都在纪念他，原因之一就是都希望像他那样敢于说真话。要相信一点：人性是有善、恶两个方面的，我们自己就是这样，周围的人也一样。要学会"扬善抑恶"，就是说，对自己，要尽量培育与发挥自己内心最善良与美好的、积极向上的东西，也要努力地压抑与克服自己内心消极的丑恶的东西。对周围世界与他人，一方面，要敢于正视生活的丑恶，保持清醒的认识；另一方面，也要善于发现美好的、积极的东西，保持对生活、生命的信心与信念。其实鲁迅的"睁了眼看"也是包括这两个方面的。这样在与人（比如周围的同学）相处时，对别人的缺点心里要有数，但更要注意发现别人（包括你不喜欢的人）美好的方面，然后，只是在美好的这个层面上与之相处。这也是我的人生经验，你不妨试一试。

　　和你一样，我也经常有苦闷，感到寂寞，这个时候，我就去读书，到书本里去寻找一个更丰富、阔大、美好的世界，去与心中的朋友作心的交流。这样就会使自己的心胸更开阔，站得更高，看得更远，眼前的烦恼就微不足道了。你现在还是学生，处在为未来的人生之路做准备的阶段，就更需要多读书，读经典，读好书，多方面地吸取精神养料，打好精神的底子。

还要区分一点：说真话，不等于把自己心里的话，不分场合、地点全部说出来，还要学会保护自己。我在课堂上给你们讲过，鲁迅是反对"赤膊上阵"的。我就不多说了。

我今天就要到外地去讲学，就写到这里吧。反正我们已经熟悉了，以后你有什么话，可以尽管给我打伊美儿，不过，我事情多，不一定能及时回复，但一定会回复，只是要等一等，这也是事先要请你原谅的。和你这样的年轻人对话，我是很愉快的，所以你不必有什么顾虑。

最后，顺便说一句：你们的班主任董老师是一个很好的人，不妨多和他交流，还有要多和父母交流，这样你就不寂寞了。

李梦璠：

你好。我因外出开会，刚回北京，未及时函复，望谅。祝贺你考上大学，过了人生一大关。我觉得你如能转中文当然好，这样中文的底子打得更好，也有利于做新闻工作。如转不成，也没有关系，一是在大学可以旁听别的系的课，二是大学学习主要靠自己。从中学到大学，是一个大转变，不能像中学那样被动地按老师要求学习，而更有自己的主动性。不要去追求表面的分数，而是要注重自己实际知识水平的提高。大学是人生最重要的"自由读书"的阶段，要排除一切干扰，沉下心来读书，读经典著作，同时博览群书。也适当地参加一些志愿者的活动，去接触一下中国的农村和社会底层，这对你一生长远发展是大有好处的。就赠给你"沉潜四年"四个字吧。

钱理群
7 月 23 日

（十七）

（福建语文学会的会长王立根老师是我的老朋友了。2007年他邀请我参加"第二届海峡两岸中学生演讲大赛"，我因有事未能出席，就写了一封贺信。）

王立根先生并转"第二届海峡两岸中学生演讲大赛"组委会：

我因故不能参加你们组织的这次极有意义的活动，深感遗憾，只能略写数言，以示祝贺。

在我看来，这次大赛有几个关键词，都很有深意。一曰"普通话"，即以普通话为载体，贯穿"热爱母语"的理念。这是一个非常重要的教育命题，因为我们今天正面临着母语危机，要在全球化背景下，维护民族文化的根基，必须紧紧抓住"母语"这一关键环节，中学语文教育，母语教育，正因此而显示了它的特殊意义。二曰"交流"，即以普通话作为两岸中学生的交流工具。这同样抓住了根本：这是对"去中国化"的企图的一个有力回应，通过对以汉语为母语的认同，探讨彼此共同的文化渊源，以达到真正的心的交流，并且把这样的文化认同深扎在两岸青少年的心中，其意义和影响是深远的。三曰"演讲"，即通过演讲的方式来吸引学生积极参与。这也是一个有着教育目标的支撑的很好的设计：在全球化的时代和现代社会，人与人的交往越来越密切，训练学生的口语能力，是语文教育的一个长期被忽略，而日显重要的任务；而发挥自己向公众表达观点，进行思想交流的演讲才能，也是今天中学生内在生命的要求。因此，我相信，这次大赛，必将受到参与活动的两岸中学老师和学生的欢迎，预祝比赛成功！同时，也要借此机会，对来自台湾的同行表示敬意，两岸都在进行语文教育的改革，这次大赛本身就是教育改革的一次实验，希望能够借此良机而加强两岸语文教育改革经验的交流。让我们在促进和发展汉语教育的事业中携手同行：这是一个关系民族未来的千秋大业，是值得为之献身的。

（十八）

（河南基础教育研究室的甘其勋先生也是我的老朋友，在我最困难的时候，曾给了我有力的支持。他在退休以后也依然关注语文教育，主编了学生课外阅读的小报《阅读》，在创办一周年时，来信嘱我写点什么，于是就有了下面这篇短文。）

《阅读》一周岁贺

讲到贺岁，不知怎么，就想起了鲁迅的《立论》。于是，我也面临了那个小学生"如何说话"的难题：说将来要大富大贵的谎话？说"阿唷！哈哈！"这类不着边际的废话？还是说不吉利的真话？

还是说说心里想说的话吧。倒不至于说"这孩子将来要死的"这类虽是必然，因此也未必有多大意义的实话，最要说的是自己的亲身感受：我编过《新语文读本》这样的中学语文课外读物，因此懂得在中国当下的社会环境和教育体制下，要编供中学生课外阅读的"读书"版，是多么地艰难：可以说是一场血淋淋的时间争夺战。在应试教育下，语文课早已边缘化，留给它的时间本就有限；有限的时间，绝大部分都被课内作业占据了；再剩下一点点可怜的课外阅读的时间，又被网络的阅读吸引去了；孩子真要拿起"读书"这类纸面阅读材料，已经是精疲力尽了。

这样，就逼得课外读物的编写者必须以质量求生存，精心编选最精粹的文章，作最精巧的编排，既符合自己的选文和教育的理念，又能吸引中学生，让他们在最短的时间吸取精神养料的精华，这真可谓是呕心沥血。这样做，是需要有精神的支撑的：这就是我经常说的"要用我们民族与全人类最美好的精神食粮来滋养我们的孩子，让他们的身心得到健全的发展，为他们的终身学习与精神成长打底"（《〈新语文读本〉编者的话》）的理想主义的教育理念和精神。同时，还要有"认准目标，锲而不舍，不求一时之效，但求百年树人之功"的韧性战斗精神。——我在甘其勋先生所主持的"读书"版的工作中，看到的，感受到的，就是这样的理想主义与韧性精神的结合。

在如此艰难的外部条件下，"读书"版坚持出版一年了，应该祝贺；而背后的精神坚守，或许是更值得尊敬，更应该祝贺的。

末了，我又想起鲁迅当年引述的苏联作家爱伦堡的一句话："一方面是庄严的工作，一方面却是荒淫与无耻。"这是最能说明甘其勋先生和他的同事们的工作意义的，就以此语相赠并共勉。

下编

漫漫寻路

如何看待"80后"这一代人

感谢这次征文的组织者让我参加评奖工作,给了我一个了解"生于80年代"的当代中国大学生的机会。

我在北大教了二十多年的书,比较熟悉的,是生于四五十年代的"知青"那一代和生于六七十年代的一代人,现在,都是你们的父母、老师辈了。我在北大最后一批学生,是80年代上半期,也即1980—1983年出生的,我已经不太了解了。而诸位大都是我2002年退休以后入学的,我们之间自然就相当陌生了。而这次征文却使我们相遇,以至今天我能走到你们中间,这也可以算是我晚年生活中的一件幸事吧。

第一次让我注意并思考"生于80年代"这一代人,是前不久我看到了《中国青年报》发表的"青年调查"。其中有两点,引起了我的很大兴趣。

首先是一个数字:"根据《中国统计年鉴》数据,从1980年至1989年的十年中,中国约有2.04亿人出生。即使排除中途'夭折'的,'80后'也有2亿人左右,其中多数生长在农村。"2亿人,这可不是一个小数目,这确实是一个不可忽视的青年群体,何况他们将要或已经开始接班,他们中间的代表,像姚明、郎朗、刘翔,甚至已经成为中国形象的象征了。这自然要引人关注。

但这同时又引起了争论,主要是对这一代人的看法与评价。这份

"青年调查"提供了一组数字，显示出"'80 前'看他们"与"'80 后'看自己"之间的同与不同，这是很有意思的。我注意到，有两点比较一致：一是"重视外表，讲究穿着"，"80 前"有 73.2%，"80 后"有 59.3% 都这么看；二是"生活离不开网络，QQ、网游是最爱"，"80 前"有 78.3%，"80 后"有 48.2%，都认同这样的描述。但一进入评价，就显出极大的差异。比如，"80 前"人普遍认为这一代人"永远以自己为中心"，"道德观念、是非观念、责任感普遍不强"，"总是高估自己的能力"，持这样观点的分别为 61.4%，61.4%，64.2%；而"80 后"认同这样的评价的比例分别为 28.7%，29.9%，28.1%，可以说大多数是不能接受这样的批评。于是，就有了"请别误读这 2 亿青年"的呼吁。

对这样的争论，我有几点看法。

首先我们要注意，尽管由于人的成长，总是和时代的发展有密切的联系，因此，同时代人就会显示出某些共同或相近的特点，我们也因此可以做出这样那样的概括，但一定不可忽视个体的差异，更要警惕，不要以"代"的特征而掩盖了每一个活生生的生命个体的特殊存在，特殊问题与特殊魅力。正是在这一点上，显出了这次征文的一个特点：大多数文章都是相当个人化的叙述，谈的是个人的真实经历，个人真切的生命体验，真诚地吐露个人的精神困惑，我们或许可以从中感受、把握"一代人"的精神风貌，但其个人的特殊性却更有吸引力。

而在对"代"的特征作概括时也要小心。切忌以点代面，以偏概全，仅根据一部分人的特点或问题，就做出整体性的概括。比如说我在一些场合、一些文章中曾表示了对当代青年，大概也包括"生于 80 年代"人中某些人的利己主义倾向，调侃人生的态度，提出我的担忧，但是否据此做出"利己主义的一代"或"调侃的一代"这样的概括，则一定要谨慎。

　　另外，强调"代际差异"时，也要防止过分夸大，因为无论时代的发展，还是人的生命成长，都有连续性；年轻人总是在上代人，甚至上几代人的影响、熏陶下成长的，也就必然有生理与精神的遗传基因，从而显示出代际相承、相融的另一面，这也是不可忽视的。如我在前面的点评中已经提到，好几位同学的文章里都出现了长辈形象，深情地写到了自己成长过程中的精神传递，这都不是偶然的。

　　其次，在我看来，作为一代人，他人的看法固然重要，但更主要的还是自己如何看。鲁迅就谈到中国长期以来，总是处于"被描写"的地位，而别人（例如外国人）的描写，就难免有误读、偏见，以至曲解；因此，最好的办法，就是自己来描写自己。这大概就是这次"生于80年代"征文比赛的主要意义所在：这是一次自觉的自我描写、自我呈现，它有助于人们更真切，因而也更正确地看待这一代人，克服有意无意的偏见；它更是一次自觉的自我审视、自我反省，是一次契机：同代人一起来回顾自己所走过的道路，检讨自己所存在的问题，共同面对自己所面临的挑战。

　　最后我要说的是，前述"青年调查"中所显示出的前代人对后代人的指责、批评，以及后代人对这样的批评的不满与反击，在历史上是屡见不鲜的，也可以说是一代传一代的。我曾写过一篇《我看90年代北大学生》的文章，就提到"我在研究近百年历史时，早就发现，几乎每一代人都不满意于下一代，而且批评的言辞都差不多。比如手头这篇《老实说了吧》，就是刘半农（"五四"那一代）批评30年代青年的，说他们不认真读书，又喜欢乱骂人等等。如今30年代的（还有四五十年代的）青年已经成了婆婆和爷爷，他们对后辈（也包括90年代青年）的批评，仿佛也是不读书、好骂人之类：这历史的循环是耐人寻味的"。我又说了一段话："然而历史照样前进——每一代人都被他的上代人所不满，最后不还是接了上一代的班，完成了历史赋予他们的使命，以至有资格来批评下一代人。"现在，一些90年代的青年，即"生在70年代"人，不也在批评你们这些"生于80年代"人了吗?

我由此而得出一个结论："为下一代人，尤其是年轻人担忧，实在是杞人之忧。每代人会有他自己的问题，但不能看得太重，最终也要靠他们自己来解决问题。一是要相信青年，二是要相信时间：这大概也是我的两个基本信念吧。"

这篇文章写于1997年，距离现在已经有九年了。但我今天面对新世纪的北大学生，"生于80年代"的一代人，也还是坚持这两大信念，所要说的还是这句话：自己来解决自己的问题，走自己的路。

（这是原定在北大团校组织的"生于80年代"作文竞赛颁奖大会上的讲话稿，我作了认真的准备，期待能有和北大学生的一次对话的机会。但会议因故取消，我保留下这份讲稿。）

附　录

北京大学团校主办"生于80年代"征文比赛评语

特等奖:《黑白翩翩》(钱好)

本文讲了一个"我和外婆"的故事，一个小小城镇的故事，这都是个人化的叙述，却无意中折射出了一个时代的一代人的身影："生于80年代"的人，有许多都是在隔代教育下成长的，和作者一样，他们的父母都在"远方"求发展，这一代人就更多地从奶奶、外婆那里接受精神的滋养；而小城镇正是现代中国与乡土中国的结合部，本文最后写到的老屋变成废墟的场景是具有典型性的。这样的成长背景下所形成的精神特征和气质，是读者阅读本文所最感兴趣的。

正是在这方面，作者以她细腻、优美、轻灵的叙述，给了我们很大的满足。作者的感觉很好，有很强的细节形象记忆力，字里行间，流泻着内心世界的温情、柔韧与感伤，这都让人感动。

一等奖：《泽国》（高小井）

这又是一个小城镇的故事，以致我怀疑自己是否对这样的故事有些偏爱，因此，对要不要评为一等奖，曾有所犹豫，但最后，从文字的功底考虑，还是选了这一篇。

当然，同样是讲小城故事，本文还是自有特点的。作者说"从泽国到县城，从县城到杭州，直到来到这个据说与国家历史息息相关的所在，我一路走再没有回头"，但这篇文章却显然是一个回顾，于是就多少有了理性的思考。和前文几乎全是感性的抒发不同，本文的结尾，讨论了"80年代后"的"定义"，作者概括为"他们是最后能忆起火光的一代人"，而据说"他们之后的孩子彻底地迎来了另一个时代，这时代异常地瑰丽，但它缺乏野性的火，灵性的火，只可意会的火呵，寻常百姓的火"。这"生于80年代"人对"之后"的一代人的看法本身，就很有意思，只是不知道"之后"那一代人是否同意这样的比较与分析？

二等奖：《生于80年代》（刘越南）

本文和下一篇，都是以本次征文比赛的题目命名，有点像命题作文，而这一代正是在这样的命题作文训练下成长起来的：这一点本身就很有意思。但我这么讲，并不含有贬义，否则我就不会将两篇文章都评为二等奖了：命题作文也会有好文章。

本文还有一个特点，就是有极强的针对性，是对人们（主要是成年人）对"生于80年代"人的种种批评性的概括的一个辩驳，因此，本文是可以视为这一代人的宣言的，是"自己描写自己"的一次自觉的努力：这本身就具有一种意义。

于是，我们极有兴趣地读到了这样的陈述与宣示："我们仍是单纯的孩子"，"我们并非没有理想"，"我们已经学会面对现实，并在现实中享受生活"，"我们不是随便被安置的一代，我们需要独立的思考"，"我们不会再是象牙塔中不食人间烟火的小孩，年轻的我们将建设自己成熟的理念和信仰，建设具有'独立之精神，自由之思想'的品格的堂堂正正的人格"。

而我最为欣赏的是这句话："我们成长的路途并不平坦，但我们永不退缩。"——在我看来，不管面临的生活如何严峻，我们永不退缩，永不放弃：这应该是这个时代的最强音。

二等奖:《生于80年代》（李震）

和前文不同，本文更多的是一种自我反思和反省：我非常欣赏这样的自我解剖的精神，这是鲁迅那一代人开创的精神传统，现在在"生于80年代"的这一代人中得到继承和发扬，是令人欣慰的。在我看来，是否具有自我反思、反省的精神与能力，是一个人或一代人能否成熟的重要标志。

而本文的反省的意义在于，它所提出的问题，实际上是我们这个时代的一系列悖论，如"衣食无忧"，就可能失去对"未知"的追求与向往，失去生活的动力；"多元"会变成没有"评判"，没有"理直

气壮的热爱和憎恨",甚至失去了"生命中为人类公认的准则","一
切在混沌中混淆";于是,我们"由思考着的动物进化成无思考的人",
生活中只有"假声假气的哀号者、口水飞溅的愤怒者、虚弱的呻吟者、
冷眼的逃避者",却没有真正的"创造者"。——这些,不只是"生于
80年代"的人,而是我们所有的人,包括我自己,所面临的共同的问
题。因此,本文对大家都是一个警示:它逼我们思考。就为此,我们
也应该感谢本文的作者。

三等奖:《怀念我的童年》(明丽)

以下两篇都是对童年的怀念:"童年"似乎是这次征文许多文章
的一个中心词。这可能是"生于80年代"的人脱离童年不久,于是
就有了这样的回眸。

而本文提供的是另一个背景:这不仅是青年时代对童年时代的怀
念,更是身居城市的"我"对乡村生活的怀念,也就是说,童年记忆
是与乡村记忆合一的:"童年印象中,贫穷却宁静的乡村人缺乏但也
无须安全和防范的概念","调皮的童年,不分富贵贫贱,肆无忌惮地
打闹嬉笑"……

本文还提供了一个背景,也许是更加触目惊心的:"今天的故乡
的孩子再也体会不到夏日里捕蝉戏水的乐趣,因为绿树不再成林,小
池不再清澈","失去的不仅仅是略带野性的童年,总感觉没有了乡村
的宁静、和谐、朴素和天然的浪漫,没有了夜不闭户的安全,随意出
入的自由,也没有了人与人间的信任、热情……"

于是,就有了作者也不回避的本文浓厚的怀旧情调,它出之于年
轻人的笔下,至少对于我是一个惊讶。或许这正是表现了"生于80
年代"人的童年记忆和现实感受的丰富性与复杂性吧。

三等奖:《漫步童年》(陈日新)

这是另一种童年记忆,如作者自己说,是一次"为自己创造最完美的童年"的自觉努力。

因此,文章有一点温馨的情调:"想起了小时候好多好多的事,它们挤在我的心中,争先恐后要涌出来","很暖很暖的午后,很暖很暖的笑脸","在别人的故事中,我创造着自己的故事,我所创造的心灵空间,是所有人都无法了解、改变和支配的。我喜欢窝在这样的一个世界中,悄悄地懂事,悄悄地成长","对生活永远怀有好奇,永远带着发现与快乐的目光,永远不怕尝试,不怕失败,简单一点对待身边的人和事,毕竟,生命的意义不就在快乐吗? 别人快乐,自己也快乐……"——我情不自禁地抄了这么许多,因为这样的童年是健康、美好的,是令人羡慕的啊……

但作者却于不经意中透露了一句:"人,对于自己永远也不能得到的东西,总希望它完美。"那么,这"完美"的背后是隐含着许多童年与现实的"不完美"的,在唯美里依然流露出感伤——为什么在这一代人的笔下,或精神气质里,总有排解不开的感伤呢?

三等奖:《忽然长大》(罗建岚)

这一次征文中,有好几篇都是以"成长"为主题的,这是其中写得比较好的一篇。

文章最吸引我的地方,是充溢全文的时间感:"过往"—"现在"—"未来"。人在时间的流逝中成长,而"生于80年代",刚进入大学的这一代人强烈感受的,是成长的烦恼,以至恐惧:"今天我企图用最华丽的辞藻填充我逝去的过往,却猛然发现现实中自己已然不堪",

"才发现曾经是多么无忧无虑。准备好姿势，奔跑，只朝一个方向；现在，前面却是无数个出口，只等我做抉择。选择什么呢？以什么样的姿势去追逐，起点在哪儿？终点又在哪儿？"……

这不是"少年不知愁而强说愁"，这是对自己的真实困境的正视，"不相信永远，不相信永远"，一切都有待自己去解决，自己去创造……

于是，就有了"忽然长大"的感觉。

这感觉是美好的。

2005 年 5 月 17 日

漫说大学之大

今天看到同学们，很自然地想起了四十八年前的我，那年我只有十七岁，考取了北京大学中文系，也是非常的兴奋，同时也有点惶惑。我想，这和诸位上大学的心情是一样的。上大学对人生来说是非常重要的一件大事情，有许多问题需要认真思考。其中一个最重要的问题，是我当年思考的，我想也是今天在座的诸位同学要思考的，就是"如何度过大学四年——这人生最宝贵的时光"。我想就自己的经验，和同学们作一个交流，主要谈四个问题。

一、要沉潜下来

我有一个对我的北大研究生的讲话，后来整理成一篇文章，题目就叫《沉潜十年》。"沉"就是沉静下来，"潜"就是潜入进去，潜到最深处，潜入生命的最深处，历史的最深处，学术的最深处。要沉潜，而且要十年，就是说要从长远的发展着眼，不要被一时一地的东西诱惑。我觉得很多大学生，包括北大的学生都面临很多诱惑。北大学生最大的问题就是诱惑太多，因为有北大的优势要赚钱非常容易。我想烟台（江西）诱惑少一点，这是你们的优势。还有就是很容易受外界环境的影响，很多北大学生刚入学的时候非常兴奋，充满种种幻想。一年级的时候混混沌沌的，到了二三年级就觉得自己失去目标了，没意思了。看看周围同学不断有人去经商，去赚钱，羡慕得不得了。再看到有人玩得非常痛快，也羡慕得不得了，所以受环境的影响变得越来越懒惰。现在大学生的致命弱点就是懒惰——北大有所谓"九三学社"的说法：早上九点起床，下午三点起床，受周围环境的影响一门心思想赚钱，一门心思想这样那样。有的人非常热心地做社会工作，我不反对做社会工作，但有的人目的性极强，过早地把精力分散了，就无法沉下来，缺少长远的眼光，追求一时一地的成功。同学们要记住，你现在是人生的准备阶段，还不是参与现实，还不是赚钱的时候。当然你做勤工俭学是必要的，也是应该提倡的，但是你不能在大学期间只忙于赚钱，要不然以后你会后悔的。因为你一生之中只有这四年是独立自由的，只有权利而没有义务的，钱以后有的是时间赚，从政以后有的是时间搞。这四年你不抓紧时间，不好好读书，受种种诱惑，图一时之利，放弃了长远的追求，底子打不好，以后是要吃大亏的，会悔之莫及。

　　我跟我的学生谈得非常坦率，我说：我们讲功利的话，不讲大道理。在我们中国这个社会有三种人混得好。第一种人，家里有背景，他可以不好好读书。但他也有危险，当背景出了问题，就不行了。最后一切还得靠自己。第二种人，就是没有道德原则的人，为达到目的，无论红道、黑道还是黄道，他都干。但对于受过教育的人，毫无道德原则地什么事都干，应该是于心不甘的吧。第三种能站住的人就是有真本领的人，社会需要，公司需要，学校也需要。所以既没好爸爸，又有良心有自己道德底线的人，只有一条路——就是有真本事。真本事不是靠一时一地地混一混，而是要把自己的基础打扎实。今后的社会是一个竞争极其激烈的社会，是一个发展极其迅速的社会。在这种发展迅速、变化极快、知识更新极快的社会，你要不断地变动自己的工作，这就靠你们的真本事。大家要从自己一生长远的发展考虑，就是讲功利也要讲长远的功利，不能从短时的功利考虑。我们不必回避功利，人活着自然会有功利的问题。大家应该抓好自己的这四年时间，把自己的底子打好。这样，你才会适应这个迅疾万变的社会。"沉潜十年"就是这个意思。现在不要急着去表现自己，急忙去参与各种事。沉下来，十年后你再听我说话，这才是好汉！因此，你必须有定力，不管周围怎么样，不管同寝室的人怎么样，人各有志，不管别人怎么做生意，不管别人在干什么，你自己心里有数——我就是要扎扎实实地把底子打好。要着眼于自己的长远发展，着眼于自己的、也是国家、民族的长远利益，扎扎实实，不为周围环境所动，埋头读书，思考人生、中国以及世界的根本问题，就这样沉潜十年。从整个国家来说，也需要这样一代人。我把希望寄托在十年后发表自己意见的那一批人身上，我关注他们，或许他们才真正决定中国的未来。中国的希望在这一批人身上，而不在现在表演得很起劲的一些人，那是昙花一现！沉潜十年，这是我对大家最大、最诚恳的希望。

在沉潜的过程中，还有一个问题要注意。读书特别是读经典著作的时候，会面临两个难关：第一，面对经典你进不进得去。你读《庄子》、《论语》、《楚辞》、《诗经》，甚至读鲁迅，都有这个问题。所谓进不进得去是讲两个障碍，第一就是文字关。现在中文系许多学生古文都读不通了，标点都不会点了，那你还谈什么进去，这就是文字关。还有更难的，中国的文化是讲感悟、讲缘分的。你读得滚瓜烂熟却不一定悟得到，找不到它的底蕴，体会不到它的神韵，也就无缘。有的人就是把《论语》、《孟子》都背下来了，但你听他讲起来还是"隔"的，所以很难进去。进去以后更难的就是出来的问题，因为东西方传统文化都可以用四个字来概括——博大精深。在你没读懂的时候你可以对它指指点点，你读得越懂就越佩服它，佩服得五体投地。这样，你就被它俘虏了，跳不出来了；这样，你就失去了自我，还不如不进去的好。

我现在就面临这个问题。有人问我："钱先生，您和鲁迅是什么关系？"我说了三句话：第一，我敢说我进去了。进去很不简单啊，这是很高的自我评价；第二，我部分地跳出来了；第三，没有根本地跳出来。所以有人说"钱理群走在鲁迅的阴影下"。不是我不想跳，我当然想能跳出来超越鲁迅，能成为鲁迅的对手——那是什么境界啊！所有的学者都向往这样一个境界。在这个问题上，如果没有足够的文学力量，没有足够的思想力量，没有足够的创造力和想象力，是跳不出来的。在某种意义上，你失去了自我，所以这是更难的一点。记得当年闻一多先生去世的时候郭沫若对他的一个评价："闻先生终于进去了！但是闻先生刚刚出来的时候就被国民党杀害了。这是'千古文章未尽才'。"

我们讲"沉潜"也面临这个问题：你怎么"进去"又怎么"出来"。这是非常困难的，大家对这样的前景要有充分的认识，不要把它简单化。否则你沉了一年又进不去，觉得很苦就退出来了。更不能"三分钟热度"，受到某种刺激，比如说今天听了我如此这般说了一番，兴奋了，明天就进图书馆了，进了几天，或者几个星期，或者遇到了"拦路虎"，啃不下去了，或者看到别人都玩得很痛快，觉得自己这么苦读，有点划不来，就不干了。这样不行，不能知难而退，要知难而进，不能半途而废，要坚持到底，"沉潜"就要有一种韧性精神。鲁迅曾经谈到天津的"青皮"，也就是一些小无赖，给人搬行李，他要两块钱，你对他说这行李小，他还说要两块，对他说道路近，他还是咬死说要两块，你说不要搬了，他也仍然要两块。鲁迅说："青皮固然是不足为法的，而那韧性却大可以佩服。"就是你认准一个目标，比如说我要沉下来读书，那就死咬住不放，无论出现什么情况，无论遇到多少挫折、失败，都不动摇，不达目的绝不罢休。这叫认死理，拼死劲。听说山东汉子（江西老表）就有这样的传统，你们的父老乡亲中就有这样的人，在我看来，要干成一件事，要干出个模样，就得有这样的精神，有这股劲头。这看起来有点傻，但需要的就是这样的傻劲，而现在的人都太聪明了。但不要忘了我们中国有句老话，叫作"聪明反被聪明误"，我看到某些聪明人，特别是年轻的聪明人，常常会有这样的杞人之忧。当然，我也没有意思要将沉下来读书、思考这样的选择绝对化、神圣化，好像非得如此不可。我希望大家沉潜十年，不是说不沉潜十年这个学生就不行了，人各有志，是不必也不能强求的。但你如果有志于此，那我就希望你沉潜十年，你实在沉潜不了，那也就罢了，但是你得找到适合你自己的事去做，找到适合你自己的生存方式。

二、读书之乐：以婴儿的眼睛去发现

话又说回来，读书是不是就只是苦呢？如果只是一件非常苦的事情，那我在这里号召大家吃苦我就不道德了。世上真正的学术，特别是具有创造性的学术研究是非常愉快的。现在我讲学术的另外一个方面。这话要从我读中学时说起。我读中学的时候是一个非常好的学生，很受老师宠爱，品学兼优。我高中毕业的时候，语文老师劝我学文学，数学老师劝我学数学，当然后来我学了文学。高考时用今天的话说"非常牛"，所以我报考了录取分最高的北京大学中文系新闻专业。我高中毕业的时候学校让我向全校的学生介绍学习经验，讲一讲为什么学习成绩这么好。我是南京师大附中的学生，我的经验现在在南京师大附中还很有影响，我们学校的同学老师到现在还记得我的经验。我也向大家介绍一下，我说："学习好的关键原因是要有兴趣，要把每一课当作精神享受，当作精神探险。我每次上课之前都怀着很大期待感、好奇心：这一堂课老师会带着我们去发现一个什么样的新大陆？我上课之前都做预习，比如今天讲语文我会先看一遍，然后带着问题去听课，怀着一种好奇心去学习。"这一点其实说到了学习的本质。学习的动力就是一种对未知世界的好奇，当时只是一个中学生朦胧的直感，后来才体会到这背后有很深的哲理。作为人的我和周围的世界是一种认知的关系。世界是无限丰富的，我已经掌握的知识是有限的，还有无数的未知世界在等着我去了解。而我自己认识世界的能力既是有限的又是无限的。基于这样一种生命个体和你周围世界的认知关系，就产生了对未知世界的期待和好奇，只有这种期待和好奇才能产生学习的热忱和冲动。这种好奇心是一切创造性的学习研究的原动力。带着好奇心去读书去探索未知世界，你就会有自己的发现。读一本书、一篇小说，不同的人对它有不同的发现。同样一篇小说十年前读，我有发现，到十年后读我仍然会有发现，这是一个不断发现的过程。为什么你能有这样的发现，别人做不了？显然是你内心所有的东西被激发了以后你才能有所发现。因此你在发现对象的同时也发现了自己，这是一种双重发现——既是对未知世界的发现，更是一种对自我的发现。我用一句形象的话来说，当你读一篇好的小说的时候，你自己内在的美和作品的美都一起被发掘出来了，于是，你发现自己变得更加美好了，这就是学习的最终目的。因为这样，对外在世界和对你内在世界的不断发现便给你带来难以言说的愉悦感、满足感和充实感，所以就形成一个概念："学习和研究是一种快乐的劳动。"说通俗点，读书研究是为了"好玩"，从本质上说，学习和研究是游戏，一种特殊游戏。它所带来的快乐是无穷无尽的。

　　读书是常读常新的。我读鲁迅的书有无数次了，但是每一次阅读，每一次研究都有新的发现。这是一个永无止境的过程。这就有一个问题，你如何始终如一地保持这种学习、探索、发现的状态，从而获得永恒的快乐？很多同学是一个时期读书读得很快乐，有发现，但读得多了就没有新鲜感了，好像就这么回事。你得永远保持新鲜感和好奇心才能保持永远的快乐——这是会读书与不会读书，真读书与假读书的一个考验。这里的关键，就是我的老师林庚先生说的，"要像婴儿一样，睁大好奇的眼睛来看世界，发现世界新的美"。所谓婴儿的眼光就是第一次看世界的眼光和心态，这样才能不断产生新奇感。你读鲁迅的作品，打开《狂人日记》，不管你研究多少回了，都要用第一次读《狂人日记》的心态，以婴儿的好奇心去看，这样才能看出新意。我想起美国作家梭罗在他的《瓦尔登湖》里提出的一个很深刻的概念："黎明的感觉"。每天一觉醒来，一切都成为过去，然后有一个新的开始，用黎明的感觉来重新感觉这个世界，重看周围的世界都是新的。黎明的感觉，就是我们中国古代所说的"苟日新，日日新，又日新"。每一天都是新的，这时你就会不断地有新的发现、新的感觉，有新的生命诞生的感觉。我想向同学们提一个建议：你们每天早晨，从宿舍到教室看够了学校的一切。明天早晨起来，你试试用第一次看周围世界的眼光，骑自行车走过学校的林荫大道，再看看周围的人、周围的树，你就会有新的发现。重新观察一切，重新感受一切，重新发现一切，使你自己进入生命的新生状态，一种婴儿状态，长期保持下去，就有一颗赤子之心。人类一切具有创造性的大科学家，其实都是赤子。

今天讲大学之大，大在哪里？就在于它有一批大学者。大学者大在哪里？就在于他们有一颗赤子之心，因而具有无穷的创造力。这就是沈从文说的："星斗其文，赤子其人。"他们有星斗般的文章，又有赤子之心。

说到真性情，我想稍微做一点点发挥，一个真正的学者、知识分子，他都有真性情，古往今来皆如此。中国古代的知识分子，孔子、庄子、屈原、陶渊明、苏轼，哪一个不是有真性情的人，鲁迅也有真性情。而今天保留真性情的人越来越少了。我们必须面对这个现实。鲁迅说过：中国是一个文字的游戏国，中国多是些做戏的虚无党。今天的中国知识分子，今天的中国年轻一代，也可能包括大学生，连我自己在内都在做游戏，游戏人生。而且这戏必须做下去，如果谁破坏了游戏规则就会受到谴责，为社会所不容。所以我经常感觉到，现在我们面临全民族的大表演。我进而想起鲁迅的一句格言："世上如果还有真要活下去的人们，就先该敢说，敢笑，敢哭，敢怒，敢骂，敢打。""敢"其实是和"真"联系在一起，在"敢"之外还应真说，真笑，真哭，真怒，真骂，真打。可怕的是"假说"、"假笑"、"假哭"，甚至"骂"和"打"也是"假骂"、"假打"，仅仅是一种骗人喝彩的表演。我们现在缺少的是真实的深刻的痛苦，真实的深刻的欢乐。所有这些归根到底还是怎么做个真性情的人的问题。大学之所以大，就在于它聚集了一些真性情的人。本来年轻的时候就是真性情的时代，人到老了，总要世故的。最真实的时候就是青年时代，就是在座的各位，如果这时你还没有真性情，那就完了。我现在发现，年轻人比我世故得多，我成了"老天真"了。人家经常说："钱老师，你真天真！"这是季节的颠倒！你们才是该天真，我应该世故！

三、两层理想：永远活出生命的诗意与尊严

要保持赤子之心很难，怎么能够一辈子保持赤子之心？这是人生最大的难题。在这方面我想谈谈我个人的经验，因为在座的还有一些将要毕业的同学，我想讲点当年我大学毕业后的遭遇以及我是如何面对的，这可能对在座的即将毕业的同学有点意义。大家一步入社会就会发现社会比学校复杂千百万倍，大学期间是一个做梦的季节，而

社会非常现实。人生道路绝对是坎坷的，会遇到很多外在的黑暗，更可怕的是这些外在的黑暗都会转化为内在的黑暗、内心的黑暗。外在压力大了以后，你就会觉得绝望，觉得人生无意义，这就是内在的黑暗。所以你要不断面对并战胜这两方面的黑暗，就必须唤醒你内心的光明。我为什么前面强调打好底子？如果你在大学期间没有打好光明的底子，当你遇到外在黑暗和内在黑暗的时候，你心里的光明唤不出来，那你就会被黑暗压垮，或者和它同流合污，很多人都走这个路子。你要做到不被压垮，不同流合污，在大学里就要打好光明的底子，无论是知识底子还是精神底子，内心要有一个光明的底子。我自己每当遇到外在压力的时候，总是为自己设计一些富有创造性的工作，全身心地投入进去，在这一过程中抵御外在和内在的黑暗。压力越大，书读得越多，东西写得越多，我每一次的精神危机都是这样度过的。

我经常讲，我们对大环境无能为力，但我们是可以自己创造小环境的。我一直相信梭罗的话："人类无疑是有力量来有意识地提高自己的生命的质量的，人是可以使自己生活得诗意而又神圣的。"这句话可能听着比较抽象，我讲具体一点。我大学毕业以后由于家庭出身，由于我一贯自觉地走"白专"道路，所以尽管我毕业成绩非常好，但是就不准许我读研究生。他们说："钱理群，你书读得还不够吗？正是因为书读得多，你越来越愚蠢。再读书，你要变修正主义了。你的任务是到底层去工作。"所以大学毕业以后我被分到贵州安顺，现在看是旅游胜地了，当时是很荒凉的。你想我是在北京、南京这种大城市长大的，我一下子到了一个很边远的底层，又正遇上饥饿的时代，饭都吃不饱。我被分到贵州安顺的一个卫生学校教语文。我印象很深，一进课堂就看到讲台前面放了一个大骷髅头标本。卫生学校的学生对语文课程根本不重视，我讲课没人听。对我来说，这是遇到了生活的困境，是一个挫折、一个坎坷。话说回来，这对当地人来说不是坎坷，他们也那样活下去了，但从我的角度来说，是一个坎坷。我当时想考研究生，想跳出来，人家不让我考。这个时候怎么办？我面临一个如何坚持自己理想的考验。我就想起了中国古代的一个成语：狡兔三窟。我给自己先设了两窟，我把自己的理想分成两个层面：一个层面是现实的理想，就是现实条件已经具备，只要我努力就能实现的目标。当时我分析，自己到这里教书虽然对我来说是一个坎坷，但是毕竟还让我教书，没有禁止我教书，所以我当时给自己定了一个目标：我要成为这个学校最受学生欢迎的老师，而且进一步，我还希望成为这个地区最受学生欢迎的老师。我把这个作为自己的现实目标，因为让我上课，就给了我努力的余地。于是我走到学生中去，搬到学生的宿舍里，和学生同吃同住同劳动，和学生一起踢足球，爬山，读书，一起写东西。这个过程中，我从我的学生身上发现了内心的美。我全身心投入给学生上课，课上得非常好，我就得到一种满足。人总要有一种成功感，如果没有成功感，就很难坚持。我当时一心一意想考研究生，但是不让考，所以我从现实当中，从学生那里得到了回报，我觉得我生命很有价值，很有意义，也很有诗意。我还写了无数的诗，红色的本子写红色的诗，绿色的本子写绿色的诗。我去发现贵州大自然的美，一大早我就跑到学校对面的山上去，去迎接黎明的曙光，一边吟诗，一边画画。为了体验山区月夜的美，我半夜里跑到水库来画。下雨了，我就跑到雨地里，打开画纸，让雨滴下，颜料流泻，我画的画完全像儿童画，是儿童感觉。我坚持用婴儿的眼睛去看贵州大自然，所以还是保持赤子之心，能够发现人类的美、孩子的美、学生的美、自然的美。虽然是非常艰难的，饭也吃不饱，但是有这个东西，我渡过了难关，我仍然生活得诗意而神圣。也许旁人看见我感觉并不神圣，但是我感觉神圣就行了，在这最困难的时期，饥饿的年代，"文革"的年代，我活得诗意而神圣。我后来果然成为这个学校最好的老师，慢慢地在地区也很有名，我的周围团结了一大批年轻人，一直到今天，我还和他们保持联系，那里成了我的一个精神基地。

但另一方面，仅有这一目标，人很容易满足，还得有一个理想的目标。理想目标就是现实条件还不具备，需要长期的等待和努力准备才能实现的目标。我当时下定决心：我要考研究生，要研究鲁迅，要走到北大的讲台上去向年轻人讲我的鲁迅观。有这样一个努力目标，就使我一边和孩子们在一起，一边用大量的业余时间来读书，鲁迅的著作不知读了多少遍，写了很多很多研究鲁迅的笔记、论文。"文革"结束以后，我拿了几十万字的文章去报考北大，今天我之所以在鲁迅研究方面有一点成就，跟我在贵州安顺打基础很有关系。但是这个等待是漫长的，我整整等了十八年！我 1960 年到贵州，二十一岁，一直到 1978 年恢复高考，三十九岁，才获得考研究生的机会。那一次机会对我来说是最后一次，是最后一班车，而且当我知道可以报考的时候，只剩下一个月的准备时间，准备的时候，连起码的书都没有。当时我并不知道北大中文系只招六个研究生，却有八百人报考；如果知道了，我就不敢考了。在中国，一个人的成功不完全靠努力，更要靠机会，机会是稍纵即逝，能否抓住完全靠你，靠你原来准备得怎样。虽然说我只有一个月的准备时间，但从另一个角度说我准备了十八年，我凭着十八年的准备，在几乎不具备任何条件的情况下，仓促上阵。我考了，而且可以告诉大家，我考了第一名。我终于实现了我的理想，到北大讲我的鲁迅。但是话又说回来，如果我当初没有抓住机会，没有考取北大的研究生，我可能还在贵州安顺或者贵阳教语文，但我仍不会后悔。如果在中学或是大学教语文的话，我可能没有今天这样的发展，我有些方面得不到发挥，但是作为一个普通的教师，我还是能在教学工作中，就像几十年前一样获得我的乐趣，获得我的价值。

　　我觉得我的经验可能对在座朋友有一点启示，就是你必须给自己设置两个目标，一个是现实目标，没有现实目标，只是空想，你不可能坚持下来。只有在现实目标的实现过程中，你不断有成功感，觉得你的生活有价值，然后你才能坚持下去；反过来讲，你只有现实目标，没有理想目标，你很可能就会满足现状，等机会来的时候，你就抓不住这个机会。人总是希望不断往上走的，所以我觉得人应该有现实目标和理想目标这样两个目标，而且必须有坚持的精神。你想对于我，十八年是一个什么概念，是我二十一岁到三十九岁这十八年。所以一个人的选择是重要的，更可贵的是有坚持下来的恒心，有定力。这十八年有多少诱惑，多少压力，不管怎样，认定了就要这么做。你可以想见"文化大革命"那种干扰多大呀，不管这些干扰，你要认定要这么做，认定了，坚持下来，你总会有一个机会。即使没有机会实现理想目标，你还有一个可以实现的现实目标。大家可以体会到，在中国的现实下，人掌握自己命运的能力很小，但并不是毫无作为的，人是可以掌握自己命运的，至少可以在一定程度上，在小环境里掌握自己的命运，也就是我刚才所说的，人是可以使自己在任何条件下都生活得诗意而神圣的。

　　我就是把这样的经验带到我进入北大之后的几十年生命历程之中。在这后几十年中，我的生活仍然有高峰，有低谷，有时候是难以想象的压力，身心交瘁，内外交困，但是我始终给自己设置大大小小的目标。一个人的生命、生活必须有目标感，只有大目标、大理想是不行的，要善于把自己的大理想、大目标、大抱负转化为具体的、小的、可以操作的、可以实现的目标。我把读一本书、写一篇文章、编一本书、策划一次旅游或者到这来演讲这样的一件一件事情作为具体的目标，每一次都带着一种期待、一种想象，怀着一种激情、冲动，全身心地投入其中、陶醉其中，用婴儿的眼光重新发现，把这看作是生命新的开端、新的创造，从中获得诗的感觉。我每一次上课都非常紧张——包括这一次上课。因为我要面对新的对象，虽然我讲的内容有讲稿，但是诸位是陌生的对象，我就很紧张。我这一套东西年轻人能不能接受？烟台大学（江西师范大学）的学生能不能接受？我是你们的爷爷辈，爷爷和孙子之间能对话吗？而且还是我所不熟悉的，一个远方城市的孙子辈，能够听懂我的话吗？我在北京就开始准备，昨天晚上还在准备，一直到今天，我看了好几遍讲稿，反复琢磨，有一种新鲜感、一种期待感。现在从现场反应来看大家接受了我，我就有一种满足感。有些内容可能是重复的，但是在我讲来却充满激情，因为我有新鲜感，有一种创造感。尽管这是一次普通的演讲，但它是一次新的创造，是一种新的发现，包括对诸位的发现，也是对我自己内心的发现。而且我追求生命的强度，要全身心地投入。大家看我的演讲的风格就是全身心地投入。我曾经给北大的学生有一个题词："要读书就玩命地读，要玩就拼命地玩。"无论是玩还是读书都要全身心地投入，把整个生命投入进去。这样才使你的生命达到酣畅淋漓的状态，这是我所向往的。

四、大学之大，在开创一个大生命境界

在我结束演讲的时候，送给大家八个字：沉潜、创造、酣畅、自由。这也是我对演讲的主题——"大学之大"的理解。我觉得"大学之为大"，就在于首先它有一个广阔的生存空间。顺便说一下，我今天参观了贵校，我看你们的校园很大，宿舍很大，教学楼很大，这基本上就有了一个大的生存空间。然后更主要是提供大的精神空间。所以刚才强调读书要广、要博就是要有一个大的精神空间。所谓大学就是在这样一个大的生存空间和精神空间里面，活跃着这样一批沉潜的

生命，创造的生命，酣畅的生命和自由的生命。以这样的生命状态作为底，在将来就可能为自己创造一个大生命，这样的人多了，就有可能为我们的国家，我们的民族，以至为整个世界，开创出一个大的生命境界：这就是"大学之为大"。谢谢大家！

　　　　　　　2004 年 11 月整理，2008 年 3 月 12 日再整理，有删节
（2004 年 9 月 26 日在烟台大学讲，2006 年 6 月 10 日在江西师范大学讲）

"我们"是谁

——在《"公益2007"：志愿者论坛》上的讲话

（一）主题发言

我们是第二次举办这样的"志愿者论坛"了。这说明了志愿者队伍的扩大，而且看来还有继续扩大的趋势。这是一件大好事，而且来之不易。有人告诉我，据民政部门统计，现在全国各种类型的公益性组织，已达三十余万——我估计还要多，因为有许多是没有注册登记的。我算了一下，如果每一个组织参加者有三十人，就有近一千万人；如果每个组织的活动受益者也是三十人（当然这是大大保守的估算），那么，也有一千万。朋友们可以想一想：这两个"一千万"究竟意味着什么，这就是说，在全国将有两千万人在这里尝试着、感受着一种新的生活，尝试着、感受着一种新的人与人的关系，尝试着、感受着一种新的人生价值理想。而且持续下去，坚持三年、五年、十年、十数年，那又意味着什么呢？这样的精神效应的不断扩大，是会对中国社会的发展产生积极影响的。面对这样的发展与前景，我们是应该受到鼓舞的。

但在欢欣鼓舞之后，我们还要冷静下来。我在很多场合都说过，在一项事业草创时期，提出自己的目标本身就会遭受到巨大的压力；而当事业得到承认与发展，这时候要坚持自己的目标也不容易，因为会有许多的因素介入、模糊甚至歪曲你的目标。因此，从事这样的事业的人，就必须有明确、自觉、强烈的目标感，在任何时候、任何情况下，都坚守自己的目标，不断地思考、诘问自己："我们是谁？我们要干什么？我们追求什么？我们的意义和价值在哪里？我们能干什么？我们的限度又在哪里？"——这就是我今天要和朋友们讨论的问题。

我想从五个方面来展开我的思考。

我们是志愿者

我们是自愿地选择了志愿者公益事业的。所谓"自愿"，它有两个特点：一是"内发性"，它是出自自我生命的内在需要，而不是出于外在的功利的诱惑；二是"自发性"，是自己的主动、自主的选择，而非外在的强制所致。

于是，又有这样的追问：我们为什么要自愿选择公益事业？是出于什么样的自我生命的内动力？

我首先注意到的，是今天的青年志愿者，其主力是在校的大学生、研究生，和大学毕业不久的各行各业的青年，他们大都是"80后"这一代。这一代人是自有其特点，以及我所说的"特殊的魅力"的；但他们也有自己的问题。我和许多当代大学生作过讨论，发现"生活缺乏目标，缺乏责任感"是一个最根本的，让许多年轻人最感困惑的问题。在讨论中，我反复强调一点：问题要靠这一代人自己来解决，而且相信这一代人一定能够自己解决；而解决的途径，主要有两个，一是通过自由读书，最广泛地吸收民族和人类文明的精神资源；另一就是适当参加社会实践，主要是到社会的底层，到西部农村去，给那里的弱势群体以力所能及的帮助，更重要的是，在志愿服务的过程中，了解中国的国情，和中国这块土地，土地上的文化和乡亲，建立血肉联系：这就会为确立自己的世界观、人生目标，打下一个坚实的基础。我曾在一篇文章里，提到一位最早参加"西部阳光行动"的大学生的日记，说自己在城市里长大，"心中的西部是一种田园诗般的印象"，但真的踏上了这块土地，"用双脚去丈量现实"，看到了"恶劣的自然环境，以及在此条件下挣扎努力的农民"，面对"因为辍学而哭泣的孩子"，"那一张张温暖稚嫩的笑脸，渴求知识的眼神"，就觉得一切都变了，一切都需要重新思考——而新的人生也许就开始在这重新思考中。

因此，我们可以说，青年志愿者运动，实际上是一个当代大学生自己联合起来，在参与社会变革的实践中，寻求新的价值理想，确立新的人生目标的自我教育运动。

这首先是出于我们自己生命成长的需要。

我们是民间参与者

"民间性"，这是志愿者运动的第二个本质特征。

这是出于这样一个信念：中国改革和建设事业必须是自上而下的政府主导和自下而上的民间参与、监督的相互促进与制约。这是改革和建设事业能否健康持续发展的关键。

我们，普通的中国公民，中国的年轻一代，是中国改革和建设的主人。"参与"是我们的责任，更是我们的权利。

我们既是"非政府性"的组织，同时，又是"非营利性"的组织，是人们所说的"第三部门"。它对政府机制和市场机制形成必要的补充和制约，是所谓"第三种力量"。如论者所说，有效的民主政治和市场经济是离不开社会领域里的发达的第三部门的支持的，而且它将在"社会改革与建设"中发挥越来越大的作用（参看徐永光：《中国第三部门的现实处境及我们的任务》），这是可以肯定和期待的。

我们的主要任务是为社会弱势群体服务

如前所说，我们联合起来，首先是"自助"，但我们更要"助人"，在"助人"中"自助"；而我们"助人"的主要对象，是社会弱势群体，为他们谋利益。

这同样是出于我们的信念。我们追求社会的公正、平等，社会的正义。我们认同这样的生命观：全社会的每一个具体的生命的价值与幸福，是最重要的；只要还有一个生命不自由、不幸福，我们就是不自由、不幸福的。因此，我们是永远站在社会弱势群体这一边的，为他们呼吁，为他们服务，是我们自觉的使命。

我们因此特别关注西部，关注乡村建设，关注农村教育，这是中国社会发展的基础，却又是最为薄弱的环节。我们为当今中国西部、中国农民、中国农村教育的恶劣的生存状态而焦虑，也就是为中国的未来焦虑。作为中国未来的建设者，我们中国的年轻一代从现在起，就要开始担负起我们的责任。

我们的先锋和桥梁作用

和政府部门相比，我们没有权力；和企业相比，我们没有经济实力；和知识界相比，我们的知识力量显然不足。这三点，构成了我们的限度。一位青年志愿者在下乡以后这样写道："我们在没有来这里以前，可能满腔热情，踌躇满志，一心想为村民干些什么。而真正到了这里之后，我们才发现我们的力量原来是如此地微不足道，我们对这一切是那样地无能为力"，"我们究竟来干什么的？我们究竟能做些什么？"在丢弃了不切实际的自我期待以后，反而有了一种生命的实在感："踏在西部这片热土上，起初的激情，年轻的冲动，都化作愈加沉重的脚步和更为踏实的工作"，"我们知道自己能力有限，唯有全心尽力地工作，才能或多或少弥补自己内心的沉重"，"在生活中，还没有这样的时刻，让我觉得如此重要，又如此渺小"。

应该说，这样的感受，非常真切，这样的自我认识，非常真实：我们是渺小的，因此，在中国的农村建设、社会改造中，我们不是主力军，我们的作用是有限的；但我们更是重要的，我们有自己的特殊优势，我们有自己的不可替代的作用。

我们有年轻人的敏感与热情，因此，我们是首先觉醒者，我们意识到中国西部农村问题的重要与迫切，首先行动起来，就能够在学校和社会营造关心农村教育和建设的氛围，起到先锋的作用。

我们更充满生命的活力，我们可以通过我们的活动，促进政府（他们是乡村建设的主导者）、农民（他们是乡村建设的主体）和各种社会力量（他们拥有丰富的社会资源，又具有支持乡村建设的巨大热情，却处于分散的状态）之间的结合与互动，我们的任务是为他们搭建平台，建立关系网络，用尚立富先生的话说，就是起一个"绳子"的串联与"双面胶"的胶合作用，也就是发挥桥梁作用。

"公民社会"就创建在我们脚下

我们的讨论，最后还要回到自愿上来。我接触的许多青年志愿者，他们都告诉我，他们的自愿参与，是出于对自己现有的生活方式、生命存在方式的不满，而希望尝试一种新的生活，新的生命存在方式。在我看来，这样的不满和尝试欲求，正是青年志愿者运动最重要的存在理由和价值，是它的强大内在驱动力。

因为我们正生活在一个一方面经济发展，开始进入了小康社会；另一方面，却又是物欲横流，价值混乱，充满着精神和道德的危机的时代。后者引起我们不满，前者也给我们带来了希望：在物质生活基本达到小康以后，我们需要重建新的价值、新的生活。我在演讲一开始提到，人们在志愿者的公益组织里"尝试和感受着新的生活、新的人与人的关系、新的价值理想"，指的就是这个意思。

当许多人奉行个人中心主义和极端利己主义，拒绝任何社会责任和承担，我们却尝试"利我利他，自助助人"的新的伦理，我们参加以帮助弱势群体为主要宗旨的社会公益活动，是因为我们深信：自我的潜能，将在公共领域里得以发挥；自我的价值，将在公共事业的参与中得到实现：我们正在尝试着建立一种新的价值观。

当许多人沉湎于个人的无止境的物质享受、感官刺激、奢侈消费时，我们却相信人不仅有物质的欲望，更有精神的追求，我们尝试着一种"物质简单，精神丰裕"的新的生活方式。我们更关注大多数人的生存状态，以及我们生活的生态环境，希望在共同富裕，共同发展，公正、平等的社会和谐中，在人和自然的和谐中，获得自己生命的愉悦和意义：我们正在尝试着建立一种新的幸福观。

当许多人奉行将他人视为敌人的丛林规则，进行残酷的你死我活的生存竞争时，我们尝试着视他人为兄弟，在志愿者和服务对象之间，在志愿者之间，建立起人与人相互信任、尊重、支持、合作、互助的新关系。

当许多人陷于所想与所说、所做的分离，将真实的自我掩盖、保护起来，被迫或主动生活在谎言之中，我们却尝试着通过志愿者活动将"想，说，行"统一起来，努力生活在真实之中。

正是对这些新价值、新生活的自觉的尝试，使得我们这些青年志愿者，注定了是一群理想主义者。我们的追求和尝试显然是对现实中国社会实际起支配作用的生活逻辑，对当下相当多的人的选择的一个挑战，因此，我们暂时还是中国人和中国青年人中的少数，我们的孤独是必然的。或许正因为如此，我们才需要联合起来，相互支持、相互鼓励，用我最喜欢说的话，就是"相濡以沫"。用杨东平先生的话来说，这是好人联合起来做好事；我还要补充一句：就是理想主义者联合起来过新生活。但我们又深信，我们所追求的新价值、新生活其实就是人人心中都有的生命欲求，只是由于种种原因，暂时被遮蔽了。只要有人开始尝试了，就有可能逐渐被越来越多的人所接受，这也是我们开始所说的，志愿者队伍越来越扩大的内在原因和依据。

我们是理想主义者，我们知道，理想的完全实现，需要许多条件，包括体制的改革，等等。但是，我们确实又不能等待社会的根本变革，把一切希望寄托在遥远的未来。我们选择从现在做起。也就是说，我们要在现行体制下，开始我们的尝试。我们既清醒于这种尝试的有限性，又绝不因此放弃我们的努力。

许多人都在谈论，中国的未来社会将是一个公民社会，我们前面所说的关于人的生命的健全发展，关于人与人之间的新关系，都需要在公民社会里得到全面实现。这必然要经历长期的奋斗。我们现在可以做的，是首先把我们的志愿者组织建设成一个小的公民社会，或者说，把它办成一所公民大学堂。我们将在这个自主、自由、多元、开放的群体中，学会参与和独立创造，学会对话、合作和互动，学会信任和尊重，学会平等、公平和互惠，学会宽容、妥协，自我约束和相互监督。

我们要在实践中培育未来的"新公民文化"，我们就可以把它命名为"志愿者文化"。志愿者就是未来公民社会的新公民，公民社会就创建在我们脚下。

我们要在参与现实的变革的同时，也改变和完善自己，赋予我们的生命以意义。这既是对国家、社会、民族、世界的承担，也是一种自我承担。

（二）会议总结

我们这次论坛，有一个主题："社会工作专业携手志愿组织"，也就是说，这是专业的社会工作者，大学里的社会工作专业的老师、学生和业余的青年志愿者的一次聚会和交流。这真要感谢会议的组织者给我们提供了这样的机会；至少对于我，这是第一次：坦白地说，在此之前，我还不知道中国已经有了如此规模的社会工作教育，有了这样一支社会工作专业队伍。参加这次会，我获得了许多新的知识、新的信息，并且有了新的思考。我想，这也是我们大家共同的收获。可以说，参加会议的双方——社会工作者和青年志愿者都从对方那里学到了许多，获得了新的启示。

志愿者的培育：精神，文化，素养，能力与习惯

从志愿者的角度看，我们或许可以通过这次会议的交流和讨论，更全面地来思考和策划志愿者自身的培养和成长问题。当然，首先是"志愿者的精神"和"志愿者文化"的理念，这一点，我在会议的"主题发言"中已经有所论及，希望以后还有机会来作更深入的研究和讨论。其次，还有一个"志愿者素养"和"志愿者的管理与能力"的问题：这正是社会工作者的教育对我们的最大启示。在一定意义上可以说，志愿者也是社会工作者，因此，他也需要专业的知识与能力。也就是说，我们最初都是身怀一种理想、一腔热情，参与志愿者的公益活动，但这只是一个起点，我们并不能满足于此，因为一个真正好的志愿者必须追求服务的质量，你要真正地为弱势群体谋利益，除了发挥你自身的专业特长，如学农的在农业技术上帮助农民，学医的给农民治病，等等，你还必须具备社会工作所必需的专业知识，如法律、社会学、心理学、教育学、经营管理学等等方面的知识，而且还要有相应的能力，掌握一定的工作方法和技巧。也就是说，在志愿者组织发展到一定的程度和水平，就必须明确地提出"志愿者工作的专业化"的问题。当然，志愿者毕竟不同于社会工作者，除了少数骨干力量，

会以此为自己的事业，以至职业，成为专业的社会工作者，大多数志愿者都是业余的参与者，具有较大的流动性，但当你从事社会公益活动时，也必须尽可能达到一定的专业服务水平，也就是使自己一定程度地专业化。——我想，通过这次会议，我们应该把专业化的问题，提到志愿者组织的工作日程上来。在这方面，是可以从社会工作者那里，学到很多东西的。

还有一个方面，人们很少谈到，我也是在参加这次讨论，才开始意识到的，就是我们讲志愿者精神、志愿者文化，最后，都要转化为一种"习惯"。这就好像这些年，我们讨论语文教育，许多有经验的老师都提出，最重要的是"养成习惯"，把读书、写作的能力的训练，最后变成读书、写作的习惯。志愿者的培育也一样，最后要让关爱他人，特别是弱者，为他人服务，成为一种习惯。所谓"习惯"，就是要让这种关爱、服务精神真正成为自我生命的内在需要，以至变成近于本能的反应：看见有人需要帮助，就不加考虑，自然而然伸手相助。于是，这样的志愿服务，就会渗透到日常生活中：不仅积极参与志愿者的有组织的活动，而且一人独处时也会随时随地地为需要帮助的人服务。这就意味着，志愿者精神，志愿者文化已经成为志愿者的精神素质的有机组成部分，和他的生命水乳交融地融为一体了。应该说，这是一个志愿者的更高境界，就是说，通过参与志愿者活动，实现了我在"主题发言"中最后所说的自我生命的改造和完善，在一定的意义上，长成了一个"新人"。这同时也就意味着开展志愿者活动的过程，其实就是"立人"的过程：在我看来，"立人"才是志愿者运动的根本，其宗旨、意义和价值都在这里。

社会工作者教育的本土化：本土资源与本土实践

这次会议谈得比较多的，还有中国社会工作者及其教育的"本土化"的问题。这大概也是社会工作教育和志愿者运动的一个联结点。讨论主要集中在两个方面。

首先是发掘、吸取本土资源的问题。无可否认，社会工作教育的概念，以至志愿者的概念，都是舶来品。因此，我们在讨论志愿者文化，进行社会工作教育时，更多地借鉴西方的资源，这是可以理解的，也是必要和有益的；但却又是不够的，因为不仅这些外来思想、理念本身有一个和中国国情相适应的问题，而且中国本土，虽然没有这样的概念，但它也存在着志愿精神、志愿文化、社会服务精神，这样的本土资源需要发掘与研究，它们同样可以成为我们今天所提倡的社会工作和志愿者运动的精神滋养。

这样的本土资源，我以为主要包括三个方面。首先是中国古代传统的资源，过去我们谈得比较多的是儒家思想资源，比如儒家的"知其不可为而为之"的精神就很值得发扬。最近我还想到墨家的思想和它的组织形式，它的兼爱、尚同理念，它的苦干实干精神，它的草根性，它的行动性、实践性，甚至是可以视为中国古代的"志愿者组织"的。——当然，这都还需要进一步的研究与讨论，这里只是出个题目，打开一个思路，说明中国古代这方面的资源还是相当丰富的。

其次，是现代中国的资源，这也是一个传统。事实上这些年的志愿者在参与新农村建设的实践中，就直接从20世纪三四十年代乡村建设的先驱陶行知、晏阳初、梁漱溟、卢作孚先生的理论与实践中，吸取了许多滋养。我曾经写过《和青年志愿者谈鲁迅》这篇文章，也是试图将鲁迅的思想资源，如他对"泥土精神"的提倡，他的韧性战斗精神，提供给年轻朋友。我最近想，胡适的一些思想、观念、精神，同样有其启示性。另外，革命文化里也包含着宝贵的精神财富，那些为革命理想而献身的先烈，也都是那个时代的志愿者。也就是说，现代文化资源也是多元而丰富的。

最后，我还要强调民间文化的资源。这就是蕴含在老百姓日常生活中的民间伦理。这是最基本的，却是最容易被忽略的。它是学者所说的比较稳定的价值系统，它的一些口口相传的道德信念、行为准则，例如"不许杀人"，"不做伤天害理之事"，"要善待落难之人"之类，构成了社会生活的道德底线。同学们如果真正深入农村，特别是在农村老人那里，可以发现这样的民间道德，民间生活准则、智慧：这也是一种精神的力量。

一方面，继续吸取外来资源，一方面，注意吸取古代传统、现代传统、民间传统中的本土资源，将其融会贯通：在我看来，这就是我们创建中国自己的社会工作伦理，志愿者文化的一个根本途径。

当然，还有一个重要方面，就是要关注"中国问题"，如新农村建设问题，民工问题等等，这都是具有中国特色的社会问题，中国社会工作教育应该引导学生关注这些问题。组织学习社会工作专业的学生适当参与青年志愿者运动，培育他们的志愿者精神，在实践中总结经验，这是有助于年轻一代社会工作者的成长的。

因此，我们完全可以期待，在这次"志愿者论坛"之后，社会工作者、社会工作教育者和青年志愿者之间能够有更密切的合作。

2008 年 3 月 17—19 日整理、补充

我们需要农村，农村需要我们

——中国知识分子"到农村去"运动的历史回顾与现实思考

（"西部阳光行动"是北京一部分大学生青年志愿者的联合组织，其总部设于北师大。这些年我一直和他们有比较密切的联系。这是我 2004 年 11 月 14 日在"西部阳光行动"沙龙的讲话。以后，我以同题在北京大学、北京财经大学、北师大、梁漱溟乡村建设中心多次讲过。）

应该说我们是第二次见面了。9 月 20 号那天参加你们的暑期下乡实践活动总结会，听了你们许多精彩的发言，心里很激动，有很多感想，那天的会上，也只能简单说几句，于是，就想写一篇文章，但事情一多，又搁下了。感谢北师大的同学的邀请，今天有了一个机会，和大家一起聊天，就把那天没说完的话，继续往下说。

也许是因为我是研究现代文学史、现代中国知识分子精神史的，有一种职业性的历史感。一看到诸位，我就觉得似曾相识，在我研究的历史中曾经见过，你们的言谈，说话的姿势，眼睛里流露出的热情、困惑，你们的快乐与苦恼，初到农村时的惊喜，第一次走进农民的小屋不知如何交谈的窘态，工作深入不下去时的焦虑，以及无休止的争论，平静下来以后的思考与自我质疑……在 20 世纪的中国历史、中国知识分子精神史上都曾经出现过，而且，这其中也有我自己的身影。这里存在着一个代代相传的精神谱系，存在一个持续了一个世纪的"知识分子、青年学生到农村去，到民间去"的运动；也许你们并没有意识到，你们的"西部阳光行动"实际上正是这样的一个历史运动中的一个环节、一个新的篇章，你们是沿着前辈所开辟的道路往前走，你们正在继续书写与创造新的历史。

（一）一个世纪五代人连续不断的"下乡运动"

"五四"时期：李大钊的《青年与农村》和新村运动

那么，我们就来作一点历史的回顾。还是从"五四"说起，那是现代知识分子精神的一个源头。大家都知道，五四新文化运动的核心是"人的觉醒与解放"；我要补充的是，这样的人的觉醒与解放，其中一个重要方面，就是妇女、儿童与农民的独立价值的发现与充分肯定；而这三种人都是处于社会结构的最底层的，在中国的传统社会与文化中是被忽略的存在，因此，这三大发现就充分地显示了五四新文化运动的民主主义与人道主义的特质，具有特殊的意义。关于妇女的发现与儿童的发现，都是极富魅力的话题，以后我们或许有机会再来详细讨论。今天要说的是"农民的发现"。鲁迅后来有一个追述，他说："我生长于都市的大家庭里，从小就受着古书和师傅的教训，所以也看得劳苦大众和花鸟一样。有时感到上流社会的虚伪和腐败时，我还羡慕他们的安乐。但我母亲的母家是农村，使我能够间或和许多农民相亲近，逐渐知道他们是毕生受着压迫，很多苦痛，和花鸟并不一样了。"（《英译本〈短篇小说选集〉自序》）这至少说明，"五四"的先驱者已经认识到，农民，底层的人民，他们不是供人观赏、践踏的"花草"，而是有自己的价值，有自己的要求的独立的"人"，他们应该享有自己的幸福，有权利发出自己的声音，维护自己的独立利益。

而另一些思想家则把农民的解放与整个民族的解放、发展联系起来，李大钊当时就写了一篇《青年与农村》，指出："我们中国是一个农国，大多数的劳工阶级就是那些农民。他们若是不解放，就是我们国民全体不解放；他们的苦痛，就是我们国民全体的苦痛；他们的愚暗，就是我们国民全体的愚暗；他们生活的利病，就是我们政治全体的利病。"他进而提出："要想把现代的新文明，从根底输入到社会里面，非把知识阶级与劳工阶级打成一气不可。"于是，他发出了"我们青年应该到农村去"的号召。而特别有意思的是，他讲了三条理由。一是"中国农村的黑暗，算是达于极点"。他具体地列了许多方面，可见他是做了一些调查的，而我们今天读起来觉得似乎还有点现实针对性，这是很可悲的；不过今天不谈这个，我们注意的是他由此得出的结论。他说："一般知识阶级的青年跑在都市上，求得一知半解，就专想在都市上活动，都不愿回到田园；专想在官僚中讨生活，却不愿再去工作。久而久之，青年常在城市里鬼混，都成了鬼蜮。农村绝不见知识阶级的足迹，也就成了地狱。把那清新雅洁的田园生活，都埋没在黑暗的地狱里面，这不就是我们这些怠惰青年的责任，那个的责任？"李大钊讲的第二个理由，就更值得注意。他说，现在大家都在讲推行"民主政治"的关键，是要"立宪"；但是不要忘了，中国的选民，"大多数都在农村"，如果农村没有开发，农民没有觉悟，没有自由的判断力，如果真的实行普选，那些"练习了许多的诡诈的手段"的城市流氓，那些"积下了许多的罪孽金钱"的城市强盗，就会来骗"他乡里的父老"，如果把这些人选上了，"立宪政治、民主政治，那有丝毫的希望？"李大钊因此而大声疾呼："立宪的青年呵！你们若想得个立宪的政治，你们先要有个立宪的民间；你们若想有个立宪的民间，你们先要把黑暗的农村变成光明的农村，把那专制的农村，变成立宪的农村"，"这样的民主主义，才算有了根底，有了泉源。这样的农村，才算是培养民主主义的沃土，在这方面活动的青年才算是栽植民主主义的工人"。

你们看，李大钊说得多好，在我的感觉里，他简直就在和我们面对面地谈话，讲着当下中国已经或将要面临的问题。不知道在座的同学们感觉如何？我们再来看他的第三条理由。他说，现在许多青年，天天在城市里漂泊，找不到出路，"农村中很有青年活动的余地，并且有青年活动的需要，却不见有青年的踪影"，在他看来，这是一种"自误"。因此，他号召："在城市里漂泊的青年朋友呵！你们要晓得，城市上有许多罪恶，乡村里有许多幸福；……城市上的生活，几乎是鬼的生活，乡村中的活动，全是人的活动；都市的空气污浊，乡村的空气清洁。你们为何不赶紧收拾行装，结清旅债，还归你们的乡土？"——李大钊这番话可能与大家的感受不大一样，因为在许多年轻人看来，城市还有很大的发展余地，还是令人向往的；但城市的人满为患，大概也会是迟早发生的事。更重要的是，李大钊在这里显然将农村理想化了。其实，他在前面已经谈到了"农村的黑暗"，他对农村的着意美化，是出于对现代都市文明的反感，同时也受到了俄国民粹派的影响。李大钊这篇《青年与农村》一开头就谈到了俄国的"青年志士""把自己家庭的幸福全抛弃了，不惮跋涉艰难的辛苦，都跑到乡下的农村里去，宣传人道主义、社会主义的道理"的民粹派的"到民间去"的运动。俄国民粹派对中国的"到民间去"运动有积极的影响，但也有消极的一面，就是对农村与农民的理想化，下面我们还要谈到。

李大钊对农村与农民的理想化，还反映了"五四"时期另一个重要思潮，即所谓"新村运动"。新村运动是一个建立乌托邦理想社会、理想生活的试验，一群理想主义者聚集在一起，通常是在农村建造一所"新村"，实行财产公有，"各尽所能，各取所需"，共同过着一种一边读书、讨论，一边从事农业、手工业劳动的新生活。大概在1918年，日本著名作家、思想家武者小路实笃在日本九州日向就建立了这样的新村；1919 年周作人去参观后，就在国内大肆鼓吹，得到了包括李大钊在内的五四新文化运动的先驱者和许多青年学生的响应，在北京组织了类似新村的工读互助团。毛泽东也是新村运动的热心者，他曾为此专门访问过周作人，还亲自起草了建设新村的计划书。而新村运动的理想的核心，用周作人的话来说，就是要实现健全的"人的生活"；而所谓健全的"人的生活"，就是个体的人与人类、社会的人的统一，物质生活与精神生活的统一，脑力劳动与体力劳动的统一，人与人之间的协调，人与自然之间的和谐。正是在这样的理想之光的照耀下，农民们沐浴在大自然的阳光中的"日出而作，日入而息，耕田而食，凿井而饮"的生活，就对当时沉湎于空想社会主义理想中的李大钊这一代人以及青年人产生了特殊的吸引力。

30 年代："分田分地真忙"和"乡村建设运动"

但应该说，在"五四"时期，知识分子"到农村去，到民间去"，基本上还停留在理论的倡导与小规模的试验上，并没有形成实际运动。真正的"到农村去，到民间去"运动的大力发展，是在 20 世纪的 30 年代。如果说，"五四"还限于思想、文化运动的范围，到 30 年代就发展为一种社会运动。在大革命失败以后，随着对中国社会认识的深化，越来越多的知识分子把目光转向农村，认识到中国的根本改造必须从农村开始。但却在如何实现中国农村的改造问题上，出现了重大的分歧，形成两种不同的思路。也就是说，都是"到农村去，到民间去"，却有两种不同的路向。

一种是以毛泽东为代表的中国共产党人，他们认为，中国问题从根本上说，是一个社会制度问题，必须通过革命，先夺取政权，从根本上改变半封建、半殖民地的社会制度，才有可能进行新的建设；而农村问题的根本也是土地制度问题，农村的变革必须从土地改革入手，改变少数地主占有大量土地，而大多数农民则无地或少地的状况；而中国的革命又必须以广大农村为根据地，以农村的变革为全国变革的基础。正是在这样的思想指导下，中国共产党在南方江西、福建、湖南、湖北等地发动了"苏维埃运动"，大批的革命知识分子到农村去发动革命，建立根据地，出现了毛泽东诗词里所描写的"收拾金瓯一片，分田分地真忙"的革命景象。

与此同时，以晏阳初、梁漱溟为代表的一部分知识分子则在大力推行"乡村建设运动"。晏阳初认为，中国农村的基本问题是"愚、穷、弱、私"四个字，因此，需要进行四大教育。一是"文艺教育"，设立实验性的平民学校、艺术学校，扫除青年文盲，并进一步将平民学校的学生组织起来，成立同学会，使这些优秀的农村青年成为农村建设的中心分子。二是"生计教育"，进行农业科学的普及，发展农业生产；在农村经济方面，则帮助农民组织合作社、自助社；同时注意农村工业的发展。三是"卫生教育"，重点是建立乡村保健制度，"使农民在他们的经济状况之下，有得到科学治疗的机会，能保持他们最低限度的健康"。四是"公民教育"，"用家庭方式的教育，在家庭每个分子里，施以公民道德的训练"，"使他们有公共心、团结力，有最低限度的公民常识、政治道德，以建立地方自治的基础"。他强调，这四大教育的核心，是对农民的"知识力、生产力、保健力和团结力"的培养，说到底，是对人的教育与改造，而"从事'人的改造'的教育工作"，这才是"解决中国整个社会问题的根本关键"。为了实现这样的理念，他提出了"博士下乡"的口号，带领一批年轻人在河北定县等地进行了将近十年的农村改革实验。

梁漱溟也是乡村建设运动的大力推动者，但他认为，中国的农村问题并不在愚、贫、弱、私这些具体问题，而是要抓住带根本性的环节，着眼于整个中国问题的解决。而中国问题的关键在以中国固有文化为基础，吸收西方先进技术，重建民族新文化。具体到乡村建设，他主张以中国传统的乡约形式重建中国新的礼俗，并在农村大办村学和乡学，使之不仅成为地方教育机构，而且从中分化出乡村基层政权组织与民间团体，把农民组织起来；同时，建立生产、销售、运输合作社，农民银行等生产、金融组织，推动农村技术进步，走一条以农业引发工业的道路。梁漱溟也带领了一批知识分子和青年，建立了山东乡村建设研究院，并开辟了邹平、菏泽、济宁等实验区。在 20 世纪的 30 年代，乡村建设运动得到了蓬勃的发展，据国民政府实业部统计，1934 年全国从事乡村建设运动的团体达六百多个，建立的实验点、实验区有一千余处。后来，这些实验都因抗日战争爆发，实验区为日本侵略军占领而告终。

40 年代：知识分子与工农相结合的"下乡运动"

在 40 年代，在全民族的大流亡中，大批知识分子从城市走向中国的穷乡僻壤，在实际接触中加深了对中国农村问题重要性的认识。而抗日战争，在某种程度上就是以农民为主体的民族解放战争，如毛泽东所说，"农民——这是中国军队的来源。士兵就是穿起军服的农民"，从这一事实出发，毛泽东引申出一系列的非常重要的论断："农民——这是现阶段中国民主政治的主要力量。中国的民主主义者如不依靠三亿六千万农民群众的援助，他们就将一事无成"，"农民——这是中国现阶段中国文化运动的主要对象。所谓扫除文盲，所谓普及教育，所谓大众文艺，所谓国民卫生，离开三亿六千万农民，岂非大半成了空话？"值得注意的是，当毛泽东进一步呼吁"中国广大的知识分子应该觉悟到将自己和农民结合起来的必要"，以至提出"知识分子如果不和工农民众相结合，则将一事无成"的论断时，他是得到了知识分子的强烈认同的。人们感到，这几乎是一个无法抗拒的时代的命令，同时也是通过自身的痛苦经验而发出的内心的要求——在残酷的战争中，人会产生一种孤独感，知识分子尤其容易产生软弱无力感，这时候就迫切地要求寻找归宿，中国的这块土地，以及土地上的普通农民，就自然成为战争中处于生活与精神双重流亡状态的知识分子的皈依之乡。于是，大批的知识分子涌向以延安为中心的根据地，走向农村，出现了更大规模的知识分子下乡运动。

这一运动与二三十年代的"到民间去"运动自然有深刻的联系，但也有不同之处：除了这是由中国共产党所领导、发动的，是一个政府（当时延安边区政府可以看作是未来的中华人民共和国的一个雏形）行为之外，最主要的是，在知识分子与农民的关系上，发生了微妙的移动：由"启蒙／被启蒙"逐渐转换为"受教育／教育"，"到民间去"的"启蒙"主题逐渐变成了"改造"主题。特别是当毛泽东在《在延安文艺座谈会上的讲话》等文章中，把改造命题推向极端，宣布"拿未曾改造的知识分子和工人农民相比较"，"最干净的还是工人农民，尽管他们手是黑的，脚上有牛屎，还是比资产阶级、小资产阶级知识分子都干净"，这就把前面说到的美化农民与农村的民粹主义的倾向，发展到了极端。而当毛泽东进一步要求"知识分子工农化"，而"化者，彻头彻尾彻里彻外者也"，这就实际上意味着要用农民的意识来改造知识分子，以至整个中国思想、文化与社会，从而埋下了极大的隐患。

但在40年代的根据地，尽管存在着指导思想上的某些偏差，当时的"下乡运动"所产生的主导作用，还是积极的。知识分子在下乡过程中加深了对中国农民、农村，以及整个中国国情的了解，思想感情也发生了变化；同时也大大推动了农村的建设事业的发展。在1942年至1945年边区所开展的大众教育运动，与同时开展的减租运动，互助、合作运动，大生产运动，民主选举运动互相配合，引发了边区农村政治、经济、文化、教育、卫生的全面变革，在40年代后期，更发动了大规模的土地改革运动，事实上为以后的夺取政权与新中国的建立奠定了基础。甚至可以说，如果没有 40 年代共产党所领导的农村变革、建设的成功，获得了广大农民的支持，就不可能有新中国。

五六十年代："到农村去，到祖国最需要的地方去"

1949 年以后建立起来的新中国，其国家体制是以工人阶级为领导，以工农联盟为基础的；因此，国家的教育、文化、卫生……政策都是倾向农村的，这就导致了五六十年代中国农村建设的全面发展，这都是有目共睹的事实。当然，毛泽东按照他的乌托邦的社会理想（这一理想是前述"五四"时期所建立的"新村运动"理想的一个发展），在同时期所发动的"大跃进"运动与"人民公社"运动也极大地损害了农民的利益，这是需要另作讨论的。

我在这里要和同学们讲述的是我自己这样的成长于五六十年代的知识分子的选择。我们这一代人都是满怀激情的理想主义者，一个是建设祖国的巨大热情，一个是自我改造的高度自觉性，正是这两大激情使得我们年轻时候的最大志向，就是要到祖国最需要的地方去，到最艰苦的地方去，贡献自己的青春。因此，农村一直是我们认为可以大显身手、同时改造思想的广阔天地。当然，无可否认，这背后还存在着另一个理念，即"党指向那里，我们就到那里"，这也同时暴露了我们这一代人的一个基本弱点：我们是自觉、不自觉地充当了党的驯服工具的。因此，在大学毕业时，当组织上（"组织"也是那个时代最流行的概念）分配我到边远山区贵州去时，尽管这多少有点惩罚的意味（因为我的家庭出身不好，自己又走"白专道路"），但我仍是欣然前往的，因为这是党的安排，同时想的是"好男儿应当志在四方"。后来，我并没有分到农村最底层，而是在专区所在地的安顺教书，但一教就教了十八年，正是我从二十一岁到三十九岁的人生最美好的时光。但我并不后悔，因为我在中国的社会底层经历了大灾荒的年代与文化大革命的浩劫，说句夸张的话，我是与底层老百姓一起经受磨难的，并在这一过程中，对中国社会有了真正深切的了解，这几乎决定了我以后一生思想与学术的发展。老实说，我今天之所以如此关注一个世纪的知识分子"到民间去"的运动，要和同学们一起讨论，其最基本的原因就是在这十八年里，我与中国的底层社会建立了血肉的联系。尽管我在 70 年代末恢复高考以后，离开了贵州，来到北大这样的"最高学府"，但我始终以贵州作为北大之外的另一个精神基地，一直保持着密切的交往与精神联系。——顺便说一下，听说你们许多同学现在还保持着你们暑期去过的农村点的联系，我以为这是非常重要的，不管今后你们要做什么事，到哪里去，都不要放弃这样的精神根据地。

"文革"时期：知识青年上山下乡运动

现在，就说到了文化大革命中知识青年那一代，大概就是你们的父母的那一代。他们是响应毛泽东的号召，半自愿、半被迫地到农村去的。这是上一世纪规模最大、影响最为深远的知识分子"上山下乡"运动。毛泽东说得很明确："农村是一个广阔的天地，在那里是可以大有作为的"，"知识青年到农村去，接受贫下中农再教育，很有必要"。毛泽东为什么要发动如此规模的"上山下乡"运动，是一个需要专门研究的问题；我想，其动因也是复杂的，除了解决文化大革命所积累起来的政治危机与就业问题这样一些现实的考虑外，也许还有毛泽东本人的类似新村运动那样的乌托邦理想（在文化大革命一开始，毛泽东就提出要把全国办成一所"大学校"，全民学工、学农，习武，批判资产阶级）。但无论如何，这场运动的指导思想上是有着浓厚的反智主义的倾向的（这是毛泽东一再强调的："书读得越多越蠢"，因此需要"接受贫下中农再教育"），而反智主义恰恰也是民粹主义的一个要害。因此，我并不主张将这场运动过于美化、理想化。

但有一个事实也是不能忽视的，就是当知识青年离开城市，来到农村，他们的思想感情的变化。记得我曾在一篇文章中引述过一位当年的知青说的一句话：我来到农村，"才知道了什么叫中国，才知道了我们的老百姓是多么地苦又是多么地好"；我说，这两个"才知道"，是非同小可的，无论对知青本人，还是对未来中国的发展，都是意义重大的。因此，到了"文革"后期，知青中出现了许多后来被学者称为"民间思想村落"，绝不是偶然的：一方面是林彪事件发生后，所产生的对长期被灌输的思想、文化观念的怀疑，另一方面也是在深入农村以后对"中国问题"的正视，就逼得这一代人"重新思考与估价一切"，包括重新思考"中国向何处去"这样一些根本问题。应该说，正是这些思考，为"文革"结束以后的思想解放运动与改革开放，奠定了思想基础，并作了人才的准备：今天活跃在中国政治、经济、思想、文化、学术……各界的许多骨干，都有知青背景或到农村去接受再教育的经历，这是一个很值得重视的现象，他们在农村中所获得的各不相同的经验教训，对他们今天的观念与行动都有重要的影响，自然也会不同程度地影响中国的现实，以至未来。大批知青深入中国的穷乡僻壤，同时也引起了农村的变化，在不同程度上促进了农村的建设，也为以后农村的变革作了一定的准备，据我知道，"文革"结束后从农村开始的中国变革的推动者中就有当年的知青。因此，在一定意义上，可以说，当年大批知青深入农村，是对中国 20 世纪最后二十年至今的变革，产生了直接与深远的影响的。

值得深思的两个"为什么"

我们的历史回顾，到这里就暂告一个段落。我们不难注意到两个重要的现象。一个是中国知识分子、中国青年"到农村去，到民间去"的运动是伴随着整个 20 世纪的中国历史的，这就是我上次在你们的总结会上，用多少有些文学化的语言说的，整整一个世纪，中国知识分子、中国青年可以说是"前仆后继"地奔赴农村，走向民间。这是为什么？另一个重要现象是，尽管知识分子每一次到农村去，都产生了不同程度的影响，但是，这样的影响大都是"雨过地皮湿"，于是，几乎知识分子每一代人的下乡，都要面对前一代人所面临的几乎相同的问题，即中国农村的政治、经济、文化的全面落后与贫穷状况没有发生根本的改变。这又是为什么？思考这两个"为什么"，我想，对我们今天重新走向农村，是有着重要的意义的。但今天也只能出这么一个题目，或许以后我们再来找一个机会，作更深入的探讨。

（二）作为第六代人的"青年志愿者"　为什么要到农村去？

我们需要农村

这就说到了今天我想和诸位重点讨论的问题：到了 21 世纪初，我们为什么还要到农村去，到民间去？这其实是你们开展"西部阳光行动"首先要想清楚的问题。和我们当年半被迫、半自觉地走向农村不同，你们有一个名称，叫作"青年志愿者"，但你们仍然属于"到民间去，到农村去"的谱系的中的第六代："五四"的先驱者是一代，30 年代的共产党人与乡村建设派是第二代，延安的青年知识分子是第三代，我们这些五六十年代的知识分子是第四代，"文革"中的知识青年是第五代。那么，作为第六代人的"青年志愿者"，是在什么样的背景下，在什么样的历史驱动下，重新走向西部，走向中国广大的农村的？

我想了两句话："今天我们需要农村，农村需要我们"，作为回答。——在准备这个讲话时，我对这两句话的次序作了点斟酌：应该把哪一句放在前面？最后决定，"我们需要农村"，是首要的，第一位的。为什么今天的中国的大学生，中国的年轻一代中的一部分人，会觉悟到自己需要农村？在上次你们的总结汇报会上，有一个同学说了一句话，引起了我的长久思考。他说：参加这次"西部阳光行动"，"我们的生命多了一层底色"。我想，今天就从这"底色"说起。

在我前面的历史回顾中，大家可能会注意到，中国知识分子的"到民间去，到农村去"的运动，在上一世纪的八九十年代曾经中断了将近20年。尽管如前所说，中国的改革开放，也依然是从农村开始的；但八九十年代，中国社会的主要流动方向是从农村走向城市，这其中就有大批的农村工。这时候，很少有知识分子，更不用说大学生关注到农村。

80年代大学里的主流思潮是"个性解放"，人们更关注的是自己个人的发展。这是可以理解的。前面已经说过，我们那一代人曾经是驯服工具，而且经历了一个禁欲主义的时代。因此，当人们作历史的反思时，必然要着意地强调个人的价值与利益，强调人的欲望的合理性、道德性与审美价值。我当时在北大讲周作人的"自然人性论"，受到学生的狂热的欢迎，都是这种思潮的反映。而且我认为，在当时是起到了从专制主义禁锢下解放出来的作用的。而且在今天个人价值、利益仍然在很多地方被漠视的情况下，个性解放的命题并没有完全失去其意义。也就是说，80年代思想解放运动的成果，今天不能因为出现了另一方面的问题而轻易否定。

所谓"另一方面的问题"，是指到了90年代，随着商业化与消费主义的盛行，导致了极端利己主义、实利主义，追求瞬间快乐的纵欲主义倾向，出现了所谓"自我中心"的一代人。这是许多人都感到忧虑的。但任何事情发展到极端，都会引起反思。在我看来，正是在这样的背景下，当代大学生中的某些人，大概也包括在座的参加"西部阳光行动"的年轻朋友，开始重新思考：我们需要什么样的"个人"，怎样的"个性解放"？怎样才能真正实现"个人的价值"？更进一步还要进行"人活着究竟是为了什么？"这样的根本性的追问。

人们于是开始重新去考察，先驱者们所鼓吹的"个性解放"，它的真实含义是什么。这里，我想向大家介绍我所熟悉的鲁迅的思想。鲁迅有一个很重要的概念，就是"个"、"己"的概念；他认为中国传统中强调的是"类"的概念，即把人看作是家庭的人、社会的人、国家的人，却恰恰忽略了"作为'个'（个体）的人"。但鲁迅同时指出，他所说的"个"、"己"，并非"利己主义的'己'"；他批评那种把"个人的悲欢看作是整个世界"的狭隘的个人观。他所强调的"己"，是一个博大的概念，是与世间万物、与他人相通的大生命。他有一句名言："无穷的远方，无数的人们，都和我有关。"就是说，整个人类，整个宇宙的生命，不仅是人的生命，而且包括大自然的生命，都与我有关。由此而形成一个观念：世界上还有一个人不幸福，我就是不幸福的；还有一个人不自由，我就是不自由的；还有一个人没有从被奴役的状态下解放出来，也就谈不上我个人的解放，至少说我的个性解放是不完整的。也就是说，先驱者所追求的个性解放，是包含着一种博爱精神，一种大悲悯、大慈悲的情怀的。

其实，这样的追求，也并不神妙，同学们这次暑假到农村去，就应该有这样的体会；当你看到农村广大的农民有病不能治，有的还挣扎在饥饿线上，看到许多农民的孩子渴望知识的眼光，你能说你是真正幸福的吗？你能仅仅为自己有饭吃、有书读就心安理得了么？当然，这绝不是说，我们不应该谋求个人的发展与利益，鲁迅说"一要生存，二要温饱，三要发展"，我们当然应该理直气壮地追求个人的生存权、温饱权与发展权；但同时，我们目中还要有他人，己之外还要有他者，而这个他者是与自己密切相关的，人既是个体的存在，又是群体的存在，因此，不仅要追求个人的生存、温饱与发展，还要追求群体的生存、温饱与发展，并在此基础上，建立起自己的人生理想、人生观。

这里，我想向大家介绍巴金老人的人生观。巴老今年已经一百岁了，那么，支撑他如此顽强地活着的人生目标是什么？他说了极其朴素的一句话："我愿意每张嘴都有面包，每个家都有住宅，每个小孩都受教育，每个人的智慧都有机会发展。"一颗炽热的心就为着这样的理想燃烧了整整一百年。这令人感动，更能给我们以启示。其实，在某种程度上，你们的"西部阳光行动"的背后，也正是蕴含了这样的理想与价值观的。你们到农村去，自然是要寻求个人发展的更广阔的空间，是为了个体生命的更健全的发展，同时，也是为了对农民，特别是农村的孩子的生存、温饱与发展提供力所能及的帮助，在谋求"每个人，每个小孩，每个家"的健全发展中实现自我的价值。你们至少是用自己的行动向世人表明，中国的年轻一代，并不是只为自己活着的，你们有着更为健全的人生观、道德观、价值观，像巴金这样的老一代人的理想，正在你们的手中，得到继承与发展。而从你们自身来说，通过参加"西部阳光行动"，至少可以建立一个"心中有他人"的人生理念与人生理想，以此作为生命的底色，这对自己一生的健全发展也是意义重大的。

在我看来，新一代的志愿者到农村去，还有一个全球化的背景。我去年曾到贵州去，和当地的大学生谈到，在全球化的中国与世界，人的生命存在，有两种方式。一是"固守者"，即坚守在本土：从世界的范围，就是坚守在中国本土；从国内的范围，则是坚守在自己的家乡。另一是"漂泊者"，从农村到城市，从小城市到大城市，从国内到国外，总之是远离故土，到"远方"去寻求自己的发展。——当然，"固守"与"漂泊"是从来就有的；但在全球化的时代，全球性的流动成为越来越普遍的事实，固守与漂泊也就成为更为瞩目的生存现象。这两者之间，具体到个人，是可以变动与转换的；也不能作价值高低的判断：固守与漂泊都有自己的价值，同时存在着各自的危机。而两者的共同问题之一就是有没有"根"的问题。漂泊者离开本土，其实是很难融入你的新的栖居地的，我和很多到国外留学的学生都谈过，你即使取得了外国国籍，由于你的出生与成长背景是在中国，文化的差异是无法消弭的，在一些最深层次的生命与文化的底蕴方面，你是进不去的；你的生命的"根"还在你的本土。这就是为什么在国外生活了几辈子的华裔、华侨，都摆脱不了"寻根"情结的原因。但现在的问题是，在全球化的背景下，许多的年轻人，不仅其身体远离本土，而且在精神上对本土（本土上的文化，以及生活于本土的父老乡亲）产生了认知上的陌生感，情感、心理上的疏离感。这样，一边不能真正进入，另一边又主动疏离，这就成了悬浮的人，无根的人，这就构成了自我存在的危机。说严重点，也会造成民族文化的危机。固守者从表面上看，似乎不存在失根的问题；其实事情并没有这样简单，你天天生活在这块土地上，并不自然就认识这块土地，甚至也会产生认知上的陌生感，情感与心理上的疏离感。我就这样问过贵州的大学生：你认识你脚下的土地吗？

　　这就说到了我们所要讨论的问题，这是一个最简单、最基本的，却是最容易被人们所忽视的事实：生活在中国这块土地上的，绝大多数人是农民，他们世世代代生养于此，并且辛苦耕耘于这块土地，正是中国的农村：土地上的房屋，河流与森林……构成了一个永恒的存在；因此，不认识中国的农民和农村，不了解他们真实的生存状态，不懂得他们的思想、感情，不知道他们的要求、愿望，陌生于他们的文化……就很难说真正认识中国这块土地。在我看来，在过去的一个世纪，一代又一代的现代知识分子之所以这样前仆后继地走向农村，其内在的动因，就是要去寻求自己的生命之根。在这个意义上可以说，在新世纪初，你们的"西部阳光行动"，青年志愿者运动，实质上也是一个寻根运动，是在补你们生命历程中不可或缺的一课：重新认识你脚下的土地。当你和这块土地和土地上的人民建立起了某种精神上的联系，把它当成你生命记忆中的永恒，以此作为你的生命的底色，今后，你无论走向哪里，哪怕是远离故国、家乡，走到天涯海角，无论从事什么职业，你都是有根的，你都有一个精神的家园。

　　这里所提出的"你认识脚下的土地吗？"这个问题，不只是中国的年轻一代的问题，更是我自己的问题，是中国知识分子的问题。中国这块土地，中国普通人民的生存状态，正在发生着书斋里很难想象的深刻的变化，也面临着空前复杂而尖锐的问题，而我自己，以及我们许多知识分子，对这些却知之甚少，了解一些，也是失之笼统，更缺乏深切的体验，我们事实上是越来越陌生于脚下的这块土地了。现在许多人都在谈论中国的学术危机、思想危机，在我看来，这或许是一个更带根本性的危机。当然，这些年已经有越来越多的知识分子关注中国的农村问题，而且有一些学者也自觉地继承 30 年代乡村建设运动，开始了新的实验，对这些学者我是充满敬意的。你们的"西部阳光行动"也得到了杨东平先生这样的教育专家的支持，当我听说他在今年暑期与你们一起奔走于各个实验点时，我也是非常感动的。我由于年龄，以及其他一些原因，不能直接参与你们的行动，但我愿意做你们的一个鼓吹者、支持者；因为我深切地感受到了年轻一代的行动，对知识界、学术界、教育界的挑战意义。

　　这里，我要就对教育界的挑战，再说几句。为准备这次讲话，我在重读《晏阳初文集》时，注意到他所提到的一个事实：在 30 年代的乡村建设运动中，南开大学、清华大学、燕京大学、协和医学院四所全国最著名的大学成立了一个"华北农村建设协进会"。晏阳初先生对此做出了这样的评价："现在有几个大学，他们也有决心打破传统的大学教育，走上乡村建设这条路上来，……（这）可以说是中国大学教育史的新记录，大学教育的一大革命。农村建设运动是伟大的事业，必须以大学为基础，方能巩固。大学教育能走到乡村建设的路上来，比办几次识字运动，几个民众教育馆，其意义重要不知多少倍。有了大学源源不绝地培养农建人才，这运动才会发扬光大。"他并且表示了这样的信心与希望："我深信有了华北农村建设协进会，也会引起全国大学教育改革的大运动。"

坦白地说，我看到晏阳初先生的这番讲话，思想上受到了极大的震动。我立刻想到当前中国的大学教育改革，包括我所在北大的改革，甚至也想到了我自己所写过关于大学教育改革的文章，在所有的大学教育改革的设想与实践中，乡村建设问题都没有进入我们的视野，我们从来没有想过中国的大学应该担负"培养乡村建设人才"的重任，我们的大学教育——恐怕还不只是大学，而且还包括中小学教育，我们的整个教育都严重地脱离了中国农村的实际，也就是脱离了中国最基本的国情，这难道不应该引起我们深刻的自省吗？

从这一角度看，我以为同学们所组织的"农民之子"、"乡土中国研究会"、"教育知行社"等社团，以及你们所开展的"西部阳光行动"，对当下正在进行的大学教育改革是具有启示意义的，可以说你们已经开了一个很好的头，希望有更多的响应者，引起更大的关注，而且不限于学生，能吸引更多的老师，特别是年轻教师的参与，或许有一天，中国的大学能够成为培养乡村建设人才的基地。这无论对乡村建设，还是对大学教育本身，都是具有重大而深远的意义的。

农村需要我们

下面，我再来谈"农村需要我们"。先要谈在当下的中国，农村问题（人们通称为"三农［农民，农村，农业］问题"）的特殊重要性与迫切性。这个问题人们已经谈得很多，不过，我仍想再简要地谈三点看法。

在我看来，这是一个在中国的改革开放进入了关键时刻所提出的关系全局的问题。对从"文革"结束开始，已经进行了二十多年的中国的改革开放，可以总结为两句话：一方面是以经济为中心的各方面的建设事业，都有了一个大发展：这是有目共睹，并且为举世所瞩目的；另一方面则是出现了严重的两极分化，以及城市与农村，东部与西部发展的极度的不平衡，这就导致了中国社会结构中出现大批的弱势群体：这也是一个无可回避的事实。问题的严重性在于，弱势群体的贫困，不仅是物质的贫困，更是思想、精神的贫困，权利的贫困；而构成弱势群体的主体的又是农民与下岗工人，而他们正是社会主义国家的基础与主体：宪法明确规定，我们这个国家是"以工人阶级为领导，以工农联盟为基础"的。国家的领导阶级与基础阶级陷入了物质与精神、权利上的相对贫困与绝对贫困，这就意味着，国家的立国之基、立国之本出了问题。

而农民与工人又是为中国的改革开放、社会发展做出了最大的贡献（别的不说，单就农民工对城市建设的贡献，就是谁也不能否认的），付出了最大的代价（中国的企业改革就是以大批工人下岗为代价的，这也是有目共睹的事实）的，而他们所得到的社会分配额却最少，不能充分地享受改革开放与社会发展的成果，这就出现了严重的社会的不公，社会不平等的现象，这也就关系到了改革开放的道义性的问题。

以上两个方面，立国之基的问题，改革开放的道义性问题，都是根本性的问题。我们说中国的改革开放到了关键的时刻，到了发展的十字路口，就是说，我们现在面临着两种发展的方向与可能，一是继续听任两极分化的发展，扩大富人与穷人的差别，城市与农村、东部与西部之间发展的不平衡，其结果自然是灾难性的，是谁都不愿意看到的；另一个努力方向，就是认真地实实在在地、而不是口头地形式地，彻底地、而不是表面地，来解决两极分化的问题、发展不平衡的问题，这样，改革开放就有可能走向健康发展的道路。

而如何解决两极分化的问题，也有两种思路，一是重走"杀富济贫"的路，那就会形成历史的循环，这恐怕也是谁都不愿意看到的。——当然，对用非法手段暴发致富，应依法追究，这并不是"杀富济贫"。另一条思路就是国家从制度、政策上向弱势群体倾斜，扶持弱势群体、农村与西部地区的发展。农村建设问题就是在这样的背景下提出来的；记得30年代的农村建设运动的发动者曾提出过这样的命题："农村改造就是国家重建，国家重建就是农村改造。"在我看来，我们现在也面临着"国家重建"、"文化重建"的根本任务，而农村改造与建设就是其中的一个关键环节。

在这样的背景下，李大钊在"五四"时期所提出的理念，就具有了特殊的现实的意义："（农民）他们若是不解放，就是我们国民全体不解放；他们的痛苦，就是我们国民全体的痛苦。"我以为，我们今天尤其应该明确地提出：农民不富裕，就谈不上国家的富裕；农民没有充分享有民主、自由的权利，就谈不上国家的民主、自由；农民没有根本改变愚昧、落后的状态，就谈不上国家的文明；农民没有从种种束缚下解放出来，就谈不上国家的解放。应该以这样的观念与追求，作为我们的建设现代化国家的基本理念与目标。

人们所关注的当下中国的另一个重要而迫切的问题，是推动政治民主的问题。许多朋友都在鼓吹以立宪为中心的政治民主改革；我所关心并要追问的是，中国的政治民主改革的基础在哪里？中国的立宪运动的基础在哪里？在这个方面，我觉得李大钊当年所提出的问题，也有着特殊的现实意义。坦白地说，我一直有一个远忧：如果中国的社会底层的状况，农村的状况，没有一个根本的改变，中国真的有一天实行了许多朋友渴望的普遍的民主选举，将是一个什么局面？说不定会走向我们追求的反面。我的忧虑，是基于我对中国当下社会基层状态、农村状况的一个观察：中国的一些基层、农村（当然不是全部）已被"红，黑，黄"三种势力所控制：所谓"红"指的是滥用权力的腐败分子，所谓"黑"是指黑社会，"黄"是指农村高利贷者，这三者的勾结形成了盘根错节的关系网，有的地方已经达到了"针插不进，水泼不进"的地步。

　　而另一方面，广大的底层老百姓，特别是农民，尽管所处的地位决定了他们有着内在的民主诉求，但是他们没有受过现代科学文化与现代民主政治教育，缺乏公民意识与公民训练，远没有根本摆脱不觉悟的状态。我这里有一份北师大农民之子学会提供的青年志愿者的农村调查报告，里面提到了"农村贫困中，更为根本的是精神贫困"："农村的基础设施已经破坏殆尽，各项公益事业如明日黄花，科技进步成为空中楼阁，医疗卫生也是纸上谈兵，青壮年和有些知识文化的劳动者绝大部分流失，农村已经没有可以推进自身进步的人才"，这种情况下，"农民已经变得越来越懦弱、颓丧，失去了最起码的战胜困难的勇气、决心和意识，完全没有了自信力"，"目前的农村已经如同一盘散沙，缺少必要的凝聚力；与此同时，基层政府除了要粮要款、刮宫流产之外，什么事情都做不了。基层的整合能力基本丧失，靠基层政府和现有农村组织力量根本没有力量再把农民再凝聚起来"。农民精神的贫困化与农村组织力、凝聚力的丧失，这两个方面的问题，如果得不到根本的改变，中国一旦实行普遍选举，就会出现李大钊所说的那种状况：城里乡下的"积下了许多罪孽金钱"的流氓与强盗，就会纷纷打着"民主"的旗号，"欺骗乡里的父老"，这些人凭着选举进入各级权力机构，立宪政治、民主政治就会从根本上变质。这并非危言耸听，中国这样的事情发生得实在太多了：呼唤多年的改革真的到来时，很快就变了质。这就是鲁迅所说的，"每一新制度，新学术，新名词，传入中国，便如落在黑色染缸，立刻乌黑一团，化为济私助焰之具。"（《偶感》）因此，如果我们不认认真真、实实在在地去做打破"染缸"，改变社会基础的工作，"深知民众的心，设法利导，改进"，我们的改革，包括政治民主改革，就会像鲁迅说的那样，成为"沙上建塔"。

在我看来，乡村改造与建设就是这样的改变社会基础的工作，它包括前面已经介绍过的四大教育，文（化）艺（术）教育、生计教育、卫生教育之外，还有公民教育，同时也要大力推行乡村民主建设，建立乡村民间组织，推动村民自治，以至县政改革等等。这就是李大钊等先驱者所谆谆告诫的，"若想得到个立宪的政治，先要有个立宪的民间"；"这样的农村，才算是培养民主主义的沃土"。当然，这些基础建设是社会根底的改造，会触及既得利益集团的利益，也会与千百年来形成的习惯势力发生冲突，因此它的艰难性是空前的；而且这也必然是一个漫长的历史过程，是需要几代人才能完成的，绝非一日之功，也不能一蹴而就。但我们又不能坐而等待，只能从眼前所能做的事做起，从一点一滴做起，最重要的是要迈出第一步，而且尽可能迈得坚实一些。

如果以上的讨论能够成立，那么，我们就可以得出这样的结论：当下中国最重要、最迫切的两大问题，无论是解决两极分化，发展不平衡的问题，还是推动政治民主改革，其关键都在农村的改造与建设。

这样的改造与建设，当然主要依靠农民自身的力量（这是我们在下面还要详加讨论的），但同时需要有大批的知识分子，也包括知识青年，到农村去给农民以切实的帮助，因为我们今天所要从事的乡村改造与建设，归根结底是一个现代科学、民主运动，一个现代"立人"运动，在这个意义上，它与五四新文化运动是存在着内在的精神联系的。它必须以现代科学知识，现代民主思想作为指导，作为依托，而这样的现代新思想、新文化、新知识、新技术是农村所没有的，所以，"农村需要我们"。

而如前所说，"我们也需要（或者说更需要）农村"，这样，到了新世纪初，又重新产生了"有理想、有献身精神的知识分子与渴望改变农村面貌的农民相结合"的历史要求；新的青年志愿者运动，你们的"西部阳光行动"也就这样应运而生。

"青年志愿者"：世界范围的理想主义者的运动

我还要说一点，这样的志愿者行动，这样的乡村改造与建设运动，并不只是限于中国，在某种程度上，这是一个世界范围内的运动。大家知道，西方、日本等发达国家都有许多知识分子与年轻人从事志愿者的活动，其范围非常广，思想、文化背景也很不一样，其中就有不少人在中国从事各种"扶贫"、"环境保护"的活动。这些志愿者有一个共同点，就是他们都是理想主义者，某种程度上可以说，志愿者运动就是一个理想主义者的运动。我想，中国的青年志愿者运动也是如此。这也是一个国际现象：西方国家、东方国家的知识分子，发达国家、发展中国家的知识分子，经过了一个世纪的风风雨雨，大家心中的"上帝"都死了，都面临一个理想重建、价值重建的任务，"今天还要不要坚持理想主义，如何坚持？理想主义者的出路在哪里？"这都是全球性的思考问题，全球性的话题，也是全球性的实践课题。据我所知，日本的"新村运动"是一直坚持到现在的。志愿者运动也是这方面的一种努力与尝试。我不否认，我自己也是这样的理想主义者，而且我称自己是不可救药的理想主义者；我想，在座的许多年轻的朋友恐怕也是新一代的理想主义者，我们今天在这里讨论"到农村去、到民间去"的问题，其实就是两代理想主义者的对话，也是在讨论理想主义者的出路问题。

乡村建设与改造：发展中国家的国际运动

至于乡村改造与建设运动，则主要发生在发展中的国家，是发展中国家、东方国家知识分子所关注的问题，因为我们之间有着比较接近的文化背景，相类似的问题与追求。20 世纪 40 年代中国乡村建设运动的先驱者晏阳初先生，在 50 年代就把他在中国定县实验的经验推向全世界，在他的推动下，建立了国际平民教育运动委员会，成立了国际乡村改造学院，他还先后协助菲律宾实行乡村改造三年计划，协助亚洲的泰国，拉丁美洲的危地马拉、哥伦比亚成立乡村改造促进会，这样，乡村改造与建设运动就成了一个发展中国家的国际性运动，晏阳初先生也被誉为"国际平民教育之父"。

记得前几年《读书》等杂志曾经介绍过印度一些知识分子已经开展了几十年的乡村建设运动，并且在克拉拉邦进行了卓有成效的实验。在我看来，发展中国家的乡村改造与建设运动除了自身的意义之外，还是一个寻求不同于西方社会的东方民族国家的现代化道路的自觉尝试。最近我读了一个农村调查报告，题目叫《屯堡乡民社会》，这是《中国百村经济社会调查》的一个子项目。——我当年在贵州的一批学生、朋友这些年一直在贵州安顺屯堡作调查与实验，这是一个阶段性的成果。关于他们的这份报告，以后有机会我还要作专门的讨论。这里只讲一点：他们通过对屯堡乡民社会的调查，提出"乡镇工业和农业产业化并非农村发展的唯一选择"，"屯堡乡民社会核心家庭经济结构与乡村旅游、综合农业；传统农村工业、副业、手工业的现代改造的亲和力和可融性，向我们昭示了在经济领域传统资源与现代经济运作的另一种农村经济发展的模式的可能性。动辄单一的集约化、上规模、高科技取代人力投入的农业产业化，并不一定适合像黔中这一类喀斯特环境特征的农村发展，其经济结构的要求也与原有基础之间存在着断裂性的鸿沟"，而他们由此得出了这样一个认识："在传统和现代之间，并不存在不可跨越的鸿沟，相反，利用内涵性资源，可以稳定而积极地进行乡村重建，建设成熟的乡民社会即是在传统与现代之间进行建设性的建构，而不是非此即彼的狭窄选择。"当然，这些认识都是可以讨论的；但我从中似乎看到了与当年梁漱溟类似的思路，即是强调在中国的乡村现代化建设中，如何利用中国传统的乡土资源，走出一条既吸取了西方现代化建设中的成功经验，又有别于他们的中国自己的乡村建设、现代化发展的道路来。这同时又是一个现代民族文化的重建的过程。或许这也是我们正在进行的乡村改造与建设的更深层次的目标与意义吧。

（三）我们怎么做？

最后要讨论的是"我们怎么做"的问题。这或许是在座的同学们最为关注的问题。而在这个问题上，我恰恰是最没有发言权的，因为我没有任何实践经验。我所能谈的，只是从历史资料中看到的历史经验；此外，也有上次听了同学们的经验总结，引发的一些思考。

"我们不是包打天下的英雄"

我想，首先要解决的是"我们能够发挥什么作用"的问题。先介绍晏阳初先生总结的"乡村改造运动的九大信条"："一、民为邦本，本固邦宁；二、深入民间，认识问题，研究问题，协助平民解决问题；三、与平民打成一片；四、向平民学习；五、与平民共同商讨乡建工作；六、不持成见，当因时因地因人制宜；七、不迁就社会，应改造社会；八、乡建是方法，发扬平民潜伏力，使他们能自力更生是目的；九、言必行，行必果。"这里，有两个概念很值得注意：一是"自力更生"，一是"协助"。晏阳初先生对此有更详尽的阐述，他指出："农民是乡村改造的主力、知识分子回到农村去，不是包办代替，而是启发教育农民，激发调动他们的主人翁意识，培养他们自发自动的精神。"为此还提出了一个"发现、发明、发扬"的"三发"原则："发现是指我们与劳苦大众朝夕共处中发现了蕴藏在他们身上的无穷伟力；发明是说我们发明了开发人矿、脑矿的平民教育与乡村改造的一整套理论和方法；发扬则是说我们的整个系统旨在发扬民力、发扬人格平等的精神。我们不是包打天下的英雄，我们不是解放众生的基督，我们只是广大平民的朋友，乡村改造的事业没有千百万劳苦大众的自觉参与，是一定不能成功的。"

我们和农民应该建立什么样的关系

这里明确提出，知识分子与农民的关系是"朋友"的关系，是一个非常重要的命题，可以说是对"到民间去"运动历史经验的总结。知识分子到农村去，首先遇到的就是这个与农民的关系问题。而最容易发生的又是两种倾向：或者是以救世主的姿态，包打天下，把农民当作救济、施恩的对象，这是一种英雄主义、贵族主义的态度；或者将农民理想化，将农村小生产的生产方式与生活方式美化，把自己置于被改造者的地位，这是我们前面一再提及的民粹主义的倾向。这都是对知识分子与农民的真实关系的扭曲。而现在提出"朋友"的概念，既是强调知识分子与农民都具有各自独立的价值，又应该相互补充，相互支持。只有在这样的科学认识的基础上，才可能建立起一种平等的、健康的关系。

我们今天重新走向农村，对历史上曾经发生过的前述英雄主义、贵族主义与民粹主义的倾向应该保持必要的警惕。但今天的年轻人大概很难再有救世主的姿态，一般也不会将农民作为自己的崇拜对象。可能出现的是另外一些表现形态，这就是我想和同学们讨论的两个问题。

先锋、桥梁作用和瞬间永恒效应

有的同学对自己到农村去所做的工作的效果期待太高，因而很容易感到失望，甚至对工作的意义与价值产生怀疑。这也是一种理想化的表现。这里所提出的问题，是如何恰如其分地确立我们的工作目标。我们在前面已经讲过，中国的农村问题极其复杂，乡村改造与建设更是一个长期的综合工程，需要动员各方面的力量，需要几代人的持续努力。而且正如当年的乡村运动者已经意识到的那样，知识分子到农村去主要是进行实验工作，这就需要得到政府的支持，实验成果的推广，更是非借政府的力量、政治的机构不可，说到底，乡村改造与建设应该是政府的工作，民间的介入只能起到一个促进、协助的作用。而诸位作为大学生，力量更是有限，而且又是短期活动，因此，不能产生你所期待的明显的，甚至是轰动的效应，这都是可以预料的。

但也并不是劳而无功，青年志愿者所能发挥的作用，是毛泽东所说的"先锋与桥梁"的作用。由于你们的敏感，能够敏锐地感受时代的要求，首先觉悟到农村问题的重要，并且首先行动起来，这就能够唤起社会的关注，形成某种舆论：这就是"先锋"的作用。由于你们的热情与活力，就能够作为一个"桥梁"，把各种力量动员、协调起来。这方面的作用，是绝不可小看，绝不可低估的，我们在下面再展开讨论。

据我的观察，你们的工作往往会产生"瞬间的永恒效应"。在上次汇报会上，许多同学都谈到，你们到农村去，反应最强烈的是那些农村的孩子，特别是一些女孩子，他（她）们几乎被你们所迷住，因为你们给他们带来了一个全新的远方世界。从教育的角度说，对远方的未知世界的好奇与向往，是一个人的创造性生命的原动力，它带给人们的是一个美好与神圣的瞬间。一个人，特别是在童年时期，有或者没有这样的美好而神圣的瞬间记忆，是大不一样的。我曾经说过，教师的意义与价值，就是成为孩子童年记忆中美好而神圣的瞬间，我称之为"瞬间永恒"，有的时候是真的能够影响孩子的一生的发展的。在我看来，青年志愿者留在农村孩子的记忆中的，也是这样的美好与神圣的瞬间永恒。

而且这是双向的：农村、农民、孩子，也会在你们的生命中留下美好与神圣的瞬间记忆，这对你们自身一生的发展，也是至关重要的：我在前面已经说过，这是关于人的生命之根、精神家园的记忆，有还是没有这样的生命底色，也是大不一样的。在这个意义上，我认为，青年志愿者到农村去的主要作用与价值，是体现在促进自身的健全发展。我甚至想，每一个城市里长大（或许还应该包括在农村长大的）青年学生，都应该到农村去生活、服务一段时间，哪怕只有一次、两次，这是人的成长历程中不可或缺的一课。

低调的、理性的理想主义

回到我们这里所讨论的到农村去的效果、作用问题上，我想，是不是可以总结为两句话：有效果，有作用；但又是有限的。从这一点出发，我提倡一种"低调的、理性的理想主义"。首先是坚持理想主义，同时又理性地估计与正视理想实现的有限性。我对自己做的每一件事，包括这次来演讲，都赋予理想的色彩，将其视为实现自己的理想追求的一个实际步骤，同时又不对其有过高的期待，用我最喜欢说的话，就是将其效果估计为小数点零零零几，但又相信它是正数——是正数，这就够了。这背后，其实是包含了鲁迅先生所提倡的韧性精神的，就是认准一个目标，就不计效果地、不问收获地、持续地、一点一点地做下去。既清醒于个人作为的局限，又相信历史合力的作用，也就是鲁迅所说的，"地上本没有路，走的人多了，也便成了路。"

如何看待农民

现在再来谈第二方面的问题，就是如何看待农民的问题。很多同学在去农村之前，对农民，以及农民对自己的工作的反应、态度，有许多设想、预期，结果一接触农民，一接触农村实际，就发现满不是那么一回事儿，于是，感到失望，以至迷茫。这或许就是理想与现实的矛盾吧。

问题可能正出在你的设想、预期，也就是你的理想的想象上。记得胡风有一个著名的观点：我们实际所接触的"人民"、"农民"，"并不是抽象的概念，而是活生生的感性存在"，"他们底精神要求虽然伸向着解放，但随时随地都潜伏着或扩展着几千年的精神奴役的创伤"。他强调："世界上没有只有阳面没有阴面的事物，抛弃了阴面，阳面也一定要化为乌有，即所谓'观念化了'的东西。"而且所谓"阳面"与"阴面"实际上又是难解难分地纠缠在一起的。比如说，我们通常说农民在沉重的劳动与重重压迫下，常表现出一种坚韧与善良，而这样的坚韧与善良又是以安命、认命的奴隶哲学为其内容的。你能用"优点"、"缺点"这类的简单的二分法、"快刀切豆腐的方式"来加以区划吗？胡风说得很好：那种"只要'优美'的人民，而不要带着精神奴役创伤的人民"的理想固然纯粹而美好，却不过是心造的幻影，在现实面前，是一定要碰壁的。我想，胡风的这一分析是能够给我们以启发的：有些同学对农民感到失望，是不是因为多少存在着这样的心造的幻影呢？

另一方面，还要看到，农民由于长期受到压榨和欺骗，他们是不轻易相信别人（特别是"城里人"），更不随便将心扉向他人敞开的。鲁迅就谈到他与"闰土"之间的"隔膜"，并为此而深感苦恼。同学们是新一代的年轻人，大概不会有鲁迅这样浓重的隔膜感；但知识分子与农民，要真正成为朋友，也必然有一个相互认识、磨合的过程，在这一过程中，设身处地地理解对方，也许是格外重要的。

这里讲到相互认识与磨合，还有一个问题，尽管我们受到了现代教育，有现代民主、科学思想，但应该意识到，我们本身所受的教育也有很大的弱点，就是我们常常是脱离中国实际的，我们对中国自身的传统，特别是乡村的民间传统更是隔膜的；如果我们不结合当地的实际，不考虑传统资源的利用，只是一味地简单搬用我们书本上学到的知识教条，那就会碰壁，甚至帮倒忙都是有可能的。在这个意义上，向自己的农民朋友学习也是非常重要的，相互给予，又相互学习，这样才可能真正地形成良性的互补。

在"苦痛的沉默"中"沉潜十年"

讲到这里，我又想起了鲁迅的一段话。那是在 1925 年的五卅运动时，许多青年又提出了"到民间去"的口号，鲁迅的反应却相当冷峻。他说，如果青年真的去了民间，回来以后，最好将自己的心情与对自己的力量的认识，和当初在北京"一同大叫这一个标语"时的心情、认识比较一下，而且"将这经历牢牢记住"，"那么，就许有若干人要沉默，沉默而苦痛，然而新的生命就会在这苦痛的沉默里萌芽"。

据我的观察，参加了暑期实践活动的同学中，恐怕也有若干人正处在苦痛的沉默里，其中一个重要原因就是当初你们在北京报名、喊口号时，对农村、农民的想象，对"西部阳光行动"及其效果的想象，与你们真正下去以后的实际效果与感受，产生了距离。而我要说的是，这正是抛弃对农民与农村虚幻的想象，直面真实的农民与农村现实的严酷的一个契机，正是需要经历这样的苦痛的沉默，才可能真正地认识中国，认识脚下的这块土地。

当然，沉默以后，有的同学会做出另外的选择，这应该受到尊重——年轻人的人生之路，本应该是多元的，而且最后很可能是殊途同归。但同时也会有些同学因此而沉潜下去：沉潜到民间、底层，沉潜到生活的深处，生命的深处，历史的深处。我给很多同学都写了这样四个字："沉潜十年"，我认为真正有志气的青年，应该把目光放远一点，不要迷惑于眼前的一时一地之利，更应该摆脱浮躁之气，真正有力量、有自信的人是不会去追求那些表面的炫目的浮光的。沉潜十年必然是苦痛的沉默的十年，而"新的生命就会在这苦痛的沉默里萌芽"。无论个人，还是国家、民族，都是如此。

还有的同学向我谈到了他们的孤独。这，我是理解的；而且我还要进一步说，孤独正是理想主义者的宿命。于是，我又要说三句话。第一句话是：正因为孤独，你就必须坚持。我经常劝同学们要学学大侠的"定力"，要排除一切干扰，不为周围的环境、气氛、舆论、时尚所动，气定神闲，我行我素。第二句话是：要尊重他人不同于你的选择，千万不要因为孤独而陷入"众人皆醉，唯我独醒"的孤芳自赏。这也是我的一个基本信念：在多元化的世界，只要是依靠自己的诚实劳动去实现自己的追求的选择，都有价值，都应该受到尊重。还有第三句话：尽管在自己所处的环境中，或在整个人口比例中占据少数，因而感到孤独，但仍要相信，天下自有同道者，而且由于中国是一个大国，志同道合者的绝对量并不少，因此，我一直主张中国的理想主义者应该采取各种方式，相互合作，相互支持，在整体的孤独中创造一个吾道不孤的小环境。在某种程度上，"西部阳光行动"，甚至包括今天的沙龙报告会，都是这样的相濡以沫的努力。

我们可以做的三件事：乡村教育，信息建设，帮助农民组织起来

以上所说，依然是观念、认识的问题。下面再更深入地讨论一下青年学生到农村去如何发挥桥梁作用的问题。这方面，同学们的实践已经提供了一些经验。

在上次汇报会上，我特别注意到四川分队的同学谈到他们协助组织老年人协会、村民文艺队，建立村民活动室的经验，这背后其实也有个理念，就是把农民组织起来，推动、协助建立与发展农村各种类型的民间组织，让农民自己管理自己，以自己的力量解决自己的问题，这其实应该是乡村改造与建设的根本。

在前面提到的调查报告中，就提到了同学们开展支农活动的认识过程：随着对中国农村问题有了越来越深切的体认，就逐渐将工作的重点放在了解决农民精神贫困与帮助农民进行组织化建设这两个重点上。我的贵州朋友写的《屯堡乡民社会》报告里，也将"扶持与引导农村公共组织，发挥其作用"看作是一个"发展农村公共空间"的问题，在他们看来，这是"重建乡村社会的依附力，维持村落稳定，完善村民自治，实现乡村民主，遏制基础权力腐败的重要途径"。

这都是极其重要的思路，这实际上就提出了一个如何在农村建立现代公民社会的问题。记得中国农村改革的老前辈杜润生先生曾经提出，要使农民获得三大权力，即经济发展上的更大的自由与自主权，政治上发展乡村民间组织的权力，以及平等的受教育权，这其实就是要使农民真正成为现代公民，也就是马克思在《共产党宣言》里所说的"自由人"。这既是农村改造与建设的根本，又是中国社会改造的基础。

　　这当然是一个长期的战略目标，但又是可以具体实践与操作，是我们能够做的，根据同学们的经验，我以为可以做三件事：其一是协助乡村教育的发展，除了文化、卫生教育、农村经济教育之外，一个重要方面是公民教育，使农民真正获得以个人自由和自觉的民主参与、权利与义务的统一为核心的公民意识，做到陶行知先生所言："对公共幸福，可以养成主动的兴味；对公共事业，可以养成担负的能力；对公共是非，可以养成明了的判断。"其二，帮助农民进行农村信息建设，宣传政府的政策法规、法律知识，传播农业科学技术：能否及时获得各种信息，这也是现代公民的一个基本权利。正如同学们所说，"在城乡分割的二元体制下，农民获得信息的渠道狭小"，这就极大地限制了农民的独立、自由发展，是当下中国农村急待解决的问题。据说经过青年志愿者的努力，现在在全国已经建立了200多个"大学生农村信息传播站"，以后还准备建立"农村—高校"信息传播渠道：在这方面发展的余地是相当大的。其三，就是协助农民组织起来，发展各种类型的乡村民间组织。而根据同学们在实践中摸索的经验，这三方面的工作，最好是在某些条件相对成熟的实验点上集中进行，这样比较容易取得实效，并获得经验，以便推广。前面说过，在20世纪的30年代，当时全国曾有过一千多个实验点，今天完全有条件有更大的发展。如果这样持续做下去，八年、十年、几十年，就会逐渐地实实在在地改变中国农村的面貌。

注意发动三种人的力量：农村能人，地方文化精英，当地学生

　　当然，话又要说回来，在这个大的历史性工程中，青年志愿者所能发挥的作用是重要的，特别是开始阶段更是巨大的，但同时也是有限的。主要的作用还是充当桥梁。在这个意义上，有几个分队谈到

的"发动当地骨干与回乡大学生参与"的经验，就很值得注意。我由此想到了大家到农村去，应该注意发动"三种人"的力量。一是农村里的"能人"，这几乎是每一个村子里都有的，有的是村子里的干部，有的在村子里有着实际的影响与号召力，有的则是村子里的边缘人物，却有着活动的潜力。这些能人有较强的变革的内在要求，比较容易接受新的事物，通过外出打工、参军、读书等途径对外部世界已经有了接触与了解，因此较容易与同学们沟通，而他们的能量又比较大，在某种程度上，农村的改造与建设正应该主要依靠他们。另一类是地方上的文化人，他们中许多人都是 80 年代的大学毕业生，基本上集中在县城里，或掌握了一定权力，是地方新闻、卫生、教育、文化部门的大小领导，或是地方名人，既有改革开放的意识，又有实力与影响力，你们应该努力获得他们的指导与支持。最后，你们这样的大城市里的青年志愿者还应该和地方院校的大学生们，县中学的学生们结合起来，不用说，你们之间会有更多的共同语言，而他们由于是本地人，自然比你们更容易深入农村。而且从长远来说，农村的改造与建设还是要依靠本土的知识分子。你们所能起到的还是一种促进的作用。

历史呼唤新一代乡村建设人才

今天的聊天实在太长了。最后，还想说一点希望。在我看来，青年志愿者参与农村改造与建设有两种方式。大部分人恐怕都是"走马观花"式，是短暂的有限的参与，这样的参与其主要意义与价值，还是前面所说的青年自身的健全发展。不能要求大家都长期地到农村去，这是不现实的；我的想法很简单，只要能去，去一两次，走一走，看一看，都比根本不与农村接触要好。但我仍希望你们中的一部分人，能进一步发展为"深入式，扎根式"，献身于乡村改造与建设

事业。这其实也是 30 年代乡村建设运动倡导者的理想，他们提出要
"以学术立场去建设乡村"，要实现"政治学术化，学术实验化"，这
就需要专门的乡村建设人才。中国的农村需要什么样的乡建人才呢？
先驱者们提出了五条标准：一、"要有本国的学术根底"；二、有"科
学的知识技能"；三、有"创造的精神"；四、有"吃苦耐劳的志愿与
身体"；五、有"国家和世界的眼光"。应该说，这是一个相当高的标
准，这也正说明，中国的乡村改造与建设是一个关系国家与世界的命
运，具有高度学术性与科学性的，富有创造性的，需要吃苦耐劳的艰
辛而伟大的事业，是可以当作自己的事业，并且值得为之献身的。可
以说，到了新世纪初，历史正呼唤着新一代的乡村建设人才，同学们
用行动做出了自己的回应。第一步已经迈出，我们应该冷静下来，认
真总结经验，作更深入的思考，使我们以后的步伐，迈得更加坚实，
有力。我的讲话完了，谢谢大家。

　　2001 年 11 月 12—14 日，11 月 16 日，18—20 日，29 日定稿

老石留给我们的思想遗产

——读《刘老石纪念文集》

我读《刘老石纪念文集》，再一次受到感动，感到震撼。感动自然是因为他的精神和人格；震撼则因为他的感召力和影响力，其背后又有他的行动力和思想力。老石的行动力是我早就佩服的，思想力却是这一次集中阅读才强烈感受到的。老石曾向青年们提出五个"拼命"："拼命的读书"，"拼命的实践"，"拼命的锻炼身体"，"拼命的思考"，"拼命的和好人站在一起"（《明天，我们决定勇敢地去承担——写给青年的大学生们》）。其实他自己更是身体力行的：他既是一个"拼命的实践家"，又是一个"拼命的思想者"。他的思想来自实践，因此是"带着泥土气息的思想"，如他的学生所说，"中国从来不缺空头理论家"，但像老石这样的从实践中出思想、寻真知的，却少而又少，"在这一生中，他并没有自己的学术专著，也未曾获得博士学衔"，但他拥有立足于中国本土的实践和思想，其实践成果和思想成果都"胜过万千学者"（马永红：《乡建路上失去一双奋力前行的脚》）。他的思想更来自自己的生命、心灵深处，因此，人们读他的文章，常"震撼于他文字的力量"，这是"有灵魂的文章"。这样的真实、真诚，有着生命气息，有温暖的，简明的，为普通人能理解、接受的思想，"不是愤青的空洞的呼唤，不是书斋里掉书袋的无用虚弱，更没有写字人以调戏文字的哼唧"（刘海英：《悼念相波》），它属于另一个世界：民间的，农民的，青年的世界。

　　在老石去世以后，乡村教育促进会发来了中英文的唁电，说到
"他是少有的对中国农村发展持有系统连贯的见解的几个人之一"，并
且说，"刘老石的哲学和精神对我们有极深的影响。"（《乡村教育促进
会悼念刘老石》）这是一个公正的、重要的评价。它揭示了老石思想
及其贡献的两个方面：关于中国农村发展的"系统的连贯的见解"，
以及背后的"精神与哲学"。我要说的是，老石的系统的连贯的见解，
不仅来自他的实践，也是他的理论总结与创造的结果。在这方面，他
也是有高度自觉的。早在 2006 年他在《新乡村建设实验如何深度推
进》一文里，就已经提出："下一阶段的实验不能够仅用原来的摸索
的方法来推进了，需要相当的理论探索。所以，我们说今天的实践其
实已经到了理论思考的边缘，正在等待新的理论思路的介入。"尽管
他的主要精力仍然集中在社会实践，但他从未间断自己的理论探索，
《老石文存》里的文章，即集中了他的思考，虽然只是初步的总结，
却有着相当的理论含量，应该成为我们创造中国乡村建设和中国改革
理论的基础，我们说老石的基石地位和作用，这也应该是一个重要方
面。我们纪念老石，不仅要追怀和发扬他的精神，而且也要学习他的
思想，并且加以深化与发展。这也是我们后继者的责任。这里，仅就
我的学习心得，作一个简要的概括与叙述。

　　在我看来，老石的思想主要有三个方面：关于中国改革的思考，
关于中国乡村发展、建设道路的思考，以及关于中国教育改革、中国
青年成长道路的思考。在这些思考的背后始终贯穿着一种中国改革最
需要的精神。

（一）关于中国改革的思考

　　从老石介入中国农村改革的第一天开始，他就苦苦地探索一个问

题：农村改革与进步的推动力在哪里？

在 2001 年所写的最早的农村报告里，老石就发现"农村的真正的问题"是"农村公共管理责任的缺失"。一方面，"公共管理，公共政策供应不足"，另一面"农民本身的自觉意识又不够强"，"最终形成了农村社会进步推动力不足，使农村的经济政治形势徘徊不前"。但进一步深入考察，就发现了："希望还是有的"，"这个希望就在于农民中产生的具有新思维的农民精英们，而且很有可能就是过去那些有影响力的'农民领袖'（其实只是农村公共事务的带头人）"。这些农民精英大体具有四个特点："热爱公益事业，能够对大家负责"，"有一定的号召力和影响力"，"具有一定的知识背景，或具有某个专业方面的经验背景"，"能够接受外在的新事物，并主动与外界的新事物保持联系"。他们有着强烈的"对现实加以改变"的愿望和能力，"这种改变不仅仅是对农村内部的，如提出新的经营方式、技术改进、产业结构的调整，也是对外的，如信息交流、引进技术、关注市场等；也不仅仅是经济上的，比如减负增收，同时也包含农村政治上的诉求，比如，促进村务公开，推动村民自治等；甚至如果引导得好，在目前农村形势很不稳定的条件下，他们是农村稳定最可靠的保障，比如，他们可以将一些群体盲目、冲动的行为合法化"。在老石看来，如何认识和确立"农民精英的原动力作用"，并且"使那些还没有精英存在的地方也产生出精英来"，实现"原动力的普及"，这是解决中国农村问题的关键（《寻找农村进步的推动力》）。

问题恰恰在这里：中国农村的现实是，相当多的政府部门都"将这些农民领袖视为制造麻烦的人，所以用各种办法打击他们"。如老石所说，打击农村改革动力的后果，就是"不仅基层政权更加肆无忌惮，而且农民的反抗也会更加暴力、无组织和冲动"，现有的农民精英"也将逐渐走向当地政府的对立面，最后自发形成农民自己的社会中心，农村政权也将进一步边缘化，失去政权基础，逐渐丧失存在的理由"（《寻找农村进步的推动力》）。

　　问题的严重性更在于，这样的"视改革动力为阻力，加以打压"的改革悲剧，一直在延续。2003年和2004年，当中国的农村改革把"成立农会"的任务提到历史议程的时候，却又遇到了合法性的问题，即老石在他的文章里所说的"阴谋论"与"利用论"，在一些政府部门和知识分子眼里，农民的变革要求和代表这样的要求的农村精英发动的变革运动，"对社会秩序和稳定具有破坏作用"，会"被坏人（按：另一种说法是'国内外敌对势力'）所利用"（《农民需要新"农会"》，《合作：走向成功之路》）。

　　如果我们放大视野，就可以发现，这样的"视动力为阻力，加以打压"的现象不仅存在于农村，更是整个中国改革所遇到的普遍问题。我曾经说过，当下中国存在三大民间改革思潮与运动：维权，网络民主和老石参与其间的非政府、非营利的民间自组织（或称"志愿者组织"、"公益组织"）。正是他们明确地表达了今天中国的民意，中国老百姓的改革要求：维护普通劳动者——工人，农民，市民（他们都是今天中国的弱势群体）的生存发展的权利，政治的参与权和监督权，以及宪法规定的言论、出版、结社自由，以此推动中国政治、经济、社会、文化的全面改革，而民间维权人士，网络积极分子和民间自组织的组织者，正是这全面改革的基本动力。但恰恰是他们，被视为"不稳定因素"，甚至"敌对势力的代表"而横遭围堵和打压。

　　最让人痛心的，是老石自己最终也成了这样的打压对象。老石作为一个有自己独立的教育理念和行动力的高校教师，无疑是中国教育改革的先行者，但在学校领导和一些教师的眼里，他却长期被视为"异端"，一再被排斥，最后被迫辞职。读他辞职后的公开宣言《老师是用来牺牲的》（这可能是他公开发表的最后一篇文章），我们不能不追问：为什么在中国，改革的真正动力总是被视为阻力，本应该是改革的依靠对象却一再成为打击对象？——这其实正是当下中国改革所面临的最根本的问题，它是直接关系着改革的前途的。

原因其实很简单：真正的改革是必然要触犯既得利益的；而老石所说的农村精英，以及老石自己，却是代表了公众利益，特别是底层弱势群体的利益，他们强烈地要求改变现实，就必然要打破既定秩序和相应的既成观念，就会被权势者和习惯势力视为异端，他们特别具有行动力和号召力，更会被权力的执掌者看作威胁。在这个意义上，可以说，如何对待这些真改革的动力，是衡量改革的真假的基本尺度。

提出真假改革的问题，是因为今天的中国，几乎无人不谈改革，已经成为一种时髦。因此，我们必须分清：每一个"改革"的口号和旗帜下，其动力是谁？它要达到什么目的？鲁迅曾经说过："曾经阔气的要复古，正在阔气的要保持现状，未曾阔气的要革新。"（《小杂感》）中国的复杂性，就在于现在这三种力量都打着改革的旗号，因此，也就有了出于不同动力和目的的三种改革。一种是以"曾经阔气"的人为动力的，他们也不满意现实，要求改革，但他们改革的目的是要"复古"，比如要求中国回到"十七年"（1949—1966年）的体制，甚至是回到"文革"。他们表面上似乎很激进，实际上是一股保守势力。第二种是以"正在阔气的"人，即既得利益者，那些老石说的"权贵资本"势力为动力的，本来他们的利益就是维持现状，是不需要改革的，但大势所趋之下，又不能不把改革的旗帜拿在自己手里，于是就力图使改革变得对他们有利，这就是"在改革的名义下，维护与扩展既得利益的改革"，这其实是当下中国真正盛行的改革，不管所提出的口号多么堂皇，其实行的结果都是对老百姓的利益产生更大损害。第三种，也就是老石和"老石们"所耗尽心血推动的改革，它是以"未曾阔气的"人，也就是现行体制下利益受损的无钱、无权、无

势的弱势群体为动力的，他们中间的首先觉醒者，也就是老石所说的
农民精英、工人精英、市民精英，迫切要求改变现实，争取自己的生
存、温饱和发展的权利，掌握自己命运的真正的人的权利，公民的权
利。这也是我们，一切有良知的知识分子和觉悟的青年所要求的真正
的改革，它的标志有二：一是改革的基本动力来自人民，特别是底层
民众、弱势群体，因此改革的前提就是必须顺从民意；其二是以满
足、维护、发展大多数民众的利益为改革的出发点和归宿，并以此为
衡量、评价改革、检验改革成效的标准，要实实在在地使老百姓得到
好处。我们今天学习老石关于改革动力的思考，就是要分清三种出于
不同动力与目的的改革，警惕复古式的改革，拒绝维护和扩大既得利
益的改革，推动老石所献身的维护底层人民利益的改革，特别要支持
和依靠这样的改革的真正动力和主力的民间精英。在老石去世后，许
多农村改革第一线的农民带头人纷纷赞扬老石"是农民的好朋友、好
兄弟"，"你的一切都是为了中国的农民"，是真正"属于渴望改变的
农民"的知识分子（山东马宜场，湖北房县茶叶专业合作社等）。我
们每一个人也都应该努力成为这样的人。

　　老石参与和思考中国改革，所面临的第二个问题，是改革的思
想、道路、方针、政策来自哪里？这个问题是在争论所谓"真假合作
社的评价标准"问题时提出的；关于"真假合作社"这里不准备作具
体讨论，我们关心的是老石在这次争论中所提出的两个重要原则。一
是"我们不希望今天的农村合作最终一定要遵循西方的合作社标准才
算规范，我们更希望中国的农民合作能够创生出他们自己的规范标
准，形成我们本土的合作社土标准来"。这里提出的是中国改革的一
个根本问题：它并不拒绝吸取人类文明的思想成果，但绝不照搬外国
经验，它一开始就是从中国的国情出发，选择了一条人类改革、发展
历史上从未有过的，产生于中国农民自己的实践，并符合中国实际的

独特而独立的改革、发展道路。这也就避免了一些落后的发展中国家照搬外国经验所造成的弊端，以及严重后果。这应该是我们的一个基本经验和原则：一定要坚持改革的本土性和独立性，尊重中国农民本土实践的要求与经验。其二，老石提出，绝不能把知识分子"自己善良的愿望和想象作为准则来衡量一个鲜活的实践运动"（《真假合作社再讨论：规范的合作社标准与不规范的合作社运动》）。这就是说，既不能用我们的既定理念，即所谓善良愿望，其实是不加检验，未经反思的先验的理论观念、逻辑来规范实践，也不能用我们的想象，主观预设的理想社会模式来指导实践，并以是否符合我们的理念、愿望与想象作为衡量实践的标准。在这方面，我们是有过深刻的历史教训的：毛泽东时代的人民公社、"大跃进"的农村改革就是靠理想的设计，走向了空想社会主义的乌托邦，从而给农民带来了巨大的灾难。因此，我们今天的改革，必须确定两条原则，一是尊重实践的原则：中国改革的思想和未来社会发展的道路，绝不能从某个既定的原则和理论出发，也不能靠少数人的主观设计，而只能从群众的实践中去不断探索和开拓。富有生命力的东西，永远来自人民的实践；必须面对新的现实，新的实践所提出的问题，新的实践中所形成的新的实体与结构，以此出发，进行新的变革的实践，从中总结出新的改革理论与发展道路。另一个原则，就是尊重民意。这就是前文所说的，不以是否符合个人主张的"主义"为标准，而以"是否顺应民意，是否有利于大多数老百姓的生存与发展（不仅是眼前的生存与发展，更是长远的生存与发展），是否有利于国家与民族的发展"作为衡量改革的唯一目的与标准。坚持这两条：实践和民意，或许我们就可以超越主义，超越左右，而获得最基本的共识，即所谓"最大公约数"，共同推动以民意和实践为基础的改革，这就能够得到广泛的民意支持，真正化为普通民众的日常生活实践，并不断从民众的实践中获得新的改革想象力和推动力。

老石多次谈到，中国的改革需要自上而下与自下而上的结合，"民间草根力量与政府力量的配合"（《农村的精神文化重建与新农村建设的开始》）。现在的问题是，一方面，政府改革动力不足，又缺少总体的改革的战略思想，变成一个救火队；另一方面，地方的、草根的改革实践又多方受阻，这就陷入了困境。政府、上层方面的问题需要另作专门讨论，这里要强调的是地方、民间的改革试验的重要性与迫切性。中国改革的突破，要从地方的草根的试验开始。这也是80年代中国农村改革的经验：首先是安徽、贵州等地的农民自发的以"包产到户"为核心的草根改革试验，最后得到高层的肯定，并变成国家的决策。这期间有两三年暂不作结论的任其实践发展和自由讨论的时间，在草根实践与高层决策之间保持一个时间的距离，有一个观察、调查、研究的过程，这就既尊重与保护了群众的实践发展与创造，又保证了决策的科学性与民主性。这样的经验，在今天是特别有启示意义的。如老石所说，"中国农村和农民有着无穷的智慧和创造力"，今天农村的合作社试验就有许多"丰富多彩的农民创造"（《真假合作社再讨论：规范的合作社标准与不规范的合作社运动》）。如果放开来看，不仅是农村，各地方、各部门、各领域都有不同程度的改革试验，问题是如何对待，要给予充分的时间和空间，还是要靠我们这里讨论的民意和实践来检验一切，而且要像老石所说的那样，把"裁决权交给农民"，交给中国的老百姓（《真假合作社再讨论：规范的合作社标准与不规范的合作社运动》）：他们才是中国改革的真正主人。

（二）关于农村改革和发展道路的思考

2004 年 10 月，老石在《农村的精神文化建设与新乡村建设的开始》一文里，总结他参与新农村建设工作的经验，将其概括为"一条从农村的精神激励开始，进而形成农民的组织化，最终实现农村全面发展的思路。"这里有三个关键词，构成了老石农村改革与建设思想的三个基本点："精神"，"组织"与"文化"。

这是老石对中国农村现实的一个基本判断："我们在下乡中发现，农村中并不是我们想象的那样最缺少资金、技术、资源，而恰恰相反，这些在一定程度上都被闲置，尤其是农村中现有的资源"；中国农村的根本问题，一是"不能还政于民"，二是农民缺乏"精神的支持"。也就是说，农民的经济贫困是现象，根本的还是权利的贫困与精神的贫困。因此，"需要新的扶贫观念：原来的物质扶贫不仅应该改'补血'为'造血'，而且应将'造血'同营养良好的精神支持相结合"（《我们究竟能为农民们做些什么》）。老石认为，对农民精神贫困与权利贫困的忽略，把农村改革变成单纯的物质扶贫，根本的原因在于，把农村改革和建设看成对农民的救济，因而"把政府当作了扶贫的主体，忘记了脱贫的主体应该是农民本人"（《农村的精神贫困与大学生对于解决"三农"问题的贡献》）。应该说这是抓住了要害的。这其实也是历史的教训。我在对志愿者的讲话里，提到在"五四"以来的现代历史中，曾有过五次知识分子下乡运动，每一次下乡的结果都是"雨过地皮湿"：在外来力量的推动下，农村可能发生一些变化，外来力量一旦撤离，就一切如旧。这里的一个重要原因，就是没有解决农民的精神贫困与权利贫困的问题，农民自己没有成为农村变革的主人，就不可能有真正的、彻底的、持续的农村变革。

老石认为，造成农民精神贫困的原因，一是"农村自身缺少外来信息的有效流入"，老石因此十分重视网络在改变农民精神面貌和农村政治、经济、文化状态中的特殊作用，这是抓住了信息时代的农村改革与建设的一个关键环节的，表现了老石的敏感和远见，是应该另作专门的研究和讨论的。这里要着重讨论的，是老石的另一个判断：农民精神贫困的最根本的原因，是"农村的非组织化"，"失去组织的农民个体在市场经济和强大的政府面前，是无法做到自信的。没有了自信之后，也就只有他信、依靠别人了"（《农村的精神贫困与大学生对解决"三农"问题的贡献》）。这又是一个关键：农民没有建立自己的组织的权利，这是最根本的权利的缺失。正是在这里集中显示了农民精神贫困与权利贫困之间的内在联系。于是，就抓住了农村改革与建设的根本：把农民组织起来。我们可以看出，老石对农村改革与建设的介入，是有一个发展过程的，逐渐把主要精力集中在农民组织化的工作上来。在这方面，他有很多的论述。我最感兴趣的，首先是他对农业专业合作社的论述。他指出，今天提出新合作组织和50年代的合作化运动，有着不同的背景：如果当年是"为了更多地提取劳动剩余形成工业资本积累"，今天则是"希望在快速的城市工业化进程中能够为农村寻找一条出路"，是"要解决工业资本扩展过程中的农村衰败凋敝的问题"。因此，在他看来，在发展新合作组织时，一要"走出单纯生产的误区，要将利润链条伸向流通和加工领域，甚至金融和保险领域"，农民也要掌握资本；二"必须综合发展"，实现"经济、文化、社会的一体（化），尤其是人的综合协调发展"；三"必须走向联合"，走出一个村的范围，"建立乡镇县乃至全国性的联合组织"，并逐渐走入城市，"推动城市消费合作"，"实现城乡互动"（《中国大陆的新合作组织建设运动》）。尽管这些全新的合作组织目前还处于初级的缓慢的发展阶段，但它所显示的中国农村发展的前景，还是能给人以希望的。

老石的另一个重要思想，是他和邱建生一起提出的关于"新农会"的论述。他们指出："今天的农民提出建立农民协会，是在寻找一种社会协商和整合组织"，"农民协会的成立，可以填补目前我国农村不少地区的行政管理体制存在的明显真空。这个真空就是，没有一个组织能够实事求是地整合农民的利益，也没有一个组织能够为农民提供必要的服务。"他们强调，农会不是政权机构，也不试图对抗和取代基层政权，只是希望发出自己的声音，"与县乡政府在如何忠实贯彻党和国家政策问题上展开公平的谈判"，起到压力团体的作用。农民自己组织起来，表达自己的利益诉求，维护自己的利益要求，不仅是农村改革与建设发展到现阶段必然提出的历史课题，也是中国改革，特别是政治体制改革所面临的必须完成的历史任务：人们越来越认识到，改革实际上就是各个利益群体之间的博弈，这就需要社会各利益群体都有代表自己利益的组织，特别是包括农民在内的弱势群体，他们的政治、经济、社会、文化资源有限，就更应该有代表和维护自己利益的组织，不断发出强有力的呼声，这才能保证改革中的利益博弈的公开、公平，从根本上保证改革的公平、正义。当下中国不断出现前文说到的借改革之名，侵害工农基本群众利益的弊端，工人、农民自己的组织的缺失，是一个重要的、根本的原因。老石和邱建生的文章特意提到 20 世纪 80 年代中期邓小平就表示过，对成立农会，要"再看三年，真的需要即可筹办"。他们因此提出，"对待农民成立农会的要求，应该采取战略模糊的态度。应该允许农会以合法的名义存在。既不能打击取缔，也不必自上而下兴师动众地推动。这样就可以充分利用农民自我动员所产生的政治机遇，同时也有助于化解农民自我动员蕴藏的政治危机。"（邱建生、刘老石：《组织起来》）2004 年提出的这一呼吁，在今天似乎具有更加迫切的意义：一切符合历史发展要求的任务，不管遇到多少阻力，总会不断地被提出，并最终一定要实现，是阻挡不住的。

老石在讨论新合作组织时，提出一个运作思路："以精神自立为起点"，"恢复社区的组织化"，达到"文化回归状态"（《中国大陆的新合作组织建设运动》)。这里引人注目地提出了"文化回归"的概念和目标，以后他又提出了"乡村文化重建"的命题，积极推动"新文化运动"，这都显示了他的农村改革和建设思想的新发展。他在《乡村文化重建的路径选择》一文里，把乡村文化重建的现实意义总结为五个方面，即"它具有独特的动员作用"；"它能化解矛盾，促进社区和谐"；"精神文化生活和经济组织相辅相成，互为补充"；它可以"创造公共空间"，"形成公众舆论"，这是"农村社区形成的真正开始"；"文化重建是社区再造的一部分，是农村生活不可或缺的一部分"。但如果仔细读老石有关文化建设的论述，就可以发现，他其实还有更深层次的思考与追求。他呼吁创造和发展一种"新乡村文化"，"既要承担对本土文化和本土知识的保护，也要承担对旧文化的改造任务，同时也要承担对外来和新生文化的过滤作用"，这样创造出来的"新乡村文化"就能够成为"传统的乡村文化甚至是民族文化与世界先进文化接轨的桥梁"。他期待着用这样的既保持文化本土性，又与世界先进文化接轨的新乡村文化来拯救已经陷入重重危机的民族文化，达到民族文化的复兴(《新乡村建设中的文化重建》)。不难看出，老石的这一用新乡村文化来改造中国文化的思想，是和梁漱溟乡村建设思想一脉相承的。2006 年他写过一篇《新乡村建设实验如何深度推进——年初读〈梁漱溟乡村建设运动〉的一些启发》的文章，首先为梁漱溟辩护：他"并没有停留在文化保守主义的立场上踯躅不前，他非但没有排斥西方文化，相反，他在坚持文化的民族立场上，下决心用西方的先进文化来改造中国传统文化"。接着又从梁漱溟已经达到的高度来反思我们今天进行的新乡村建设运动，就发现了不足："我们过于单纯了"，"我们的目标还来不及延伸到更远的地方，似乎还停留在经济利益上，停留在具体的形式上的改变"，"没有把文化这种更深层次的改变作为目标"，"也没有把教育理解为一种基本的文化改变方式"，"我们整个运动似乎还停留在初级阶段，没有顺势延伸到目标，也没有来得及围绕目标进行手段的综合运用"。从此，老石就更自觉地像梁漱溟那样，"把乡村作为文化振兴的根据地"，把"乡村文化重建"置于新乡村建设的战略地位，强调"一个经济体同时也是一个文化体，二者相辅相成，互相促进"（《新乡村建设中的文化重建》）。

　　应该说，老石以乡村文化重建作为民族文化振兴的基础的思想，是最集中地体现了他的思想的理想主义特点的，因此，也是最容易引起争议的。但也有人把他的思考看作是"寻找和建设另一种可能"的"漫长征程"（刘海英：《悼念相波》）。还有学生这样谈到对老石的教育的看法：问题不在于老石的观点是否全都正确，而是那种态度，"把自己相信的认为是善的东西拿出来，很急切地想给你，这是一种认知、感情、价值和行动统一的态度"，"是对那些有着某种敏感潜质的青年，能让他们在思考社会和自身的过程中得到些支持"，"让他们知道其实还有不同的价值选择和生活的道路选择，还会有不同层次的幸福"，这样，青年的选择之路，就更宽阔，"向更好走的可能性就会更大些"（吕程平：《对异化的反抗——纪念刘师》）。这些分析都是很有启发性的。

（三）关于中国教育改革和青年成长道路的思考

　　老石对中国教育改革的思考，是建立在他的一个基本判断上的：中国的大学成了一个"精神贫困的地方——智慧的蛇还没有来的伊甸园，人类精神还没有诞生"；"中国大学的精神贫困主要表现在大学生们已经不能肩负起一个时代的使命，甚至无法让自己负起对自己的责任来"。这一判断是相当严峻的，所有的教育者都会感到尴尬与难堪；但只要了解中国教育的现状，并敢于正视的，都必须承认，这一判断是真实而准确地反映了中国教育的现实的。

于是就有了对造成教育精神贫困症的教育体制的追问。在老石看来，这是一种在"发展主义和科学主义的教育理念"支配下的教育，其致命问题有三：一是"封闭式的教育"，学生从幼儿园开始就被装入"铁罐子"里，完全和社会隔绝；二是"机器教育"，没有任何人文关怀的单纯的技术教育和所谓能力教育，把本来有血有肉的人培养成"没有理念的动物"，有技术无思想的"螺丝螺母"；三是"文凭教育"，学生花费四年时间，背诵外语和陈旧的知识，无用的文字垃圾，只是为了一个文凭。本来是信息资源最为富集、文化更新最快，应成为先进文化诞生地的大学，却完全扼杀了学生的创造力、想象力，形成了信息资源的巨大浪费，制造了精神和文化的贫困。这是老石沉重的一问："如果一个民族连学校，甚至大学都不能增进民族或者个人的精神成长，那么这个民族怎么能看到希望呢？"

而老石的独到之处在于，他把这里讨论的大学生的精神贫困和农民的精神贫困联系起来，形成"农民和大学生是中国两大精神贫困的弱势群体"的概念，这就从一个特定角度揭示了中国民族危机的根本与严重性：无论是民族的社会基础——农民，还是民族的未来——大学生都出了问题，而且是深层次的精神问题。找到了问题的症结点，也就找到了解决危机的出路。这就是："抓住大学生自己的精神贫困和自己现有的奉献优势，以及农村的精神贫困及潜在的教育优势，进行互补式的精神扶持，达到大学和农村精神的双向成长。"（《农村的精神贫困与大学生对解决"三农"问题的贡献》）——我们可以把这称之为"老石式的改革之路"，而且是具有很大的理论和实践意义与价值的。

这里内含着两个理论基点。首先是对大学生和农民两个群体的科学分析和认识：在看到并突出他们的精神贫困的同时，也看到他们的潜在力量之所在：大学生作为有知识的年青一代，他们是最能够吸取新思想，并且具有为理想而奉献的精神内质的，如果开发和引导得当，就可以成为社会变革的推动力量；而中国的农村固有的乡土文化，也有自身的精神优势，并有着顽强的生命力和吸引力，开发得当，也同样能够成为年青一代的精神资源。由此而产生的，是另一个更为重要的思想：农民和大学生精神贫困问题的解决，必须依靠他们自己，把内在的被压抑的精神力量解放出来，并相互支持，就能解决自身的精神问题："从来就没有救世主，全靠自己解放自己！"而其中的关键，又是"自身组织起来"，当中国大学生组成志愿者队伍，中国农民有了自己的合作组织，两者结合起来，就能够改变中国农村的面貌，并在这一过程中实现彼此的精神自救。

这条道路的实践意义，也是明显的。老石指出，"农民的精神成长需要一个象征符号和最必要的一点酵母"，也就是说，"仅仅依靠农民自身也很难自发地组织起来并进行自我启蒙和动员"，它需要有外力的触发和推动；前文我们一再谈到，农村精英是农村改革和建设的动力，但精英的形成、发现、成长，是需要有人提供资讯和支持的，也就是说要有"第一推动力"，才会形成"外部力量协助下，内外共同努力"。"没有利益相关"而又"真正具有奉献精神并且数量巨大的"大学生志愿者队伍就能够成为比较理想的"第一推动力"（《农村的精神贫困与大学生对解决"三农"问题的贡献》,《中国大陆的新合作组织建设运动》)。

另一方面，当大学生组织成志愿者群体，走向农村，脚踏在中国的大地上时，他们就开辟了一条中国教育改革和自身成长的全新之路。老石把它叫做"教育的回归"：走出封闭教育，回归社会和生活；走出个人的原子化教育，回归群体；走出纯粹的知识教育，回归理论与实践的结合；走出文凭教育，回归理想与正义的追求，责任的承担；走出机器教育，回归于人，回归人的精神成长（《走理想之路，过有意思的生活》）。老石热情洋溢地写道："有一种生存，叫高尚"，中国的大学生志愿者正在创造自我生命的"新时代"："是顶着烈日、冒着暴雨、引吭高歌的时代"，"是骑着单车，苦行僧式宣传和行动的时代"，"是和农民兄弟姐妹同吃同住同舞同劳动的时代"，"是唤醒自己的良知，重塑民族尊严，挺起民族脊梁，叫做'理想'的时代"（《向着一个新时代宣言》）。老石也在这一过程中获得了自己生命的特殊价值，这就是人们在悼念他的时候所说的，"他在青年与农村，城市与农村之间架设了一座桥，这座桥的畅行无阻将使中国'这棵老树上长出希望的春天来'"（邱建生：《爱是永不止息——与相波的爱在一起》）。

最后，还要说的，是贯穿老石所有的思考与实践背后的精神与哲学。我以为，最重要的有两点。首先自然是所有和老石接触过的人都会强烈感受到的，他的理想主义气息和精神。老石的理想主义又有两个鲜明特点。一是他的理想主义是和充分认识与估计实现理想的艰难的清醒的现实主义精神，和不怕做小事情的苦干实干精神结合在一起的，其背后正是"知其不可为而为之"的儒家传统精神和人生哲学。其二，老石说："当一种信仰，当一种偶尔为之的行动已经变成为一种日常的生活习惯以后，当我们每时每刻都生活在理想信念中，一个真正纯粹的理想主义者就造就了出来。"而他自己，也就像他描述的那样，"当你问及他们的理想，甚至他们都会很愕然，不知道如何应答：他们做的事情未必惊天动地，但是他们会把非常平凡的事情做得很好很认真，因为他们知道这是实现理想所必需的；他们已经不在意自己的得失，他们认为自己的价值和生命都已经蕴藏在奋斗和奉献的群体中。理想、信念和生命三者已经融为一体。"(《走理想之路，过有意思的生活》)老石还对年轻人说过这样一句话："什么才是一种做事情的状态？就是你成功了不觉得高兴，失败了也不觉得痛苦，就像一块石头一样。理想已经内化，成为你的一种生活习惯。"(吴丰恒：《老师天堂不孤单——缅怀刘老师》)——这大概就是"老石式的理想主义"吧，它标示着一种生命的境界。

人们不断提及的，还有老石的执著。一位乡村建设运动和志愿者运动的参与者说得很好："世纪初的这场'运动'，是各色人物的风云际会，大部分人呼啸而来，很快又呼啸而散，刘老师却像石头一样，岿然不动，十年如一日守望着自己的理想。"(贾庆森：《老石陨落到的世界里》)在我看来，这除了显示老石信仰和理想的坚定，也源于老石对中国农村问题的深知，以及在此基础上对中国改革的长期性的深知。于是就有了一种"只顾耕耘，不问收获"的态度，以及认准一个目标，就拼命干下去，慢而不息，永不懈怠、永不放弃的精神，这其实就是鲁迅所倡导的"韧性战斗精神"。

真正的改革是离不开这样的能够化为日常生活实践的理想主义精神和韧性战斗精神的。也正因为如此，我读《文集》里笑蜀的文章，单就题目就让我感到惊心动魄："理想主义不该穷途末路"，它道出了现实的真相：今天的中国，并不是没有理想主义者和韧性战斗者，但他们总处于不被理解的寂寞中，在各种力量，不仅是体制的力量，也包括社会习惯势力的围堵和冷漠下，时刻面临着"穷途末路"。于是就有了这同样惊心动魄的一问："社会能不能为他们做点什么"，让健在的老石们，"至少不至于穷途末路，也让理想主义不至于穷途末路？"在我看来，眼前这本集体写作、编辑、出版的《刘老石纪念文集》，就是对这样的呼唤的回应，作者与编者也借此相濡以沫，同时向我们这个多灾多难、变化莫测的时代表明，还有人认同老石们的思想、实践与精神，它活在一些人的心上。这就够了：人在，心不死，就有希望。

2012 年 4 月 6—11 日

（刘老石，原名刘相波，是天津某大学的老师，后来成为梁漱溟乡建中心人才培养基地主要领导人。2011 年 3 月 24 日不幸遭遇车祸而罹难。全国各地的志愿者纷纷悼念，称其为"当代大学生参与乡村建设运动之父"，并编有《刘老石纪念文集》，我因此为之作序。）

关于新一代乡村建设人才的培养问题

——答《南方周末》记者问

读了你们传给我的《一个支农学生的梦想与挫折》，我很感动，同时也感到不安。因为人民大学农村发展学院"农村发展人才培养计划"聘请我担任马永红的指导教师，我并没有尽到责任：除了我给他们做了一次报告，见了马永红一面，就再也没有和他联系，对他的情况一无所知，在他遇到困难的时候，我没有及时给以帮助，这是应该检讨的。马永红也没有找我，大概他认为遇到问题应该自己负责，自己解决，这样的志向我倒是颇为欣赏的。

在我看来，马永红的出现和他的遭遇，都不是孤立和偶然的，他提出的许多问题，很值得我们深思。也就是说我们应该在一个大的背景下来讨论"马永红"的问题。

一、一个历史新课题：培养乡村建设人才

这是什么背景呢？我记得我在 2004 年和青年志愿者朋友的交谈中就提出了"历史正呼喊着新一代的乡村建设人才"这样一个命题，当时我主要是受到晏阳初先生乡村建设运动的启发而提出的；南方一个报社很敏感，它们在摘录发表我的讲稿时，就以此作标题，显得很醒目。坦白地说，当时也只是一个呼吁，对其现实的实现考虑得并不多。但是，形势发展很快，到了今天，2006 年，国家的"十一五"规

划中，明确提出要把"建设新农村"作为国家发展的重要目标，我们就应该并有了可能从战略的高度来看待"培养乡村建设人才"的问题：它可以说是建设新农村中的重要的关键性环节。

这道理也很简单：农村建设是需要人去推动和实施的，而我们所要进行的乡村建设，是现代乡村建设，在某种意义上是一次科学实验。晏阳初、梁漱溟那一代先驱者当年就提出了要"以学术立场去建设乡村"，要实现"政治学术化，学术实验化"。应该说这样的目标的制定，是具有战略眼光的。在我看来，至今仍有指导意义。

但农村的现状又是如何呢？一谈到农村建设，首先遇到的就是人才的奇缺。我们知道，当代中国农村的最大问题，就是自身的空洞化：大量的农村的有文化、有能耐的壮劳力、年轻人，农村社会的精英纷纷流向城市，这从国家建设的全局、从农村城镇化的发展角度看，或许是有它的必要性与必然性的，但从建设新农村的角度看，却是一个必须面对的大问题。如何培育一支农村建设人才队伍，这是建设新农村的一个战略任务，这是需要统筹规划的。

在我看来，大体有这样几个培育途径：（一）对现有农村里的人才，特别是农村社会精英的发现与培养；（二）创造条件，吸引外出务工人员返回农村，利用其在城市里创业所积累的物质与智力财富在新农村建设中寻求新的发展；（三）改造和发展农村学校教育，使其成为培养本地农村建设人才的基地，同时大力发展村民教育，这既是从根本上提高农民素质，也是农村精英的培养过程；（四）组织城市志愿者，到农村短期服务，进行财力与智力的支援，其中大学生中的青年志愿者或许是最有活力的部分；（五）在志愿者的基础上，进一步培养以从事新农村建设为自己专业的专门化人才，他们将成为新农村建设的骨干与组织者。这其中又有两部分，有的是城市里的人才，有的本身来自农村，甚至就是本地人。以上所说的五条途径，其实就是两条：一是农村自身的人才资源的培育；二是城市人才资源向农村的转移，它是国家所提出的"城市反哺农村"战略转移的一个重要方面。

把马永红放在这样的农村建设人才的大格局里，就不难给他定位：他现在的身份是大学生青年志愿者，同时他又是一个乡村建设专门人才、好苗子：他的改造和建设新农村的高度自觉性，他对养育自己的土地与父老乡亲的深厚感情，他的巨大热情、活力，他的组织能力、创造精神，他的吃苦耐劳的意志与身体，都说明他有可能成为时代所召唤的新一代农村建设人才。——当然，他还需要经过许多的磨炼，而且最终还要尊重他自己的选择。

而我们下面所要进行的讨论，是把"马永红"作为一种典型，多少有些排除他的个人性，来考察新一代的农村建设人才在其成长过程中将会遇到什么问题，以及由此引发的关于新农村建设人才的培养问题。

二、马永红的问题：深度参与之后的困境

马永红和其他大学生志愿者的不同之处，在于他又回到了自己的家乡。这种情况使我想起了上一世纪许多乡村知识分子所走过的道路。他们大都出生在乡村的富裕阶层（也有的属于马永红这样的困难家庭），因此在中国社会发生转折时都不失时机地走出家乡，到城市以至国外去读书。他们中许多人从此走上了不归路，在乡村之外的广大世界求得了自己的发展。但也有相当一部分人又返回了自己的家乡，服务乡梓，主要的就是从事乡村建设，发展乡村实业、教育、文化、卫生事业等等，由于家庭背景，加之所具有的新思想，开创的新事业，他们就逐渐成了地方社会名流，即所谓"新乡绅"（其实也就是我们今天所说的"乡村精英"），成为农村社会发展的中坚力量与稳

定因素。当然在这一过程中，也就必然和农村原有的各种力量形成十分复杂的关系，发生各种冲突，演绎出无数的故事。我读这篇《一个支农学生的梦想与挫折》，总要联想起这些历史故事，这多少说明我们今天所遇到的问题，其实正是历史的一个延续，当然也必然具有新的历史条件下产生的新的历史特点，但这样的历史感却是重要的。

　　考察马永红的遭遇，可以发现一个有意思的现象：最初阶段，当他主要作为一个志愿者，带着许多外来资源，到自己家乡，办农民夜校，组织农民协会，统购化肥，给父老乡亲以实实在在的利益，他受到了普遍的接纳。尽管镇上有"不予接待"的指示，但当时村干部对他是肯定的，更重要的是，他得到了村民的欢迎与支持。这有力地说明，农村确实需要马永红这样的青年知识分子，他们是农村变革与建设不可或缺的新的推动力；同时也说明，只要实实在在为农民谋利益，以心换心，就一定能够得到他们的倾心支持。以后，马永红遇到了挫折时，仍然有村民拥护他，做他的后盾，就证明了这一点。

　　一般来说，一个青年志愿者做到这一步，就已经尽责了。所以，温铁军先生指出："年轻学生到农村去的时间短，不可能了解征地、农民负担等这些表面矛盾背后的复杂原因，他们应该以调查研究和了解情况为主。支农支教，能帮助就帮助，比如农民夜校这样的属于改良性的工作都可以做，不能帮助的事情就不要随意参与。"这是一个实事求是的要求，青年志愿者的工作和作用是有一定限度的。这个问题以后我们有机会还可再作专门讨论。

　　但是，马永红是本地土生土长的，他和这块土地与乡亲有更深的血肉联系，他后来开始尝试更深地介入，也是有理由的。而他一旦试图涉及农村改革和建设的深层次问题，他就面临着他所没有想到的一系列的矛盾和复杂局面。从他后来的遭遇看，主要有四个方面。

　　（一）中国农村本来就充满了各种复杂的关系和矛盾，而改革本身就会引起各种利益关系的复杂变动，发生利益的博弈。现在马永红的介入，特别是他对掌权者直言不讳的公开批评，就使他自然成了利益受损者的代言人，而他竞选村长更是对现有的权力结构的一个冲击。他因此而受到种种阻挠，绝不是偶然的。这说明，参与乡村建设不是一个简单的物力、智力支援的问题，而迟早必然要面对农村现行社会结构中的各个利益群体，及其复杂的利益和权力关系。而打破"掌权者说了算"的农村现行权力结构，通过建立农村公共空间，以实现权力结构中的某种制约与平衡，这本身就是乡村建设的重大课题。从这个意义上看，马永红的遭遇又是必然的，而且具有很大的典型性。应该说，马永红对此是缺乏思想准备的。

（二）而马永红更没有料到的，他还要和农村基层政权发生冲突。镇党委对马永红的看法是颇耐人寻味的："发展经济是我们的第一要务，保持稳定是我们的第一责任。基层干部反映，马永红接触的是村里的落后面，有不稳定因素。支农支教我们是支持的，但他后来做的就脱离了这个初衷，影响了地方稳定，我们不好支持他。"这是有相当的代表性的：有不少基层政权对这些外来的乡村建设者事实上是心存戒心的。如果仅仅做好事，可以为他们的政绩增添光彩，当然会支持；如果如马永红这样批评村里的落后面，就会被认为是对他们的政绩抹黑，自然要视为"不稳定因素"，就要收回支持。而基层政府的态度对乡村建设实验能否取得成效又是至关重要的。当年晏阳初他们就遇到这个问题。所以他把他们的工作演进分为三个阶段：即"文字教育的阶段"（大概相当于"支教"）；"农村建设的阶段"（大概相当于"支农"）；最后就必然进入"县政改革的阶段"。这就是说，农村建设绝不单纯是一个经济问题，而必然涉及农村政治的改革，如晏阳初先生所说，"从消极方面说，如单以县为单位而帮助农民，救济农民，则非改革政治不可；从积极方面，要把我们研究实验的结果——教育的内容及农村建设的方案——推到民间去，亦非利用政治机构不可。"(《平民教育促进会工作演进的几个阶段》)而农村政治改革的一个重要方面，就是必须使基层政府成为农村各种利益关系的调节者，只能是公众利益的代表，而不能是某一利益群体的代表，更不能使自身成为一个利益群体。唯有这样，才有可能正确地认识与发挥乡村建设者的作用。

（三）马永红还要面对农村社会舆论的巨大压力。据说有一个时期，从镇到县城的中巴车上，几乎所有的乘客都在谈论马永红，有人说这娃不简单，有人则说这娃脑筋有毛病。而最令人感慨的是马永红自己向记者讲述的一个故事：一位县里的干部把马永红的事情讲给自己的小孩听，让他说说看法。这位小学生很认真地问："是说写作文的话，还是真话？如果是写作文，那他就是奉献农村的好人；如果说真话，那他就是一个疯子。"这是一个令人不寒而栗的真话，这是一个残酷的现实：连孩子都认为奉献农村不过是宣传的谎言，谁真要这么做就是疯子！而且这样的舆论公意，在中国还是个传统：鲁迅不是早就写过《狂人日记》吗？《长明灯》里的孩子不也是对"疯子"大加嘲弄么？而这样的视真诚的改革者、建设者为"疯子"的舆论，却又显然和当下中国假话成风、信仰缺失、实利主义、实用主义猖獗的时代病直接相关，而乡村改革和建设自身也会触犯乡村传统观念、习惯势力，为其所不容。这也是必须正视的现实：我们是在极其不利的社会环境下，坚持自己的乡村建设理想的，正像马永红已经意识到的那样，孤独是一个宿命。

（四）当然，最让马永红感到痛苦的是，他和家庭的冲突。这几乎也是必然的。我们前面说到的 20 世纪的外出读书归来的乡村知识分子，大都遇到过这样的矛盾。我们很容易简单地把它归结为新旧观念不同的父与子的冲突，可能有这方面的问题，但或许有更复杂而丰富的内容。比如，他与母亲的冲突就是如此：由于家里也很贫寒，妹妹连一双完好的鞋也没有，母亲于是央求马永红从捐赠的衣物中为妹妹留下一双鞋；这本也符合情理，马永红却为避免谋私之嫌，只能拒绝，同时对母亲不能理解自己的处境而伤心，以至于对母亲大发脾气。这对母子的彼此伤害，都令人心酸。此外，马永红更要面对由于自己的行为引发的矛盾，包括前述舆论的压力，也要虑及父母和家人和自己共同承受的现实，由此引起的内疚和自谴，是难言的。马永红在日记中写道："我不是一个好儿子，对家里人来说，我总是舍弃小家，而为了大家。我甚至批评我爸在媒体面前不应该说对我的不理解和不支持。但我无形中剥夺了他的表达权。我不敢想象，他当时内心是何等的痛苦！""我不是一个好儿子"，大概一切为自己的理想的公共事业献身的改革者和建设者都会有这样的内心痛苦：这是一个更为沉重的心理和情感的付出。

三、外在冲突引发的内在矛盾：对理想主义和英雄主义的质疑与坚守

于是，所有的这一切外在的冲突，都会引发或转化为自我的矛盾、冲突，以及自我质疑：这或许是最为根本的。

在反思自己的这一段经历时，马永红说了一句老实话："原来我不相信社会有那么复杂，我常想，我不能改变整个中国，改变一个村还不行吗？"

这其实是存在着两个问题的：首先是对社会的复杂性估计不足，把现实理想化了，于是就必然产生理想与现实的冲突。

这可以说是一个人成长过程中必须经历的一个过程。我曾经引述俄国文学批评家别林斯基的话，说人生是要经过三个阶段的。一是做梦，也即理想的形成与追求的阶段，这可以说是学校教育（从小学、

中学到大学）的基本任务，马永红的理想就是在校读书阶段形成的，这说明他所接受的教育是正常和成功的。现在，他由学校走向社会，也就意味着走向人生的第二个阶段，其主要问题就是理想和现实的矛盾，这是一个非常痛苦和漫长的人生旅程。这一段路走完了，就像我这样进入人生的第三阶段，就会重新回到第一阶段的理想主义，即所谓"老来少"，因此我和马永红相遇并不是偶然的。但这又不是简单的回复，而是更高层面的复归，因为这时的理想主义，是经过了理想与现实冲突的洗礼，在对现实的复杂，甚至严酷地有了深切的体认以后对理想的坚守。但我们不难看到，并不是所有的人都能做到这一点：有些人在经历了理想与现实的冲突以后，就放弃了理想，陷于消极颓废，无所作为，更有的顺应现实，不再与现实中的假、丑、恶抗争，甚至同流合污。

因此，现在马永红和他的同代年轻人，在遭遇理想与现实的冲突时，在某种意义上也就面临着人生的十字路口，可以有三种选择：一是放弃理想，顺应现实，被其同化或消极无为；二是继续闭着眼睛做梦，不肯正视现实确实存在的问题，看似坚持理想，超越现实，其实是逃避现实，主观盲动，最后碰得头破血流，这时候就最容易转而悲观失望，走到第一条路上去；三是冷静地面对现实，借以深化对现实的认识，纠正自己某些不切实际的想法，反思自己的行为，做出某些调整，寻找新的实践机会与方式，在对现实的深刻体认基础上，在新的变革现实的实践中，坚持自己的理想。在我看来，马永红走的是第三条路，这也是我们所期待的。

从前述马永红的反思中，还可以看出，他曾经以为自己一个人就可以改变一个村子，他忘了鲁迅的告诫：在中国，"即使搬动一张桌子，改装一个火炉，几乎也要血"，更何况改变一个村子！同时，他也没有看到个人力量的有限性。于是他的英雄主义也在现实面前碰了壁。他也面临着对自己内在气质中的英雄主义的反省。在我看来，如同对理想主义一样，在正视自我力量的有限性的时候，也不要将"孩子和脏水一起泼掉"，仍要保持自信，坚持奋发有为的精神：这都是英雄主义的合理内核。还是那句话：要质疑理想主义又坚持理想主义，要质疑英雄主义又坚持英雄主义。

记得我在第一次和马永红与他的志愿者伙伴的谈话中，曾引用过鲁迅的一段话。鲁迅对当时"到民间去"的知识青年说，你们到了民间回来以后，最好将"自己的心情"和对自己力量的认识，与当初在北京一同大叫"到民间去"的口号时的心情、认识比较一下，并且"将这经历牢牢记住"，你们中的若干人会"沉默而苦痛"，而"新的生命就会在这苦痛的沉默里萌芽"。——在我介绍鲁迅的这段话时，马永红们可能不会有什么感觉；而现在，经过了这一段到农村去的实践，像马永红还经历了这么多曲折，我想就能够体会到其中的深意了吧，而且现在确实到了"沉默而苦痛"地思考，并从中产生新的思想和实践的萌芽的时候了。也就是说，我们需要冷静下来，消化前一段的实践经验，调整对自我和社会的认识，以便以更理性也更健全的心态和姿态，进入新的实践。

四、在反思中重新认识乡村建设事业，以及我们应有怎样的精神、心态和选择

在我看来，或许可以在以下几个方面达到新的认识。

首先是对我们所要从事的中国乡村建设事业的艰苦性、复杂性，以及由此决定的长期性，同学们大概已经有了切身的体会；而在下乡以前，大家都是严重地估计不足的，我甚至觉得现在很难说已经有了充分的认识。我曾在一篇文章里对青年志愿者朋友们说，你们既然做

出了要参与乡村建设事业的选择，你们就必须做好四个思想准备：第一，你们肩上的担子注定是超负荷的，要"一人兼做两三人，四五人，十百人的工作"（鲁迅语）；第二，你们自己这一代不会看到你们所期待的农村面貌的根本性的改变，进步会有，但不会发生奇迹；第三，你们工作的付出与收获永远是不成比例的；第四，你们只能是"只顾耕耘，不问收获"，只能"再一代，二代……"地奋斗下去。

其二，我们还要确立中国农村的改造和建设是一个"慢的事业"的观念。有一位年轻的教育专家曾提出"教育是慢的艺术"的命题，我很赞同，曾写文章呼应；在最近一次见面时，我对他说，这一命题其实是有更普遍的意义的：我越来越感到，教育，农村教育，以至乡村改造与建设，这样的百年大业都不可能立竿见影，不能急功近利，它是一个慢活、细活，不能搞一哄而上的运动式变革，要细水长流，慢慢积累，我因此提出了"开始要早，步子要慢"、"态度要积极，行动要谨慎"的指导思想，对此我写有专文，这里不再多说。只想强调两点：一是我们从事乡村建设事业，要有什么精神？鲁迅曾引用韩非子的话，提倡"不耻最后"的精神："即使慢，驰而不息，纵令落后，纵令失败，但一定可以达到他的目的"，我们需要的就是这种"慢而不息"的韧性精神。其次我们要以什么心态去从事乡村建设事业？这里也有几个重要概念：要有"耐心"，要善于"等待"，还要"从容"。它的反面，就是急迫与浮躁，这是成事不足、败事有余的。我们一定要让自己的心沉静下来，进入生命的沉潜状态，心平气和、沉沉稳稳、锲而不舍地做下去：这才是干大事的样子。

第三，我们要确立一个中国农村的改造与建设必须采取渐进的方式和路线的思想。我们在前面说过，乡村改造与建设是一个利益博弈的过程，各利益群体的矛盾和冲突是不可避免的，有时甚至会达到十分尖锐的程度。而作为一个民间的志愿者，他的使命决定他的立场，必然是站在弱势群体这一边，成为促进乡村利益平衡的一支积极的建设性的力量。这里强调利益平衡与建设性就包含有渐进改革的意思。这是吸取了历史的经验教训而提出的。一方面，我们不能无视和遮蔽农村改革与建设中的利益冲突，因为这种无视和遮蔽的实质是无视弱势群体的利益，遮蔽他们利益受损的现实，这样的一味向强势群体倾斜的农村建设绝不是我们所追求的。但我们又不能采取"一方吃掉一方"的激进的阶级斗争的方式，劫富济贫的方式来解决乡村改造与建设中的利益失衡问题，而只能采取调节的方式，在各利益群体之间寻求某种平衡点，这就必然是一个渐进的过程，它需要宽容与妥协，以最终建立多元的利益格局。这同时是一个博弈的过程，不能没有斗争，特别是弱势群体更需要为争取自己的被忽视、被剥夺的权利而斗争。志愿者理所当然地要支持这样的斗争，但同时也要积极促进这样的斗争的理性化，避免矛盾的激化。而这样的妥协与利益调整在中国的现实下，是有可能的。根据《一个支农学生的梦想与挫折》报道，马永红最终也在自己和竞争对手及基层政府之间找到了妥协点，从而为自己开辟了一定的活动空间——当然，矛盾依然存在，还会产生新的矛盾，在斗争中寻妥协，在妥协中有斗争，这将是一个长期的渐进的运动过程。

第四，我们要把高远的理想与低调的行事结合起来，把理想主义与科学态度结合起来，这也就是我经常强调的"想大问题，做小事情"。

这里包含了两个侧面。首先，既然我们已经确认了中国农村改造与建设是一个长时间的、慢的事业，而且必须采取渐进的方式，那么，我们在做事情的时候，就必须有一个边界意识，在弄清楚自己"要追求什么"的同时，还要问自己："我能做什么？我不能做什么？什么是现在就可以做的？什么是将来条件具备了以后才可以做的？我的优势在哪里？我的限度在哪里？可能存在的危机与陷阱又在哪里？"等等。正是在这样对主、客观的正确认识与把握中，你们将走向成熟。

此外，还有一个选择的问题，即是要回答"从哪里开始"的问题。我想，在总结自己的实践经验时，已经不难做出回答，就是要"从我们能够做到，能够改变，能够尝试的地方做起"。前面提到的那位青年教育学者曾概括为四句话：要把教育当作一件事来做；一个人一辈子只能做一件事；我们只能在现实条件下做事，很多情况下，都是在夹缝中求生存，戴着镣铐跳舞，因此，一件事也不一定能够做好；重要的是尽力去做，而且从具体的小事情做起，做一件就是一件。我想，他谈的是教育，其实同学们所要做的乡村改造与建设事业也一样。我要补充的是，从小事情做起，而且一定要把它做好，这本身就会使我们不断获得成就感，具体感受生命的意义与价值，增强自信心，这就能够反过来成为我们坚持长期奋斗的内动力。

当然，我们又不能满足于"做小事情"，还必须"想大问题"。所谓"想大问题"，其实就是一个目标感的问题。要知道，做小事情本身也是有危机的。任何事情都有两面，日常生活的琐细小事自有其意义，我们甚至不难发掘出其中的诗意，但如果一味沉溺其中，即所谓"只管埋头拉车，不会抬头看路"，也会被其遮蔽眼界，失去目标，导致自我精神的狭隘与封闭。另一方面，如前所说，做小事情是必须有妥协的；妥协就有一个限度的问题。特别是我们在中国的现行体制下作妥协，就有更大的危险。如鲁迅所说，中国是一个大染缸，这样的体制的染缸的腐蚀力与同化力绝对不能低估。

因此，我们在注意自己"能够做什么"的时候，更要时时记住"自己是什么，自己要追求什么"。也就是说，做小事情绝不是目的，在它的背后必须有一个更大的关怀，一个改造社会、改造人生的社会关怀，促进自我与他人健全发展的生命关怀，以及彼岸的终极性关怀，也就是要以理想、信念、信仰作为我们做小事情的精神支撑。弱化或失去了这样的精神目标和支撑，不但我们做的小事情自身会失去意义，而且几乎是不可避免地要被现实的大染缸所同化，最终导致自我的异化，走到我们追求的反面，即"从这个门进去，却从那个门出来"。这样的悲剧在历史上是屡见不鲜的，新一代乡村建设者从一开始就要对此保持高度的警戒。

　　这就要求我们在从事乡村改造和建设事业中，必须在理想和现实，坚守和调整、妥协，想大问题和做小事情之间保持必要的张力，取得某种平衡，在改造、建设客观世界的社会实践中，同时改造、健全我们自己的主观世界，做一个目标明确，信仰坚定，而又脚踏实地的健康发展的人。——"立人"才是我们一切努力的根本。

五、马永红们向我们的教育、知识分子和社会提出的挑战

　　坦白地说，写这篇文字，面对马永红这样的青年志愿者的困境，我时时陷入深深的自责之中。

　　马永红的退学在校内外都引起了广泛的争议，我不想对事情本身发表意见，我想到的是另一个问题：马永红要求退学的一个重要原因，是他立志于中国农村的改造和建设，而他在大学里所受的教育却与农村的改造与建设无关。这是很值得注意与深思的：我们的教育，从大学到中学、小学，以至农村教育，都严重地脱离了中国的现实生活，脱离了中国农村的实际，也就是脱离了中国最基本的国情；我们的教育，成了与农村生活，与农民无关的教育；在所有关于大学、中小学教育改革，甚至农村教育改革的讨论、设想与实践中，乡村建设事业都没有进入我们的视野之中。我们从来没有想过，中国的大学应

该担负起"培养乡村建设人才"的重任，这样的现状难道不应该引起深刻的自省吗？在我看来，在国家的"十一五"规划将"建设社会主义新农村"作为国家重大决策的今天，将培养乡村建设人才的问题，提到教育改革的议事日程，是具有极大的迫切性的。我们不能只是鼓励大学生毕业以后到农村去，而不注意在他们大学学习期间的培养，这是本末倒置的。晏阳初先生早在20世纪的30年代的乡村建设运动实验中就提出过大学应培养乡村建设人才的问题，认为这是一次大学的教育革命。他指出，乡村建设人才必须具备五个条件："第一，要有现代的高等教育的良好基础；第二，要有深入农村吃苦耐劳的身体和精神；第三，要有关于农村建设应有的专门知识和技能；第四，要有服务农村社会的经验；第五，要有认识中国各种复杂问题及随时自动求解决方法的能力。"（《中华平民教育促进会农村建设育才院缘起》）这样的乡村建设人才是需要经过专门培养的，当然有许多能力是要在实践中磨炼的，但学校教育也是一个不可或缺的环节。或许更为重要的是，将培养乡村建设人才的任务纳入教育，特别是地方教育和农村教育体系，更会带来整个教育面貌与精神的重要变化，这也是可以预期的。

　　当马永红这样的青年志愿者在农村处于孤立无援状态时，我更感到了我们这些大学老师，知识分子的失责。我常常要想到当年乡村建设运动的那批先驱者，我在《民间》杂志上读到一篇文章，题目就叫《晏阳初和下乡的博士们》，他们中有许多都是长期在国外留学，学有专长，甚至在某一学科领域执中国之牛耳的著名人士，如哥伦比亚大学社会学硕士、著名社会学家李景汉，第一届国会议员、国立北京政法专科学校校长陈筑山，北京《晨报副刊》著名编辑孙伏园，康奈尔大学农学博士、罗马万国农村研究院研究员冯锐，哈佛大学博士、国立戏剧专科学校校长熊佛西，北京协和医院毕业又在哈佛大学研究公共卫生学的陈志潜……都毅然辞去城市里的条件优厚的工作，举家迁到农村，踏踏实实为农民服务。我还想起了印度喀拉拉邦民众科学运动，发起者与中坚力量都是顶尖级的知识分子精英。这些年中国的乡村建设与志愿者行动也有不少老师和知识分子参与，但似乎并没有形成更强有力的群体力量。我一直期待学院里的教师，特别是青年教师，著名学者有更多的参与，却无能为力，也不敢呼吁，因为我自己受到年龄、身体的限制，下乡反而会成为别人的负担，只能写这些无力的文字，自己没有做到的事情，自然无权多说什么，就表达这样一个期望吧。

但有一点却是我要大声呼吁的，就是我们整个社会应该给这些青年志愿者以更多的关注和更切实的帮助。我很赞成中国青年政治学院的陆玉林先生的意见："通过马永红这件事，我们需要检讨，怎样给大学生，给那些愿意用所学知识和实际行动回报社会的人，以体制性的支持。"我们应该为这些有理想有献身精神的年轻人提供一个更宽松的环境，特别是基层政府更要转变观念，把他们看作是建设社会主义新农村的积极的建设性力量，给予更有力的支持。

最后，还要说一句：本文开头即已说明，我们是将马永红作为一个典型来讨论的，并没有过多地考虑他个人的特殊性。据马永红和记者说，他不准备在农村待一辈子，警察和作家两个职业都对他有吸引力，今天的年轻人是可以也应该有多种选择的。但他又说"农村的事情我会一辈子关注下去"，这我也是相信的：他的这段农村经历对他的一生的发展自然会有深远的影响。在这个意义上，我们也可以说，青年志愿者到农村去，首先是有利于他们自身的健全发展。

2005 年 12 月 14 日口头答记者问，2006 年 3 月 12 日发表，
4 月 15、16 日、26 日整理、补充成文

乡村文化、教育重建是我们自己的问题

——《乡村教育的问题和出路》序

这两天，我在读《乡村教育的问题和出路》这本书稿，竟是思绪绵绵，想到了许多问题。

这块土地上的多数人是怎么"活着"的

这里所说的"土地上的多数人"主要是指农村人口。本书选录的贺雪峰先生的《新农村建设与中国道路》引述了 2005 年国家统计局的统计，我国城乡人口占总人口的比重为 43%，有近八亿人口生活在农村；但贺先生又指出，这里公布的城镇化数据是把农民工计算在内的，而农民工仍是依托农村的土地赡养父母、养育子女的，他们自己也只是城市里的过客，如果将这些农民工排除，则中国的城市化率仅略超过 30%，农村人口（或依托农村生活的人口）约为九亿人。

这中国十三亿人口中的九亿人，他们的生存状态怎样，他们是怎么"活着"的？这是讨论中国问题时，不能不首先关注的。——然而，恰恰被许多人有意、无意地忽略了。

本书的两篇文章：《巧家有个发拉村》、《故乡：现代化进程中的村落命运》首先进入我的视野，读得我心惊肉跳。

《巧家有个发拉村》的作者孙世祥，正是我去年写的文章里说的那本"沉重的书"（《神史》）的作者，他的母亲，就生活在发拉村里，他们的生存状况我应该说是有所了解的，但这次读来仍如作者一样，有"泣血般的感觉"。是这样的惊人，超出想象的物质贫困：看看五十多岁的孙明万，一大早饿着肚子，赤着脚，冒着大雨，到六公里外借得点苦荞回来，在石磨上推碎，烙成粑粑，给八十多岁的老母和二十八岁讨不起媳妇的儿子充饥的情景；看看阮应卿这一家：他自己七十多岁瘫痪在床，儿子摔死在悬崖上，孙子只有十多岁，全靠断手的儿媳苦苦支撑……你就会明白：这里的农民已无法在这块土地上容身——全村因生活维持不下被迫搬迁、在外地流浪的，已达180户！绝不能低估这样的绝对贫困的严重性，它不仅关乎千万人的生命（国家统计局新发布的2006年《统计公告》宣布年末农村贫困人口为2148万人），而且如本书收录的刘健芝先生的文章所说，它是和另外一些惊人的、超出想象的暴富同时并存，而且是"内在相关"的（《乡村建设的另类经验》）。

同样惊人、超出想象的，还有精神的贫困：因争食、争救济，而斗殴，以至于杀人，几成常事。如作者所说，生存危机必然带来"礼仪沦丧，情义扫地"。更严重的是，我在《这本书竟是如此沉重》一文中所指出的，在残酷的生存竞争中，"家族的亲情越来越淡薄"，"家族凝集力彻底丧失"，加之"基层组织在农村生活中的退出"，导致发拉村，以至许多西部地区农村，"已经如同一盘散沙，没有任何组织力量能够把农民凝集起来"，这里的乡村民间社会正处于瓦解的过程中。

而这样的过程，又以另一种形式同样出现在东部农村。《故乡：现代化进程中的村落命运》的作者告诉我们：他的家乡——广东的农村，大体已经解决了温饱问题，但"故乡的房子越来越新，越来越时髦"，却是以"河水脏了，青山秃了"为代价的。而更内在的代价却是精神的伤害。作者这样描述外出打工者的"精神困惑"："在见识了外面的世界后，在目睹农村的真实情况后，他们早就彻头彻尾地对农村生出了一种隔膜，甚至是厌恶的感情"，于是他们陷入了生存的尴尬之中："农村本是他们的家园，却无法产生天然的归宿感；城市不过是他们讨生活的人生驿站，他们却渴望能够做多一分的停留。"但能否停留，停留多久，却远非他们自己所能掌握，只有在城、乡之间"跑来跑去，过一种自己都无法理解的生活"，彷徨无助，没有任何安全感。但他们却又将一种新的价值理念，新的生活方式带到了农村，"冲击了乡村的根基"。如作者所描绘，首先是价值观念的变化："在他们眼中，最能衡量人价值的标准毫无疑问只有金钱。能不能赚到钱，能不能在最短期间赚到钱，已经内化为他们行动的最大理由和动力。"生活方式的变化也许更加触目惊心：许多富裕了的农民却因为精神的空虚和投机的心理，走上了滥赌之路：打牌成风，"买码"（"六合彩"）泛滥，甚至吸毒成瘾，终于败坏了社会风气，也破坏了家庭、邻里、人与人之间的关系，于是就出现了作者所描写的"老满被他的儿子放倒了"的家庭伦理沦丧的悲剧。而且这绝非个别和偶然。

乡村教育和文化的危机

在这样的生存状态下，出现教育的危机、文化的危机是必然的。在发拉村这样的贫困地区，失学现象的严重程度，办学条件的恶劣，也同样超出想象：发拉村学龄儿童中，三分之一以上失学，未失学的，无法交书钱、买不起纸笔的又占20%，于是，就出现了"无书，无纸，无笔，空手来校，空手回家"的"学生"：这叫什么"教育"？！如收入本书的中央党校课题组的调查报告所说，西部农村教育"用'凋敝'这个词来形容，一点都不夸张"。我们总是在夸耀已经"基本上普及"了九年制义务教育，且不说这是一个虚数、水数，就算真的

"基本普及"了，也掩盖不住一个事实：15%的人口——大约为1.8亿人——所居住的地区远没有普及，这也就意味着每年有数百万的儿童作为共和国的公民难以享受他们接受义务教育的权利。而另一个事实也不容忽视："从1986年《义务教育法》颁布之后，到2000年'基本普及'之前的十五年间，总计有1.5亿少年儿童完全没有或没有完全接受义务教育。"如一位作者所说，"这一庞大人群的一部分显然在以各种形式显示着他们的存在：从国家今年公布的'8500万青壮年文盲'，到各地以种种暴力手段威胁着社会的低文化层青少年犯罪"（张玉林：《中国农村教育：问题与出路》）。这些沉重的事实是不能回避的。

　　而尤其令人感到沉痛的是，越是教育凋敝，农民越把希望寄托在教育上。发拉村人"比供孩子读书成了风气"，以至出现了忍饥挨饿、倾家荡产供读书的"英雄"，作者说，这是濒于绝境的农民"戮力奋斗，力图改变命运的悲壮行动"（孙世祥：《巧家有个发拉村》）。但在感动之余，我们也感到心酸：这其实是一个"画饼"。有两个事实，是无情的。一是教育的成本越来越高，教育资源的分配越来越不公平。社会学家告诉我们："一个大学生四年学费大约相当于一个农村居民二十年的纯收入。"不用说西部贫困地区，连基本脱贫的东部地区的农民孩子"大学梦也越来越远了"（《故乡：现代化进程中的村落命运》）。于是，就有了这样的统计：新世纪以来，"农村孩子在大学生源中的比例在明显下降，与1980年代相比，几乎下降了一半"，这就意味着"通过高考，农村孩子向上流动的渠道"的"缩窄"。社会学家指出的另一个现实是："出身农村家庭的大学生就业更加困难"，北大的一个调查显示，"父亲为公务员的工作落实率要比农民子弟高出14个百分点"（孙立平：《大学生生源农村孩子比例越来越小了》）。这意味着什么呢？农民本来是中国教育的主要承担者，长期推行的"人民教育人民办"的教育体制，其实就是"农民办"，而直到现在，"贫困家庭教育用于教育的支出仍占其收入的比例的 92.1%"（《中国农村教育：问题与出路》），也就是说，农民可以说是倾其全力支持了教育的发展；而现在一旦出现了"毕业即失业"的学生就业危机，仍然主要转嫁到农民身上，这本身就是最大的不公。

于是，在当下中国农村就出现了两个触目惊心的教育和社会现象：一是大量的学生"辍学"，湖南的一个调查表明，"农村贫困生的失学率高达 30.4%"（《中国农村教育：问题与出路》），而且有这样的分析："辍学的学生基本上都是 20 世纪 90 年代生的那一代，是所谓的真正的长在阳光下的一代。而这一代的父母有的过去还能读到高中毕业，而他们初中还没有读完，接受的教育还超不过他们的父母。"（《农村九年义务教育调查》）由此导致的劳动者文化素质的下降，对未来中国的发展的影响，确实堪忧。

同时，大批的辍学生和失业的大、中学校毕业生，游荡于农村和乡镇，成了新的"流民"阶层的主要来源。如作家韩少功所观察的那样，"他们耗费了家人大量钱财，包括金榜题名时热热闹闹的大摆宴席。但毕业后没有找到工作，正承担着巨大的社会舆论压力和自我心理压力，过着受刑一般的日子。但他们苦着一张脸，不知道如何逃离这种困境，似乎没有想到跟着父辈下地干活正是突围的出路，正是读书人自救和人间正道。他们因为受过更多的教育，所以必须守住自己的衣冠楚楚的怀才不遇"（《山里少年》）。这就是说，教育资源分配的不公堵塞了农民子弟向上流动的渠道，而城市取向的教育（包括农村教育）又使得他们远离土地，即使被城市抛出，也回不去了：他们只能成为"上不着天，下不着地"的"游民"。而这样的游民一旦汇成洪流成为"流民"，就会造成社会的大动荡、大破坏：这是被中国历史所一再证实了的。而"游民阶层中的腐败分子"，就成了"流氓"，并形成流氓意识，其最主要的特点，就是把维系父子、兄弟、夫妇、朋友间的正常关系的伦理观念，一一打破，又把礼义廉耻扫荡净尽。这样的流氓意识对社会风气的败坏和危害极大，将造成我们在下文将要分析的民间文化、社会生活的底线的失守（参看王学泰：《从流氓谈到游民、游民意识》）。——写到这里，突然想起了昨天报纸上的一条新闻：长春农安县一个农民家庭老老少少六口人被杀，凶手竟是这家的三儿子，而他就是一个初中毕业后整日游手好闲的游民，他因受到家庭的谴责而恼羞成怒杀死了自己的父母、兄嫂、妹妹、外甥女（新华社 2007 年 2 月 24 日电讯）。问题是，这样的从学校毕业出来的失业游民，又成为某些在校学生心目中的榜样，以至英雄。收入本书的《湖南农村留守型家庭亲子关系对儿童个性发展的影响》的调查报告告诉我们，家庭亲情和教育的缺失，学校教育的无力和无奈，社会风气的影响，使得许多留守儿童世界观、人生观、价值观非常消极，他们厌学、逃学，就自然地羡慕那些整日游手好闲而不缺钱用，又有哥们儿义气的游民、流氓，甚至以此为自己的奋斗目标，成了游民阶层的后备力量。中国的农民工为了生计奔波，在为城市建设做贡献时，他们的子女却面临沦为游民的危险——这实在是残酷而不公。而遍布中国农村和城镇的游民，至今还未进入我们的视野，这样的忽视是迟早要受到惩罚的。

这是我们必须面对的事实：教育不但不能改变农民的命运，反而成为他们不堪承受的重担。这首先是经济的重负，即所谓"不上学等着穷，上了学立刻穷"。社会学家告诉我们：在一些地方已经出现明显的因教致贫、因教返贫的现象。甘肃省 2004 年抽样调查显示，由于教育因素返贫的农户，占返贫总数 50%（孙立平：《大学生生源农村孩子比例越来越小了》）。同时，如上文所说，中国的毕业即失业的教育与社会危机事实上是转嫁到了农民（还有城市平民）身上，沦为乡村和城镇流民的农家子女，所带来的不仅是经济的负担，更是不堪承受的精神重负。前述凶杀案或许是一个极端，但其所内含的城市取向的教育和失业带来的农家灾难却具有典型性，而给人以惊心动魄之感。

但中国农民除了寄希望于教育使他们的子女另寻出路，还能有什么别的希望呢？现在出路不可靠了，有的农民选择了辍学，我说过，"这是农民以他们自己的方式向我们的教育发出的警告"（《关于西部农村教育的思考》），用韩少功的话来说，就是用辍学来"保护人心，保护土地，阻止下一代向充满着蔑视、冷漠以及焦灼不宁的惨淡日子滑落。"但也如韩少功所说，这样的选择是既显得荒唐，又有些无奈的（《山里少年》）。而且也还有许多的农民几乎是孤注一掷地仍然将孩子的教育放在生活中的第一位，这样的"知其不可为而为之"的努力确实给人以悲壮感；一位下乡支农的大学生在收入本书的文章里说，这是"困境中的不绝希望"（张宝石：《空心社会的发展陷阱和困境中的不绝希望》）。但在我看来，如果不对农民寄以希望的教育（包括农村教育）进行新的反思与改造，如果不从根本上解决教育资源分配不公，和农民子弟就业难的问题，恐怕很难有希望。

而乡村文化的衰败，则引起了许多学者的担忧和焦虑，而且我发现这些学者有不少出身农村，他们有着自己的乡村记忆，和对现实乡村的直接观察和体验，因此，他们的忧虑就特别值得注意。这样的忧虑主要有三个层面。首先提到的是"故乡的传统生活方式，也是我的童年生活，正在消亡与崩溃"（陈壁生：《我的故乡在渐渐沦陷》）。这里既有传统的以民间节日、宗教仪式、戏曲为中心的地方文化生活的淡出、空洞化（《我的故乡在渐渐沦陷》），也包括曾经相当活跃的，与集体生产相伴随的农村公共生活形式（如夜校，识字班，电影放映队，青年演出队）的瓦解（倪伟：《精神生活的贫困》），更有在纯净

的大自然中劳作和以家庭、家族、邻里亲密接触、和睦相处为特点的
农村日常生活形态解体的征兆和趋向：生态环境的恶化，家庭邻里关
系的淡漠和紧张，社会安全感的丧失："乡村生活已逐渐失去了自己
独到的文化精神的内涵"，前文所提到的"赌博、买码、暴力犯罪，
这在很大程度上都是乡村社会文化精神缺失的表征"（刘铁芳：《乡村
的终结与乡村教育的文化缺失》）。于是，就有了更深层面的焦虑：
"传统乡间伦理价值秩序早已解体，法律根本难以进入村民日常生活，
新的合理的价值秩序又远没有建立，剩下的就只能是金钱与利益"
（《乡村的终结与乡村教育的文化缺失》），如论者所说，"农民对自我
价值的认知完全趋于利益化，钱成了衡量自我价值的唯一标准"，"消
费文化已经成为农村社会的主宰性的意识形态，它对生活以及人生意
义的设定已经主宰了许多农民尤其是农村里的年轻人的头脑"（《精神
生活的贫困》），由此带来的问题自然是十分严重的。于是就有了"作
为文化—生命内涵的乡村已经终结"的这一根本性的忧虑。而乡村作
为文化存在的虚化，直接导致乡村少年成长中本土资源的缺失，乡间
已经逐渐地不再像逝去的时代那样，成为人们童年的乐土，如今的乡
村少年他们生活在乡村，却根本上无法对乡村文化产生亲和力、归依
感，那已经是一个陌生的存在，而城市文化更对他们十分遥远，这
样，他们生命存在的根基就发生了动摇，成了"在文化精神上无根的
存在"（《乡村的终结与乡村教育的文化缺失》）：乡村文化的危机和乡
村教育的危机，就是这样相互纠结着的。

　　这一切，自然对那些曾经感悟，至今仍依恋乡村文化的知识分子
产生巨大的冲击力。一位作者说："我已经无家可归"，"我在城市是
寓公，在家乡成了异客"（《我的故乡在渐渐沦陷》）。——这样，无论
在乡村少年身上，还是在农民工那里，以及这些出身农村的知识分子
这里，我们都发现了失根的危机：这是发人深省的。

而我们的思考和追问还要深入一步：乡村文化的衰落，乡村教育的文化缺失，对我们究竟意味着什么？

底线的突破，"活着的理由"又成了问题

本书的一位作者说得很好："以前我们常说'礼失求诸野'，意思是说，在乡村社会里，是存在着一套相对而言比较稳定的价值系统的。在乱世，乡村社会的这套稳定的价值系统，甚至可以成为整个社会重建的价值来源，因为这套系统里包含着人与自然，人与人，以及人的生命存在意义的深刻理解。"（《精神生活的贫困》）存在于民间社会，主要是乡村社会的这样的价值系统、伦理观念、生活逻辑，即使是在高度集中的极权统治下，它依然在发挥作用，成为无形的对抗、消解力量，以至能够给落难者以庇护，乡村社会也就成了他们可以回去的家乡。最近，社会学家孙立平在《同舟共进》2007 年 2 期上发表了一篇文章，谈到了"社会生活的底线"问题。在我看来，我们这里讨论的乡村民间社会的比较稳定的价值系统，就是这样的社会生活的底线。如孙立平先生所分析，所谓"底线"，"实际上是一种类似于禁忌的基础生活秩序。这种基础生活秩序往往是由道德信念、成文或不成文的规则、正式或非正式的基础制度混合而成的，这样的基础秩序是相当稳定的，甚至常常具有超越时代的特征。它平时默默地存在，以致人们往往忽略了它，甚至在大规模的社会变革中，政权更替了，制度变迁了，这种基础的秩序依然如故。比如'不许杀人'的道德律令，体现诚信的信任结构等，在社会变革的前后几乎没有大的差别。"在始终以农业社会为主体和基础的中国，乡村文化，它所内含的民间伦理，价值观念，生活逻辑，基本规则、规范，所建立的基础秩序，实际上就是这样的社会生活的底线的载体。因此，今天我们所面临的

乡村文化的衰落，就具有了非同小可的严重性，它意味着孙立平先生所说的"社会生活的底线的频频失手"，"社会生存的基础正在面临威胁"（《这个社会究竟什么地方出了问题》）。

于是，就产生了我的问题和恐惧：今天的中国农村，还能够成为落难者的庇护所和家乡吗？不能了，因为善待落难者这样的民间伦理已经荡然无存，人和人的关系早已利益化了。是的，我在正月初一写的文章里，还在说："最终的胜利者仍是这平民老百姓的日常生活伦理，或者说，历史总是要回到这块土地上的大多数人的生活逻辑上来"；而现在，我又必须面对一个无情的现实：这样的民间日常生活伦理、逻辑正面临着解体的危险。这是一个根本性的存在危机：这个社会出了大问题了！

我又想起了《巧家有个发拉村》的作者向我们提示的历史教训和警告："只要问到发拉村何以会如此穷困，群众都不假思索：'1958年大炼钢铁造成的。'"这就是说，大炼钢铁破坏了人和自然的和谐，破坏了生态平衡，毁灭性的自然破坏，使农民"丧失了生存的（物质）基础"，"代价是触目惊心的，如今的四代人已经殃及，以后还要殃及多少代，就说不清了"。而今天，这样的自然生态平衡的破坏还在继续，而我们又开始了文化的破坏，而且是基础性文化的破坏，导致人与人关系的生态平衡的破坏，人的生命存在意义的瓦解，以至于在体制统治的严密性达于极致的时代仍保持相对稳定的民间日常生活伦理都发生了动摇。这样的破坏，可能是更为根本的，那么，它将要殃及的，会是多少代人呢？真是"说不清了"。想起"父母造孽，子孙遭殃"这句俗话，我真不寒而栗：面对我们自己造成的乡村民间文化、教育的破坏，社会生活底线的突破，是不能不有一种罪恶感和负疚感的。

而当人的生命存在意义一旦瓦解，人"活着的理由"就成了问题。

这就说到了这些年日趋严重，却未能引起深入思考的"自杀"问题。刘健芝先生在收入本书的一篇文章里，提到"自杀的人群里面，几乎农民都是排第一或第二位"的问题，据说这是一个全球性的问题（《乡村建设的另类经验》）。我们这里经常听到的，还有青年学生（特别是大、中学生，研究生，其中有不少是农家子弟）的自杀。其中有一个报道，特别让我感到震惊：一个研究生，在自杀之前，曾列表说明"活下去"的理由和"不活"的理由，结果前者的理由不敌后者，于是他结束了自己的生命。鲁迅曾经谈到了三个层次的"活着"的理由：为自己活着，为爱我者活着，为敌人活着。在日常生活伦理、逻辑被颠覆以后，却都成了问题。当人仅仅为"钱"活着，缺少精神的支撑的时候，就随时会因为生活遇到挫折，物质欲望不能满足而失去活着的动力。而亲情关系淡漠，功利化，家庭情感功能退化，当孩子感受不到，或不能强烈地感受到父母、亲人的爱时，也必然导致"为爱我者活着"的动力的丧失。因此，我读到以下一组调查数据时，确有毛骨悚然之感：在留守儿童中，"38.4%认为父母不了解自己，20%认为与父母在一起的感觉很平常，7.4%甚至不愿意和父母在一起"（《湖南农村留守型家庭亲子关系对儿童个性发展的影响》），连和父母都形同陌路，真不敢想象这些孩子将来的人生之路将会怎么走。这岂止是农村儿童的遭遇，在城市里，愈演愈烈的应试教育不是把亲情关系绝对功利化，而导致一个又一个的杀母弑子的家庭悲剧吗？今天，逼着人死的"敌人"大概不会很多；但因为生存的基本条件匮缺或被剥夺而走上绝路的，却时有发生，这在农民的自杀中，大概要占相当的比例。更致命的是人与人关系的淡漠，当人觉得个人生死和他人、社会无关，自己的生命毫无价值，甚至没有人需要自己活着时，也会丧失活着的动力。今天青少年的轻生，还有一个重要原因，就是他们的童年是被剥夺了的：当乡村生活不再成为乡村少年的乐土，当城市的儿童几乎从小学，甚至幼儿园开始，就笼罩在应试教育的阴影里，他们早已失去了童年的欢乐，这就意味着他们从来没有享受过人生的欢乐，而且以后也很难享受生命的乐趣，这也就很容易导致活着的动力不足。

事实就是这样地严峻：乡村文化的衰落；乡村教育的文化缺失，都在有意无意地剥夺青少年活着的理由，生命的意义和欢乐。而对一个民族来说，自己的后代子孙，能否有意义地、快乐地、健康地活着，可绝不是小问题。

讨论到这里，我们大概可以懂得，所谓乡村文化和乡村教育，绝不只是乡村的问题，或者说，如果我们只是在乡村的范围内，来讨论乡村文化、教育以及其他乡村问题，其实是说不清，也解决不了问题的。我们必须有一个更大的视野，一个新的眼光和立场——

如何看待"工业文明"和"农业文明"及其相互关系

这也正是本书的一位作者所要强调的："所谓的价值重建，不可能只是局限在农村社会内部，而必须是整个社会的价值重建。对消费主义的意识形态的抵抗，也不应该停留、限制在农村社会当中，而必须在城市和乡村中同时展开，如果我们不把城市和乡村关联起来，仅仅是在农村社会内部寻求局部性的解决，那么，这样的努力就是根本无效的"，"农村的问题，也不仅仅是农村社会内部的问题，而是整个社会的问题"（《精神生活的贫困》）。

于是，我想起了曾经发生过的两次争论。一次是我在准备本文的写作，重读浙江教育出版社 2005 年出版的《我是农民的儿女——乡土叙事文本》一书所注意到的：杭州钱江晚报社文艺部和浙江教育出版社联合发起"我是农民的儿女"乡村学生征文大赛，却引发了网上的一场激烈的论战。先是一位作家在一次座谈会上提出：要让农村的孩子"能够真切地触摸一下城市里所没有的一种和谐，那是人与自然之间的和谐"，作家还发出了这样的感慨："现在越来越多的农民忘记还有这么一种和谐，或者说，有许多外界机遇让他们不得不憎恨这种和谐，一些农民的人性开始变了。"这是和我们前面所谈到的对乡村文化价值的瓦解的忧虑是一致的。但这位作家的意见却引起了质疑。一篇题为《谁有权力要求农民质朴》的帖子，指出："希望能保持农村这最后一块净土，保留最后一点希望"，"既让农村经济发展，农民生活改善，又能让农村保持质朴淳厚的传统"只是一个幻想，帖子的作者认为，在这两者之间，只能作非此即彼的选择：为了使农民能够过上城市的"住大屋，开好车"的幸福生活，对农村文化传统的摧毁是无法避免的，"对农村来说也是痛并快乐着"。从这样的观点来看，那么，我们前面所谈到的乡村文化的衰败，乡村教育中农村文化资源的缺失，是必然的，具有历史的合理性，是为了农民生活的提高，历史的进步所必须付出的代价。我们这些城市知识分子再来谈"乡村文化的重建"，就有一个"谁有权力"的问题了。

今年年初，我到台湾参加了一个"城流乡动"学术讨论会，又亲历了一场争论。在第一天的会议上我做了一个关于"大陆知识分子'到农村去'的运动"的发言，当即遭到了质疑。论者认为，在台湾，农业人口只占5%，已经实现了城市化与工业化，再谈"知识分子到农村去"不过是一种乌托邦意识形态的驱动。我在回应时只谈到了大陆不可能走单一的农村城市化的道路，而必须同时进行新农村建设，但对台湾的农村问题，因不了解情况而回避了。到了会议的最后一天，我却听到了台湾学者的另一种意见。论者并不否认台湾农业与农村文化衰败的现实，提出的问题却是：这样的衰败，真的是"历史的必然"，真的有利于台湾的发展吗？进一步的追问是：农业、农村对台湾发展，以至人类发展的意义何在？后来，我在他们办的刊物上又看到了更明确的表达："农业是台湾宝贵的产业"，因此，要"从农业出发，开创台湾新的绿色农业；从农村出发，开创台湾有机新的社会未来。""谈农业，必须要与其他产业连在一起想。谈农村，也需要连着城市来讨论"，"农村，要种植干净的食物，重新建立新的社区，建立新的城乡关系，从而建立一个有机的新社会"（罗婉祯：《台湾农村愿景会议参与记》，载《青芽儿》20 期）。而且还有关于农业、农村和文化保存的关系的讨论：传统文化"都是在农村的环境下发展而成"，"德国人如果丧失了农村，他们就读不懂歌德、席勒、贺德林的诗"，因此，"台湾的小孩读不懂李白的诗"是必然的。"文化不只是几个孤立的建筑或物件，而是包括了酝酿出它们的自然环境背景与更整体性的历史空间"，要真正了解传统文化，就必须接触农村。结论是：一个不要农业的政府，不保留农业的人，"没有资格谈文化保存"（彭明辉：《古籍、生态与"文化资产"》，《青芽儿》16 期）。我尤感兴趣的是，作为过来人，台湾学者对大陆农村发展趋向的观察和质疑："农民羡慕市民，或因后者有诸多的社会福利保障，有较佳的公共服务设施。这无可厚非，或本应如此。但我好奇的是：农村的现代化，一定就是都市化？而都市化，一定就得是：把原本的农舍、农村全部铲平？""农村的发展，仅能是这样？或是在城、乡之间，仍有一定的分工和提携？让整个社会发展，在更多样下的稳健向前？台湾或第三世界国度，过去三四十年的发展，不也正是城乡发展失衡，农业持续在'失血'的情况。这方面的经验能否成为中国农村发展的参照？不要再重蹈覆辙。否则，将来遭殃或受害的，还是农村和农民。"（舒诗伟：《投入农村的年轻人》，《青芽儿》20 期）

　　在我看来，所有这些论争，背后都有一个根本性的问题：如何看待和对待"农业文明"（乡村文化）和"工业文明"（城市文化），以及它们二者的关系？这也是收入本书的好几篇文章所要讨论的。以农村文明的衰落作为农村城市化（＝现代化）的代价的主张，其背后是有着三个理论观念的支撑的：其一，是农村与城市，农业文明与工业文明，乡村文化与城市文化的二元对立，二者具有不相容性，必须做出非此即彼的选择；其二，就是论者所说的"文明进化论"：采集文明—渔猎文明—农业文明—工业文明是一个直线的进化运动，后者比前者具有绝对的优越性、进步性；其三，这是一个取代，以至消灭一个的过程，后一种所谓"体现了历史发展方向"的文明，只有通过前一种已经落伍于时代的文明的毁灭，才能取得自己的历史性胜利。如论者所说，"似乎就是人类文明每一次进步都要抛弃已经取得的所有成果，人们总是站在今天嘲笑过去，为我们今天的一切沾沾自喜"（石中英：《失重的农村文明与农村教育》）。应该看到，正是这三个观念，长期以来，一直支配着我们对文明问题，农村、城市问题的认识，影响着我们的现代化想象，以及社会发展的设计、规划、行动，以致造成了许多今天我们越来越看清楚的文明病。因此，要总结历史经验教训，就必须对这些几乎不容置疑的前提性观念，提出质疑。

不错，在质疑中又出现了另一种倾向，即当面对越来越严重的工业文明、城市文化的弊端时，又有人自觉、不自觉地将农业文明、乡村文化理想化，形成了论者所说的"逆向乌托邦陷阱"（康晓光：《"现代化"是必须承受的宿命》）。看起来，这是从一个极端跳到了另一个极端，但其内在的二元对立的思维方式却是相通的。其实，这样的在农业文明和工业文明之间来回摆动，正是中国革命和建设发展中的一个很值得认真总结的现象，但似乎还没有进入人们的视野。不要忘了，农业社会主义思想在我们这块土地上是曾经相当盛行，并成为主流意识形态的，而相应的极端实验是曾经造成灾难的。但我们在纠正和放弃农业社会主义道路时，又摆到了根本否定农业文明、乡村文化，将工业文明、城市文化绝对化的另一端，以未加反省的城市化为社会发展的目标，形成了城市取向的思想、文化、教育路线，并成为新的主流意识形态。而且相应的实践已经弊病丛生，我们在上文所揭示的许多灾难性的问题都是有力的证明。而我要指出的是，无论是过去的农业社会主义，还是今天的城市取向，所造成的灾难性后果，都主要是由农民来承担的：中国农民的命运，实在是多灾多难。

因此，我们要真正走出在钟摆中不断损害农民利益的怪圈，就要如一位作者所说，必须根本改变"非此即彼的思维方式"，跳出"现代化/反现代化"（它内含着"工业文明/农业文明"、"城市文化/乡村文化"等一系列的二元对立的概念）的思维模式（《"现代化"是必须承受的宿命》）。这确实是问题的关键。我们应该以一种更为复杂的眼光、态度和立场，来看待历史与现实的各种文明形态，首先要确认：它们都是在"自己独特的历史过程中生长起来的"，都是"在长期的生产与生活实践当中所创造与憧憬的理想的生存状态和生活形式"，因而都有"自己的独立存在的价值"，而且都积淀了某种普适性的价值（如农业文明对人与自然关系的和谐，和人与人关系的和谐的强调，工业文明对科学、民主、法制的强调，等等）。但同时，又各自存在着自己的缺憾和问题，形成某种限度，也就为另一种文明的存在提供了依据。也就是说，各种文明形态，既是各不相同，存在矛盾、冲突，相互制约，又是相互依存和补充的。由此形成"文明的多样性"和文明的"生态平衡"（《失重的农村文明和农村教育》）。

我们要创造怎样的生存状态和生活方式

问题正是这样："什么样的生活是一种好的生活？"或者说，作为现代中国人，我们要追求、创造怎样的生存状态和生活方式？并建立怎样的价值理想和理念？这其实是我们讨论乡村文化、教育的重建（它的背后是整个中国文化、教育的重建）所内在的根本问题。康晓光先生说得很好："我们在面临这样一些问题的时候"，必须在"理想主义和现实主义之间寻求一种平衡"（《"现代化"是必须承受的宿命》）。我们必须坚持理想主义：作为人类文明的继承者，我们自然要超越于农业文明和工业文明，对两种文明所积淀的人类文明的普适价值都要有所吸取，同时对其各自的缺憾有所警戒。这样就能够在两种文明之间，城、乡之间寻找互补与平衡，做到"多样下的稳健"发展。收入本书中的许多文章，在我看来，都是在理论与实践上对这样的互补与平衡，这样的多样下的稳健发展道路的探讨。如贺雪峰先生所提出的"低消费（可以说是低污染，低能耗），高福利"的"生活方式建设"，以及在提高城镇化率的同时，进行新农村建设，保留城乡二元结构，但不是相互对立，而是相互沟通、补充，农村成为"可以回得去的富有人情味和生活意义的'家'"，农民（以及市民）可以在城、乡之间自由流动的设计（《新农村建设与中国道路》），尽管还需要经过实践的检验，但它确实跳出了既有的思维模式，提供了一种新的选择。当然，同时我们又必须有现实感：毫无缺憾的选择是不存在的，我们所说的互补、平衡都是一个动态的过程，需要在实践中不断地进行调整和探索。但就已有的实践看，这样的互补与平衡又是可以实现的。刘健芝先生在她的文章里所介绍的印度的"民众科学运动"的经验，就很有说服力：他们一方面充分吸取了工业文明的科学精神，"以科技作为手段来帮助农村提高生产，改善生活"，又对工业文明所容易导致的"人的自大"的"科学主义"持清醒的批判态度，把科学发展中的生态问题放在突出的地位，这背后就有农业文明所强调的人和自然的和谐的理念。对消费问题也同样如此，在强调提高农民的消费水平，以充分满足农民的物质与精神需求的同时，又提出"消费是

为了我们的需要而不是为了我们的贪婪",避免走向消费主义的极端
(《乡村建设的另类经验》)。

这样的另类经验,显示的是另类思路,也就展示了另一种可能
性。而值得注意的是,这样的另类经验是产生在乡村建设的实践中
的。如刘健芝先生所强调:"在纷乱的形势下,还是有一些东西保留
着,就是在百姓中间,在庶民中间,在农民中间,在原住民中间,还
零星地存在一些痕迹,还坚持创造一些东西。"也就是说,我们不能
把乡村社会,把农民看作是一个需要救济、改造的对象,看作是一个
包袱,而要看到那是一个巨大的财富,是一个宝贵的精神资源,一个
提供新的想象力的创造源泉,是一个创造新的存在、新的可能性的广
阔天地。因此,"乡村建设是关乎所有人的,不简单只是一个农民问
题"(《乡村建设的另类经验》)——当然,我们也不可把它绝对化、
唯一化。

乡村文化和教育的重建

现在,我们可以回到本文所要讨论的主要问题——"乡村文化、
教育的重建"上来。我想总结为两点。

首先是我们需要怎样的"重建"? 如前文所阐述,重建问题的
提出,是因为乡村文化的衰败和乡村教育中乡村文化资源的失落。因
此,谈重建首先是一个"重建乡村文化的尊严"的问题,要重新确认
乡村文化在整个社会、民族文化中的价值和地位,重新确认乡村文化
作为乡村教育和整个国家教育的文化资源的价值和作用。而把文化重
建和教育重建联系起来,也包含着从乡村教育入手,强化其对乡村文
化的庇护和培育功能的设想(刘铁芳:《乡村的终结与乡村教育的文
化缺失》)。如石中英先生所说,引导农民和他们的后代正确理解他们

所生产、所传承、所享受、所创造的文明，并作为基本的精神资源一代又一代地传下去，应该是农村教育的基本任务（《失重的农村文明和农村教育》）。在我看来，这背后更有一个以和大地血肉相连的乡村作为精神家园的深刻内涵：而为年轻一代营造这样的精神家园，培育这样的生命存在之根，正是乡村教育带有根本性的功能。

同时提出的是"文化下乡"的问题，即将更广阔的外部文化资源引入乡村文化生活，并与本土文化相融合，以拓展和丰富乡村文化的内涵（《乡村的终结与乡村教育的文化缺失》）。在我看来，本土文化资源的发掘、培育，和外部文化资源的引入、培育，应该构成乡村文化和教育重建的基本内容和任务，二者都是不可或缺的。石中英先生说得很好："教育是干什么的？我们总是说教育是培养人的，教育是促进社会发展的，但是人和社会都是统一在巨大的文明体下面的，教育应该给一代又一代的青少年一种文明观的教育。"问题是："我们究竟要帮助青少年树立起一个什么样的文明观"，"是文明的多样性呢，还是单一文明论？"这是直接关系着下一代的精神成长和发展的。因此，我也非常赞同石中英先生的主张：乡村教育不能只限于教会学生如何生存，用石先生的说法，就是局限于离农、为农教育，以帮助学生走出农村或帮助他在农村更好生存为教育的全部目的，而更应该关注学生的文明观、世界观的培育，使他们懂得怎样理解生存，追求人的生命存在的意义和价值（《失重的农村文明和农村教育》）：这才是乡村教育的根本，也是我们反复强调乡村文化教育的意义所在。

乡村文化、教育重建是我们自己的问题

其次，还要强调本文的主题："乡村文化、教育的重建是我们自

己的问题。"这其实是隐含着对我们在讨论乡村文化、教育，以至乡村建设、三农问题时，很容易陷入的精英立场的一种警戒的。刘健芝先生在她的文章里，提出要"反思我们的整套思路"，这是抓住了要害的。如果我们把乡村文化、教育的重建，以至整个乡村建设和三农问题，看作是自外于我们的问题，那么，我们就不可避免地落入前文所提到的将乡村和农民作为救济和改造对象的陷阱。应该警惕的是，这样的乡村、农民观事实上在今天的中国，是占据了主流地位的。如刘健芝先生所分析："主流在谈三农问题的时候，往往把它作为现代化里面的一个消极的、负面的问题看待，站在'现代化'的高度，不自觉地俯视落后在后边的、被看作是无知的顺民，或是刁蛮的暴民。我们只能把农民想象成一个落后群体，简单使用二分法，就是'现代—传统'、'进步—落后'，然后就想用一整套的、根本的解决办法，去处理问题，即使我们不是位高权重，也会想象自己在统治全国、统治世界的位置上'救国救民'。"而如康晓光先生所说，这样的现代化逻辑下的农村、农民观的背后，是隐含着强势集团的利益的（《"现代化"是必须承受的宿命》）。按照这样的居高临下的权势者、成功者的立场，甚至以"让农民别太穷了，或者别暴动啊"的心态，来看待和对待三农问题，就必然将乡村建设变成一个为民做主的救济，与缓和矛盾、维护稳定的补救措施，这样三农问题就被简化为一个纯粹的物质贫困的问题，所谓新农村建设也仅仅变成盖房修路的慈善之举。而我们这里讨论的深层次的精神、文化、教育的问题，以及未能涉及的农民权利问题，就通通被遮蔽，或者被虚化、空洞化了。更危险的是，在这样的农村、农民观指导下的乡村建设，不是流于形式，"雨过地皮湿"，就是可能变质，形成对农民利益的新的损害。

　　因此，如刘健芝先生所说，我们必须对这样的主流农村、农民观提出质疑（《乡村建设的另类经验》），明确地与之划清界限。现在提出"乡村文化、教育重建是我们自己的问题"，就是试图提出既不同于权势者、成功者的精英立场、思路，也不同于代言人的所谓平民立场和思路的一个新的立场和思路。这有点近于鲁迅说的"连自己也烧在里面"（《文艺与政治的歧途》），也就是我们在本文中反复讨论的体验、感受和认识：今天中国农村、农民所面临的问题，特别是深层次的精神、文化、教育的问题，也就是今天中国城市的问题，特别是我们知识分子的问题。因此，我们是在和中国的农民一起面对共同的中国问题，以及我们自己的问题，并一起来探讨解决这些问题的理论思路和实践途径。在这一共同探讨中，我们又各自发挥自己的独特优势和作用，相互吸取，相互补充。如一再强调的，新的思路与实践，是必须建立在多元文明的广泛吸取基础上的，这样，作为知识分子的我们，就必须向农民学习，到农村民间社会去寻求、吸取那里的丰厚、博大的农业文明、乡村文化资源，同时我们也可以发挥知识、文化上的优势，帮助农民认识与培育自己的乡村文化，吸收同样广阔的城市文化和其他外来的和传统文化，并在此基础上创造我们这个时代的新文化，解决我们共同的问题。

因此，我同意康晓光先生的意见：有社会责任感的知识分子和农民一起来解决农村的问题，"可能最有希望"（《"现代化"是必须承受的宿命》）。在这个意义上，今天的中国，是特别需要知识分子和工、农相结合的。——当然，必须充分地吸取历史的教训，既不能把农民简单地视为被启蒙的对象，也不能把知识分子看作被改造的对象，而应该在新的基础上，建立一个更为平等、合理的关系。本书的一些文章已经涉及这方面的问题。如刘老石先生的《农村的精神文化重建与新乡村建设的开始》一文，就提供了一个以大学生青年志愿者和当地农村精英为主体，重建农村精神文化，开拓农村公共空间的经验；或许我们正从这里看到了实现我们的理念和理想的某种可能。因此，我们应该向那些正在中国广袤的农村大地上默默耕耘，从事乡村建设、乡村文化、教育重建实验的农民和知识分子致敬：他们是先行者，希望就在他们的脚下。

2007 年 2 月 23、24 日，2 月 26 日—3 月 3 日

我的两个提醒

——和"农民之子文化发展中心"的青年志愿者的谈话

　　参加今天这个研讨会，我有很多的感慨。我和北师大的"农民之子"的关系，已经有七八年了。"农民之子"是 1998 年成立的，那时候就和我有联系。但当时，"农民之子"还是受压制的，发生了一些后来的参加者很难想象的事情。因此，我要支持"农民之子"，也受到很大压力。鲁迅早就说过，这是一切改革事业和改革者必然的遭遇。在开始阶段，总要受到权力的压制。但改革事业是有它的内在生命力的，压是压不住的，"农民之子"也就一步一步地发展、壮大起来。于是，我们就有了更多的合作。我多次应邀来演讲，以致北师大成为我退休以后来得最多的一所大学。而其中最成功的合作就是"首都打工子弟学校学生首次作文竞赛"，那次活动产生了不小影响。慢慢地，"农民之子"的名声也越来越大，突然有一天，我在电视上得知，北师大的"农民之子"成了一个典型了。我真是既喜且忧。喜是因为"农民之子"终于走出困境，被社会所承认了，这正是我们当年一起的奋斗者所期待的，有了社会的承认和支持，我们就可以做更多的事情，吸引更多的人参加。但坦白地说，我高兴之余，同时就有了忧虑。我立刻想起了当年鲁迅关于"革命的命运"所说过的一番话。他说，"庆祝，讴歌，陶醉着革命的人们多，好自然是好的，但有时也会使革命精神转成浮滑"，"革命的势力一扩大，革命的人们一定会多起来"，一些根本没有革命信念的人也会参加进来，"这样的人们一多，革命的精神反而会从浮滑，稀薄，以至于消亡，再下去是复旧"(《庆祝沪宁克复的那一边》)。鲁迅还讲过这样的意思，对支持者要有分析，有的是真支持，有的是反对改革的压制者的另一种手段：压不住了，就做出支持的姿态，"咸与维新"了，改革成为一种时尚，就有可能变形、变质；因此而可能出现许多问题，产生某种弊端，于是就会有人打着"纠偏"的旗号反攻倒算，而且是"改革一两，反动十斤"。正是鲁迅的提醒，使我对"农民之子"的命运，有了一种也许是多余的忧虑。在我看来，得到承认、支持，意味着草创期已经结束，这就走到了一个十字路口：或者坚守自己原初的理想、追求，同时充分利用新出现的有利条件，进行新的探索，求得新的发展；或者在大发展中逐渐模糊，"稀薄"了自己的理想、追求，"以至于消亡"，或者"名存实亡"。我甚至想到了和"农民之子"的关系，我觉得自己的任务只是"雪中送炭"，而不是"锦上添花"，现在既有许多人关心，我就可以退出了。——我对"农民之子"这样的青年志愿者的组织的活动的参与，完全是个人性的，因此，是可进也可退的。

　　或许是因为有过这样一些考虑，因此，当我得知，"农民之子"的一些老社员，在大学毕业以后，仍不忘自己的理想与追求，还要坚持下去，因而组织了你们这个"农民之子文化研究中心"，并且还像当年一样，关心打工子弟，为他们开办节假日学校，进行自然教育的新的探索，我是非常高兴的，因为这正是我所期待的。同时，你们这样几年如一日地持续关注打工子弟的做法，也让我感动。在我看来，我们每一个人，包括青年志愿者组织所能做的事情是有限的，就应该抓住一两件事，把它办好，而且坚持三五年，十数年，积以时日，就会有成效，这也就是鲁迅倡导的韧性精神。我今天到你们这里来，就是为了表示我的支持，如果你们还需要我做什么事，我也愿意尽力。

　　我也由"农民之子"想到了青年志愿者的遭遇。尽管今天不同程度、不同形式的压制依然存在，但总体来看，已经过了草创期，得到了学校和社会的广泛认同，甚至也出现了时尚化的倾向。政府、学校当局提出了许多鼓励性政策和措施，给志愿下乡支教支农者以许多优厚待遇，还实行了"村官"制度，实际上是试图发动以国家为主导的志愿者运动，有的地方甚至出现了官方组织的志愿者对民间自发的志愿者的打压。对这样的新情况、新问题，必须引起高度重视。这里存在着一个困境：在中国现行体制下，国家控制了一切，志愿者的民间社会运动，如果得不到政府的支持，几乎是寸步难行，因此，如何与政府部门保持理性的合作关系，在现实的制度框架下，如何与权力展开有效的、建设性的互动，就是每一个志愿者组织和个人必须面对的问题。而我要强调、提醒的是，在谋求这样的良性互动时，必须坚持自己的独立性和主体性。我经常对青年志愿者说，你们必须时时想到："我是谁？我要做什么？我要达到什么目标？"有三个东西是必须坚守的，就是我们的"志愿性"、"民间性"，以及"站在农村弱势群体这一边，实实在在为大多数农民谋利益"的基本立场。如果这三条守不住，我们就可能被同化，面目模糊化，以至被利用，造成独立性的丧失。而坚持"我要做什么"，同时也内含着"我能做什么"、"我不能（理念不允许，能力不允许）做什么"的问题，这也就形成了自我约束和自我限制，既不能超越现实可能性去做我们力所不及的事，也不能对现行体制下青年志愿者在农村建设中所能发挥的作用，有过高的估计和期待。既要坚持原则立场和独立性，又要有自我限制意识；既要保持我们的主体性，又要保持自我调节的功能，这样才可能有一个持续、健康的发展。

　　我向致力于农村建设事业的青年志愿者的第二个提醒，是要时刻反省自己：我们给农民究竟带来了什么？这里我想给在座的年轻朋友讲一个电影故事，一个文学故事。首先是姜文导演和主演的《鬼子来了》：一个僻远的山村，老百姓与世隔绝地在那里平平静静地生活了几百年、几千年，战争"来了"，日本鬼子"来了"，八路军"来了"，后来国民党也"来了"，老百姓分不清这些人有什么区别，但他们却按照本性，一律善待这些外来的入侵者，但却遭到了"以怨报德"的屠杀。战争结束了，所有这些外来者因为"来过"，就获得了某种资本，纷纷宣称自己是"解放者"，却偏偏遗忘了战争中真正的牺牲者——中国的农民，那土地上的青青坟草，早就被历史的叙述所湮没、省略了。

　　另一个是被称为现代文学中"乡下人"的沈从文写的《长河》里的故事：抗战开始以后，湖南省国民党政府派数千学生到农村去推动"新生活运动"（很有点像今天的"新农村运动"，其意也在推动农村的变革）；小说写的就是消息传到湘西以后农民的反应。小说选择一个"老水手"作为观察视点，是很有深意的，因为老水手曾走南闯北，是农村中见过世面的人，对外界事物比较敏感，因此，他对"新生活""来了"，是既喜且忧的：他期待着"来了"会给他的家乡带来新的变化，但历史的经验却又使他满怀忧虑，因为这些年来，先是共产党"来了"，闹革命；后来又是国民党"来了"，镇压革命。他们"来了"，弄得老百姓鸡飞狗跳，拍拍屁股就"走了"，吃亏的还是老百姓。老水手因此担心：这一次"新生活""来了"，会不会又是一场新的骚扰？值得注意的是，老水手在寨子里走了一圈以后，发现大多数老百姓对"来了"的呼声并不在意，生活照样进行，又放下心来。这其实是表达了作者的一个观点或信念的：他对中国农村的观察，有两个基本点，即是农村的"变"与"常"；在他看来，农村中的"常"，即老百姓的日常生活及其背后的日常生活逻辑，是具有永恒性的，也是乡村生活的真正力量所在；而"变"则有两种，一种是良性的，是老水手这样的老百姓所渴望的；二是实际在中国农村发生的，却是一次又一次的"来了"，带来的对乡村生活的破坏，农民所惧怕的恶性的"变"。沈从文相信，即使是这样的恶性的"变"，也是一时的，最后必然要回到老百姓日常生活的"常"即乡村永恒中来。

最近我重读了沈从文先生的这篇《长河》，我觉得历史仿佛正在重演。长期以来，一直是国家财政、公共事业、政府治理的事实上的弃地的农村，被许多学者、知识精英宣布必然要消灭的农村，连农民自己也纷纷逃离的农村，突然成为注目的中心。于是，大家都"来了"：政府官员们来了，企业家来了，知识分子来了，大学生来了，志愿者来了，外国慈善家、学者也来了，来了，来了，在近年的中国大地上，涌动着"来了"的浪潮。但似乎没有人问过或想过："老水手"们即中国的农民，是怎样看待这样的"来了"的。我们如果真正关心中国的农民的命运，就不能不如当年的沈从文那样，提出这样的问题：我们的"来了"，给中国农村带来的，究竟是农村发展的良性的"动"，还是一次新的骚扰，甚至是破坏性的恶性的"动"？而我们如果要创造良性的"变"，就需要如沈从文强调的那样，研究农村老百姓生活中的"常"，尊重农民的意愿，真正让他们在这块土地上安居乐业。因此，我们在支教支农，参与农村建设时，必须要有自警、自省意识，要时刻问自己：我们所做的事，是有利于、还是有损于村子里的大多数乡亲的利益？是有利于、还是有损于农民的长远利益？一个"大多数"，一个"长远"，这是我们考虑问题、办事情的基本出发点与归宿。不能想当然地认为，我们怀着善良的愿望"来了"，就一定给农民带来好处，受到农民的欢迎。就新农村建设的全局而言，也要看到两种可能性，弄不好，《鬼子来了》和《长河》所描述的历史就会重演，或者只是一个过场，"雨过地皮湿"，农村依旧不变，甚至是又一轮的骚扰，给农民带来新的灾难，而我们自己却因为"来了，来过"，而获得某种炫耀的资本：如果这样，就完全违背了我们的初衷，走到了愿望的反面。——也许这只是我的杞人忧天，也许同学们暂时还感受不到这些，我姑妄说之，同学们就姑妄听之吧。

　　不管怎样，第一步已经迈出，不管会经过多少曲折，甚至失败，我们总要努力，希望正在脚下。

2007 年 5 月 3 日整理

和青年志愿者谈鲁迅

在阅读"西部阳光行动"的朋友所写的"民间志愿者日记"《西部的家园》时，我总要想起鲁迅。于是就有了下面这些拟想的谈话——

（一）

寻朋友，联合起来，同向着似乎可以生存的方向走

——鲁迅

一位同学在他的日记里，这样倾诉自己内心的苦闷："我对自己的将来一无所知，而且不愿意去知道。就这样让我们年轻的生命消逝在每天的平庸里，整天就这样飘来飘去，没有方向，漫无目标……"另一位同学又这样描述自己的大学生活："每天都将日头睡上中天，在思维的急躁与行动的迟缓中踱入图书馆，然后无所选择地读上一通！就等着回食堂吃上一通没有味道的饭菜。害怕了那种心中的焦躁与行为上的无奈……"

这些真诚的内心袒露，真实得可怕，让我震撼。

我理解这样的苦闷。在应试教育中成长起来的这一代人，从小就以考上大学，特别是考上名牌大学作为自己人生的全部目的；现

在如愿以偿，进入了大学，在最初的兴奋过去以后，就突然失去了目标与方向……

其实我们自己又何尝没有这样的苦闷！大家都在说："上帝死了"，东西方世界曾经有过的理想与信仰都破灭了，新的理想与信仰还没有建立，这是一个没有理想也没有信仰的时代。从另一个角度可以说：重建新的价值理想，重新寻找与确立自己的生活目标，这正是一个全球性的思想文化课题，是我们每一个人都必须面对的人生课题。只不过我们这些成年人、老年人早已麻木了，就按照生活的惯性，得过且过地打发着每天的日子。但年轻人不行，他们的人生道路才开始，不能这样糊糊涂涂地混下去……

于是，就有了这样的生命的呼喊："路该怎么走？我们怎么办？"

于是，就像鲁迅当年所说的那样："要前进的青年们大抵想寻求一个导师。"

而且无论是鲁迅那个时代还是今天，也真的有人以导师自居，自以为真理在握，向青年灌输，指路……

而我却想起了鲁迅的话——

> 青年又何须寻那挂着金字招牌的导师呢？不如寻朋友，联合起来，同向着似乎可以生存的方向走。你们所多的是生力，遇见深林，可以辟成平地的，遇见旷野，可以栽种树木的，遇见沙漠，可以开掘井泉的。问什么荆棘塞途的老路，寻什么乌烟瘴气的鸟导师！（《导师》）

鲁迅这段话颇耐寻味，值得反复琢磨。我体会它至少内含着五层意思。

第一，不要轻信那些自以为真理在握的假导师。鲁迅多次说过：

"我自己还不明白应当怎么走"，"至今有时也还在寻求。在寻求中，我就怕我未熟的果实偏偏毒死了偏爱我的果实的人"（《写在〈坟〉后面》），我怎么敢去充当年轻人的导师？这才是一个真诚的成年人的老实话。在这个重新探寻一切的时代，自以为有正路、有捷径的人，反而是可疑的，鲁迅说，他们其实是以为现状最好，"劝人不走的人"（《"田园思想"》）。这是一个重要的提醒：年轻人在寻路、前进的过程中，一定要对形形色色的假导师保持高度警惕。与其听他们高谈阔论，胡说八道，不如听鲁迅这样的"我也不明白应当怎么走"的低调的老实话：这才是能和你一起探路的真老师，真朋友。

　　第二，因此，青年人也不必拒绝成年人、老年人，他们的人生经验，甚至教训也都是宝贵的精神财富，鲁迅说"和他们随便谈谈是可以的"，他们的用生命换来的经验是可以作为借鉴，应该认真吸取的。特别是在大学读书阶段，更应该通过广泛的阅读，像鲁迅所说的那样，"放开度量，大胆地，无畏地"将前人所创造的古今中外的一切文明成果，"尽量地吸收"（《看镜有感》）。应该说，通过阅读经典，最广泛地吸取精神资源，是为我们前面说的寻求新的价值理想，确定自己的人生目标奠定基础的。任何新的创造都不可能凭空臆造，必须有继承，才会有发展，鲁迅所说的"拿来主义"就是这个意思。但拿来又不能代替创造，即使前人、成年人、老人经验中所包含的真理也只有经过自己的实践，才能内化为自身的血肉。

　　第三，因此，鲁迅最看重的是实践，是行动。鲁迅在这段话里，用形象的语言，反复强调的"向着似乎可以生存的方向走"，"辟成平地"、"栽种树木"、"开掘井泉"，都是在讲实践与行动的意义。鲁迅曾说："现在的青年最要紧的是'行'，不是'言'。"（《青年必读书》）此话遭到很多的误解与攻击，人们不能理解鲁迅的苦心与深意。在鲁迅看来，言而不行，缺乏实践与行动的能力，正是中国传统知识分子的一个根本弱点；新的价值理想的建立，新的人生目标的确立，都不可能仰赖书斋里的苦思冥想，而必须在实践与行动中不断思考与探索；特别是在历史的转折时期，在没有现成的规范可循，即没有路的情况下，人们只有一条出路：自己选一条似乎可走的路，"向着似乎可以生存的方向走"，一边摸索，一边不断校正方向，总结经验，最后走出一条路来。正是这几乎一无所有的空白地上，给实践提供了最好的机会，这是一个实践出希望的时代。特别是我们这样一个古老的停滞不前的民族与国家，只要千千万万普通的人民行动起来，进行探索，创造，就有希望。这就是鲁迅所说的："希望是本无所谓有，无所谓无的。这正如地上的路；其实地上本没有路，走的人多了，也便成了路。"（《故乡》）

第四，鲁迅主张有理想、有追求的年轻人要"寻朋友，联合起来"，依靠集体的力量进行共同的探索与努力。鲁迅看得很清楚："青年又何能一概而论？有醒着的，有睡着的，有昏着的，有躺着的，有玩着的，……自然也有要前进的。"他更清醒地看到，要前进的青年只是少数，他们在自己所生活的具体环境里，常常是孤立的。这样，要前进的青年就必须联合起来，相互支持，才能摆脱各自分离的孤独状态，形成群体的力量，才能完成单独的个人所无法承担的事业。这就是古人所说的"相濡以沫"的意义。

第五，鲁迅同时提醒年轻人：你们所要走的探索、追寻之路，将充满艰险，会遇见"深林"、"旷野"与"沙漠"，会有失败与曲折；但同时又要有自信，因为"你们所多的是生力"，"可以用自力克服一切困难"（《田园思想》）。不管遇到多大阻力与困难，只要坚持，并认真总结经验，把命运掌握在自己手里，就一定有希望。

鲁迅说的这几层意思，其重要性是不言而喻的；而又是非常实在的，相信同学们会感到非常亲切，因为你们就是这样做的："西部阳光行动"正是鲁迅所期待、呼唤的"要前进的青年""联合起来，同向着似乎可以生存的方向走"的一次集体实践。在这个意义上，可以说这是一次当代大学生在参与农村变革的实践中寻求新的价值理想，确立新的人生目标的自我教育运动。正如同学们在日记中所说，"也许我们改变不了什么，但这里的一切的确改变了我们"，许多同学正是在下乡实践的过程中开始重新思考与探索自己的人生之路的。

尽管这只是一个开始，但你们的实验却为我们一开头所提出的"当代大学生如何重建自己的价值理想，确定自己的人生目标"这一新的课题，提供了有益的经验：一是要联合起来，自己解决自己的问题；二是要在集中主要精力读书学习，广泛吸取精神资源的同时，以适当的方式，参与社会底层的变革，在实践中培育新的世界观、人生观。而你们的这些经验恰恰与鲁迅对年轻一代的期待暗合：这大概也不是偶然的。

（二）

独有这培养天才的泥土，大家都可以做
执着现在，执着地上
　　　　　　　　　　　　——鲁迅

在许多青年志愿者的日记里都谈道："我们在没有来这里之前，可能满腔热情，踌躇满志，一心想为村民干些什么。而真正到了这里以后，我才发现我们的力量原来是如此地微不足道，我们对这一切是那样地无能为力。"于是，就产生了这样的问题："我们究竟能做些什么？"

这其实也是人生观的一个大问题："我要做什么？我能做什么？我怎样立志？我将怎样实现自己的人生价值？"

于是，我又想起了鲁迅当年（1924年）和北京师范大学附中师生、校友的一次谈话：《未有天才之前》（文收《坟》）。和盛行一时、至今愈甚的天才教育相反，鲁迅号召年轻人要甘于当"泥土。"他说——

> 天才并不是自生自长在深林荒野里的怪物，是由可以使天才生长的民众产生，长育出来的，所以没有这种民众，就没有天才。……所以我想，在要求天才的产生之前，应该先要求可以使天才生长的民众。——譬如想有乔木，想看好花，一定要有好土；没有土，便没有花木了；所以土实在较花木还重要。花木非有土不可，正同拿破仑非有好兵不可一样。

这是鲁迅的一贯思路：他始终强调民众的作用，重视社会变革的基础工作。——这一点，我想参与"西部阳光行动"的朋友是不难理解的，因为我们所做的工作，从根本上讲，就是要发动与培育民众，为中国乡村建设与改造培育泥土。

鲁迅进而对年轻人提出他的期待——

> 就是在座的诸君，料来也十之九愿有天才的产生罢，然而情形是这样，不但产生天才难，单是有培养天才的泥土也难。我想，天才大半是天赋的；独有这培养天才的泥土，似乎大家都可以做。做土的功效，比要求天才还切近；否则，纵有成千成百的天才，也因为没有泥土，不能发达，就像一碟子绿豆芽。

在我看来，这里包含了三层意思，很可以作为年轻朋友立志时的参考，一是强调"大家都可以做"，而不是有天赋的少数人才能做；二是强调"切近"的人生选择，而不是高远的难以实现的目标；三是强调与作为"泥土"的普通民众的亲近与血肉联系，而且自己也要做"泥土"，成为普通民众的一员。

鲁迅还提倡"泥土精神"，也讲了两条。一要"扩大了精神，就是收纳新潮，脱离旧套，能够容纳，了解那将来产生的天才"。——我们所要做的是新时代的"泥土"，因而就必须能够"吸纳新潮"，具有改革的精神，这才能够成为真正的社会变革的基础。二要"不怕做小事业"。——这里所显示的"不怕做小事业"的坚实、坚韧，脚踏实地、埋头苦干的精神，是典型的鲁迅精神，也是在以后的鲁迅著作与通信中，一再强调的，不妨抄录一些——

　　　　我们从古以来，就有埋头苦干的人，有拼命硬干的人，有为民请命的人，有舍身求法的人，……虽是等于为帝王将相作家谱的所谓"正史"，也往往掩不住他们的光耀，这就是中国的脊梁。（《中国人失掉自信力了吗？》）

　　　　未名社的同人，实在并没有什么雄心和大志，但是，愿意切切实实的，点点滴滴的做下去的意志，却是大家一致的。（《忆韦素园君》）

　　　　那切切实实，足踏在地上，为着现在中国人的生存而流血奋斗者，我得引为同志，是自以为光荣的。（《答托洛斯基派的信》）

直到离世前鲁迅还在给一位年轻作家的信中写道——

　　　　中国正需要肯做苦工的人，而这种工人很少，我又年纪较老，体力不济起来，却是一件憾事。（《致欧阳山、草明，1936 年

3 月 18 日》)

可以看出，鲁迅对历史与现实人物的评价，都有一个基本标准，就是看其是否具有泥土精神，是否"切切实实，足踏在地上"，"为着现在中国人的生存"而努力奋斗，"点点滴滴的做下去"。这是一个极其宝贵的精神传统，鲁迅显然期待年轻一代能够延续这样的精神谱系。

在我看来，包括参与"西部阳光行动"的朋友们在内的当下中国的青年志愿者，正在用自己的实践延续这样的精神谱系。正是这些年轻人，来到农村，接触到中国现实的真实，足踏在地上，抛弃了不切实际的自我期许以后，他们才接近了鲁迅所代表的"泥土精神"传统。正像他们在日记中所说，"踏在这片西部热土上，起初的激情，年轻的冲动，都化作愈加沉重的脚步和更为踏实的工作"，"在生活中还没有这样的时刻，让我觉得自己如此重要，又如此渺小"。有一位志愿者还因此想起了鲁迅的话，当今的青年，应有一分光发一分光，有一分热发一分热，哪怕像萤火虫那样，也是有益的。这本身就是一个有力的启示：只要深入到中国历史与现实的变革中，就会和鲁迅相遇：鲁迅是属于变革、前进的中国的。

但我们不能局限于这样的感悟，还应该提升为理性的自觉。也就是说，我们应该将鲁迅所倡导并身体力行的"泥土精神"内化为"西部阳光行动"的精神，使之成为每一个成员的精神财富。这需要更自觉的实践，也需要对"泥土精神"的深刻而丰富的内涵做更深入的探讨。

这里，我想结合鲁迅的有关论述，再做一点阐述。

这是鲁迅的一段名言——

仰慕往古的，回往古去罢！想出世的，快出世罢！想上天

的，快上天罢！灵魂要离开肉体的，赶快离开罢！现在的地上，应该是执着现在，执着地上的人们居住的。(《杂感》)

这里所提出的"执着现在，执着地上"的命题，应该是"泥土精神"的题中应有之义。其内涵颇耐琢磨。

先说"执着现在"。鲁迅有一个阐释——

我看一切理想家，不是怀念"过去"，就是希望"将来"。而对于"现在"这一个题目，都缴了白卷，因为谁也开不出药方。所有最好的药方，即所谓"希望将来"的就是。

所谓"希望将来"，不过是自慰——或者简直是自欺——之法，即所谓"随顺现在"者也一样。(《两地书·第一集，北京(四)、(六)》)

鲁迅这里所批判的，是对"现在"(现实)的两种态度，或将被美化的"过去"与"将来"作为逃避现实困苦的精神避难所，或对现实黑暗采取容忍的态度，"随顺现在"，以至被其同化，在鲁迅看来，这都是自欺欺人。因此，鲁迅提倡的"执着现在"的精神，就包含两个侧面：既是正视现实，敢于直面包括我们自己在内的，生活在现在的地上的中国人，特别是底层民众的真实的生存困境；又是永远不满足于现状，坚持对现实的批判，致力于现实的改造。这样一种积极进取的人生态度，对今天的中国的年轻一代的意义，是怎么强调也不会过分的。

而鲁迅强调"执着地上"，就要我们始终把眼光集注在中国这块土地上：这是我们的家园，我们的根，我们的立足点。要将生活在这块土地上的"现在中国人的生存与发展"作为我们一切思考，一切奋斗、努力的出发点与归宿。眼光放在哪里，这是一个不可小看的问题。
鲁迅在一次对大学生的谈话中，曾经感叹说："我们常将眼光收得极
近，只在自身，或者放得极远，到北极，或到天外，而这两者之间的
一圈可是绝不注意的。"恰恰忽略了中国这块土地上的现实生活，
社会人生（《集外集拾遗·今春的两种感想》）。鲁迅还有一篇文章
讨论中国人的"自信力"的问题。他说，眼睛只盯着外国人，那是
"他信力"；如果把希望寄托在"帝王将相"、"状元宰相"这些上层
社会的上层人物身上，那其实是"自欺力"；要建立"自信力"，就
"要自己去看地底下"（《且介亭杂文·中国人失掉自信力了吗？》）。
这些话都说得非常精辟，同学们如果只坐在大学课堂里可能很难理
解，但只要走到"地底下"真的看一看，就会懂得，并认同鲁迅的
这一人生选择：要"足踏在地上"，与我们脚下这块土地，土地上
的人民、文化，建立血肉联系：这是年轻一代，我们每一个人的健
康成长之根本。

（三）

　　共同抗拒，改革，奋斗三十年。不够，就再一代，二代……
　　世间有一种无赖精神，那要义就是韧性。……青皮固然是不足为
法的，而那韧性却大可以佩服。

——鲁迅

　　一位同学在日记里写道："对于在城市长大的我，心中的西部是
一种田园般的印象"，但真的踏上这块土地，"用双脚去丈量现实"，
看到了"恶劣的自然环境，以及在此条件下挣扎努力的农民"，面对
"因辍学而哭泣的孩子"，就觉得一切都要重新思考……

我又想起了鲁迅在 1925 年说过的一段话。那是在五卅运动以后，许多北京的大学生发动了一个"到民间去"的运动。鲁迅的反应，却相当冷峻，他这样说——

从此也可以知道：我们的"民间"怎样；青年单独到民间时，自己的力量和心情，较之在北京一同大叫这一个标语时又怎样？

将这经历牢牢记住，……那么，就许有若干人要沉默，沉默而苦痛，然而新的生命就会在这苦痛的沉默里萌芽。(《忽然想到》)

鲁迅是真懂、深知中国的现实的，因此，他清醒地预计到，热情而又不免天真的年轻人，他们在都市里的"民间"想象与对"自己的力量"的想象，一遇到民间实际，就必然要被无情的现实所碾碎，并且陷入幻想破灭的"苦痛"而"沉默"。这是一个必然的过程，我想，同学们已经或正在经历这样的过程。我在和同学们的上次讲话中就说过："这正是抛弃对农民与农村虚幻的想象，直面真实的农民与严酷的农村现实的一个契机，正是需要经历这样的'苦痛的沉默'，才可能真正地认识中国，认识脚下的这块土地。"(参看《知识分子到农村去运动的历史考察与现实思考》)相信同学们有比我更深切的体会，我就不多说了。

我这里要着重介绍的，是鲁迅由此对中国觉醒的青年的两大告诫。

首先，鲁迅指出，"中国青年负担的繁重"是"数倍于别国的青年"的，因为"我们的古人将心力大抵用到玄虚缥缈平稳圆滑上去了，便将艰难切实的事情留下，都待后人来补做，要一人兼做两三人，四五人，十百人的工作"。鲁迅据此而提出了一个重要的战略思想——

假定现今觉悟的青年的平均年龄为二十，又假定照中国人易

于衰老的计算，至少也还可以共同抗拒，改革，奋斗三十年。不
够，就再一代，二代……这样的数目，从个体看来，仿佛是可怕
的，但倘若这一点就怕，便无药可救，只好甘心灭亡。因为在民
族的历史上，这不过是一个极短时期，此外实没有更快的捷径。
（《忽然想到（十）》）

这里所提出的中国的改革的长期性，必须经历几代人的不断抗
拒、奋斗的思想，是建立在对中国问题的特殊复杂性、艰巨性的清
醒认识基础上的。这话好像也经常这么讲，但我们实际上仍然是严
重估计不足的，我甚至想，恐怕鲁迅自己也估计不足：从鲁迅说这
话的 1925 年到现在，已经经过了近八十年的奋斗，远远超过了鲁
迅所说的"奋斗三十年"的时间，但距离当初的目标也还依然遥远。
而且直到今天，不是古人，而是许多今人，也依然如鲁迅当年所说
的那样，"将心力大抵用到玄虚缥缈平稳圆滑上"，把"艰难切实的
事情"留给了有觉悟的青年，因此，你们不得不依然"一人兼做两
三人，四五人，十百人的工作"。但同学们既然做出了这样的要参
与中国的改革，中国农村的建设的事业的选择，就必须做好这样的
思想准备：不但你们肩上的担子注定是超负荷的，而且你们自己这
一代人不会看到你们所期待的根本性的改变，进步会有，但不会发
生奇迹，而且永远和你付出的代价不成比例。在这个意义上，你只
能"只顾耕耘，不问收获"，只能"再一代，二代……"地奋斗下去。
这就是说，看待我们所选择的中国的改造事业，农村的建设事业，
要有一个鲁迅说的长时段的时间观、历史观，仅"从个体看，仿佛
是可怕的"，而且容易陷入悲观与虚无，但着眼于"民族历史的发
展"，这"不过是一个极短时期，此外实没有更快的捷径"，而个体
生命的价值也就体现在这样的民族历史的发展中：我们毕竟起到了

"泥土"的作用。鲁迅提倡"泥土"精神，其实是蕴含着一种历史乐观主义的坚韧精神的。

这就说到了鲁迅的另一个重要战略思想。他告诫年轻人要克服容易陷入"五分钟热"的弱点，"开首太自以为有非常的神力，有如意的成功。幻想飞得太高，堕在现实上的时候，伤就格外沉重了；力气用得太骤，歇下来的时候，身体就难于动弹了。"在鲁迅看来，既然认定这是一个长期的历史过程，就要不求一时之功，也不做惊人之举，而是把这样的奋斗变成日常生活中的持续不断的努力，锲而不舍地做下去。他劝年轻人——

　　自己要择定一个口号……来履行，与其不饮不食的履行七日或痛哭流涕的履行一月，倒不如也看书也履行至五年，或者也看戏也履行至十年，或者也寻异性朋友也履行至五十年，或者也讲情话也履行至一百年。记得韩非子曾经教人以竞马的要妙，其一是"不耻最后"。即使慢，驰而不息，纵令落后，纵令失败，但一定可以达到他所向的目标。(《补白》)

鲁迅又将其概括为"韧性"精神——

　　世间有一种无赖精神，那要义就是韧性。听说拳匪乱后，天津的青皮，就是所谓无赖者很跋扈，譬如给人搬一件行李，他就要两元，对他说这行李小，他说要两元，对他说道路近，他说要两元，对他说不要搬了，他说也仍然要两元。青皮固然是不足为法的，而那韧性却大可以佩服。(《娜拉走后怎样》)

我们的"西部阳光行动"经过两年多的努力，已经打开了局面，

现在的问题是如何坚持下去。在这样的时候，鲁迅长期奋斗的思想与
韧性精神，对我们或许是格外重要的吧？

　　我们的这次笔谈，也就说到这里。我想，我们都会有一个共同的
感觉：鲁迅就生活在我们中间。我们通过自己的变革现实的实践，走
近了这位改造中国人和中国社会的先驱，鲁迅和我们一起面对中国现
实与自身的问题，并激励我们进行新的思考与探索……

2006 年 1 月 16—17 日

保留一块精神流浪汉的圣地

　　或许是"文化大革命"中养成的习惯，朋友来信，回复之后立即销毁，以免留下后患。但也有些信舍不得付之一炬，便留了下来，还不时翻出来，深夜重读，唤起许多回忆与遐想。这就是其中的一封。字迹是陌生的，话语却热得烫人："在北大住了一个多月，只听了您及其他老师有限的几节课，却把我带入了无限美好的精神境界，以至现在回到原来的生活环境竟有一种隔世之感。但我仍然深深地怀念那些坐在课堂里，与世界思想、文化巨匠、大师进行精神对话的日子，感谢您及北大给予我的精神的丰富。我真的把北大视作心中的'圣地'，它已经在我的生命中留下不可磨灭的美好的印迹。"说实在话，我已记不清这位年轻人的面容，但他从数百里外的沈阳专程赶来北大听课的事却给我留下了深刻的印象。记得他曾几次深夜叩开我的书房与我谈学论道，也略略讲过他的身世，仿佛大学没有念完，因为某种原因休学在家，做小工挣了一笔钱，就奔北大来了，暂时借住在一个老乡屋里。后来终于离去的原因也是钱用完了，需要再去打短工。听着他的自述，我总要想起当年的沈从文，他也是千里迢迢从湘西跑到北京，住在北大附近的公寓"窄而霉小斋"里，过着有一顿无一顿的生活，却坚持在北大听课，进行精神的探险，终于获得了成功。二三十年代类似沈从文这样的不注册的北大旁听生不在少数，差不多形成一种风气。据30年代正在北大念书的张中行先生在《负暄琐话》

中回忆，当时的北大，在蔡元培开创的"兼容并包，学术自由"的校风熏染下，听课也是任其自然、随随便便的，因此，常出现"不该来上课的每课必到，应该来上课的却可以经常不到"的现象。后者是因为北大崇尚自学，一些学生宁愿钻图书馆而不愿听在他看来受益不大的课程；前者则是指"有些年轻人在沙滩一带流浪，没上学而同样愿意求学。还有些人，上了学而学校是不入流的，也愿意买硬席票而坐软席车，于是都踊跃地来旁听"。而北大课堂的惯例向来是来者不拒、去者不追。张中行先生回忆说，他刚入学的时候，首先感到奇怪的是同学间的隔膜，同坐一堂，摩肩碰肘，却很少交谈，甚至相视而笑的情况也很少，这或者是因为北大每个学生都自视很高，而目中无人，但却给旁听者创造了大方便，因为都漠不相关，非本班的人进来入座，谁也不会注意，更不会有人盘查。这样，北大就自然成了渴望求知而无缘入学的精神流浪汉的圣地。他们或者由此而登入精神的殿堂，或者不过以北大课堂作为精神的栖息地，稍事休整，又继续自己的精神流浪。在我看来，这正是北大（及其同类高等学府）的特殊价值所在；而自由听课，对不注册的旁听生的宽容态度，更应该看作是北京大学的教学制度，以至教育传统的有机组成部分。它对不拘一格造就人才，培养学校与社会学术、精神自由气氛所起的作用，是无形的，却又是难以估价的；它应该成为中国现代思想、文化、学术、教育史的一个重要课题。

可惜这一传统在解放后中断了，每个人都被束缚在自己的工作岗位上（没有工作的农民则被束缚在土地上），即使有个别的精神流浪者，严格的户籍制度也使他们根本无法流入北京这样的大城市，更何况北京大学这块思想控制的重地。而近几年，随着计划经济向市场经济的转变，人们开始从工作单位（土地）的依附关系中解脱出来，获得了某种程度上的人身、迁徙自由。在大量的盲流队伍中，也出现了一批精神流浪者。已经引起人们广泛注意的圆明园画家村里的艺术家其实也就是精神流浪汉。

另一方面，北京大学这十多年来尽管屡屡强调整顿教学秩序，但蔡元培留下来的传统却似乎更有力量，听课依然是随随便便，来去自由。记得 70 年代末，我还是研究生，吴组缃先生的课是最叫座的，上课时连阶梯教室的地上都坐满了人，自然有许多是不注册的旁听生。因人太多，系里准备整顿，老先生却勃然大怒，他说："自由听课是北大的传统，一个人也不许赶！"学生（自然首先是那些蹭课的旁听生）报以热烈的掌声。我突然受到了感动，心里想："这就是北大！"后来，我自己上了讲台，经常发现不熟悉的面孔，也照样听之任之，视而不见。每回考试，交上来的卷子常不及听课人的一半，我心里很明白：课堂上至少有三分之一的学生是旁听的，因此而暗暗感到高兴。而且我很快就注意到，这几年，当商业大潮汹涌而至，人们纷纷惊呼"知识贬值"、"精神失落"时，旁听生反而增加了，还有的上课听讲不过瘾，主动找上门来请教，比在校学生还要勇敢、积极。本文开头提到的那个东北学生即是其中的一位。还有一位，是从河南来的，一次一进门就号啕大哭，仔细一问，原来在北大听了一个多月的课，所带盘缠已全部用尽，一时又找不到工作，被房东赶了出来，在街上冻了一夜，实在受不住，拾了几根树枝在路边烤火，却被巡夜的抓了起来。哭诉完了，不等我安慰，站起来就走了。第二天又笑嘻嘻地出现在课堂上，依然那样如痴如迷地听课，仿佛一切都没有发生。我大为感动，向我的好些学生都谈起这类事。也有学生提醒我，不要把这些精神流浪汉理想化。我明白学生的意思。我也知道，这些人自然是鱼龙混杂的，而且精神流浪汉本身就是不稳定的，北大听课不过是他们人生旅途中的一站。这位河南学生后来就在课堂上消失了；再度出现在我面前时，已是西装革履，据说是当了一个什么公助私营的书店的经理了。我同样为他感到高兴。他却一脸正经地对我说，北大听课这几个月，已经改变了自己的精神，即使经商也与过去不一样了。他也许是为了安慰我才说这番话的。其实这都无所谓。重要的是，这批在北大旁听的精神流浪汉出现在八九十年代的中国商品潮中，这个事实本身就足以证明：精神的超物质的追求是出于人的本性、本质，当大多数人趋向于物质享受时（这本身也是正常的，无可非议的），也总会有人做出逆向的选择，更渴望精神的丰富；尽管是极少数，而在我们这样的十二亿人口的大国，也会是一个相当可观的数量。在中国，人们一旦有了精神的追求，就常常把眼光转向省城京都里的学苑。北京大学就这样成为一切精神流浪汉（在广义上，我们大家都是精神流浪汉）心目中的一块圣地。正像北京大学中文系的著名教授谢冕先生所说："这真是一块圣地。近百年来，这里成长着中国数代最优秀的学者。丰博的知识，闪光的才智，庄严无畏的独立思想，这一切又与耿直不阿的人格操守，以及勇锐的抗争精神相结合，构成了一种特殊的精神魅力。科学与民主，已成为这圣地的不朽的魂灵。"谢冕教授的这段话在北大校园内外引起了强烈反响，去年"五四"，北大的一些学生还将它抄写成横幅在校园内悬挂；不知为什么，校方竟认为是"破坏校园秩序"，以"未经批准自行悬挂"为名，对有关学生做了记过处分，这类发生在北大内部的怪事不说也罢。不管怎么样，中国需要一块精神的圣地，这大概是一个不争的事实。我从这个事实中，感受到了精神的力量，人性的力量，并从中找到了自己生命的价值和不懈工作的动力。也许这信念仍然是理想主义与浪漫主义的；而在当今之中国，理想主义与浪漫主义已经是不合时宜，甚至是滑稽可笑的，但我仍然要坚守这一块精神的最后的立足之地——如果再退一步，我们就什么都没有了。

1994 年春节前夕写毕

北大"拉丁区"的"精神流浪汉"

　　有人说，北大的沙滩一带，从北河沿直到地安门，可说是北平的"拉丁区"[1]。在这里，有许多从各地来的学生，或是预备考大学，或是在北大的各系"偷听"，或是自己做点专题研究。北大的"偷听"，是一个最有趣的制度："旁听"是要考的，要缴费的；"偷听"是不考的，不注册的，不须缴费的。只要讲堂容得下，教员从不追究这些为学问知识而来的"野"学生。往往讲堂上的人数比点名册上的人数多到一倍或两倍以上。"偷听"的人不限于在沙滩一带寄住的学生，其中也有北平各校的学生，但多数是那个"拉丁区"的居民。——"寿生"先生也是这个"拉丁区"的一个居民，他这篇《走直道儿》里就用了不少关于北大的琐事做材料。他在"拉丁区"里听来的舆论，得来的观察，也许是我们大家都乐意听听的罢。

　　（原载 1934 年 12 月 16 日《独立评论》131 号，为《编者后记》，作者"适之"即胡适）

　　胡适的这篇《编辑后记》提供了两个很有意思的信息。它首先提醒我们：在考察北大，以至新文学运动的历史时，不能只看到"红楼"，而不注意红楼旁边的"沙滩"（"拉丁区"）；不能只关注校园里的天之骄子：那些在新文学中呼风唤雨的教授与学生，而忽略了校园外的精神流浪汉：那些蹭课的"偷听生"，以及并不进校听课，只借这方宝地自学卖文的文学青年。这两个空间（大学校园与围绕校园的公寓）和两个群体（大学师生和文学青年），相互关联，共同构成了新文学的最基本的社会基础。如研究者所说，正是这些向往变成精英的外省、城镇边缘青年，是新文学最积极的拥护者和追随者，他们千里迢迢来到北京，却因为经济和文化知识的种种原因被拒斥在大学校园之外，进入不了新文化的中心，据统计，北大1923年度投考1486名学生中，仅录163人，不及11%；这些落榜生中一部分死心塌地要献身于新文学者，就在公寓（拉丁区）这样的新文化空间的边缘地带，找到了自己的发展空间，从文学青年（不仅喜好文学，而且以卖文为生）这里找到了自己的"社会参与和身份认同的可能"。[2] 他们中的佼佼者，就是通过这样的途径，而登上了新文学的大殿的，其中的代表人物，也是最为人们所津津乐道的，自然是沈从文。尽管郁达夫那篇写给沈从文的《给一位文学青年的公开状》里写尽了身处"窄而霉"的公寓里的辛酸与愤激[3]，但在事后的记忆里，却是充满温馨的："以红楼为中心，几十个大小公寓，所形成的活泼文化学术空气，不仅国内少有，即使在北京别的学校也希见。"[4] 其实，北大人自身也是以此为豪的。胡适在这篇《编辑后记》里就干脆认为这是一种"最有趣的制度"，不仅是北大所独有的自由散漫随便的学术风气，养成了这样的"偷听生大量存在，而且昂首阔步"的校园奇观，北大经常开设奇奇怪怪的绝学之课，选课的学生绝少，也非得偷听生来撑场面。[5]

　　胡适的《编辑后记》背后，还有一个胡博士和贵州文学青年交往的动人故事。《后记》里谈到的"寿生"就是来自贵州边远小县务川苗乡的青年，本名申尚贤，二十岁来到北京，由于学业偏科严重，数次报考北大，均未被录取，就如胡适所说，成了"拉丁区的居民"。他的幸运之处，在得胡适之助，从 1934 年至 1936 年在《独立评论》上先后发表了十篇短篇小说和十二篇时论。当时，《独立评论》撰稿人多为名流学者，胡适为何特别青睐于这样一位素不相识的边地青年？胡适曾把寿生的一篇小说《新秀才》推荐给一位文学青年，说《独立评论》"只要一些清楚明白说平常话的好文字"[6]。鲁迅于 1935 年在《〈中国新文学大系〉小说二集序》里，赞扬寿生的贵州老乡、也是 20 年代的拉丁区居民蹇先艾文字的"简朴"，说"贵州很远，但大家的情境是一样的"[7]，这是人们所熟知的；但很少人知道，在此之前的 1934 年，胡适也同样赏识于寿生平实的写作路子，并为其描写的真实而震惊。他说寿生的《乡民》，"描写内地的黑暗与残忍，我们读了之后，真不能不为民族前途寒心。但我们相信这是写实之作，所以虽不愿意发表，却不能不发表"[8]。他介绍另一篇《黑主宰》，"很可以作鸦片毒祸的史料看"，并且发表了这样的议论："我们常想：中国大部分的民族都显出衰老的状态，需要新血液的灌注，而这种民族新血脉的一个重要来源当然是那同化较晚的西南各省。所以四川云贵各省受鸦片的毒害，等于斩灭我们整个民族的新血脉的来源，是绝对应该赶紧扫除净尽的。"[9]胡适（或许还有鲁迅）在思虑、筹谋民族和文学发展的未来时，特别关注于"同化较晚"的西南地区，不遗余力地培养边远地区的作者，这样的战略眼光，是值得注意的。[10]

　　如果说沈从文、蹇先艾是"拉丁区"第一代居民，那么，寿生就应该属于第二代了。这些 30 年代的外省文学青年，来到京城，不仅是被新文学所吸引，更怀着对革命的向往；他们到北大，也不仅是蹭课，还混杂在学生游行队伍里：新一代的精神流浪汉大部分都是左倾青年，这是由他们政治、经济、文化上的边缘地位所决定的。据说，他们当时主要居住地有三：除北大沙滩附近外，还有中国大学附近的辟才胡同、南半壁街公寓以及朝阳大学一带；当时中国大学和朝阳大学都是左翼力量比较强大的学校。聚集在这里的，有的是所谓职业学生，是革命低潮时来避难的；更多的是因为政治活动空间受到压制，转而从事文学创作，他们听课，读书，写作，又一起议论国事，研讨革命理论，形成了一个既是文学的，又是政治的松散群体。这确实是藏龙卧虎之地，以后活跃于40年代文坛的许多作家，都是此时的文学青年，如姚雪垠、芦焚、王西彦、田涛、严文井、陈荒煤、刘白羽、李辉英等。田涛对他们当年的生活有过一个回忆："包伙食或单租房，都很便宜"，"吃窝窝头就咸菜，也是常事"，"到严寒的冬天，北风如刀搅，住公寓要生煤球火炉取暖。北京图书馆里有暖气，阅览大厅里，温暖幽静，我往往不到闭馆的铃声响，彻夜都不想离开"[11]，情境和沈从文等人的回忆差不多，但因为有更明确的革命理想，气势就更旺盛。

而且当时的北京文坛似乎也更重视他们，《世界日报》、《世界晚报》副刊、《北平晨报·学园》特别是《华北日报·每日谈座》（后改为《每日文艺》）都逐渐成为他们发表的阵地。最有意思的是，第一代拉丁区居民沈从文此时正在主持文学青年最为向往的《大公报·文艺》，据姚雪垠回忆，沈从文已是"北平文坛的重镇"，被视为京派作家的主要代表（另一位京派盟主是被尊为"知堂老人"的周作人，但他的反左翼立场自然为左倾青年所排斥）。[12]沈从文似乎也义不容辞地为自己的精神兄弟开路。1935年冬，《大公报·文艺》的另一位编辑萧乾为组稿设宴，第一批请了周作人、俞平伯等学院派老作家，第二批就是卢焚、王西彦、严文井、刘祖春、田涛等学院外的文学青年。此后，大约每隔一两个月，沈从文即会邀请这批青年作者在北海或中山公园聚会，完全有意识地在"北京那些老牌'名人'的世袭领地上挤出一些地盘，放进一批有些异端味儿的青年来，让他们唱唱自己的歌"[13]。除了为他们改稿，发文，编书之外，还竭力将他们中的杰出者推向文坛：1936 年出版的《大公报文艺丛刊——小说选》就特意选了刘祖春、芦焚、李辉英的作品，芦焚还成为 1937 年的"大公报文艺奖金"获奖者。[14]

[注释]

[1] "拉丁区"在法国巴黎，从 1830 年代起，就成为举世闻名的"穷文人街"，那里聚集着一批流浪艺术家。

[2] 参看《从会馆到公寓：空间转移中的文学认同——沈从文早年经历的社会学再考察》，姜涛，载《中国现代文学研究丛刊》2008 年第 3 期。

[3] 《给一位文学青年的公开状》，郁达夫，载《晨报副镌》1924 年 11 月 16 日，收入《郁达夫文集》第 3 卷，广州：花城出版社、三联书店香港分店 1982 年，第 116—121 页。

[4] 《忆翔鹤——二十年代前期我们同在北京我们一段生活的点点滴滴》，沈从文，收入《沈从文全集》第 12 卷，第 255 页。

[5] 参看《老北大的故事》，陈平原，南京：江苏文艺出版社 1998 年，第 25、26 页。

[6] 《致朱企霞》(1934 年 9 月 11 日)，胡适，收《胡适全集》第 24 卷，第 211 页。

[7] 《〈中国新文学大系〉小说二集序》，鲁迅，收入《鲁迅全集》第 6 卷，第 254 页。

[8] 《编辑后记》，胡适，1934 年 11 月 18 日《独立评论》第 127 号。

[9] 《编辑后记》，胡适，1935 年 10 月 6 日《独立评论》第 171 号。

[10] 以上关于寿生及其和胡适关系的介绍，见《20 世纪贵州小说史》，何光渝，贵阳：贵州民族出版社 2000 年，第 113—126 页。

[11] 《记北平公寓生活》，田涛，载《新文学史料》1990 年第 1 期。

[12] 《学习追求五十年（一）》，姚雪垠，载《新文学史料》1980 年第 3 期。

[13] 见《梦想与现实——〈乡土·岁月·追寻〉之五》，王西彦，收入《新文学史料》1984 年第 4 期；《记北平公寓生活》，田涛，收入《新文学史料》1990 年第 1 期；《关于萧乾的点滴回忆》，严文井，收入《萧乾研究专集》，北京：华艺出版社 1992 年，第 6 页。

[14] 本条目分析参考了《北平的大学教育与文学生产：1928—1937》第 5 章第 3 节，季剑青，北京：北京大学出版社 2011 年，第 234—246 页。

京城精神流浪汉的写作

——郑士波小说序

士波寄来了他的小说稿，并告诉我，有出版社愿意出版，希望我为他的书写几句话。

知道士波多年的努力，有了这样的收获，作为一直关心他的成长的老朋友，自然非常高兴。又不禁回想起当年和他的争论，引发出许多的感慨。

我和士波相识，已经有七八年了。那时我还没有退休，在课堂上讲课时，慢慢注意到有一位年轻人，看来不像是北大的学生，却总是准时来听课，很认真地在那里记笔记，课后，有时也挤在围上来的学生中，听别人和我对话，自己却很少发言。但有一天，他却突然塞给我一堆文稿，并附了一封诚恳的信。我就这样认识了士波，他说他是北京交通大学的学生，却酷爱写作，并且有志献身于文学事业。我仔细地读了他的作品，并且写了一封长信，谈的其实是我的一贯的观点：文学，最好是作为业余爱好，不要随意将其作为专业。这倒不是（或者主要不是）因为学文学有危险，而是因为文学从本质上说是有余裕的产物：这是鲁迅说的。周作人也引述过章太炎的一个观点：最好是有一个稳定的职业，有碗饭吃以后，才去搞文学。以文学作吃饭的工具，反而要失去写作的自由。因为你要将自己的作品转换为商品，就必须考虑市场的需要，在政治上也不得不有所顾虑。所谓自由职业者其实是不自由的。因此，我认为士波既然已经学了工，就应该以工为业：在我们国家，学工的职业是最有保障的。吃饭无问题，就可以利用业余时间，读自己想读的书，写自己想写的小说，但不以发表为目的，着眼在享受更为丰富的精神生活，提高自己的生活质量。这或许是更为理想的人生。——总而言之，我想打破士波的文学梦。

可以想见，我的信给了他多大打击。他没有回复，却照样听课。不久，又送来一沓文稿：显然是在用行动来和我争论。我这回再不回信劝阻了，用沉默继续争论。但我又因此想起了也是我经常说的话：如果真迷恋上文学，离开文学就活不下去，也不妨以文学为专业。或许士波真的就是个文学迷？不管怎样，我们还是因为文学而多有来往，成了朋友了。有一次，他从家乡回北京，竟然扛来了一只猪腿，说是他爷爷嘱咐送给我的；我听说他爷爷爱喝酒，就连忙回赠一瓶也是贵州老乡送给我的茅台酒，后来他又奉爷爷之命将酒送回，说是茅台太金贵，不好意思接受，我又只得再换一瓶别的不那么贵的酒，才算了事。但我却因此喜欢上了这真诚、实在的爷孙俩，对士波也有了更深的了解。

他依旧不断地送来或寄来他的文稿，我也一律不作回应：我还是想给他泼冷水。后来他大学毕业了，面临着人生道路的选择。他想考文学专业的研究生，在他再三请求下，我写了推荐信，结果未能如愿。我又乘机劝他还是老老实实地吃专业饭，以文学为业余爱好。他也真的听了我的话，勉强去南方某个单位上班了。我也因此放心了，以为他可以回心转意了。

但大概在一两年后，我收到他一封信，说他还是辞去工作，回到北京，加入了"北漂族"。但他没有说要来见我，大概是想自己混出个名堂再来相见吧。我却因此而深受感动，甚至是震动了。在有一段时间里，在我写作的间隙，脑海里就会跳出士波的面影：小小的，黑黑的，一脸的固执。我突然意识到，他成了精神流浪汉了。记得早在 90 年代初我就关注到这个北京城里的新群体，指出："这批精神流浪汉出现在八九十年代的中国的商品潮中，这个事实本身就足以证明：精神的超物质的追求是出于人的本性、本质，当大多数人趋向于物质享受时（这本身也是正常的，无可非议的），也总有人会做出逆向的选择，更渴望精神的丰富；尽管是极少数，而在我们这样的十三亿人口的大国，也会是一个相当可观的数量。"我也终于明白：士波对文学的迷恋的背后，是一种精神的渴望和追求；他和我的争论，其实是表明他不愿意按我给他的设计，追求有稳定的职业，高雅的业余活动的中产阶级的生活，而另有选择：在精神的丰富中寻求人生的意义，即使因此生活颠沛，也在所不惜。我也发现了自己的矛盾。我显然同情，甚至赞赏这样的精神流浪汉，因此呼吁要"保留一块精神流浪汉的精神圣地"，我也以在北大课堂上坚持精神的传递为自己的职责，甚至极动感情地说：无论如何也要"坚守这一块精神的最后的立足之地——如果再退一步，我们就什么都没有了"，说不定士波正是受了我的蛊惑而走上精神流浪汉的不归路的。但像士波这样真的要实行了，我却因为这条路上可能遭遇的曲折、磨难而不忍了，甚至要劝阻了，而且关系越密切越要阻拦。这大概也是我身上的哈姆雷特气的一个暴露吧。而且我真的不知道我这样和士波不断争论，这样一再阻扰，是对还是错。——其实，我和许多类似士波这样的青年的交往中，都充满着这样的矛盾：或许我这样的浑身矛盾的知识分子，就不该和青年有过多的接触？……

以后我也真的没有和士波联系了，我实在太忙，顾不上来，更潜在的原因，是我觉得自己实在不应该再干预他的生活，路应该让他自己走了。当然，他如果需要我的时候，我还是会助一臂之力的。我和许多青年（包括我的学生）的关系都是如此，到一定时候，我都会对他们说：你应该远离我而独自飞翔了。但我依然默默地关注着他。特别是他在一个杂志上任职，按时把杂志寄给我，我总是在杂志上寻找他的文章。有的用的笔名，但我能猜出是他写的。我发现，开始他只是这份杂志的发行人员，后来成了编辑，发表的文章也越来越多。更重要的是，我发现他写的文章，虽然都很短（这是杂志要求的），但都很扎实，是实实在在地传播新文化、新精神，那么，他也在向更年轻的大学生（这是这份杂志的阅读对象）进行精神的传递了：我真的感到欣慰。有一天，他作为杂志记者来我家进行专题采访了，我自然竭力配合，也终于放心了：他已经在社会上站住了。他后来给我来了一封信，谈到这其间"所经历的艰辛和困苦，自是不一般的。其中，在求职过程中，经常与清华、北大、人大的文科生一起比拼，而我所凭借的就是努力，一步一个脚印，苦练内功，做好工作，我也懂得了人生要靠自己。我也很感激有这笔苦难的财富。而我现在所从事的，也是自己所喜欢的事情。我以后要做的，就是在这一行干出成就来"。读了这封信，我就更放心了：他在精神上也开始走向成熟了。

　　而且又有了这本终于有机会出版的小说。坦白地说，小说的写法，是我陌生的，也无法做出思想艺术的评定。但我依然发现，小说是融入了士波自己两种生活的体验的：读书生活与底层市民生活；因此，才有了小说里的历史人物出现在当代生活中的"戏说"。我还注意到小说的气氛，味道，笔调：调侃中的苦涩，阴暗中的亮色，平淡中自有一种吸引人的地方。不知道读者是否喜欢，但我还是为作者感到高兴，而且有这样的祝福：就沿着已经选定的路走下去罢；同时做好准备：还会有意想不到的曲折。

2008 年 8 月 31 日—9 月 1 日

"文学时代"凄婉、美丽的回响

——我读王翔《夜雪》

　　王翔这本小说放在我这里，已经有两年了。

　　初读其中的几个章节，我就有一种莫名的感动，但似乎又说不清楚。我知道王翔期待我能够为他的这本倾尽心血之作，说些什么；这反而成了我的一个负担，不知从何说起，就放下了。它躺在书桌上的书堆里，默默地提醒我：无论如何也要说点什么。直到今年春节，才下决心要偿还这笔心债。仔细读了，依然感动，而且朦胧地感觉到，它不仅和王翔的生命，而且和我的生命都有某种说不清、理还乱的关联。这样的感觉让我既温馨又沉重，却又无法说出其中的缘由。直到今天早晨，随便翻到子平兄前几天送给我的《远去的文学时代》——这也是我的习惯：文章写不出就去翻闲书，常常无意间就得到灵感；这一回也是这样，子平的《小序》让我突有所悟：他所提出的"文学的时代"的概念，照亮了我和王翔的交往。

　　按子平的说法，"文学的时代"也即"启蒙的时代"，"文学所蕴含的反抗实存的力（摩罗诗力），它所追求的语言乌托邦（恶之花）"。在某一历史时刻唤醒了人们，让许多人沉迷其中，又在另一个"历史瞬间倏然幻灭"。我知道，子平所说的"文学时代（启蒙时代）"主要是指20世纪80年代，就时代发展的主线而言，这是确实如此的。但历史的具体进程可能要复杂许多。在我个人的经验里，尽管90年代启蒙主义已经遭到普遍否定，但包括我自己在内的许多人仍然在质疑中坚持。在 90 年代末、20 世纪初，曾有过一次中学语文教育的大讨论，这场影响深远的讨论，首先自然是出于教育，特别是语文教育改革的内在要求，但我们这些知识分子的主动参与，也显然有通过语文教育的改革，在青少年中进行思想启蒙、文学启蒙的意图，在某种程度上，这是一次重新唤回已经渐行渐远的"文学的时代"的自觉努力。我和当时还是中学生的王翔就是在这样的背景下，相识、相遇的。

我现在还保留着 1999 年 9 月 4 日写给东莞中学高一学生王翔的一封信，在此之前，我们还通过一次信。这一次他寄来了写的一些诗，我回信说："你对北大的向往，对文学的酷爱，让我感动。我能理解你的心情和苦恼。四十年前，我和你一样是一个爱好文学的中学生，也是这般焦虑和不安。我读了你寄来的作品，尤其喜欢《流浪歌手和他的梦》那一首。对'远方'的追寻正是青少年时代自然有的欲望，如今却被可怜的物欲所取代，你还幻想着'飞翔'，就很不容易了。我在中学时也写过类似的诗，叫做《迎着太阳歌唱》。"后来，王翔在海天出版社连续出了三本诗集、散文集：《飞翔的梦》、《期待的男孩：我和你》、《灯还亮着》，要我写序。我也因此读了他更多的作品，并在序言里，摘录了让我感动的几段话："我不肯把自己的个性磨灭在枯燥的教条与题目中"，我的写作"仅仅想证明自己的存在，想向这个喧闹而冷清的世界发出自己的声音"；"我想走出狭小的天地，也走出陈旧的自己"，"想拥有一种大潇洒、大气魄的大快乐"；我"像一个极其饥渴的人，渴望着食物和水一样的渴望着交流和理解"；"要坚持必须坚持的，拒绝必须拒绝的"，同时不断"反省自己，解剖自己"。我同时注意到王翔的老师马小平，这是一位"文革"中的知青，80 年代的大学生，也是一位自觉的启蒙者，他坚持和自己的学生平等对话，努力"走进学生的心里"，他和王翔之间有一次彼此都终生难忘的"泛舟夜话"：谈论各自的少年时代，倾诉各自的苦闷与困惑，把心放开来，畅谈精神与物质，瞬间与永恒，生命的价值，人生的选择……现在可以看得很清楚：王翔是在他的启蒙老师的引导下，在90年代进入了80年代才有的"文学的时代"：他对文学和人生的理解和追求，属于启蒙年代，前引子平兄所概括的80年代的文学观念："文学所蕴含的反抗实存的力（摩罗诗力），所追求的语言乌托邦"，都已经渗透于这位外表看起来如此文弱的少年心里，他后来和我相遇，并通过我进一步和鲁迅相遇，都不是偶然的。我遇到他，首先想到的是50年代的自己，恐怕也非偶然：我和子平都认为，50年代前半期和80年代都是共和国历史上蓬勃向上充满理想主义的青春气息的历史瞬间。

　　王翔的心在80年代，却成长、生活于90年代以后的中国，这是命运对他最为残酷之处。80年代自由读书的校园已不复存在，代之以应试教育的禁锢。于是，王翔以我们精心培育的"少年意气"做出了自己的反抗：有一天，他向家长、老师，也向我慨然宣布：他要退学，追求自己自由读书的生活。不知别人如何反应，我大吃一惊之后，就意识到自己犯了大错：我们这些自命的启蒙者，在努力唤醒王翔们时，却没有教会他们如何保护自己，在现实中求生存。由此而产生的负疚感和责任感，从此笼罩着我和王翔的关系，延续至今。他的生命因此也和我纠缠在一起了。我连忙力劝他：必须面对现实，无论如何也要有一个学历。王翔听了我的，大概还有马老师、家长的话，通过自学，终于取得了大学文凭；我又劝说他还要考研究生，并且具体建议他到北大附近来，边打工，边在北大听课，准备考试。王翔就这样走上了北漂之路，这在他人生路上又是关键一步。

　　我对他提出这样的建议，也非偶然：这又是我的一个理想主义的梦。1994年春节（那就是近二十年前了！）我写过一篇文章专门讨论住在北大附近蹭课的未注册的旁听生，我称之为"精神流浪汉"。这构成了北大风景的一个重要部分，20 世纪的二三十年代就有，胡适曾在《每周评论》上发表过其中一位来自贵州的偷听生的小说，并在《编辑后记》里特地介绍，称为"北平拉丁区的居民"。我在文章里则谈到 1949 年以后在严格的户籍制度下，这一传统中断了，直到改革开放，允许人口流动以后才得以恢复。我强调的是，"这批在北大旁听的精神流浪汉出现在八九十年代的中国'商品潮'中，这个事实本身就足以证明，精神的超物质的追求是出于人的本性，当大多数人趋向物质的享受（这本身也是正常的，无可非议的），也总会有人做出逆向的选择，更渴望精神的丰富；尽管是极少数，而在我们这样的十二亿人口的大国，也会是一个相当可观的数量"，而且有着重大的意义。我更由此看到了北大的独特价值：它正是、也应该是所有的中国精神流浪汉心目中的"精神圣地"（《保留一块"精神流浪汉"的"圣地"》，文收《世纪末的沉思》）。我在新世纪初建议王翔也来参加这支精神流浪汉的队伍，自然是出于我的这一理想与信念：在我看来，这样的精神流浪汉的磨砺，对王翔的成长可能是有好处的。因此，当他来到北京，在北大附近安顿下来以后，我也很少照顾他：我不准备再扮演启蒙者的角色，一切应该让他自己去闯了。

　　但这回读了王翔这段精神流浪汉生活的结晶：这部题为《夜雪》的小说以后，我仍然有些自责：我还是把精神流浪汉的生活理想化、浪漫化了。王翔告诉我，还是我鼓励他写小说的，而小说中的人物"不是别人，正是我自己"，他们身上，都有着启蒙时代的精神气质：永远不安分守己，永远"生活在别处"。但时代已经大变，如小说中的人物所感觉到的那样："那个弹琴唱歌，写诗做梦的年代，已经过去了"，"真心去实践（生活在别处）这句话的人，或者死掉了，或者永远沉默，剩下不愁吃喝的文学青年在高谈阔论"。就是说，从表面看，似乎依然是"文学的时代"，但骨子里已经变味了。王翔们眼里笔下的"燕大"（现实生活中的北大），也仿佛一切依旧：讲座照常举行，讨论一样热闹，"校园里的才子才女依旧高贵地郁闷着，专业地思考着，继续走在成功的大路上。"这样的形式的延续与模仿，就暴露出了历史荒诞的一面，让人哭笑不得。王翔和他小说里的人物，这些"在青春的尾巴上实践一个做了很久的梦"的真诚的昔日少年，更是陷入了尴尬：就像人们通常所说的那样："心高飞着"，身子却"沉落于泥淖中"。一次次的挣扎，一次次的失败，一个个都成了"考研流行病"患者，一年一年又一年，物质与精神的折磨足够"毁掉一个人"。生活不断逼迫着他们"把读过的书彻底地忘了"，埋葬掉"心里的野兽"，无休止地告诫他们："要实际一点，那些看不见摸不着的，别太信了。"他们被"封存在地下室里"，"望着无边的夜，心里忽然很坎坷"，仿佛"有个人在自己身体里哭，在里面泪如雨下"，终于忍不住大喊一声："我快混不动了"。但他们心里很明白："要打道回府，再规规矩矩过平常日子，已经很难了"。这样，被启蒙主义唤醒的王翔和他小说里的人物，就都走到了困境，不仅是生活的，更是挥之不去的精神绝望。

从另一个角度看，启蒙梦的破灭也就意味着对社会、人生以及人性方面最为严峻与真实的一面的正视，这未尝不是一种清醒，这是一个人成长过程中必经的一步。于是，王翔们又面临一个人生的十字路口。王翔的小说，最让我感动的，就是他们绝望中的选择：没有因此走向虚无、颓废；没有沉溺于市侩主义、享乐主义；也没有成为怨天尤人、故作激进的"愤青"，而是像鲁迅那样，"反抗绝望"，积极、健康地生活着。按王翔的说法，就是"感受到绝望，同时也感受到绝望的虚妄，或者成为继续生活的一种力量"。于是，王翔和他小说中的人物，在经历了大悲大喜、大痛苦大绝望大荒诞以后，就进入了一种沉静状态："心里很静，阳光一下就洒进了心里"，"夜静到极处，

反而有一种潮水般的音响，在远远近近地澎湃"：这是一种生命的境
界，也是一种文学的境界：老实说，我在当代文学中已经很少读到这
样蕴含着精神的丰富的"沉静的文学"了。王翔将他的小说命名为
《夜雪》，大概也就是要营造、暗示这样的文学氛围、气象。在久违了
以后，我终于读到了让我静静地沉思、遐想的文字，这是王翔的人
物，也是他自己的内心的独白："人活着就应该不断地经历离别，经
历创伤，经历许许多多各种乱七八糟的痛苦，等一个人积累了足够的
伤痛，他也就积累了足够的坚强，他的鼓才打得够狠，他才能真正地
摇滚起来。摇滚是你心里的东西，命里的东西，首先你得摇滚你自己
的生活！""还像从前那样，单纯，执著，不屈服，不妥协，而同时
有了流水般的随和"；"把世界看得愈黑暗，对人事却愈有耐心"；"提
笔之初他是愤怒的，而越往下写，他的心绪越是复杂。写到后面，他
几乎是带着一种赎罪的心情。他感到这世上的罪恶与他息息相关，他
不能站在一个干净的地方，去批判和怜悯。他既是那个施暴者，也是
纵容者和受害者"；"生活应该快乐。这世上有着许多的痛苦，许多的
不公平。正因为如此，才更应勇往直前，仿佛与一个更广大的存在共
呼吸"；"他看着这个世界。他知道，远方有人在战火中哭泣，有人在
灾难中死去。此时此刻他眼前的世界是和平的，然而许多悲惨的东西
被掩盖其中"；"他躺下来。五年，十年后，这里的池子，天空，树，
还是老样子。在许多青春、爱情和生命都消失以后，它们还会是老样
子"；"当初那个跨着书包走出校门的少年，已经离他越来越远。然而
他仍在追求什么，他还在反抗什么"。还有小说的结尾："雪灾过去
了，地震过去了，奥运过去了，薛真（小说主人公）听说中国正在崛
起，然而他看不清他所身处的时代。他知道无论身在何处，他都无法
置身其外。"——这都是"文学时代（启蒙时代）"的回响，尽管不免
凄婉，却是美丽的。这里有对启蒙的质疑和超越，更有启蒙精神的内

化：王翔和他的人物一起走向成熟。我因此感动而欣慰。

　　这同时也是新的彷徨、新的挣扎的开始。我又想起了子平兄《小序》里的话："启蒙时代（或文学时代）已然远去，欢迎来到'蒙启时代'即'再蒙昧时代'"，"再没有大写的文学了，只有写作——办公室写作和广告写作。"于是就有了这样的问题："身处后文学时代"，"在印刷资本与教育产业的话语秩序中，在新一轮的太平盛世中"，"你将如何写作？"读了王翔这一本我所谓的"文学时代的回响"的小说，掩卷深思，就向王翔，向我自己，或者也向本书的读者，提出这个"往下如何写作"的问题。特别是我听说王翔的启蒙老师马小平在几个星期以前"走了"以后，就更感到一丝惆怅：从此，王翔必须独自面对一切新的困惑、一切新的选择，而且一切都依然没有答案。但似乎也还有一点"底"：既然我们已经一步一步地走过来了，如王翔小说里的主人公所说，失去了许多，也得到了许多，那么，我们就还可以继续摸索探寻，一路走下去，就像鲁迅笔下的"过客"那样，"向野地里跄踉地闯进去，夜色跟在后面"。

2012 年 1 月 29 日—2 月 2 日

和青年朋友的通信

（一）

（2000 年，一位吉林的大学生来信说："我愿像朋友一样说：尽量别给自己太大压力，方法有许多，有用的未必有，但目的是使自己的心仍在跳动"，"支持你，你是一种自由。代表我，我不能代表任何人"。）

××：

谢谢你的来信。

谢谢你对我的理解。

谢谢你对我的宝贵支持。

尽管有压力，但我仍然生活得很好。

我在工作。

曾经有人气势汹汹地问："你们要干什么？"

我则想回答：我在做事，为中学生编一套大型的课外读物，要把我们民族与人类文明的结晶，把最好的精神产品奉献给我们的孩子。

这是一件极重要，也极有诗意的工作。

我因此生活在"诗"中。

就以此，以心中的光明，来对抗外在的黑暗。

你的来信也给我带来了光明。

因此，我要再一次地感谢你。

而且，我们真的成了朋友了。——不是么？

（2000 年 5 月 30 日）

（二）

（一位复旦大学的研究生，几次来信，寄来了同学们自己编的刊物，述说着办刊的种种艰难，提出了今后的选择问题。一次在信封后题了一首诗，说是"献给钱先生和他的弟子们"的，诗题为《行吟歌者》，打动我的是最后几句："不管有没有人听见，/ 不管有没有人听见。/ 也许终于没有人听见，/ 也许终于有人听见。"）

××：

我欠着你的信债，一直记在心上。今天终于有可能来偿还了。

首先要告诉你：我喜欢你们的《常识》，因为它毕竟说了一些真话，一些青年们想说的话。只是不知道它的命运如何：夭折或者变质，或者仍在苦苦挣扎？不管怎样，它曾经以这样一种方式，一种面貌存在过，在有关人的记忆中就不会消失。

我是相信中国的变革是通过一种合力的作用而不断推动的。每一个人只能在自己主客观允许的条件下，做一些首先为自己、对社会变革多少会起一点作用的事。因此，有的人偏于理念的批判与重建，有的偏于制度的改造与重建；在精神领域，有的偏于根本性的思考与批判，有的偏于具体社会现象的揭露与曝光；有的进入权力内部，推动变革，有的如你所说"处于边缘位置进行对原有权力运作的打破与重建"……都是有意义、有价值的。同时这样的意义与价值又是极其有限的。尤其它落实在个体生命的选择上，就更是如此。人们就是在这样的希望（因为毕竟有一点价值）与绝望（因为价值极其有限）之流的交汇、撞击中，艰难地走着自己的路。

这就是生活。真实的生活。

"不管有没有人听见，/不管有没有人听见。"

我存在着。我努力着。——这就够了。

（2000 年 6 月 1 日）

（三）

（一位浙江的读者来信向我揭露了几位北大毕业生与在校研究生的一件丑闻。）

××先生：

你的来信确实让我感到震惊。尽管我早已意识到，并且多次谈及某些北大人的堕落，却没有想到已经达到了如此惊人的程度。这恐怕不是孤立的现象。我在一篇文章中谈到，经过近二十年的经营，现在中国已经形成了一个自上而下的与权力结合在一起的利益集团。这个集团的最大特点是已无任何信仰、道德原则，一切都出于利益驱动。这利益集团中就有不少年轻的所谓知识精英。你信中点出名来的这几位人士就是其中的成员。他们私生活如此糜烂与无耻，在政治生活中却是道貌岸然，俨然现政权的维护者，也同样无耻。这是一个流氓政治、流氓经济、流氓文化充斥的时代，也是流氓横行的时代。

但正如鲁迅引用的爱伦堡的一句名言所说："一边是荒淫无耻，一边是庄严的工作。"当这些精英在肆无忌惮地嫖娼，自己又充当政治、经济、文化娼妓的时候，也总有人在默默地艰难地进行着看起来不合时宜的精神的坚守。我想，这正是你，我，以及许多朋友正在或将要做的；而且我们应该以不同的方式联合起来，互相支援……

（2000 年 5 月 30 日）

（四）

（广西一位年轻的大学中文系的学生写了一篇文章，被某报刊退回，他寄给了我，希望我看看。）

××：

很有兴趣地拜读了你的大作，如你所自信的，"它如果发表是不会辱没任何一个刊物"的。文章从"看足球"切入，讨论的却是关于国民性的大问题。这正是当年鲁迅、周作人都尖锐批判过的非理性的迷狂。你当然是有感而发的。"进行过分的爱国教育，往往培育出的是一批有着无端仇恨情绪的人群，培育出偏执的民族自大狂与奴性，只会有利于专制和独裁"，这些话都是切中时弊的。你一再提及的"皇帝的新衣"，是每一个有良知的知识分子处于世纪末的狂欢中，不能不时时想起的。

我要感激你写了这么一篇好文章，并且出于信任，把文章寄给我，我也确实得到了很大的启发。请你相信，北方有一位老人，随时都愿意谛听你的倾诉。同时也期待着你，坚持自己的独立思考，坚守住精神的阵地。

（2000 年 6 月 1 日）

（五）

（一位多才多艺的家在重庆的女孩子给我寄来了她的文章："我有一个梦，圣洁的关于诺贝尔奖的梦，只有北大能帮助我，真的"，"我多么需要同时得到最好的中文教授和理、工科教授的帮助，我多么需要摆脱专业的束缚，在大学里拼尽一切力气学习更多、更广、更深的知识，我多么需要在最活跃的科学空气中尽情地呼吸。而这，只有北大。"同时寄来的是一封给"北大人"的"自荐信"："真羡慕你——能够待在北大，一个离教条很远，离梦想很近的圣洁的地方，多么幸福。"）

××：

今天重读你的来信，突然感到了灵魂的震动。

因为就在几天以前，我的一个学生横遭暴虐死去了。

她是你的同乡，曾和你做着同样的梦。

她实现了自己的梦想，成了你所羡慕的"北大人"。

然而，她却被残暴地杀害了。

学校当局的冷漠，更让人震惊——在他们的眼里，在压倒一切的稳定面前，一个学生的生命是微不足道的。

圣洁被玷污了。

我们所有的人的梦想都破灭了。

也许圣洁本就不存在。

我们被自己制造的梦欺骗了。

这女孩子的血使我们惊醒。

如果我们早一点从梦中醒来，不那么麻木，如果我们早就直面北大与社会的黑暗，提出抗争……也许悲剧就不会发生。

面对死者，我们每一个老师，每一个学生，每一个北大人，都感到内疚与羞愧！

……

怀着难以抑制的痛苦与自责，我把这一切都告诉了你。

你还愿意来北大吗？

我仍然欢迎你来，不是为了寻梦……

（2000 年 6 月 4 日）

（六）

（一位湖北的大学生来信问：如何看待人们对现代作家的不同选择，如何看待鲁迅当年的论战与今天文坛上的许多论争。）

××：

我们希望生活在一个多元化的社会里，人们对作家作品的选择必然是多元化的。有人愿意多读些周作人、梁实秋的文章，少读、甚至不愿意读鲁迅的文章，也属正常，并不就构成什么时代疾病。

关于鲁迅与青年的关系，我有两个基本观点：一是没有必要（也不可能）要求每一个年轻人都读他的作品；二是我坚信，在中国，只要达到一定的文化程度，并且愿意或正在思考问题的青年，都能与鲁迅进行精神的对话，从他那里得到启发。

鲁迅确实和很多人都进行过论战，但他也不是整天骂人。如果你仔细读当年论战的文章，就会发现，常常是别人骂上门来，鲁迅才被迫应战。从另一方面说，文人相争是正常的事，有不同看法自然要论争，真理是越辩越明的。但必须建立在平等、自由的基础上，即是有理大家说，不能不讲理。鲁迅有一句名言："辱骂与恐吓绝不是战斗。"现在的许多论争，恐怕正是讲理太少，辱骂与恐吓太多。还有的人总是想借助政治权力的力量来压倒对方。当年梁实秋与鲁迅论战，说鲁迅"拿俄国卢布"，这就相当于今天说对方拿美国情报局的津贴，这样的诬告是会让人坐牢的。不是依靠论辩的力量，而是企图仰仗政治权力的干预置对方于死地，鲁迅因此称之为"乏"。今天这样的"乏文人"实在是太多了。

（2000 年 6 月 2 日）

（七）

（某大学物理系的一位学生来信说："我从小就表现出对数理化极高的领悟力"，是一个"物理系的高才生"；但"在读过索尔仁尼琴的《古拉格群岛》以后，我经过一阵如分娩的阵痛之后，再一次拿出我所有的勇气决定从文了"。他如此说道："热血如我真的能不闻窗外事而埋首于自己的理论物理吗？""我明白文字并非经国之伟业，不朽之盛事，只是希望发出自己的呐喊来，这对我是一种痛苦，又是一种幸福。"）

××：

我能理解你的想法，也赞赏你的社会责任感。但我想对你说的是，"文"和"理"在根本上是相通的，层次越高越是如此。理论物理是需要哲学的思维的，真正的理论物理学家是绝对地具有人类关怀的，而具有人类关怀的人，也一定是关注人，关注人的现实生存状态，从而对一切压制人、奴役人的现象发出抗议之声的。我建议你去认真地读一读《爱因斯坦文集》（他是由许良英教授翻译的），你就会明白，真正的理论物理学家是什么样子的，你所说的"不问窗外事埋首于自己的理论物理"，不是真正的理论物理学家。

老实说，当我从你的信中得知，你既对数理化有"极高的领悟力"，又喜欢文学，具有人文关怀，是很兴奋的。你应该走的是"文理交融"的路，而不是"弃理从文"的路。你应该坚守在物理系，争取成为一个出色的物理学家；同时，在业余时间，多读文科的经典著作，不仅是文学经典，还包括哲学经典与历史经典，提高自己的人文素养，并保持对现实的关怀。这样，当你在物理学上取得成就，成为一个有力量者时，你同样可以对社会、国家，以至人类的问题，发出你的声音。现在，我们国家，并不缺乏文学家、思想者，也不缺乏科学家，缺乏的是将科学家与思想者（思想家）二者结合的人才。21世纪也正呼唤着这样的更高层次的人才。你既有了这样好的基础，就应该从这个方面去努力，这才是你的真正社会责任之所在。你弃理从文，实际上是放弃了自己一个方面的优势，是极为可惜的。

请认真地考虑我的意见。仔细想想，不要匆忙做出决定，这关系着你未来的自我设计，不可掉以轻心。

（2000年9月17日）

（八）

（我从遥远的大西南收到了这样一封信——

"我想，在你的面前不需要伪装什么，今天，在我接过你寄来的书的那一刻，我哭了。原来幸福时也可以流泪，而且这种感觉很美，很美。

"没有想过你竟然也记得我们，因为我们之间近似于陌生人。你离我们是那样的遥远。但当我拿起这本书时，却觉得你无比地熟悉而亲切。也许你觉得你只是做了一件很普通的事：我们喜欢北大，而你就送给我们一本关于北大的书［按：指我编的《走近北大》一书］；

也许你把我们当作一群追梦的孩子，而你所做的只是让我们离梦更接近一点。但是，你难以想象这本书在我们，至少在我的心中引起了怎样的波澜。

"在学校，很少有老师喜欢我。有时读完两三年书，认识我的老师也不过一两人。而这一两人，记得的也只是'××'这个名字，而不是这个人。在学校，我也几乎不招呼老师，因为师德有问题的老师被我鄙视，而在我喜欢的老师面前，我又往往手足无措。当他们快要经过我身旁时，我往往会很紧张，把头埋得很低，因为我觉得自己不是好学生，没有资格叫他们，甚至怕自己会亵渎了'老师好'这三个字。当他们走远时，我才会抬起头，望着他们的背影，在心里祝福他们。要是有一天我碰到了你也多半会是上面这种表情。

"所以当时的心情绝不是'感动'二字就能概括的。曾经看到这样一个故事，一个人在自杀时，仅仅因为想起美术老师对他赞扬的一句话而放弃了自杀，决心重新生活。以前总怀疑它的真实性。不过现在不了。真的，有时只因为你对别人说了一句很普通的话或做了一件很普通的事而引起这个人的某些变化，就像你对我，你让我知道了应该怎样去面对我的学生。……

"做你的学生真好，他们时常会被感动，这样他们的心灵会永远充满爱与感激。钱教授，真的请你原谅，学了两年中文，文笔却一点都不好，既无法写出当时的心情，也无法写出对你的那份感情。我只是一个人坐在桌前捧着那本书哭了很久，但流出的是很幸福很幸福的眼泪。我觉得上天对我真是太好了，我还有什么可埋怨的呢？"……）

××：

　　你的来信让我感动。

字里行间充满了爱。——不只是你我之间，我们也应该用这样的爱对待周围所有的人。

这里有一种心灵的沟通。——我们这个社会太需要这样的沟通了。

从信中看，你现在是一位教师。你说你知道了"应该怎样面对我的学生"，这个问题也是我一直在思考的。在我看来，教育的本质就是将学生内心深处的善良、智慧……这些最美好的人性因子激发出来，加以培育和升华，以此来压抑人的内在的恶的因子。——按照我的人性观，人是善恶并存的；问题是我们要"扬"什么，"弃"什么。而善的激发，是需要一种爱心的。这种爱是发自内心的，是自然的，如你信中所说，是毫不经意地，而不是一种着意的表演。而当下社会里，这样的爱的表演也实在是太多了。

你的来信，引发了我的思考，谢谢你。

（2000 年 9 月 18 日）

（九）

（一位大学生来信与我讨论《话说周氏兄弟》一书中探讨的"奴性"问题，提出"日常生活和工作中要灵活，'奴性'只是一种处世技巧。待我们入'主'之后，才有能力解决此类问题。这也符合'留得青山在，不怕没柴烧'的道理。但要有种坚强意志，时机成熟之时再露锋芒"。）

××：

我同意你的意见：在现实生活中不能不讲妥协，需要有一定的灵活性。我们并不赞成逞一时之勇而赤膊上阵，尤其是正在求学中的青年人，尚处于人生的准备阶段，更要学会保护自己，即所谓"留得青山在，不怕没柴烧"。

　　但我想，妥协要有一个"度"，灵活性必须与原则性相结合。这里有一个不能不作妥协、忍让，与为达到自己的目的，而与社会的黑暗面同流合污的区别。如果不择手段而终于入"主"，那就很有可能不是你所想象的真能"解决此类问题"，而是使自己成为黑暗本身，那样的"再露锋芒"实在是很可怕的。生活中有许多这样的例子：有些人出身底层，备受"主"的欺辱，于是，忍辱负重，甘心为奴，即采用所谓灵活手段，一心一意要爬上去。开始时或许还有点善良动机：自己爬上去，当了主子，有了权力，再来为同在底层的乡亲们做好事。殊不知，一旦真的爬了上去当了主，有了权，就被权力所腐蚀，私欲膨胀，反过来加倍疯狂地攫取财富，成为乡亲们更残暴的新的统治者。对于这样一条由奴爬上主的道路一定要保持警惕。

　　以上意见，仅供参考。我姑妄说之，你姑妄听之吧。

（2000 年 9 月 17 日）

（十）

　　（一位大学生来信谈到他所在的校园里接连所发生的"令人心痛的事"："一位女生在宿舍里被其男友砍杀，据说两位都是优秀的毕业生"；"在校园一个阴暗的角落，几个民工轮奸了一个女学生。"信中说："我放肆地问一句：'学者们为何没有人出来整理一下这将颓的风气？'"）

××：

　　来信中所说之事确实惊心动魄，暴露了我们的教育中的问题，以至国民性的问题。鲁迅早在本世纪初就提出我们国民性中最缺乏"诚"与"爱"。而爱的核心，在我看来，就是对人的生命的珍爱与敬畏。你大概还记得，过去还发生过著名诗人杀死他的妻子的惨剧。这次又是大学生因为失恋而置对方于死地。如此轻易地杀人，毁灭自己所爱之人的生命，这里所表现出的嗜杀性是真正令人震惊的。而对人的生命的冷漠，更是处处可见。我曾说过一句沉重的话：中国人太多，中国人的生命太贱了。要根本改变这一状况，是必须从孩子的教育抓起的：鲁迅的小说里就写到，在中国，连孩子都高喊着"杀，杀，杀"。他们将来长大了，成了大学生，是也会因为失恋，因为其他原因而轻易杀人的。我这几年特别关注中小学语文教育，就是希望从小就给孩子的心灵上打下爱与敬畏生命的底子。这是改造中国国民性的根本。当然，我们只能做一点力所能及的事，不可能如你期待的那样去"整顿风气。"现在我也只能说这些无用而无力的话，这是要请你原谅的。

（2000 年 9 月 15 日）

（十一）

（一位年轻的大学生来信对我的文字挑了一大堆毛病，并且说："我认为我应该是你的敌人，是你文字［不是文笔文采文风文气文思文心］的公敌，但又是你的情感［是情爱情意情调情思情心情真］的私交"，信的最后一句是："为什么爱我的人伤我最深？"）

××：

谢谢你对我的写字、用词、标点的不当处的指正。我这个人向来比较粗疏，写得太多（因内在的写作欲望太强烈），也太快，往往来不及细细斟酌，修改，这就常有"小辫子"被别人抓住，弄得自己很狼狈。这样的毛病大概也很难改。只有烦请你这样的朋友经常把关，"不吝赐教"了。用你的话来说，就是充当"文字的公敌"，而且要长期当下去，好吗？——当然，这是义务的，我不会给你一分钱。一笑。

（2000 年 9 月 20 日）

（十二）

（一位大学生来信问及如何看待 30 年代与 90 年代的"文人相争"。）

××：

　　这是一个很有趣的现象：30 年代发生的许多事在 90 年代又重现了。文人论争之多也是其中之一。我不想对 30 年代、90 年代的具体论争一一做出评价，只想从 30 年代论争中概括出几个问题，或许对如何看 90 年代的论争有所启示。

　　一是不可将文人的论争简单地一笔抹杀。30 年代曾有人笼统地将文人论争称之为"文人相轻"，鲁迅写了不少文章加以辩正。他指出，"作文'藏之名山'的时代一去，而有一个'坛'，便不免有斗争，甚而至于谩骂，诬陷的"。有不同的观点，思想存在分歧，就必然要"争"，而且会有是非；至于谩骂、诬陷，更是有诬人者与被诬者的是非之分。如果"不施考察，不加批判，但用'彼亦一是非，此亦一是非'的论调，将一切作者诋为'一丘之貉'"，那就只能混淆是非，"增加混乱"，"谩骂固然冤屈了许多好人，但含含糊糊地扑灭'谩骂'，却包庇了一切坏种。"

　　二是要警惕有人的"骂"（批判）不是真正要与对方论争，甚至也不是给读者看的，他是骂给权力者听的：无非是报告敌情，发现了异端。这样的告密，自然是向权力者表功、献忠，是想借助权力的干预，来压杀对方，以济其思想、文学、学术上的穷：这就是鲁迅所说的"乏"。

三是还要注意有的论者，他和你论争，并不是真要争出个道理，而是"寻开心"，是为了取得市场效应，闹着玩儿的，他并没有非要坚持的一定之见，唯一关心的是如何使自己处在舆论关注的中心位置，因此，"说的时候本来就不当真，说过也就忘记了。当然和先前的主张会冲突，当然在同一篇文章里自己也会冲突"，"你若认真地看，只能怪自己傻"。

但也还是鲁迅说得好："总归有许多所谓文人和文章也者一定灭亡，只有配存在者终于存在，以证明文坛也总还是干净的处所。"

这是已经被历史所证实了的。以历史观现实会更加有趣，你说呢？

（2000 年 9 月 28 日）

（十三）

（一位中学毕业生考完了高考，就给我写了一封信，并寄来了他的作品。）

××：

读了你的"思考"与"独白"，看出你正在睁开眼，用自己的眼睛看世界，并且用自己的头脑思考，于是，你有了自己的发现、感悟、体验，用自己的文字写了下来。

读你的文字，好像是在与你对话。有好些段落，我都是一边看，一边发出会心的微笑。例如——

"实在不知道朱自清的《背影》有什么好感动的，倒是看着语文老师热泪盈眶的朗读，被他的敬业感动了。"

"抗日战争打了八年，历史教科书介绍了三百二十七页；'文革'

闹了十年，教科书却只有七页。所以，当老师说我自我反省不深刻时，我总不大服气。"

等等。

也有我不喜欢的。例如，"在中国，每个人都分配一张嘴真他妈的有点多余。——除非中国有自己的海德公园"。我不能理解，你为什么要用"国骂"。如鲁迅所说，这是中国人怯懦的表现，不值得口传笔录。

不管怎么说，你已经有了一个好的开端。

但这又仅仅是一个开端。这样的思考、独白，大多是即兴式的，是思想的火花，是瞬间的感悟。但毕竟只是火花，只是瞬间，这是远远不够的。

你需要读更多的书，要有更多的积累，不断地充实自己。

你需要有更开阔的视野。

你需要更持续，更深入，更广泛，更系统地思考。

这都是进入大学要完成的任务。

大学是人生最宝贵的时光：它没有负担（比之大学毕业，参加工作），没有太大的压力和束缚（比之中学）。建议你沉下来，更自由地读书，更自由地思考，更自由地写作。

顺便问一句：你考取了哪个学校，什么系？

（2000 年 9 月 28 日）

（十四）

（一位医学院的学生来信述说他对文学的喜爱，并询问应如何学习文学。）

××：

得知你作为一名医学院的学生，又喜爱文学，十分高兴。在我看来，医学与文学有着根本的相通，因为它们都是以"人"为对象，医学着眼于人的肉体、生理，文学着眼于人的精神、心理，而人的肉体与精神，生理与心理是存在着内在联系，密不可分的。许多文学家（如外国的契诃夫，中国的鲁迅、郭沫若）都熟悉医学，许多著名医生都有浓厚的文学兴趣，很高的文学修养，这都不是偶然的。

　　作为一个医学院学生，业余学习文学，应把主要精力放在文学经典作品的阅读上，它们是人类文明的结晶，充分地显示了人性的复杂，揭示了人的灵魂的深奥，展现了人的内心世界的丰富性，这都会帮助你更深刻地理解"人"，而不仅是提高自己的文学修养，陶冶自己的性情而已。阅读的面不妨宽一些，古今中外都要读一点，文学之外，艺术（音乐，美术，舞蹈……）都要有所涉猎，这会使你的眼界更开阔，精神世界更加丰富，最终把你引入一个真正的医生所应有的境界：他不仅有高超的医术，更对人有深刻的理解，同情与爱，有着一个博大的胸襟与情怀。正是在这里，医学与文学交融为一体了。

（2000 年 9 月 30 日）

（十五）

（一位大学生来信述说他思想上的苦闷。）

　　××：

　　我理解你的心情。我接到过很多青年的来信，他们都有着和你类似的思想历程：先是一个"理想主义者"，"把一切都看得很美好，看不到现实的虚伪和世态的炎凉"，成了一个"驯服"的"信徒"。但以后终于睁开了眼，发现自己"被蒙蔽与愚弄"了。作为一种报复，又

成了一个"愤世嫉俗的厌世主义者"。——从蒙昧中觉醒，这自然是
好事，但成为"愤世嫉俗的厌世主义者"，则令人担忧。把一切都看
得很美好，把一切都看得很黑暗，这看似两个极端，却都看不到真
实。真实的人生、社会、人性，是既存在美好，又存在丑恶；既存在
光明，又存在黑暗的。而且二者是始终处于相互斗争，消长起伏的过
程中。我们的任务是促成美好光明方面的发展、壮大，不断缩小丑恶、
黑暗面。因此，在任何时候都要"敢于直面惨淡的人生，敢于正视淋
漓的鲜血"，同时，任何时候也不要丧失对人的生命的美好，社会的
进步的信心。不仅要有勇气揭示丑恶、反抗黑暗，也要善于从周围的
生活，周围的人的身上，发现、发掘美好的东西。我们当然不满于许
多事情，但这种不满，应该成为鲁迅所说的"向上的轮子"，即成为
我们努力地去变革现实的动力，而不能把自己引向消极颓废，对一切
失去信心。当然，我们每一个人变革现实的力量是极其有限的，我们
受到了许多限制，但我们总要去做，有时甚至需要有一点"只顾耕耘，
不问收获"的精神。这仍然是一种理想主义，但它不是虚幻的自欺欺
人，是正视现实、正视自我的局限以后的精神坚守，它也不是空幻的
乌托邦，是脚踏实地的努力奋进。这是我们所应追求的一个更高的精
神境界。我自己也没有达到，却心向往之，——让我们以此共勉吧！

（2000 年 9 月 30 日）

（十六）

（这是一封压了很久、也许是终于寄不出去的信：收信人当时还是高
三的学生，现在大概已经考上了大学，因为我弄丢了他的地址，没有
及时回信而失去了联系：而我信中提到的那个孩子，却在那个令我震
撼的电话挂上以后，消失在茫茫人群中，再也没有他的任何信息了。

但我仍要记下这一切，算是给有类似情形的中学生的一个告诫，也作为自己的永远的警戒。）

××：

　　……接到你的来信与文章，我犹豫了很久，不知道该怎么回信。一方面，我确实欣赏你的独立思考与批判锋芒；另一方面，又为你的锋芒毕露、赤膊上阵而担忧。你让我想起了一年前发生的一件事，它一直压在我的心上，如果不如实地讲给你（以及所有的年轻朋友）听，我将永远不得安宁。

　　那是去年春节之前，刚放寒假的一个晚上，我突然接到一个电话，一个陌生的声音，带着哭音，劈头说了一句："钱教授，我被学校开除，走投无路了！"我吓了一跳，在反复的询问和他断断续续的叙述中，我才弄清楚：这是一个山东农村里的男孩子，开始一切处于懵懂之中，后来读了一些书，好像也有我的书，于是，开始用一种新的眼光来看周围的一切。首先感到的是现行中学教育对自己创造力的压抑。于是，开始反抗，与班主任、校领导都发生了冲突。最后拒绝上课，躲在家里自修，竟凭着自己的天赋与努力，以全县第一的成绩，考取了北京医科大学。于是，充满着幻想地来到北京，以为从此可以进入一个自由的学习天地，使自己的创造力得到充分的发挥。但敏感的他很快就发现大学并非他所想象的那样，他再一次感到了压抑，并又开始了反抗：一再地逃课，去读自己想读的书，同时，不断地给班主任，以至校领导写信，对学校的教学提出尖锐的批评，并因此得罪了各级领导。校方决定以他旷课太多为理由对他进行纪律处分。他的家长闻讯赶来，向校方求情，校方提出要他承认错误，他认为自己无错，拒绝作任何检讨。事情越弄越僵，校方最后做出了"取消学籍"的决定……听着他的这番叙述，我的心一直往下沉，沉……

一时竟至无语。我知道，这孩子是无辜的，这件事确实暴露了我们的
大中学教育的许多问题；但我还能鼓励他去反抗吗？——他现在连最
基本的学习与生存的条件都没有保障了！于是，我对他谈起了鲁迅关
于"不要赤膊上阵"，关于"一要生存，二要温饱，三要发展"，要善
于保护自己的思想，希望他作一些必要的妥协，以获得继续学习的机
会。这孩子听了我这番话，只冒出了一句："你为什么不早说这样的
话？！现在说什么都来不及了！"我的心受到猛烈的一击，还来不及
反应，电话挂上了……整整一夜，我无法安眠，此后只要一想起这件
事，我的心就隐隐作痛，即使是此刻我终于写下了这一切时，我的手
仍在颤抖：一种刻骨铭心的负罪感永远追随着我，而且永远不会有弥
补的机会：我不知道这孩子的名字，不知道他现在在哪里，如何生
活，不知道在经历了这一切之后，他对人生、社会会有怎样的看法，
他将怎样继续走自己的人生道路……而且，坦白地说，对发生的这一
切，我至今也没有想清楚，不知道该怎么办。现在，我如实地讲给你
（以及和你一样的年轻朋友）听了，希望能引起你们的思考，倾听你
们的意见。我愿意和你们一起来讨论这些人生的难题……

（2001 年 2 月 5 日）

（十七）

（一位军事院校的学员来信谈他的理想的破灭，他对现实的绝望。）

××：

　　……从信中看，你的思想正处于极度的矛盾之中。也许经过这几
个月的思考，你已经从中解脱出来了。

　　记得俄国批评家、教育家别林斯基说过，人的一生要经历三个阶

段。首先是做梦的时代，这大概是在学校里受教育的阶段，充满了理想，却不知人事，也就是你信中所说的，"沉湎于天性中的纯净的世界"吧。以后，人开始接触现实，就会出现理想的破灭，并时时感到理想与现实距离的矛盾、冲突与痛苦。据我看，你现在正处于这个阶段，而且才是开始：以后你介入现实越深，这样的冲突与痛苦还会加深，对此你要有充分的思想准备。这是一个人的一生中的关键阶段，有的人就真的为现实吞没了，一味地适应现实，根本放弃了自己的理想。而另一些人则坚持着挣扎，既在操作层面上不得不对现实做出某些妥协，同时又在对自己原先的理想的质疑中，有所坚持，有所调整，又有所扩展与深入：正是在这挣扎的过程中，建立起真正属于自己的信念与理想。这个理想、信念，不是原先未经实践检验、因而不免幼稚的理想、信念的简单重复，而是在更高层面上的否定中的肯定。它已经化作了自己的血肉，因而是坚定的，能够在与现实的冲突中，始终坚守不变。我希望并且坚信你能够通过人生第二阶级的挣扎达到第三阶段的坚守。

以上这段话就算是我对你的新年祝福吧。

（2001 年 12 月 31 日）

（十八）

（一位河南的大学生来信谈到一件司空见惯、却又触目惊心的事："今年四月份因某个问题，要求学校全体师生签名，我讨厌这种做法，逃离了。但接着便是要求每班同学在反对誓词上签名，我拒签了。但不久院团委书记找上了，含蓄地问我：'你为什么不签名，是不是有什么想法？'我坦率地告诉了他；但他说，要是支持的都得签名，不签名是不是支持某某某；我说难道就是支持或反对这样绝对的二元么？

他没说什么，我走了。但后来校团委书记直接召见我，开门见山地向我谈了问题是如何重要，影响如何之大，又问我思想是否有问题，伟大的道理讲了一大车。我诚惶诚恐地听着，唯唯诺诺。最后问我想通了么？我连忙说想通了，认识到错误了，原来没有赶上所以没签，其实我早就想签了，并且还想发动签名等等。我还不想让党委书记或市委、省委书记召见，或者不知别的什么单位什么人召见，我还有两个月毕业，并不想惹出什么麻烦，我于是屈服了，投降了，他们于是满意了，'孺子可教也'。出来后，我分明地感到了一种恐惧，一种鲜活的恐惧，一种烈日下的恐惧，从此我不信鬼神却怕人了，害怕各种主义，害怕思想，害怕……参照一下鲁迅，我更感到了他的勇敢，伟大，坚韧不屈，那有形的小的障碍无形的无物之阵，正张着血口要吞下去一个虚弱的灵魂，我感到了无能为力，怕也有被吞没的危险……毕业宴会上一位朋友的话凄凉而又悲壮，至今不忘：'你们别劝我了[我们劝他通融一下，拿到毕业证书再说]，我要在大学中保持最后一分纯洁，进入社会，我一定会适应它。'这究竟是谁的错？")

××：

　　……实际上我们每一个人每天都在面临着"说谎"还是"说出真实"的矛盾。鲁迅去世那一年写的一篇文章题目就叫《我要骗人》，这可以说是终生困扰着鲁迅的人生课题之一，鲁迅的《伤逝》描写的也就是这个问题。在我看来，这是现实生活中的人的基本生存困境，而在操作的层面上，则有几条线。首先是高线，即说出自己心里的话，说出真实。如果不能说、不许说，就求其次，维护自己沉默的权利，即不说不想说的话。有时候，连沉默的权利也没有，只能说违心的话。但这仍然有几条不可逾越的底线：第一，要清醒：自己是在说假话。千万要警惕，不要说假话成了习惯，把假话当作真话，甚至不知道如何说真话了。第二，说假话必须是被动的，无奈的，千万不要为了达到私利的目的，主动地去说假话。这个"口"一开，那就收不住了。第三，说假话也要以不损害他人为底线，也就是说，说谎话的苦果只能自己尝，绝不能因为自己的谎言而损害他人。——以上也算是我的人生经验，这经验是苦涩的，是为我自己的；因为你的信中涉及这样的问题，也就随手写出。

你大概就要（或者已经）走向社会了。进入以后就会有一个"适应环境"的问题，但这里仍有一个"度"，即是要在适应中保持一定的原则。这很难，但也非绝对做不到。人的一生大概就在这两者间不断挣扎吧。——挣扎也仍有意义，最可怕的是，连最后的挣扎都没有，那就真的被社会所改造，不，吞没了。

我也正在挣扎着，因此又有了以上这番话。

（2001 年 12 月 30 日）

（十九）

（一位上海的研究生寄来一幅书法作品。）

××：

……谢谢你对我的关心与理解。

"知我者谓我心忧，不知我者谓我何求。悠悠苍天，此何人哉"，正是我这几年的心情。我也由此得知"知我者"多有所在，我因此而感到欣慰。

在去年最艰苦的时候，我曾经说过："我存在着。我努力着。我们又相互搀扶着。——这就够了。"——先生的来信，使我更坚信这一点。

谢谢了。

赠上今年出的新著，算是对先生雪中送炭的答谢吧。

（2001 年 12 月 31 日）

（二十）

（一位大学生来信说他因为有自己的独立的思想追求，在当今中国校园里感到孤独。）

×××同学：

……我想说的是，如果你下决心要做一个"知识分子"，一个独立的思想者，孤独与寂寞，大概就是你的宿命。但要补充的是——

一是在坚持自己的选择的同时，也不要将其绝对化，对不同于自己的选择，也要持理解与宽容的态度。鲁迅说，青年有醒着的，但也有睡着的、玩着的。对睡着、玩着的青年，只要他是用自己诚实的劳动，追求自己的人生（如"玩着的人生"），就应该得到尊重。而且应该从和你志不同的人的身上，寻找美好的人性因素，不然你就会陷入孤芳自赏。

二是要坚信，和你有同样或类似选择的也大有人在。他们在人口总数中的比例极小，但由于中国人多，绝对量就不会太小。要善于发现、寻找自己的同道者，哪怕只有一两个，也可以营造一个相对好的小环境、小气氛，互相交流，互相支持。

如果实在没有，就自己读书，在读书中和"远方的朋友"交谈，而且可以打破时空界限，还可以想结交什么朋友就结交什么朋友。如不相投，还可以随时断交。在我看来，读书是最好的交友之道。所以鲁迅和周作人都引用过一个外国人的话："因为寂寞，所以读书；因为寂寞，所以写作。"

过两天，再寄一本《心灵的探寻》给你。

（2004 年 11 月 11 日）

（二十一）

（一位学生来信谈到他从中学进入大学以后思想的变化，以及产生的新苦恼。）

××同学：

来信谈到自己中学时盲目相信别人告诉你的一切，到大学接触到更广大的世界以后，就开始怀疑，开始独立思考，在享受思考的快乐的同时，又感到思考的痛苦与迷茫。其实这都是正常的。无论如何，能够懂得要追求思想上的独立与自由，追求思想者的境界，这就走向了独立自主的"人"的第一步。

但却又不能止于此，还要有第二步，第三步。在我看来，至少还需要解决两个问题。

一是作为一个独立的思想者，就必然要面对孤独与痛苦的命运。在这种情况下，能否坚持下去，就是一个考验。

另一是当以怀疑的眼光重新审视一切时，就要防止陷入虚无主义。能不能做到在勇敢地面对社会、历史与人性的假、恶、丑的同时，又坚持对社会、历史和人性的真、善、美的信念和追求，这同样也是一个考验。

另外，要使自己成为一个真正独立的思想者，就必须不断地充实自己，用人类文明的优秀成果来武装自己的头脑。只有站在巨人的肩膀上，才能真正看得远、想得深，进入思想和生命的大境界，而不会孤芳自赏，自恋自怜。

以上所说，都是我的人生经验，仅供参考。

（2004 年 11 月 11 日）

（二十二）

（一位大学生来信问到如何和同学相处的问题。）

××：

　　……在日常生活中，要善于和自己志不同、道不合的人相处。对别人的弱点，心里要有数；但同时也要善于发现别人内心美好的因素，在不同中寻找某些相同之点，从美好的方面、相同的方面与人相处。除品质恶劣者外，对他人的弱点，都要持宽容的态度。品质恶劣的小人，也不必与之冲突，避而远之就是了。

（2004 年 11 月 11 日）

（二十三）

（一位河南大学生来信谈到同学中对鲁迅认识的争论。）．

××：

　　得知同学们就鲁迅展开争论，十分高兴。这本身即说明了至少有一部分大学生是关心鲁迅的。而从你的文章里，可以看出，你对鲁迅是有一定的理解的，你的文章的观点，我也是同意的。说鲁迅作品没有爱，没有光明，以至说鲁迅缺乏自由、民主、博爱、平等的"先进思想"，其实正是当今思想、学术界的时髦观点，有些同学没有认真读鲁迅作品，就很容易上这类时髦观点的当。鲁迅早就说过，要防止上当，最好的办法就是读原著，读了原著，就有了比较，知道了"真金"，就能识别"假铜"。因此，争论固然很好，更重要的是多读鲁迅原著。

（2004 年 11 月 1 日）

（二十四）

（一位广州某大学的研究生来信，寄来了他和他的朋友在网上关于我的研究的讨论文章，并且说："虽然有一年多没有和您联系，但实际上我几乎每个星期都在和您对话，或者是读您的著作或文章，或者是和朋友与学生谈到您，但更多的是在读书或遇到某些事件，便设想您的态度……"）

××：

……读了你和你的朋友在网上讨论的文章，十分感动。一是为你们对我的关心；二是为总算还有些年轻人在思考与探索。实际上，我是孤独的。因此，时时需要从你们这些年轻朋友这里吸取力量。你们自己大概也没有意识到，你们对于我，是多么重要。我之所以如此热心地给见面或未见过面的朋友写信，也正是为此。我从不认为我与青年的交往，只是单向的给予，我从青年朋友那里得到的绝不比我所给予的少。我也是这样看待你给我的来信——谢谢你对我的理解，谢谢！

（2004 年 12 月 9 日）

（二十五）

（2003 年因为我公开反对美国发动的伊拉克战争，一位年轻朋友写了一封《给钱理群老师的公开信》，予以严厉的谴责，并把它寄给了我。）

××：

来信以及《公开信》，表示对伊拉克战争的不同态度与不同意见，在我看来，这是正常的。实际上伊拉克战争客观上已将世界分裂了——从美国国内到世界上几乎每一个国家，都分裂为"挺战"与"反战"两大营垒。不过，每个人参与的动机并不一致。因此，就呈现了十分复杂的情况：不仅同一营垒中存在也许是更深层次的分歧，而且不同营垒的人之间也会有可以相通之处。比如在反对独裁专制这一点，我与你并无不同，但同时我们在对全球化的理解与追求上也许有着更深刻的分歧。我后来在《天涯》上发表的文章，对我的观点有进一步的阐述，这里就不多说了。

我对你公开信的唯一意见是，你把是否拥战提高到是否有正义感，良知是否泯灭的高度来分析，就过于情绪化了。这还是一种站队和画线的思维，将自己置于真理、正义、良知的占有者的地位，凡不同于自己的意见，就是没有正义感、良知泯灭等等，这与你所追求的民主、自由的观念恰恰是背离的。

我们这场争论自然是朋友之间的论争。真正的朋友是从不讳言彼此的分歧的，而且是相互平等的。所以我坦率地说出了我的意见，欢迎继续批评。

（2003 年 11 月 12 日）

（二十六）

（一位东北的研究生来信和我讨论他的博士论文选题和提纲。）

××：

……我很欣赏你的选题的问题意识，而你所说的选这个题目是

"源于内心的一种需求"，更是引起了我的共鸣。这正是为许多研究者所忽略了的问题：学术研究与我的生命有什么关系？当然，与自我生命无关的纯学术研究，也是自有价值的；但至少是我这样的学者所难以接受的。因此，看到你也有和我类似的追求，我是非常高兴的。这类主体投入式、体验式，有强烈问题意识的研究，也是自有陷阱的，即是要掌握好分寸，防止因主观性过强而遮蔽了一些更为复杂的历史现象。一定要面对复杂性，而不要用自己的主观意图将历史简化、结构化。

对你的论文提纲我提不出具体意见，只想提醒你注意两点：一、不要求大求全，什么都谈到，结果什么都谈不透。而且会失去边界线，将与论题关系不大的作品与文学现象也拉入文章。二、写论文不免有理论设计、框架，但要防止将其成为套子，防止落入用事实材料证明理论的正确性的陷阱。

你可能会注意到，我一再使用"陷阱"这个词，这是我的经验之谈：任何一种选择，在自有其价值的同时，也会存在一种危险与陷阱，因此，一定要有边界意识，要掌握好"度"。

以上意见，仅供参考。

（2004 年 12 月 28 日）

（二十七）

（一位湖北的研究生来信问应选什么研究课题。）

××：

……坦白地说，所问的问题是应该问自己的。选题本身就是一个学术训练，也是学术研究的一个基本能力。我所能提供的意见是，事实上现代文学研究正处在一个重新开始的阶段。因此，并不存在"没有什么研究空白"的问题，几乎每一个作家作品，文学流派，文学论争，以及各种文学现象，都有重释的余地和可能。我认为，你应该打开研究视野，不要总局限于鲁迅、张爱玲、现代派小说这些范围。另外，也要改变跟随学术新潮的心态，要从自己对现代文学作品的阅读、体验，对现代文学各种现象的观察出发，同时考虑自己的研究兴趣，知识结构，以至精神气质，找到适合自己的研究对象，研究方法，走一条自己的独立的研究之路。作为一个博士生，对本学科的研究现状，发展趋势，也要有一个基本的了解。在这方面，我有两篇文章，可供参考，即发表于《中国现代文学研究丛刊》2004 年第 1 期的《关于新一代研究者的观察与思考》，第 4 期的《我们走过的道路》。

（2004 年 11 月 22 日）

（二十八）

（一位中国人民大学的一年级学生在听了我的讲座以后，写了一封信给我，并且附来了他的一篇随笔，表达了对刚开始的大学生活的观察与反省——

　　"在大学中仅仅生活了一个月，我已经体会并跟从了大多数人的步伐。每一天，我步履匆忙地奔波在教室，食堂，宿舍之间，为自己不明晰的将来，赢取一点点的筹码。我时常感觉到自己像被拎在一列高速飞驰的列车上，只有起点，没有终点。我知道每天和我擦肩而过的形形色色的追逐者：他们奋力奔跑，去考研，去找工作，去兼职，去学习充电，去谈判，去开会，去评职称，去赴约……这已是一个太物质化的世界。目标是明确可触的：一个又一个的证书头衔的获得是一个人的成功过程。我们无一例外地在人生的金字塔上攀援。

　　"当代大学生的生存状态是单向的。一旦迈入大学校门，就宛如迈入一个强大的引力场。所有人围绕着核心作向心运动，周而复始，没有止境。日复一日地向心运动，构成了一圈圈机械化却忙碌得令人欣慰的生活模式。每日接近核心一步，就获得了继续集中的动力。对一件事情价值判断的标准也与它相对于核心的距离成正比，越接近核心便越有价值，反之则被排斥在外。这种螺旋式集中上升的追求体系，决定了我们离最外圈——也就是社会底层人群越来越遥远，且几乎不可逆。

　　"有一天我听一位教授讲科举制度，突然想到当代大学生，我想到一个词：'背叛'。因为我们都或多或少地在一个陌生而充满诱惑的城市，迫不及待地背叛自己的过去，包括梦想和身份……

　　"一个在现实生活中苦苦挣扎的人会被淹没掉太多的梦想和勇气，最后只好麻木地跟随在群众的尾巴后面，用一件件琐碎的事情来填补自己的恐惧。而当攀援成为一种生存选择，一心仰望金字塔顶端的头颅已经不再懂得弯曲去看脚下贫穷而无助的人群……

　　"我对攀援的姿态没有任何异议。一个人有义务让自己生存得更舒适，为自己的前途打拼，也是一件磊落自豪的事情。然而一个整体姿态单一向上的民族会缺少了一种结构上的完整。层次之间的单一关系也使人与人之间失去了关爱和分享。一个深厚、稳重的社会应同时拥有两种姿态，以获得上、下之间的对应和平衡，也就是说，每一个人应明确自己作为社会成员所应具备的悲悯、同情和责任心，在追求个人幸福和价值达成的同时，保持对脚下人群的敬重和关切。"

　　他又这样谈到自己："我是一个理想主义者，又偏偏容易背负最深沉的责任。而敏感、柔弱的天性被坚韧的外壳包裹以后，会陷入一种没有应和的孤单。我曾以为自己是高洁、伟岸的，有着与同龄人不同的梦想和追求、洞察与感受，而如今，我常常在外界庞大引力的牵引下，感受到对自身生存方式、价值体系的怀疑……"

信的最后写道："在您对理想主义的阐释中，我得到一种久违的深沉的感动。在这越来越实际的冷酷的社会面前，理想主义坚持者或许应相互支持……"

我读了文稿与信，也有一种莫名的感动。于是写了这样的一封回信——）

××：

刚刚读过你的信，以及你的随笔，心里有一种暖意。这确实是相濡以沫。你的来信使我想起了自己在北京大学处境的尴尬。毫无疑问，北京大学是最接近你所说的"金字塔"的尖端；这些学生十年寒窗苦读，又经过千军万马过独木桥激烈的高考竞争，好不容易挤进北大，他自己，以及家长，希望借北大的阶梯，而攀援到金字塔的尖端，向体制的核心价值靠拢，这几乎是理所当然、无可非议的。而我却要在北大讲另类价值、另类理想、另类选择，如鲁迅那样，永远不满足现状，永远站在弱势群体这一边，成为永远的批判者，因此，也永远为社会所不容，永远被边缘化。这样的声音，其不合时宜，其必受冷落，是不言而喻的。其实，我也无意让所有的学生都听我的：我深知鲁迅式的选择，只能是少数。但我却又固执地认为，在北大，在大学里，必须有这样的声音，让学生知道，除了他们所习惯，也自觉、不自觉地追求的攀援式的选择外，人还可以有另一种选择，另一种生命存在方式：知道与不知道，是大不相同的。至于如何选择，是个人的权利，我完全无意将自己的选择强加于学生。但即使是如此低调，这样的声音，也是当今的中国大学，包括北大，所不能容忍和容纳的。于是，我们这些人就成了你信中所说的"孤独的卖艺者"，"寂寞的过客"。这是一切理想主义者的共同命名。

　　问题是，这也是我们自己的危机。你说得很对，生活在这个充满诱惑的城市，我们正在"迫不及待地背叛自己的过去，包括梦想与身份"。我们正在向社会的核心攀登，"离最外圈——也就是社会底层人群越来越远，且几不可逆"。

　　但我们仍然要反抗，要自救。

　　不然，我们就会重演鲁迅笔下的魏连殳（《孤独者》主人公）的悲剧："我成功了——然而我失败了。"

　　当然，在自救的同时，还需要互救：世间的理想主义者，是应该联合起来的。这其实就是我近年来特别关注和支持志愿者行动的一个内在的原因。我那天说的理想主义的出路是"到民间去"，自然不是对民间的理想化与对自我的神圣化，而是一种"绝望的反抗"，是一种自救，对自我存在之根的寻找。而且这都需要化为可操作的具体实践，这就是我说的"想大问题，做小事情"。

　　这几天，我就在做一件小事情：我参加了北师大"农民之子"社团的"北京市打工子弟首届学生作文竞赛"活动，亲自参与出题、改卷、评选，昨天还写了一篇总结性的文章，准备在 25 号举行的颁奖大会上发言。做这些小事情，我都是十分投入、全力以赴的。正是在这一过程中，我感到了生命的充实，以及生活的诗意，不管外在环境多么恶劣，人是可以使自己生活得"神圣而富有诗意"的：这也是我的一个信念，愿和你一起分享。

　　　　　　　　　　　　　　　　　　　　（2004 年 12 月 25 日）

（二十九）

（一位大学毕业不久在江苏工作的年轻人，寄来了他和朋友的《"新农民工"对话录》。所谓"新农民工",是指"从乡村走出来的大学生,尤其是那些相对贫困的农村走出来的大学生",并有这样的自我心理分析:"我们身上时时显现着一种强烈的'身份强化意识',总是有意无意地对贫穷、落后、老土的农村孩子的文化身份进行强化〔想摆脱却摆脱不了〕,既包含强烈的自尊,也夹杂着强烈的自卑,用这夹杂着自卑的自尊把自己包裹起来,拒绝任何同情、怜悯,甚至真诚的帮助,从这种自戕行为中寻找快感和心理平衡。它促使我们不断奋进,同时又造成我们目光的狭隘,成为怯懦的退缩的借口和受伤后寻找慰藉的栖息地。"对话谈到,"关于'新农民工'的最重要的关键词是'失语',而且是在城市和乡村的双重失语":"在城市人眼里,我们是'乡巴佬'、'土包子',在乡亲眼里,我们又成为'城市人',无论在哪里都无法得到一种归宿与认同。"他们这样描述自己在回家过程中的感受:开始"总带些衣锦还乡的荣耀感","面对乡村,我们这些'新农民工'所流居的城市反而成为在同龄人面前值得炫耀的资本";但是,每次回来却又"有一种心理创伤感、失落感,在传统伦理的回归欲望和心理张力之间摇摆。似乎有一个循环的圈子:走出乡村—试图融入城市寻求心理认同—逐渐遗忘乡村—由于身份强化意识作用—加上城市的受挫—开始觉醒回归的欲望—在乡村失落受挫—回城疗伤—试图重新寻求认同"。对话最后说:"一旦走出来,我们就无法回头了,无论如何我们都不会再回去了","我们不愿意我们的后辈,我们的孩子,再像我们一样艰难地走出来,甚至更加艰难地走出来"。在给我的信的开始,还说了对我的印象:"您比较可爱,感觉您生活很开心,充满激情,还有一点,就是据说您的字比较难看。")

×× :

　　我的字依然难看,但我仍然用笔给你写信了。因为我觉得写亲笔信，更要亲切些。

读了你们的对话，心里很不好受。我一直关注来自农村的学生，也即"城市里的乡下人"。从你们的来信里，我看到了残酷的真实，令人震惊。你所说的在城乡之间流浪的失根状态，以及由此产生的身份强化意识和失语，以及走不出的"离去—归来—离去"的生命循环，是一个现代社会的普遍现象。其实鲁迅小说《故乡》写的就是这样的生命模式。我最近也在和许多大学生讨论漂泊者和坚守者两种生命形态及其所存在的生命危机。在某种程度上，你们正是这样的漂泊者，既融入不了自己所在的栖居地城市，又回不了乡村，就成了无根的人。

要改变这种状况，我以为，首先应该理直气壮地认定：农村、家乡——那块土地，那块土地上的文化，以及生育劳作在那块土地上的普通农民，就是自己的"根"。在某种程度上，农村正是整个中国的"根"。因此，我对城市里的大学生说，不了解农村，也就不了解中国，也就是无根。在这个意义上，你们和农村的血缘关系与精神联系，正是你们的一个优势，是许多现代知识分子所缺少的。在这一点上，是不能有任何自卑感的。在我看来，鲁迅比之胡适，更是中国的，原因也在他和中国农民的血肉联系。当然这并不是美化农村，否认农村的落后需要进行改造。在这个意义上，出身农村的人，又要走出农村，走到城市，甚至外国，接触一个更广大的世界。根据我的经验，一个人，一个知识分子，如果能出入于城市与乡村，高层与底层，中心与边缘，精英与草根之间，就能够得到更为健全的发展。从这个角度看，你们既有农村生活的记忆和经验，又获得了城市生活的体验，更是一个大优势，是单有一个方面（无论农村与乡村）的经历和经验的同龄人所不具有的。你们不应该把这些经验、体验当作包袱，而应该切切实实地当作宝贵的精神资源，充分地利用和发挥。

　　我在这里，还要强调一点：正在进行的农村改造与建设，是当下中国发展的最重要最迫切的一个环节；在这方面，你们这样的来自农村的知识分子，是能够、也应该发挥更大作用的，当然，方式是可以多种多样的。应该有一些人再回到农村去，无论怎样艰难，甚至付出某种代价，也要服务于乡村建设与改造。或许更多的人，要留在城市，一方面，要如你所说，以平常心态，既不自卑，也不过于自尊，逐渐适应城市生活，但在心灵深处，仍要保留那一块乡土家园，那是你们的生命之根。同时，也要以自己的方式，关注乡村建设与改造，直接、间接地服务于乡梓。

　　你们在谈话中谈及回不去的一个重要原因，是为了不愿意让自己的孩子重走自己的路，这我是理解的。但可不可以从另一个角度思考，即使将来孩子在城市里长大，但让他与老家——农村保持某种生活与精神的联系，如定期在农村生活一段，对他自身更健全的发展，也是有好处的。

　　总之，我的基本看法是，不要把农村出身的身份看作是一个摆脱不掉的精神重负，而应该看作是宝贵的精神财富，并努力把它转化为自己生命历程中的精神资源，而且是本原性的，具有根的意义的精神资源。

　　以上意见，仅供参考。

（2004 年 12 月 9 日）

（三十）

（一位山东的学法律的大学生，来信谈到他的"关注三农，回归乡土"，重建乡土文化的理想，但在毕业之前，却在择业和人生选择上，和一位朋友发生了争论：他很想按自己的理想，去做农村教师，直接投身于乡土文化重建的事业；朋友则认为，应届大学毕业生志愿服务西部是一种巨大的浪费，应该面对现实，先填饱肚子，然后养活父母家人。赚足了钱，再来盖一所学校，让成百成千的孩子读书，岂不更好？他回答说："恐怕我真有了钱，已经没有这份理想与激情了。"如这位学生所说："我们的争论终不会有结果，我们谁也说服不了谁，因为我们内心深处的信念和无奈都如此相似，只是各执矛盾之一词。"因此，想听听我的意见。）

××：

来信的真诚让我感动。我也完全能理解你的苦闷。关于信中谈到的问题，我有两点看法。一、要坚持自己的信念和理想："关注三农，回归乡土"，这背后的人生观——把自己的生命之根深扎在乡土，服务于底层社会和人民——是必须坚守的。二、而如何具体实践这一理念、理想，途径是多样的。直接投入乡村建设与改造，成为一个乡村建设人才，以此作为自己的事业，这是一条路。从不同方面，不同角度直接、间接参与，这也是一条路。比如，你是学法律的，以后就可以在对弱势群体进行法律援助与法律教育方面，做一些有益的事情。这与面对现实，求得生存的要求，并不矛盾。当然，你在走向社会以后，自然会遇到你所说的"忠实于理想，又协调现实"，"坚守与妥协"之间的矛盾。但无论如何，也要坚持做"人"的底线，绝不能和现实的黑暗面同流合污。

（2004 年 11 月 25 日）

（三十一）

（一位南京的大学生寄来了一篇关于当代大学的"校园文学运动"的论文，并提出了"早生代"校园作者的自我命名。）

××：

你的文章让我知道了许多我所不知道的事情，特别是关于当前校园文学发展的情况，这是我要向你表示感谢的。

"校园文学"一直是 20 世纪中国文学的一个重要的有机组成部分，我过去作过一些粗略的考察。近年来，关于 30 年代北京校园文学与 40 年代西南联大的校园文学都成为博士论文的选题，我自己也主持过一套《20 世纪中国文学与大学文化》的丛书。而你们现在正在从事的校园文学活动，正是开拓校园文学的新篇章，它自然也会有自己的新特点。从你的介绍与论述中，我以为你所说的"成长的发现"与"网络的作用"这两点是特别重要的。前者表明当下的校园文学关注的，是自身的成长，这与过去的校园文学更有社会的广泛关注不同，这既是一个特点，某种程度上，也会构成某种不足。而后者展现的是一个全新的写作的精神空间与话语空间，其对新一代的校园文学写作产生的影响，是更加值得关注的。

也正因为如此，我对你们的校园文学活动怀有极大的兴趣，也表示热情的支持。不过，我并不赞成过早地自我命名。命名本身有一个危险：它强调的是共性，而容易忽视个性。而我认为，个性化的写作可能正是当下校园文学的一个重要特点。现在最重要的还是创作实践，促其自然发展，发展到了一定阶段，再来作总结，甚至命名。

校园文学在发展起始阶段，作一些宣传，制造某种舆论，是必要的。但一定要防止商业性的炒作，那既不符合校园文学超功利的精神，而且也会使校园文学活动流于形式，热闹一场，而经不起历史检验的实绩。文学创作是一种严肃而自由的精神劳动，它需要的是默默的持续的耕耘。

以上意见，仅供参考。

衷心地祝愿校园文学健康、蓬勃地成长！

（2004 年 12 月 9 日）

（三十二）

（一位东北的大学毕业生来信谈到了他和父亲的冲突："伴随我成长的是父亲这样一段话：'因为"文化大革命"爷爷中断了我的学业，至今我仍觉得这是我人生的一大遗憾。但我并不怪爷爷，因为我了解那个时代。但现在，我，因为没有知识而被学校的领导、老师瞧不起，工资比他们低很多。我认识到知识的重要性，我要求你们一定要拼命学习，考上大学，扳回这一局。'这段话我不知听了多少遍。父亲每次说的时候，都是那么严肃、认真。而这段话也总能让我激情澎湃，斗志昂扬。但现在，当我再一次想起这段话时，心里却涌出了另一种感受。""父亲曾说道：子女是父母生命的延续。这样的话让我喘不过气来。在父亲看来，子女永远无法摆脱而且也不应该摆脱父母的影响，子女是不能视为有独立人格的个体的，子女必须按照父母设计好的道路走下去。父亲缺少鲁迅在《我是怎样做父亲》[对不起，我明知有误而没能纠正，因为我想早点发出这封信]一文中所流露出来的博大而沁人心脾的爱"，"我就要毕业了，父亲给了我好几条道路，但我一条也不敢选。父亲不了解我。父亲把我信里写的，电话里讲的当作年轻人不切实际的侃侃而谈。'就像我当初想的一样，就像我时不时地抱怨一样'，也许父亲这么想着。但父亲不知道，他的儿子是当真了。""但是我还是下不了决心，虽然我告诉自己：背叛是一种重生；虽然我清楚地知道，什么对我来说是真正的快乐。我爱我的父亲，因为爱而恨，因为恨而爱。我珍惜我的理想……"）

××：

　　来信谈到的父与子之间的冲突，是人人都会遇到的人生难题，今年，我到南京师大附中给中学生讲鲁迅，一开始就是讲"父亲与儿子"

这个题目。鲁迅在《五猖会》里表达的是父与子之间深刻的隔膜与压抑感，由此产生的是不可遏制的"逃出父亲范围的愿望"（卡夫卡语）；而鲁迅在《父亲的病》里，却写出了自己对父亲同样刻骨铭心的负罪感，父亲永远存在于自己的生命之中。父与子之间的这一生命的缠绕，将伴随你的终生。当你有一天成为父亲，又会在另一个层面上，面对这样的问题。

但你现在已经独立成人，你应该走自己的路。你应该把自己的想法，用书面或口头的方式，坦诚地告诉父亲，尽可能求得他的理解。如果不能，也要尽可能地减少对他的伤害，或者以后再作弥补。要相信，父子之爱是永恒的，不管多大的矛盾，最后都会得到相互的谅解。但在具体的操作上，一定要小心、细心和耐心，因为父子之情又是一种最脆弱的易受伤害的感情。

这是过来人的经验，仅供参考。

（2004 年 12 月 9 日）

（三十三）

（一位上海学理工科的学生，一心要读北大中文系，却因为种种原因而不能如愿，心怀郁闷，给我写了一封长信。）

×× ：

坦白地说，读了你的来信，我非常感动，也引发了许多感慨：在中国，人要按照自己的意愿生活，实在是太难了。

但我仍认为，你最终没有选择读中文，可能是一个正确的选择。这是我的一个基本观点：文学，最好是作为业余爱好，不要随意将其作为专业。这倒不是（或主要不是）因为学文学有危险，而是因为文学从本质上说是有"余裕"的产物，这是鲁迅的观点。周作人也引述过章太炎的一个观点：最好是有了一个稳定的职业，有碗饭吃以后，才去搞文学。以文学作为吃饭的工具，反而要失去写作的自由。因为你要将自己的作品转换为商品，就必须考虑市场的需要，在政治上也不得不有所顾虑。因此，所谓"自由职业者"其实是最不自由的。你现在既已学习了电子工程专业，以后吃饭应无问题，就可以利用业余时间，读自己想读的书，写自己想写的小说，而且不以发表为目的，更可以自由地听音乐，看画展，提高自己的文学艺术素养，享受更为丰富的精神生活。在某种程度上，这是更为理想的人生。在大学学习期间，你自然应该以学习专业为主，但也可以学点文学和艺术。当然，在具体时间上会有冲突，但也并非无法安排，关键是要调整好自己的心态。你在专业之外，还有文学的爱好，这其实也是一种优势。我在北大就为理工科学生开过一门"大一语文课"，第一堂课就讲到理科学生如缺少文学修养，人文精神不足，就会犯"现代科技病"。你是新一代的理科学生，正应该走一条"文理交融"的路。

随信寄上一本我写的《鲁迅作品十五讲》，这是为中文系之外的学生读鲁迅作品写的书。我还和贵校的郜元宝教授等人合编了一套《大学文学读本》，即将在上海教育出版社出版，也是专为非文科学生学习文学编的，估计你在上海可以买到，请留心就是了。

（2004 年 11 月 22 日）

（三十四）

（一位南京的大学生，因听到传言，说我是被迫退休，寄来了一封动情的信。信中称我为"不但研究鲁迅，而且实践鲁迅"的学者，并且发表了一番议论："我有时在想一个问题：我们为什么要研究鲁迅？

只是因为他比同时代的其他作家更深刻？只是因为他的艺术成就更高？鲁迅希望他的文章'速朽'，是因为他希望他的文章所赖以产生的社会速朽，然而历史跟他开了一个玩笑。他依然在神坛上，从政治的神坛到文化的神坛。真实的人生没有鲁迅的立足之地，学者们的无限阐释在宣扬着他们自身的崇高感，以及智力优越感，没有人脚踏实地地普及鲁迅，更不要说是实践。鲁迅研究的学院化特征，成了一种学理的竞赛，而不是鲜活的时代使命。鲁迅的意义在哪里呢？是在学者的头脑里，还是在大众的灵魂里？鲁迅是在批判，而我们只是在赞扬"，"毫无疑问，这是一个极富活力的时代。然而光荣与耻辱并生，建设与破坏同在。鲁迅像一尊任人塑造的雕像，唯独缺少生命。他注视着他的后人，心中作何感想？先生被迫退休了，但是思考会停止吗？实践会止步吗？有时候，沉默与新生，只有一步之遥。面对着一个创造着然而充满耻辱的过渡时代，是应该感到庆幸，还是感到无奈？"来信最后说："拉杂写了上面一些话，只是想吐露一下自己的困惑，学术与人生是否能够结合？我生活中没有多少感动，我渴望先生能给我一次感动。"）

××：

　　谢谢你对我的理解和支持。你的真诚，令我感动。

　　需要说明的是，我于2008年8月退休，是正常的退休，并无外面传说的被迫退休之意。但这样的意图是曾经有过的，那事发生在2000年，当时我被点名，受到全国性的批判。但此事因引起北大学生的强烈反响，而未得逞。到了2002年我到了退休年龄（六十三岁）才正式退休。

　　来信追问"为什么要研究鲁迅？"以及"为什么要作学术研究？"对这样的问题，不同的学者会有不同的回答。在我看来，出于不同目的的学术研究，只要是认真、严肃的诚实的劳动，都应该受到尊重。不必在这些不同追求的学术研究之间作价值高低的评定。

就我个人的选择，是将学术作为自我生命的运动，作为对社会的发言，将学术和人生结合为一体的。而且确实如你所说，重视将学术研究成果转化为社会文化、教育资源，即重视普及与实践。这样的研究与追求，在当下的中国现实中，自然会受到许多压制与质疑，但同时也自有其抹杀不了的价值，至少我个人就从中感受到了生命的充实与真实感，尽管我也会时时感到孤独与痛苦，但我从未有空虚之感。

我也同样深知自己研究之不足。任何选择都有得有失，从来没有无失之得，也没有无得之失。

（2004 年 11 月 27 日）

（三十五）

（一位武汉大学的研究生来信，向我述说了他是如何走上研究生道路的，并向我借两本他求之而不得的参考书。）

××：

你对你"一生"的回顾，深深地打动了我。在我看来，这种生命的记忆，对于一个研究者是十分重要的。我一直固执地将文学创作与文学研究都看作是一种生命的运动。因此，无论读作品，还是自己写的学术论著，我都追求生命感，追求生命的契合与相遇。我将自己的鲁迅研究著作命名为《与鲁迅相遇》，是包含了我对学术研究的研究者和研究对象的关系的一种理解与追求的。这样研究的生命的鲜活感让我迷恋。

坦白地说，我对时下的许多"宏观研究"是持怀疑态度的。也不是根本否认宏观研究，80 年代我们也是颇热衷于此的，那是为了从思想禁锢中挣扎出来，是针对既定的宏观结论的。我也期待着有一天会回到宏观把握上来，但似乎现在还不是时候。因此，至少现阶段研究，我是主张从具体文本的研读、具体文学现象的考察入手的，即所谓"小题大做"。

　　不过，这都是你的来信引发的题外话。言归正传，你所需要的黄子平的《革命·历史·小说》一书已经找到，《再解读》记得有一个复印本，但一时找不到，就先寄黄子平这一本吧。

（2004 年 11 月 23 日）

（三十六）

（一位大学毕业生来信对我起草的《现代文学三十年》第二十八章对夏衍《法西斯细菌》中的主人公俞实夫的形象分析，提出了质疑，涉及如何看待知识分子的"天真"与"世故"这类问题。）

××：

　　……或许是我没有写清楚，我想你大概是误解了我的意思。从我对俞实夫这个人物的全面分析看，我大概绝没有鼓吹"圆滑，八面玲珑地面对这个不明不暗不清不楚的现实世界"，"彰显世故"等等的意思，因为我充分肯定了俞实夫"为实现理想的献身精神，坚忍、执著的性格"等等。我所说的"弱点"，是指"不晓人世艰难"、"不通世故"（指对人性与人和人关系中恶的方面缺乏清醒的认识）的脱离实际与"天真"。而且我所说的"弱点"，也并非完全否定性的概念，因此，我说这些弱点引起的感情反应是复杂的："既感动"，又"不能不发笑"，还会"涌上一点苦味儿"。记得沈从文对鲁迅有一个很到位的评价："既懂世故，自己又不世故。""不世故"，就是坚守自己的理想、操守，不同流合污；但同时，还得"懂世故"，就是要充分认识到人性、人世、社会的险恶，不能过于天真。既要坚守自我人性之善，同时又要洞察、警惕人性之恶。如果只有前者而无后者，在现实生活中就会受骗上当，不能自我保护，从这个意义上说，"不懂世故"的"天真"，确实是包括我们自己在内的知识分子的一个"弱点"。

当然，你对拙作的误解也不是没有道理。因为在当今的中国，"懂世故"进而"老于世故"的人太多，"不世故"的"天真"反而显得可贵了。这其实也是我所说的"苦味儿"。

（2004 年 11 月 27 日）

（三十七）

（一位浙江的大学生来信"问几个疑点"：1. "思想者必须与苦痛相伴，可世间有谁愿意受苦？难道思想者们都是不同于凡人的纯粹无私者吗？那么，什么是'人不为己，天诛地灭'？思想者终究不能为自己带来什么［除了痛苦］，也不能为我们所爱和爱我们的人带来什么。而相比之下，浮华者却可以游刃有余于这个世界，并享尽人世的肉感体验与虚荣满足的快乐，这难道不是一种不公平吗？难道不令真正的知识分子独怆然而泪下吗？" 2. "根据我的体验和感受，我认为这个世界根本不存在男女之间生死攸关的爱情。所谓爱情不过是一剂迷魂药，让那些孤寂的灵魂得以放荡，让那些乐于浪漫的人得以洒脱，同时更是世人虚伪做作的千姿百态，一切的爱更多的是维系在性和利欲之上而存在。我是一个自私的人，除了自己，我没有爱过任何人，更不会爱任何人。但同时，我又是如此真切地爱我的家人，父母、姐姐

的安危是如此地缠绕我。"3."大学生的生活让我感到，大学生都在
虚度年华，大学里很难找到知己。大学生们或浑浑噩噩、醉生梦死，
或刻苦死读书，并没有看到自己想要的未来。如果你是大学生，你如
何生活？"）

××：

　　谢谢你对我的信任，谈出了你的心里话，但我恐怕不能为你"指
点迷津"，因为我自己也在挣扎与探索中。我所能说的，只是自己的
一些信念——

　　1. 思想者诚然是痛苦的，但他也是幸福的。如鲁迅所说："真的
猛士，敢于直面惨淡的人生，敢于正视淋漓的鲜血。这是怎样的哀痛
者和幸福者？"——至少他知道人活着是为了什么。因此，他所拥有
的痛苦是"丰富的痛苦"，他的生命是充实的。

　　2. 尽管当今社会的爱情危机重重，但我始终坚信："相濡以沫"
的爱情是存在的，是应该而且可以追求的。

　　3. 如果我是大学生的话，我只认准一点：大学四年是人生最自
由，最无负担的黄金时节，利用这四年，沉下来，自由地读书，充实
自己，为自己一生的发展，打好底子。按照自己设定的目标，我行我
素，而不管别人怎样做，做什么，不追求一时一地的功利，而着眼于
长远的发展。以上所谈，仅供参考。

（2004 年 11 月 27 日）

（三十八）

（收到一封高中毕业生的来信，只有三句话："我想知道一个青年人
在这个时代应该怎样做？什么是判断正误的标准？人生的底线是什

么？"这大概是他步入大学之前，萦绕于心的问题。）

××：

对于你提出的问题，我也在探讨，其实一个人一辈子都在追问这些问题。所能谈的，只是我自己的"底线"：在任何时候，都要做一个诚实的劳动者，用自己诚实的劳动，获取自己的生存与发展。任何时候都要遵循公共道德、职业道德，做一个合格的公民。

我从年轻时候开始，就给自己规定了一个信条："永不放弃"——永不放弃努力奋斗，永不放弃学习。努力一辈子，学习一辈子，就这样一直走到现在。而且现在仍在努力，仍在学习。对于你，我只想送一句话："走自己的路！"

（2004 年 11 月 29 日）

（三十九）

（一位从中学到大学到研究生，一直和我保持密切联系的年轻的"老朋友"突然传来一个邮件。）

××：

你上次来电话，希望和我相见，我因为忙，拒绝了，心里却一直感到不安。今天早上起来，做去年的总结——这是我多年形成的习惯，每年第一个清晨，都要早起，趁人们还睡着的时候，静静地独自回顾过去的一年。今天也是这样，写着写着突然又想起了我对你的回绝，正想找机会弥补，和你聊聊，没有想到，刚才崔老师打开电脑，就告诉我，有你传来的邮件！这真是神奇了！竟然心有所想，就突然而至，这大概就真是"心有灵犀一点通"了！于是，我决定放下正在写的文章，先给你写这"新年第一封信"。

你在信中谈到了我在你生命成长中的重要性，其实，你对我也极端重要：你是我介入中学教育后又长期直接接触的少数中学生之一，在某种意义上你是我的实验对象，是我的教育理想、理念是否有价值的一个检验。因此，你的健康成长对我的意义和影响，实在是不亚于我对你的影响：这正是再一次证明，我和年轻人的关系，绝不是单向的"我教育，你接受"，而是相互影响，相互成长。在这个意义上，我也应该向你表示我的感谢。

关于理想主义，当代社会历史条件下的理想主义者，是有许多话可说、可讨论的，以后有机会我们再详细探讨。我只想讲一点：我完全同意你所说的"理想和现实，激情和理性"的协调，其实我所提倡与身体力行的理想主义，是我经常说的"低调的，理性的理想主义"。你当然会注意到，我的理想主义的一个重要来源是鲁迅，因此，我所坚守的"理想主义"，其实是带有怀疑主义色彩的理想主义，是有很强的自我质疑精神的理想主义，是同时坚持又质疑理想主义，坚持又质疑怀疑主义，形成理想主义和怀疑主义之间的某种张力。至于你讲到在"自由与制度"之间走"走钢丝"，是一个更加复杂的问题，更是涉及我们对现行制度的认识，以及我们的现实选择的问题，还需更从容、更充分的讨论。

我过两天就要去台湾，讨论"华人世界里的批判的知识分子"的问题，这也涉及理想主义者的选择的问题。等我回来，有空的时候，我们再找机会聊吧。

（2007 年 1 月 1 日）

（四十）

（一群年轻的大学教师和大学生在网上办了一共同民间刊物《指向》，

送给我看，这是给他们的回复。）

　　××、××，《指向》的诸位朋友：

　　我一直感到不安：上次××专门赶来看我，我因为忙着赶写文章，竟未能见；后来××两次将你们的《指向》送给我，我也是因为忙，竟未回复。一再辜负年轻朋友的好意，实在不好意思。今天是2007年的第三天，无论如何也要偿还这2006年的"旧债"。

　　我读了你们的《指向》，一打开，就被《发刊词》所提出的问题所吸引："我们"是谁？后来在××的文章里也发现了这个问题："我是谁？"这也是我经常问自己的问题，前年写了一本《我的精神自传》，就是这样提出问题：学术研究的根底是要追问："我是谁？我何以存在和言说？"在我看来，你们整本杂志，不同的作者讨论的具体问题尽管不同，但内含就是这同一个问题。

　　于是我注意到××所写的"一个80年代人的悲伤"——《我甚至没赶上吉卜赛人的足迹》："从一出生/便被流放在一个/精神的孤岛"。我猜想你们的作者主体是所谓"80后"的一代人（有一部分是"60后、70后"人），又是鲁迅所说的"醒着的"、"要前进"的青年。如×××为×××的诗集所作的序言里所说，你们面对的是一个"出了问题"的世界，"越来越陌生"，一群"被扭曲了灵魂的可怜的人"，"越来越难以忍受"，于是你们成了"孤独的清醒者"，于是有了你们的"存在的质询与担当"。我理解这也就是《发刊词》里所说的"我们是这个世界的孤独者"，"我们是这个世界的怀疑者"，"我们是这个世界的塑造者"，"我们的标记"是："坚守和抵抗"，"背叛和信仰"，"真实和裸露"的意思。

　　我在和当代大学生、研究生的谈话中多次提出，"80后"一代人主要问题是"信仰的缺失"，这一代人的主要和迫切任务是"信仰重建，文化重建"。——当然，这其实也是许多代共同的问题，也是我的问题，甚至是一个全球的问题；但对这一代却具有更大的迫切性，因为你们正当青年，正处在人生之路的起点。而信仰、文化的重建，如鲁迅所再三告诫，是不能指望那些所谓的"导师"的，而要"寻朋友，联合起来，同向着似乎可以生存的方向走"(《导师》)。在我看来，你们的《指向》就是这样的"联合起来"共同寻路的努力，其意义和价值就在这里，我也因此而看重你们的刊物，并寄以希望。

我期待着《指向》将有更宽阔的视野，更深入的研究，更充分的思想交锋，内容也更加多样化，真正成为大家共同的自由而丰富的精神家园。鲁迅是提倡韧性战斗的，因此他说："与其不饮不食的履行七日或痛哭流涕的履行一月，倒不如也看书也履行至五年，或者也看戏也履行至十年，或者也寻异性朋友也履行至五十年，或者也讲情话也履行至一百年。"(《补白》)大家都是年轻人，不妨边玩边打，打打玩玩，让自己的精神生活更加多彩，这才能长期坚持下去。鲁迅还有一句话也不可忽视："新文艺……还在开垦时代，作品似以浅显为宜，也不要激烈，这是必须查看环境和时候的。别处不明情形，或者要评为灰色也难说，但可以置之不理，万勿贪一种虚名，而反致不能出版，战斗当首先守住营垒，若专一冲锋，而反遭覆灭，乃无谋之勇，非真勇也。"(《书信·330620　致榴花社》)。

最后还说一点：我很欣赏你们的《发刊词》里所表现的自我质疑精神："我们是世界的怀疑者，我们是自己的怀疑者，同时是怀疑论者的怀疑者。"——讲得多好：在我看来，批判的知识分子也有真、假，区分的标准，就看是否在把批判的锋芒"指向"社会的同时，也"指向"自己。

（2007 年 1 月 3 日）

（四十一）

（一位研究生寄来一篇关于鲁迅作品的学习心得。）

××：

　　由于你信上没有写明你的具体地址，无法给你写信，只能给你发邮件了。首先要谢谢你对我的信任。关于《在酒楼上》，我的看法已经写在收入《鲁迅作品十五讲》里的那篇文章里，并无更新的意见。不过，我认为文学作品毕竟不同于学术的讨论，因此，"传统知识分子现代化历程中蜕变转型"这类的主题对鲁迅的这篇小说都太大，如果一定要说有关系，也只是从一个特定角度来揭示"我"和吕纬甫这样的知识分子的内心反应。而你的读《呐喊》序言的笔记所提出的"这人间依然"，"真的还得一切重新来过"的问题，确实触目惊心，而我们又必须正视。而且我们依然要坚持呼唤"鲁迅风骨"，尽管它是如此不合时宜。——这也算是读了你的大作的一个感想吧。

（2007 年 1 月 3 日）

（四十二）

（一位青年志愿者寄来了一篇讨论志愿者组织管理的文章。）

××：

　　你好。我外出半个月，前天刚回来，现在才回复，请原谅。拜读了大作，我觉得你提出的问题很重要。其实，志愿者组织就是一个小的公民社会，或者说，参加志愿者行动的目的之一，就是要学会如何成为一个现代公民，这是一次构建公民社会的实践。作为现代人，首先应该有自由思想、独立人格，这一点，是许多志愿者认同并身体力行的；但现代社会又要求社会人格，认定人的个性只有在一定的社会条件下，在社会交往中，才能得到健全的发展。因此，我们不仅要建构独立的个体人格，而且要培育社会性的现代公民人格，在个体个性化与个体社会化之间求得平衡发展。这就需要正确处理你所提到的个人与集体、自由与约束、民主与集中、多数与少数的关系这样的一系列问题。我们过去有过以集体、集中、约束（纪律），多数压抑个人、民主、自由、少数的教训，但今天恐怕也不能反过来走向另一个极端。我们所需要的是两者之间的动态平衡。

你提出的另一个问题，也很重要：志愿者必须弄清楚"我是谁？我要干什么？"这个根本问题，并在这一点上获得最大限度的共识，这是合作共事的前提。这个问题的重要性还在于，如你所说，中国正处于十字路口，正面临着前进还是倒退，以及进到哪里去的问题。就志愿者所参与乡村建设而言，也同样存在要建设怎样的乡村社会，以及怎样建设的问题。这也是我所忧虑的问题：现在大家都到农村去了，或者说大家都"来了"：政府官员来了，知识分子来了，外国慈善机构来了，我们这些青年志愿者也来了，但"来了"之后，到底给农村，给农民带来了什么？我们的作为，是建设性的，还是破坏性的？会不会带来了现实的利益，却损害了农民的长远利益？会不会只是一个过场，来了又去了，什么也没有变？还有，我们的作为，对农村哪一个利益群体有利，会不会被利用？……这都是必须认真思考与对待的。这里的关键，还是我们自己要弄清楚：我们到农村去，要干什么？怎样建立我们自己的主体性与独立性？

而要真正回答清楚"我是谁"的问题，还涉及你在邮件中所提到的"为什么活着"的问题，即人生观与信仰的确立的问题。这是我们大家共同的问题，甚至是一个全球化的问题。但对于你们这样的刚刚

走上人生之路的年轻人则具有更大的迫切性。而且这个问题只能自己
来解决，别人是不能代替的。其实，我之所以重视青年志愿者行动，
就是因为在我看来，这是一个年轻人联合起来，在参与社会实践中，
重建价值理想，寻找自己的人生之路的行动。因此，你们应该充分利
用在农村的机会，进行社会调查，以真正了解中国社会，这是奠定人
生观的基础；同时，也要利用农村生活相对宁静，外在诱惑较少的条
件，多读书，最广泛地开拓自己的精神资源，逼向自己的内心，并把
它记录下来，这样把"实践—读书—思考—写作"结合起来，就会使
我们自己的身心在参与志愿者行动的过程中，同时得到健全的发展，
成为一个有明确人生目标的独立自主的人。

　　以上意见，仅供参考。或许我们以后有机会一起作更深入的讨论。

（2007 年 1 月 21—22 日）

附　录

关于草根公益组织志愿者管理的一些想法

　　提这个问题，主要是因为现在我所接触的一些草根志愿者机构，
都或多或少地存在如何管理志愿者的问题。要么是管得太松了，缺乏
纪律性，工作效率不佳，自由散漫，做事有目的性，责任心不强；要
么是管得太紧了，机构出现家长制和官僚化的倾向，导致志愿者资源
的流失。这两者，现在以前者为绝大多数。

　　为什么会出现这种情况呢？志愿者原本应该是一群道德高尚、关
心社会的人才对，怎么就成了不守纪律、自由散漫的代名词了呢？我
觉得这是由于缺乏对志愿者定位的思考。如果是把当志愿者作为一种

业余的生活方式，体验不一样的经历，为社会做一些力所能及的事情，还可以自我"陶醉"一下，那么当一名短期的志愿者是合适的。但对于希望长期从事公益事业的志愿者来说，这样的认识显然是不够的。长期志愿者必须对自己有更高的要求，因为你必须对得起自己投入的大量时间和精力。当今社会，有公益意识、社会责任感的青年人本来就不多，可以说是极度稀缺的资源，要是浪费在一种精神上的自我满足和自我陶醉，实在可惜！所以，我以为长期志愿者对自己的投入和产出就应该斤斤计较。计较什么？就是计较诸如我们为什么做志愿者，我们应该做哪方面的志愿者，该怎么做好志愿者，等等的问题。不好好想明白这些问题，是很难成为一名合格的长期志愿者的。为什么呢？我后面会讲到。

　　当然上面所说的很具有功利主义的色彩，有人会说，其实公益活动和志愿者服务，就不需要带这么明显的实用主义，总去谈投入产出比和工作效率是会令一些向往轻松愉快、到处充满爱的生活的人们望而却步的。其实我也承认，比起对志愿工作的成效斤斤计较来说，完全出于本能的关爱、带着多一点的快乐去参与公益服务可能是更高的一种境界，也是我们所向往和追求的理想社会。可是这种境界更多的应该是一种人与社会的统一，离开了与之相适应的存在环境——一个和谐的社会，个人也就失去了达到这种较高境界的前提和条件。就好像人类社会的和谐发展比互相破坏当然是更高的正义，但是如果个人生于战争年代，那么最大的正义就莫过于对敌人的破坏。我觉得现在的中国社会正处在十字路口，前进还是倒退，哪个方向谓之进，如何进，这些问题需要有更多的人的关注和行动，而这种关注和行动是有很强的时代背景的，就是为了找到问题的答案。我以为这就是当代公益活动的功利目的所在。

　　既然我们的公益活动也好，志愿者行为也好，在很大程度上有了这种时代的功利性目的，那么无可避免地要考虑如何有效地达到这个目标。也就是说效率的问题。这个问题有很多方面，但我想先说一下公益机构中志愿者管理的问题。也就是本文的题目。

毫无疑问，志愿者管理的效果将直接影响到公益机构工作的效果和效率。但现在的志愿者管理既然如本文开头所说的，存在明显的问题。那问题的根源在哪里？我以为是因为对志愿者这个群体来说，缺少足够的约束。其实几乎所有人一旦没有了约束，或者缺少了必要足够的约束，就会出现自由散漫的倾向。这个主要不是人的问题，而是制度的问题。同样的志愿者，在自己的工作单位恐怕是绝不会用同样散漫的工作态度和作风去对待老板分配的任务的。这就是由于在工作单位，对员工是有足够的制度约束的。要么是严格的规章制度和操作流程，要么是赏罚分明的责任制管理，当然大多数情况是两者皆有。在大多数情况下，这样的制度约束员工不得违反公司规定，并对员工完成自己的工作任务产生足够的激励。但是，这样的约束制度安排是有一个前提的，必须有与工作成效相对应的奖励和惩罚。工作完成得好就涨工资甚至升职，反之，则扣奖金或者解职。这对于公司和员工的关系来说是可行的，却不适用于公益机构和志愿者的关系。志愿者本来就是无偿或低回报地在为公益机构提供帮助，也就基本不存在升职或者薪资的问题。即使要奖励，也大多以一种精神上的鼓励为主。这样的话，公司的那套管理制度就显然不能起到同样的效用。这一点，很多公益机构的管理人员也都在实践中意识到了，但接下来就陷入了迷茫，不知道该怎么样管理这批充满理想化和自由化倾向的年轻人。出了问题，最多是批评几句，惩罚是根本谈不上的。而且批评还不能批评重了，不然就把"宝贵"的志愿者资源给赶跑了。要是没有了志愿者的参与，就现在这些正式工作人员绝大多数不超过五人的草根机构，还能做什么事情呢？再加上，志愿者本来就容易产生自我认同的优越感，没有了约束，就更加不好管理了。总体的工作效率自然大受影响。

说了这么多，我的观点很明白了，就是公益机构也要有一套制度来管理约束志愿者。当然不管是出于公益组织和志愿者的特殊情况，还是我本人的思想倾向，我都不能认同那种独裁的家长式管理，估计大多数志愿者也是不会接受。但对于另一个极端——放任自流或者完全"民主"，事事讨论商量，又考虑大家的意见，又尊重个人的喜好和选择，充分保证个人的自由权利，恐怕也不行。我的选择是集中民主制，以之为核心，制定一套相应的制度。当然对于不同的机构，不同的志愿者，具体的制度该如何，不是我想讨论的问题。问题是为什么选择集中民主制，尤其是"集中"二字，相信很多反对的意见会集中在这上面。其实我所提的集中民主制与平时所说的民主集中制是有根本不同的。真正的民主集中制，要包括少数服从多数，下级服从上级，个人服从组织，全党服从中央。这里有很强的特殊背景，针对的主要是共产党的组织领导，尤其是革命斗争期间的共产党，为的是在艰难的革命斗争环境中生存下去。可以说，民主集中制的根本是集中制，只是一种带有民主色彩的集中制。但对于公益组织和志愿者管理而言，肯定是过于严苛了，恐怕不太为人所接受，而且也没有其绝对必要性。何况，集中制在现代，相比民主制，恐怕是一种落后的制度了。那么什么是集中民主制呢？我认为无非就是民主制——少数服从多数，加上组织管理的内容——下级服从上级和个人服从组织。之所以要提集中民主制这个概念，只是为了强调"集中"的必要性。没有集中，没有对个人自由的约束，何来民主，何来少数服从多数？难道在我们口口声声要民主的时候，必须预带我们本身就是多数派一员这个前提么？难道当我们成为少数派的时候，就可以以"自由"的名义来抵制多数的"暴政"么？确实这是很有意思的问题，也是一个很难回答的问题。不同的时代，有不同的答案。

但既然我在这里，以反问语句提出此问，答案就很明显了。有人就会提出不同的意见。主要就是这样的制度会侵害志愿者的自由，进而影响工作积极性和工作效率。

我的看法是，首先，本来就没有绝对的自由，至少在人类社会中是这样。如果是独裁的制度，当然缺乏自由。但就是我们很多人所提倡的民主制，也不可能。民主的重要组成部分之一就是投票表决，这种投票并非单纯地表达自己的看法，而是将个体的看法转化为整体看法的一个过程，是个人对整体决策产生影响的一种权利的体现。无论从权利和义务对等的角度，还是现实可行性的需要——个人的意见与整体的意见常常是存在分歧的，个人都存在服从整体决定的义务，即放弃一部分自己的权利和自由。如果，一出现分歧就拒不执行，甚至退出组织，那么这样的"民主"组织肯定一事无成，最终将分崩离析。其次，对于草根公益机构和志愿者而言，值得警惕的不是组织对个体权利的侵害，不是多数的暴政，也不是组织领导的专断独行，而是志愿者群体和草根机构与生俱来的自由散漫作风和所谓追求人性自由、人格独立的倾向。如果一个志愿者受到了上级或者多数其他人的侵害，很难想象他会继续待下去，他完全可以选择立即离开这个组织。这是由志愿者与公益机构的特点关系所决定的，完全不同于员工之于企业，个人之于国家。也正是由于志愿者有这样的选择，公益机构也不太可能冒着流失志愿者资源的风险，去尝试侵害其正当的权利和自由。最后，志愿者和志愿者之间，志愿者和公益机构之间，其共同的理想，共同的目标是远远大于其不同和分歧的。因此，也基本不存在那种利益冲突和压榨侵害的动机。

然而，我并不否认，这样的制度对于某些志愿者而言，无论多么理性，仍然是无法接受的。那么必然会影响其工作的积极性和工作效率。这里就牵涉到一个志愿者的认识和定位问题。也就回到了本文开头提出的如何才能成为一名合格的长期志愿者这个问题。就好比民主的少数服从多数的背后，必须有一个大于互相间分歧的共同点或者共同利益一样。离开了超越分歧的共同之处和相互认可，很多人都无法说服自己在没有利益驱动的情况下，接受一份可以避免的约束，接受对自己自由和独立的"剥夺"，至少在某种程度上而言是这样。那么什么是志愿者的最大的共同之处呢？我认为就是志愿者心中对于诸如为什么做志愿者，应该做哪方面的志愿者，该怎么做好志愿者这些问题的答案。只有对公益事业的整体的认同以及对特定的公益领域的认可，才可能使志愿者心甘情愿地接受制度的约束，而不产生过度的抵触情绪，也才能使集中民主制，或者随便其他什么管理制度真正产生效果，才能组建出一流的、高效率的志愿者团队。

　　总而言之，我认为制度的约束对于志愿者管理是必需的。但是，最最关键的因素是如何让志愿者群体，尤其是长期志愿者群体对自己的理想和使命有一个更加统一的认识，从而产生足够的向心力和凝聚力，结合必要的制度，以防止其自由散漫的倾向，达到理想的组织管理运作目标。

（四十三）

（河南大学的一群学生寄来了他们办的民间小报，同时告诉我，他们有一个民间学生论坛，希望我为他们写几句话，遂欣然从命，信笔写了一封信。）

《狂人》、星驰学生论坛的朋友：
　　非常高兴读到你们自费办的报纸，甚是感动。

首先是你们报纸与论坛的"民间性"，这正是我最为关注的。我一向认为，中国的改革，包括教育改革，既要有自上而下的政府、学校的主导，也要有自下而上的民间参与，这两者应该是相互补充，又相互制约的。民间参与，既要处理好与政府、学校的关系，又要保持自身的独立自主性与主体性。

其次，我欣赏你们自己联合起来，解决自己成长中存在的问题的自觉与努力。我经常向周围的年轻朋友引述鲁迅的一段话："青年又何须寻那些金字招牌的导师呢？不如寻朋友，联合起来，同向着似乎可以生存的方向走。你们所多的是生力，遇见深渊，可以辟为平地的；遇见旷野，可以栽种树木的；遇见沙漠，可以开掘井泉的，问什么荆棘塞途的老路，寻什么乌烟瘴气的鸟导师！"现在也以鲁迅的这段话，作为对你们的新年祝福吧。

我也很赞成你们的"批判精神与建设志向"的取向，注重"演绎大学故事与述说人间情怀"及"重塑大学人文风景"的选择，这背后其实蕴含着一种"独立，自由，创造，批判"的大学精神。可惜如今的大学已经"失精神"了。在这样的背景下，你们自觉地继承和发扬这样的大学精神，实在是难能可贵的。

大学是人生最美好的时光，最适合于自由地读书，自由地思考，自由地写作，自由地参与社会实践。简言之，"读书，思考，写作，实践"这四者的结合，是一条自由成长的健康之路，你们已经跨出了第一步，希望你们携手共进，坚定地走下去，在人生道路上留下最美好的记忆。

（2008 年 1 月 3 日）

（四十四）

（"五四"前夕，安徽某大学的学生寄来了他们的"寻找五四精神"系列活动计划书，我喜出望外，立刻写了一封信。）

××同学并转你的朋友们：

　　谢谢你们对我的信任，把你们的"寻找五四精神"的呼吁寄给了我。最近这几天，我都沉浸在一种说不出的感动与兴奋之中：因为我等待这样的声音已经很久很久了。坦白地说，我早就为如今的大学（包括我所在的北京大学）的失精神而忧心如焚。我经常想起鲁迅早在 20 世纪的 30 年代，就发出了"五四失精神"的警告，七十多年过去了，问题却越发严重：不仅"五四失精神"，而且"五四精神"本身也成了某些学者的批判对象。我无意参与论争，却一直在担心，这样的否定思潮会对当今青年产生消极的影响。事实上，"五四"精神已经被许多大学生所遗忘了——被强迫遗忘的，又岂止是"五四"！现在，你们发出声音了，你们没有遗忘，而且要自己联合起来，主动地去"寻找"！我当然知道，你们在当今大学生中只是少数，我无意夸大你们的作用。但你们的声音，哪怕微弱，依然是当今中国大学校园不可缺少的。它至少说明，"五四"的火种还在，"五四"精神还在中国部分年轻人中继承与发扬，而且是发自内心，并非强迫和组织的。这是极其难能可贵的。

　　我真应该感谢你们，不仅因为我是"五四"新文化运动的研究者，更因为"五四"精神已经融入了我的生命。因此，我对你们的"寻找五四精神"的呼唤，有一种生命的共振。因为时间和精力的关系，我无法和你们一起讨论，特寄上最近出版的《我的精神自传》，书中所讨论的问题都涉及"五四"精神，就算是我的一个书面发言吧。

（2008 年 4 月 20 日）